Corporate Governance und Compliance in Familienunternehmen

Dissertation

zur Erlangung des Grades eines Doktors der Rechte der Rechts- und Wirtschaftswissenschaftlichen Fakultät der Universität Bayreuth

Vorgelegt

von

Nadine Kim Veronique Vogt

aus

Bonn

Dekan: Prof. Dr. André Meyer, LL. M. Taxation
Erstberichterstatter: Prof. Dr. Marco Staake
Zweitberichterstatter: Professor Dr. Kay Windthorst
Tag der mündlichen Prüfung: 19. September 2025

Compliance Berater

Bibliografische Information der Deutschen Nationalbibliothek

Die Deutsche Nationalbibliothek verzeichnet diese Publikation in der Deutschen Nationalbibliografie; detaillierte bibliografische Daten sind im Internet über http://dnb.de abrufbar.

ISBN 978-3-8005-1941-5

dfv Mediengruppe

www.ruw.de

Druck: Beltz Grafische Betriebe GmbH, 99947 Bad Langensalza

Printed in Germany

Danksagung

Meinen besonderen Dank möchte ich nachstehenden Personen entgegenbringen:

Mein Dank gilt zunächst Herrn Prof. Dr. Marco Staake, meinem Doktorvater, für die Möglichkeit der Anfertigung dieser Promotionsschrift. Außerdem auch für die Betreuung und fachliche sowie persönliche Unterstützung und die stets konstruktiven Gespräche, die mir bei der Erstellung dieser Arbeit geholfen haben.

Weiterhin möchte ich mich bei meinen Eltern, meiner Familie und meinem Partner für die Unterstützung, Geduld, den moralischen Beistand sowie diverse Korrekturrunden bedanken, die mir das Promotionsvorhaben erst ermöglicht haben.

Inhaltsverzeichnis

„Oft tut auch der Unrecht, der nichts tut. Wer das Unrecht nicht verbietet, wenn er kann, der befiehlt es."[1]

Marcus Aurelius, römischer Kaiser, 121–180

1 Siehe etwa Meyer/Fredrich (2012): Rechtsgrundlagen einer Pflicht zur Einrichtung einer Compliance-Organisation, Working Paper, No. 67, Hochschule für Wirtschaft und Recht Berlin, IMB Institute of Management Berlin, Berlin, S. 5.

§ 1 Einführung in die Thematik und Gegenstand der Untersuchung

Familienunternehmen stehen meist nicht im Fokus des öffentlichen Interesses. Dies kann unter anderem darauf zurückgeführt werden, dass viele Unternehmer zurückhaltend leben, nicht viele Informationen über sich preisgeben und die Unternehmen aufgrund ihrer Verschiedenartigkeit hinsichtlich Größe, Rechtsform und Ausrichtung nur schwer greifbar sind. Anders als vielfach angenommen, sind Familienunternehmen jedoch nicht bloß Einzelunternehmen oder kleine Betriebe, vielmehr machen sie einen großen Anteil des Umsatzes deutscher Unternehmen aus und sind ein Kernbestandteil der deutschen Wirtschaft. Die deutsche Unternehmenslandschaft ist dabei sehr vielfältig. Neben Einzelunternehmern und kleinen Betrieben finden sich Mittelständler, aber auch DAX-30-Unternehmen. Im Jahr 2019 machten alle deutschen Unternehmen zusammen einen Gesamtumsatz von 7.153.382.833.000 €.[2]

Unter diesen verschiedenartigen Unternehmen sind Familienunternehmen wichtige Akteure der deutschen Wirtschaft, die sich in allen Größen, Rechtsformen und Branchen finden lassen. Zu ihnen zählen unter anderem die Schwarz Gruppe, die mit Lidl und Kaufland und einem Umsatz von 113.300.000.000 € Europas größtes Handelsunternehmen darstellt, die Merck KGaA, die weltweit das älteste pharmazeutisch-chemische Unternehmen ist sowie die BMW Group, die als Premiumhersteller von Automobilien und Motorrädern der Marken BMW, Mini und Rolls-Royce bekannt ist.[3] Insgesamt machen familienkontrollierte Unternehmen ca. 90 % der Unternehmen in Deutschland aus.[4] Von insgesamt ungefähr 3.292.000

---

2 Rechtliche Einheiten, Beschäftigte und Umsatz 2019, Statistisches Bundesamt, abrufbar unter https://www.destatis.de/DE/Themen/Branchen-Unternehmen/Unternehmen/Unternehmensregister/Tabellen/unternehmen-beschaeftigte-umsatz-wz08.html.

3 Die deutsche Wirtschaft, Die Top-100 der größten Familienunternehmen in Deutschland, abrufbar unter https://die-deutsche-wirtschaft.de/die-liste-der-1000-groessten-familienunternehmen-in-deutschland/#top100 .

4 Als familienkontrolliertes Unternehmen gilt dabei ein Unternehmen, wenn es mehrheitlich im Eigentum einer abgrenzbaren Anzahl natürlicher Einzelpersonen steht und von dieser kontrolliert wird, Stiftung Familienunternehmen, Definition aus: Die volkswirtschaftliche Bedeutung der Familienunternehmen, 5. Aufl. 2019, S. 3, abrufbar unter h https://madoc.bib.uni-mannheim.de/53213/1/Die-volkswirtschaftliche-Bedeutung-der-Familienunternehmen-2019_Stiftung_Familienunternehmen.pdf (im Folgenden: Stiftung Familienunternehmen, Die volkswirtschaftliche Bedeutung der Familienunternehmen, 5. Aufl. 2019).

Unternehmen[5] sind ca. 2.947.000 familienkontrolliert.[6] Etwa 2.828.000 der familienkontrollierten Unternehmen sind dabei eigentümergeführt.[7]

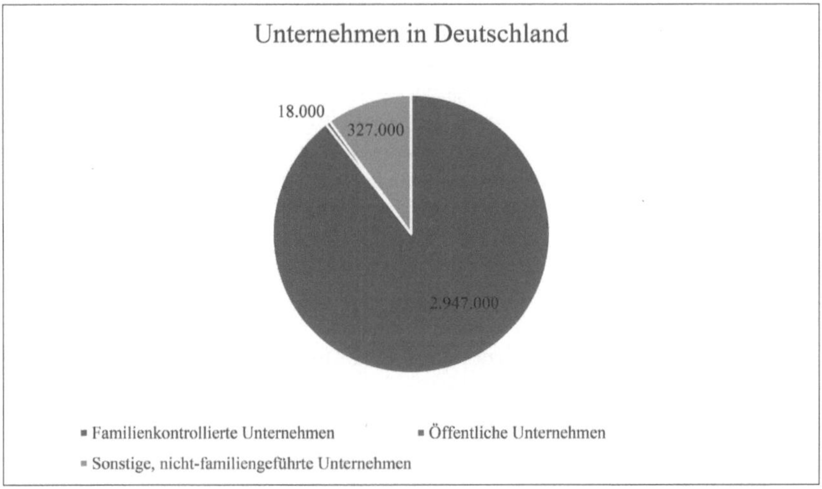

Abbildung 1, Quelle: Die volkswirtschaftliche Bedeutung der Familienunternehmen, 5. Aufl. 2019, S. 6 (basierend auf Mannheimer Unternehmenspanel (MUP), Berechnungen der Leibniz-Zentrum für Europäische Wirtschaftsforschung GmbH Mannheim (ZEW)

Rechnet man die öffentlichen Unternehmen nicht mit ein, haben familienkontrollierte Unternehmen in Deutschland einen Anteil von ca. 52 % am Gesamtumsatz.[8] Auch der Anteil von Familienunternehmen an der Gesamtbeschäftigung – 58 %[9] (ohne öffentliche Unternehmen) – zeigt, welche Bedeutung die familienkontrollierten Unternehmen für die deutsche Volkswirt-

5 Ausgenommen sind hier die Wirtschaftszweige Land- und Forstwirtschaft, Fischerei und Fischzucht, öffentliche Verwaltung, Verteidigung, Sozialversicherung, Kindergärten, Schulen, Interessenvertretung und kirchliche beziehungsweise (bzw.) andere religiöse Vereinigungen, Privathaushalte, exterritoriale Organisationen und Vereine, siehe Stiftung Familienunternehmen, Die volkswirtschaftliche Bedeutung der Familienunternehmen, 5. Aufl. 2019, S. 6.

6 Stiftung Familienunternehmen, Die volkswirtschaftliche Bedeutung der Familienunternehmen, 5. Aufl. 2019, S. 6.

7 Stiftung Familienunternehmen, Die volkswirtschaftliche Bedeutung der Familienunternehmen, 5. Aufl. 2019, S. 5.

8 Stiftung Familienunternehmen, Die volkswirtschaftliche Bedeutung der Familienunternehmen, 5. Aufl. 2019, S. 7.

9 Stiftung Familienunternehmen, Die volkswirtschaftliche Bedeutung der Familienunternehmen, 5. Aufl. 2019, S. 7.

schaft haben. Dies hebt die besondere Stellung der Familienunternehmen in Deutschland hervor und macht – neben weiteren, im folgenden erläuterten Aspekten – deutlich, weshalb sie Fokus der vorliegenden Untersuchung sind.

Dabei sind die Familienunternehmen weitestgehend in kleineren Beschäftigungsklassen vertreten. Während 88 % der Unternehmen mit bis zu 49 Beschäftigten familienkontrollierte Unternehmen darstellen, liegt ihr Anteil bei Unternehmen mit 500 oder mehr Mitarbeitern lediglich bei 31 %.[10] Dies erklärt auch, weshalb Familienunternehmen oft mit mittelständischen Unternehmen gleichgesetzt werden. Gleichwohl bedarf es hier einer klaren Unterscheidung. Während kleine und mittelständische Unternehmen (KMU) an Maßgaben wie Umsatz- und Beschäftigtengröße gemessen werden,[11] lassen sich Familienunternehmen hierdurch nicht einordnen. KMU sind im Gegensatz zu den Familienunternehmen damit quantitativ eingrenzbar. Dagegen zeichnen sich Familienunternehmen insbesondere durch die hinter ihnen stehende Familie aus und unterliegen keinen Größenbeschränkungen (zur Definition siehe § 3 A). Dennoch gibt es in der Praxis hier vielfach Überschneidungen.

Die zunehmende Regulierung einzelner Branchen führt dazu, dass Unternehmen sich vermehrt mit den für sie geltenden Bestimmungen auseinandersetzen und neue Organisationsstrukturen schaffen müssen. Konflikte im Kreis der Gesellschafter und ihrer Organe über die Ausgestaltung der Strukturen bleiben da nicht aus. Daher mag es nicht verwundern, dass in Familienunternehmen, wo neben wirtschaftliche auch persönliche Interessen treten, Konflikte ebenfalls nicht auf sich warten lassen. Dabei können Streitfelder besonders auch im Rahmen der Nachfolge im Unternehmen, der Ausrichtung und Organisation des Unternehmens, der Kapitalausstattung und divergierender Entwicklungsvorhaben entstehen. Das Konfliktpotenzial kann sich dabei nicht nur aus Uneinigkeiten hinsichtlich dieser objektivierbaren Aspekte des Unternehmens ergeben, sondern auch aus persönlichen Streitigkeiten unter einzelnen Familienmitgliedern und damit den Gesellschaftern des Unternehmens. Vor allem persönliche Konflikte, die sich im Gesellschafterkreis ergeben können, sind nicht unbeachtlich und bedürfen zwingend einer Klärung, um das Fortbestehen der Unternehmen zu sichern.

Als prominentes Beispiel für Familienstreitigkeiten mit direkten Auswirkungen auf das Unternehmen seien hier zunächst die Familien Albrecht zu nennen, denen die Supermarkt-Discounter Aldi gehören. Hier wurde bereits an-

10 Stiftung Familienunternehmen, Die volkswirtschaftliche Bedeutung der Familienunternehmen, 5. Aufl. 2019, S. 8.

11 Stiftung Familienunternehmen, Die volkswirtschaftliche Bedeutung der Familienunternehmen, 5. Aufl. 2019, S. 51.

fänglich im Jahr 1961, wegen Uneinigkeiten das Sortiment des Discounters betreffend, eine Trennung in Aldi Nord und Aldi Süd vorgenommen. Jahrelang war die Familie sehr zurückhaltend, lebte bescheiden und fiel nicht durch den Besitz etwaiger Statussymbole wie kostspieliger Autos auf. Der Tod des Sohns von Aldi-Gründer Theo Albrecht löste jedoch einen medienwirksamen Streit über den Nachlass von Berthold Albrecht aus und endete in einigen Prozessen zwischen der Witwe und dem Bruder des verstorbenen sowie der Führung von Aldi Nord.[12]

Auch im Oetker-Konzern kam es durch den Tod des damaligen Familienoberhaupts Rudolf-August Oetker zu Streitigkeiten zwischen dessen acht Erben. Dieser Streit hatte unter anderem zur Folge, dass eine Fusion zwischen der unternehmenseigenen Schifffahrtslinie Hamburg Süd und Hapag Lloyd scheiterte. Der Konflikt unter den Halbgeschwistern hat dazu geführt, dass das Unternehmen in einerseits die Tochtergesellschaften Henkell & Co. Sektkellerei, Martin Braun Backmittel KG, die Chemiefabrik Budenheim, die Hotelsparte sowie einige Immobilien und die Kunstsammlung von Rudolf-August Oetker und andererseits, der umsatzstarke Teil mit Lebensmitteln, die Radeberger Gruppe und einige Hotels im Jahr 2021 aufgespalten wurde. Vorherige Versuche, über die Besetzung des Beirats und den Verkauf von Unternehmenssparten Frieden herzustellen, scheiterten.[13]

Die typische Unternehmerfamilie ist einerseits Teil des wirtschaftlichen Geschehens und trägt andererseits eine ganz persönliche Verantwortung für den wirtschaftlichen Erfolg des Unternehmens. Bedingt durch Generationenwechsel stehen dabei heute viele Familienunternehmen vor verschiedenen Herausforderungen. Die Gesellschaften beschäftigt insbesondere, wie sinnvolle Nachfolgeregelungen gefunden werden können, um den unterneh-

12 Siehe unter anderem *Özgenc*, Business Insider, 88.000 Euro netto im Monat und noch ein paar Extras obendrauf: Vertrauliche Dokumente enthüllen, was die Aldi-Witwe Babette Albrecht kassiert, erschienen am 9. April 2021, abrufbar unter https://www.businessinsider.de/wirtschaft/88000-euro-netto-im-monat-und-extras-obendrauf-vertrauliche-dokumente-enthuellen-was-die-aldi-witwe-babette-albrecht-kassiert-a/; Kolf, Handelsblatt, Schleichende Revolution: Warum Aldi Nord und Süd zusammenrücken, erschienen am 25. August 2019, abrufbar unter https://www.handelsblatt.com/unternehmen/mittelstand/familienunternehmer/die-groessten-familienunternehmen-der-welt-schleichende-revolution-warum-aldi-nord-und-sued-zusammenruecken/24934468.html.

13 FAZ, Oetker wird aufgespalten, erschienen am 22. Juli 2021, abrufbar unter https://www.faz.net/aktuell/wirtschaft/unternehmen/dr-oetker-unternehmen-wird-aufgespalten-17449722.html; *Müßgens*, FAZ, Oetker erwägt Aufspaltung in zwei Teile, erschienen am 24. Juni 2019, abrufbar unter https://www.faz.net/aktuell/wirtschaft/unternehmen/oetker-erwaegt-aufspaltung-um-familienkonflikt-zu-loesen-16250175.html.

merischen Erfolg und damit auch die Arbeitsplätze von über 60 % der in Deutschland beschäftigten Arbeitnehmer[14] weiterhin sicherzustellen.

Wo kapitalmarktorientierte Unternehmen Corporate Governance-Bestrebungen durchsetzen sollen, muss der Ansatz bei Familienunternehmen noch darüber hinausgehen. Der Fokus liegt hier nicht nur darauf, dass die Gesellschaft nach den Grundsätzen guter Unternehmensführung aufgestellt wird sondern vielmehr geht es auch darum, dass die sich aus der Familienbezogenheit ergebenden, nicht notwendigerweise wirtschaftlichen, Konflikte präventiv aufgelöst und damit in Gänze vermieden werden. Hierfür wird vermehrt auf die sogenannte (sog.) *Family Business Governance* gesetzt. Jedoch findet diese – anders als im Aktienrecht für börsennotierte Gesellschaften – keine gesetzliche Verankerung. Der Governance Kodex für Familienunternehmen (GKFU) stellt zwar Leitlinien für die verantwortungsvolle Führung von Familienunternehmen zur Verfügung, er ist jedoch rechtlich nicht bindend. Seine letzte Überarbeitung wurde im Mai 2021 veröffentlicht und soll Anforderungen der „neuen Normalität"[15] besser abdecken und sich an verändernde Rahmenbedingungen anpassen. Ein Kodex in Form von Leitlinien soll der Vielfältigkeit von Familienunternehmen eher gerecht werden als starre, verbindliche Regelungen.

Die soeben beschriebenen Konflikte sind nicht das Einzige, was durch gute Governance vermieden werden kann und soll. Neben dem Konfliktpotenzial, welches sich durch die familiäre Verbindung der Gesellschafter ergeben kann, stehen Familienunternehmen ebenso wie alle anderen Unternehmen in Deutschland vor der Herausforderung, sich gesetzestreu – also compliant – zu verhalten und dieses Verhalten auch innerhalb des Unternehmens sicherzustellen. Diese sog. Compliance-Bestrebungen sind integraler Bestandteil einer gut funktionierenden Corporate Governance. Dabei ist Compliance zwar Chefsache, bedarf aber immer auch der Überwachung und Unterstützung durch die Gesellschafter und Aufsichtsgremien des Unternehmens.

Weshalb Compliance für Unternehmen so wichtig ist, haben bereits zahlreiche Unternehmensskandale gezeigt, die zumindest in Teilen durch geeignete Compliance-Maßnahmen hätten verhindert werden können. Beispielhaft zu nennen sind hier unter anderem die Abgasaffäre um den VW Konzern, der Bilanzskandal um den FinTech-Dienstleister Wirecard sowie diverse Vorfälle bei der Deutschen Bank wie deren Hypotheken-Geschäfte in den USA, Zinsmanipulationen, Geldwäsche sowie die Beteiligung am Libor-Skandal, welche die Deutsche Bank zwischen 1995 und 2019 20 Milliarden € an

14 Stiftung Familienunternehmen, Stiftung Familienunternehmen, Die volkswirtschaftliche Bedeutung der Familienunternehmen, 5. Aufl. 2019, S. 1.

15 Siehe http://www.kodex-fuer-familienunternehmen.de.

Strafzahlungen gekostet haben.[16] Dass von solchen Compliance-Vorfällen Familienunternehmen nicht verschont bleiben, hat verschiedene Gründe. Einerseits wird durch Unternehmenswachstum die Kontrolle der einzelnen Unternehmensteile immer komplexer. Dies zeigt auch der Bestechungsskandal bei der Fresenius Medical Care, die Teil der Fresenius Gruppe ist. Hauptaktionär des Konzerns ist die Else-Kröner-Fresenius-Stiftung, die von der damaligen Geschäftsführerin gegründet wurde und auch heute den Fortbestand des Unternehmens sichern soll, was den Konzern nach wie vor als Familienunternehmen qualifiziert.[17] Die Fresenius Medical Care soll in den Jahren 2007 bis 2016 maßgeblich an Bestechungen von Ärzten und Klinikverantwortlichen beteiligt gewesen sein, bei denen es um Dialyse-Produkte geht, die das Hauptgeschäft des Medizintechnikherstellers ausmachen. Während in den USA bereits Vergleichszahlungen in Höhe von 231,7 Millionen US-Dollar fällig wurden, muss die Fresenius Medical Care in Deutschland weiterhin mit strafrechtlicher Verfolgung rechnen.[18]

Einer der Aspekte, der die Compliance in Familienunternehmen weiter deutlich erschweren kann, ist eine teilweise veraltete Denkweise, die unter anderem auch Geschäftspraktiken, die heute per Gesetz schon verboten sind, weiterhin als à jour befindet und sie deswegen nicht abstellt. So hat der gleichnamige Firmeninhaber des Pipeline-Herstellers Vietz 2010 behauptet, selbst bereits mehrfach Schmiergelder für Geschäfte im Ausland gezahlt zu haben, da dies ansonsten zu einem Verlust von Aufträgen führen würde.[19] Diese Aussage zog ein Ermittlungsverfahren gegen Eginhard Vietz nach sich, welches gegen Zahlung von 50.000 € eingestellt wurde. Kurz danach übernahm seine Frau die Geschäftsführung des Unternehmens.

Konfliktfelder in Familienunternehmen ergeben sich außerdem aufgrund der familiären Verbundenheit der Gesellschafter. Einerseits kann das Vertrauen in die anderen Gesellschafter zu einer gewissen Arglosigkeit für Fehlverhalten und Verstöße führen. Andererseits mangelt es hier oftmals – so eher bei

---

16 Business Insider, Das waren die spektakulärsten Skandale der Dax-Unternehmen, erschienen am 26. Juni 2020, abrufbar unter https://www.businessinsider.de/wirtschaft/wirecard-bayer-und-co-die-groessten-skandale-der-dax-unternehmen-1/.

17 Die deutsche Wirtschaft, Die Top-100 der größten Familienunternehmen in Deutschland, Stand: 8. Februar 2022, abrufbar unter https://die-deutsche-wirtschaft.de/die-liste-der-1000-groessten-familienunternehmen-in-deutschland/?gclid=CjwKCAiA6Y2QBhAtEiwAGHybPWEbPc7GeivZ8bMl5GEpYV8YKSovmgAIF-pOuDZurc8-VB2USDRX4hoCOvoQAvD_BwE#top100.

18 Business Insider, Das waren die spektakulärsten Skandale der Dax-Unternehmen, erschienen am 26. Juni 2020, abrufbar unter https://www.businessinsider.de/wirtschaft/wirecard-bayer-und-co-die-groessten-skandale-der-dax-unternehmen-1/.

19 Jahn, FAZ, Ohne Schmiergeld gehe es nicht, erschienen am 21. August 2010, abrufbar unter https://www.faz.net/aktuell/wirtschaft/recht-steuern/bekenntnis-zur-korruption-ohne-schmiergeld-gehe-es-nicht-11023771.html.

kleineren Unternehmen ohne Aufsichtsgremium – an externer Kontrolle. Obwohl sich auch Familienunternehmen gesetzestreu verhalten müssen, zeigt sich, dass sie in Bestrebungen des Gesetzgebers zur gesetzlichen Regelung der Compliance nicht ausreichend bedacht werden. Der Regierungsentwurf für ein Gesetz zur Stärkung der Integrität in der Wirtschaft (Verbandssanktionengesetz) vom 16.06.2020, der inzwischen durch die neue Regierung der Ampel-Koalition aufgegeben wurde, ließ eine ausreichende Beachtung der speziellen Situation der Familienunternehmen vermissen. Danach sollte beispielsweise eine Sanktionierung des Unternehmens in direkter Weise den Eigentümer treffen. Dieser hätte darüber hinaus auch strafrechtlich belangt werden können, was zu einer Doppelbestrafung und mithin einer Verletzung des *ne bis in idem*-Grundsatzes geführt hätte. Dieser und weitere Aspekte, die im Laufe der Arbeit dargelegt werden sollen, zeigen, dass Familienunternehmen trotz ihrer hervorgehobenen Stellung in der Gesellschaft und Wirtschaft keine ausreichende Beachtung seitens des Gesetzgebers finden. Insbesondere für kommende Gesetzesvorhaben wäre daher eine Sensibilisierung für die Situation der Familienunternehmen wünschenswert.

In Familienunternehmen übernehmen Familienmitglieder oft die Rolle der Geschäftsführung. Corporate Governance und Compliance sind wichtige Aufgaben der Geschäftsführung. Doch auch Aufsichtsorgane können hierfür verantwortlich sein. In Kapitalgesellschaften mit zwingend vorgeschriebenen Aufsichtsorganen wie der Aktiengesellschaft (AG), trifft auch diese eine Pflicht zur Einhaltung. Dies ist unbestritten. Die GmbH ist in Bezug auf Familienunternehmen die am häufigsten vorkommende Gesellschaftsform der Kapitalgesellschaften.[20] So sind 78 Prozent aller GmbHs in Deutschland familienkontrolliert, während dies lediglich bei 39 Prozent der Aktiengesellschaften der Fall ist.[21] Im Hinblick auf die GmbH, die nur bei einer Beschäftigtenzahl von mehr als 500 Mitarbeitern einen Aufsichtsrat vorschreibt, stellt sich daher die Frage, was für diese im Hinblick auf die Governance und die Compliance gelten soll. Neben der Einrichtung eines Beirats können diverse Instrumente herangezogen werden, die zur Umsetzung von Governance- und Compliance-Maßnahmen beitragen können.

Aber nicht nur die Zuständigkeit für Aufgaben aus dem Bereich der Corporate Governance und Compliance stellen Familienunternehmen vor Herausforderungen. Vielmehr können nicht alle Instrumente, die in Unternehmen ohne Familienbeteiligung angewendet werden, ohne weiteres auf Familien-

---

20 Siehe hierzu https://www.destatis.de/DE/Themen/Staat/Steuern/Umsatzsteuer/Publikationen/Downloads-Umsatzsteuern/umsatzsteuer-2140810207004.html , von 1.037.010 steuerpflichtigen Personen- und Kapitalgesellschaften in Deutschland im Jahr 2018, waren 544.738 Kapitalgesellschaften in Form der GmbH.

21 Stiftung Familienunternehmen, Die volkswirtschaftliche Bedeutung der Familienunternehmen, 5. Aufl. 2019, Seite 12.

unternehmen übertragen werden. Mangels entsprechender Vorgaben bei der GmbH, die es im Gegensatz dazu bei Aktiengesellschaften gibt, sowie aufgrund der hohen Anzahl von Familienunternehmen in der Rechtsform der GmbH, soll Gegenstand der Untersuchung der Einfluss von Governance-Instrumenten und Compliance-Maßnahmen auf Familienunternehmen in ebendieser Rechtsform sein.

Dabei soll der Fokus der Bearbeitung auf den Unterschieden zwischen Familienunternehmen und börsennotierten (nicht-familienkontrollierten) Aktiengesellschaften liegen. Dies ergibt sich einerseits aus der Tatsache, dass der Deutsche Corporate Governance Kodex (DCGK) für börsennotierte Aktiengesellschaften konzipiert wurde und den Bedürfnissen der Familienunternehmen nicht vollständig gerecht werden kann. Zusätzlich hierzu sind auch Regelungen im Compliance-Bereich hauptsächlich auf Aktiengesellschaften gemünzt, während andere Gesellschaftsformen lediglich auf die Ausführungen hierzu verwiesen werden. Dies trifft insbesondere auch auf Familienunternehmen zu, die mangels eindeutig festlegbarer Größe und Rechtsform individuelle Lösungen brauchen und nicht uneingeschränkt Regelungen oder Leitlinien von nicht-familienkontrollierten Aktiengesellschaften übernehmen können und sollen. Dabei wird insbesondere die spezifische Gefährdungslage in Familienunternehmen beleuchtet und die sich daraus ergebende Zielsetzung von Governance-Strukturen untersucht.

Neben den Verpflichtungen, die sich im Rahmen von Veröffentlichungen im Transparenzregister ergeben, gibt es bezogen auf die Corporate Governance im Bereich der Familienunternehmen kaum gesetzliche Regelungen. Angesichts der fehlenden Normierung und der Orientierung an Best Practice-Grundsätzen, wie sie unter anderem von börsennotierten Gesellschaften bekannt sind, soll diese Arbeit aufzeigen, was gangbare Lösungen für eine gute Governance in Familienunternehmen sind. Eine besondere Beachtung findet dabei der Beirat, der in seinen verschiedenen Facetten zur Konfliktvermeidung und -lösung beitragen kann. Ob und wie er eine Rolle bei der Umsetzung von Compliance im Unternehmen – und damit letztendlich auch zur sog. Good Corporate Governance – spielen kann und soll, wird im Folgenden untersucht. Anlass hierzu bietet vor allem eine bis dato eher stiefmütterliche Behandlung dieses Themas in der Literatur.[22]

Ziel ist es, aus den gewonnenen Erkenntnissen zu Corporate Governance und Compliance Handlungsoptionen für Familienunternehmen in beiden Bereichen aufzuzeigen. Dabei sollen neben den Anforderungen, die die Unternehmen zu erfüllen haben, vor allem deutlich werden, in welcher Form Zuständigkeiten geregelt werden und die besonderen Risiken, die sich bei

22 Siehe allgemein zur Auseinandersetzung mit Familienunternehmen in Literatur und Rechtsprechung: *Holler,* DStR 2019, 880, 882; *Ulmer*, ZIP 2010, 549, 550.

Familienunternehmen ergeben, berücksichtigt werden können, ohne dabei den individuellen Charakter der Familienunternehmen außer Acht zu lassen.

wird der Zweck von Corporate Compliance erläutert (dazu § 5 D). Im Bereich der Compliance gab es in den letzten Jahren immer wieder Bestrebungen, einen gesetzlichen Rahmen für Compliance-Maßnahmen präventiver und repressiver Art aufzustellen, um Unternehmen hier mehr Rechtssicherheit zu bieten. Das letzte Vorhaben des Gesetzgebers hierzu ist indes gescheitert, sodass sich die Frage stellt, welche neuralgischen Punkte für kommende Gesetzesvorhaben zu berücksichtigen sind (dazu§ 5 E). In einem weiteren Schritt erfolgt die Betrachtung der Compliance-Strukturen in Familienunternehmen. Diese bedarf aufgrund der Individualität von Familienunternehmen besonderer Anpassungen an die jeweilige Unternehmenssituation (dazu § 5 G).

Abschließend werden Handlungsoptionen für Familienunternehmen in den Bereichen der Corporate Governance und Compliance behandelt (dazu § 6). Dafür wird zunächst auf die Mechanismen der Family Business Governance eingegangen. Hierbei werden verschiedene Mechanismen diskutiert, die zur Konfliktvermeidung und -lösung beitragen können und anschließend deren Implementierung in die Gesellschaft näher beleuchtet. Dabei wird auch die Einbindung freiwilliger Aufsichtsgremien dargestellt (dazu § 6 A). Anschließend werden die verschiedenen Optionen hinsichtlich der Compliance-Mechanismen in Familienunternehmen dargelegt. Dazu werden zunächst verschiedene Leitlinien vorgestellt, die Familienunternehmen bei der Umsetzung von Compliance helfen können. Weiter werden die Aufsichtsgremien in Gesellschaften vorgestellt und anschließend die mögliche Zusammensetzung sowie die Anforderungen, die an einen Beirat im Familienunternehmen zu stellen sind, diskutiert. Danach wird die besondere Aufgabe des Beirats im Zusammenhang mit der Compliance-Organisation des Unternehmens diskutiert und erörtert, inwieweit dieser berechtigt und verpflichtet ist, auf diese Einfluss zu nehmen (dazu § 6 B).

§ 3 Begriff und Merkmale des Familienunternehmens

Unter den Begriff des Familienunternehmens können verschiedene Unternehmenstypen subsumiert werden. Es gibt sie nicht nur in einer Rechtsform oder Größe. Dennoch gibt es verschiedene Definitionsansätze wie den der Europäischen Kommission oder den des Bonner Instituts für Mittelstandsforschung (IfM) (dazu § 3 A). Auch ein Sonderrecht für Familienunternehmen wird vielfach diskutiert, einheitliche Regelungen existieren indes nicht (dazu § 3 B). Um den Typus Familienunternehmen weiter eingrenzen zu können, wird auch anhand der verschiedenen Stufen des Lebenszyklus eines Familienunternehmens argumentiert (dazu § 3 C). Darüber hinaus gibt es Merkmale, die viele der Familienunternehmen in Deutschland erfüllen und die spezifisch für ebendiese sind (dazu § 3 D). Auch wenn Familienunternehmen nicht auf eine Rechtsform festgelegt sind, weisen die einzelnen Formen Vor- und Nachteile auf, die vor der Rechtsformwahl Beachtung finden sollten (dazu § 3 E).

A. Definition des Familienunternehmens

Eine verbindliche Definition des Begriffs der Familienunternehmen existiert nicht. Insbesondere sind Familienunternehmen weder an eine bestimmte Größe noch an eine bestimmte Rechtsform gebunden, sodass die Abgrenzung zu Nicht-Familienunternehmen nicht zwangsläufig anhand dieser Parameter erfolgen kann.[23] Es gibt jedoch verschiedene Definitionsansätze, die im Folgenden dargelegt werden.

I. Gesetzliche Grundlage

Gem. § 1 Abs. 1 Nr. 1 S. 3 Drittelbeteiligungsgesetz (DrittelbG) sind Familiengesellschaften solche Aktiengesellschaften, deren Aktionär eine einzelne natürliche Person ist oder deren Aktionäre untereinander im Sinne von § 15 Abs. 1 Nr. 2 bis 8, Abs. 2 der Abgabenordnung (AO) verwandt oder verschwägert sind.

Diese Legaldefinition kann in zweierlei Hinsicht nicht als allgemeingültige Begriffsbestimmung herangezogen werden. Zunächst beschränkt sie sich dem Wortlaut nach nur auf Aktiengesellschaften und über § 1 Abs. 1 Nr. 2 S. 2 DrittelbG auf die Kommanditgesellschaft auf Aktien (KGaA). Wie unter § 1

23 *Woywode/Keese/Tänzler*, ZGR 2012, 418, 421; *Habersack*, in Tröger/Wilhelmi, Rechtsfragen der Familiengesellschaften, 2006, S. 21; *Lange*, BB 2005, 2585 f.

dargelegt, kommen Familienunternehmen jedoch in verschiedenen Rechtsformen vor und können insbesondere auch GmbH oder Personengesellschaft sein, sodass § 1 Abs. 1 Nr. 1 S. 3 DrittelbG nicht für alle Familienunternehmen Geltung beanspruchen kann. Auch der Begriff „Familiengesellschaft“ schränkt die Einordnung eines Unternehmens als Familienunternehmen zu stark ein, da auch Einzelunternehmen, die nicht als Gesellschaften zu qualifizieren sind, Familienunternehmen sein können. Deswegen soll im weiteren Verlauf der Begriff Familienunternehmen vorrangig Anwendung finden (hierzu auch § 3 B).

Darüber hinaus sollen Unternehmen i. S. d. § 1 Abs. 1 Mitbestimmungsgesetz (MitbestG) sowie die in § 1 des Montan-Mitbestimmungsgesetzes (Montan-MitbestG) und die in den §§ 1 und 3 Abs. 1 des Montan-Mitbestimmungsergänzungsgesetzes bezeichneten Unternehmen aus dem Anwendungsbereich des DrittelbG ausgenommen werden. Dies ergibt sich bereits aus § 1 Abs. 1 S. 2 Nr. 1 DrittelbG. Eine solche Einschränkung wird jedoch den verschiedenen Arten von Familienunternehmen nicht gerecht. Diese zeichnen sich vor allem durch ihre Flexibilität aus und können je nach Bedarf auch ihre Rechtsform ändern. Eine gesetzliche Festlegung des Begriffes existiert mithin nicht. Um den Begriff näher einzugrenzen, bestehen daher mehrere Definitionsansätze. Der Begriff familiäre Verbundenheit umfasst dabei zunächst alle durch Verwandtschaft, Schwägerschaft oder Ehe verbundenen Personengruppen[24] und soll als Grundlage der folgenden Überlegungen dienen.

II. Ansatz der Europäischen Kommission

Die Europäische Kommission legt für KMU die folgende Definition zu Grunde: „Als Unternehmen gilt jede Einheit, unabhängig von ihrer Rechtsform, die eine wirtschaftliche Tätigkeit ausübt. Dazu gehören insbesondere auch jene Einheiten, die eine handwerkliche Tätigkeit oder andere Tätigkeiten als Einpersonen- oder Familienbetriebe ausüben, sowie Personengesellschaften oder Vereinigungen, die regelmäßig einer wirtschaftlichen Tätigkeit nachgehen.“.[25]

Über diese Definition hinaus hält die Kommission in ihrer Empfehlung von 2003 auch finanzielle Schwellenwerte sowie Maßgaben hinsichtlich der Mitarbeiterzahlen fest. Wie bereits die statistische Auswertung der Stiftung

---

24 *Hommelhoff*, in Tröger/Wilhelmi, Rechtsfragen der Familiengesellschaften, 2006, S. 65, 66.

25 Empfehlung der Kommission vom 6. Mai 2003 betreffend die Definition der Kleinstunternehmen sowie der kleinen und mittleren Unternehmen, in: Amtsblatt der Europäischen Union, (2003/361/EG).

Familienunternehmen gezeigt hat (hierzu § 1 gibt es auch Familienunternehmen, die mehr als 250 Personen beschäftigen und einen höheren Jahresumsatz als 50 Mio. € aufweisen, mithin also nicht unter die Definition der Europäischen Kommission fallen (vergleiche (vgl.) hierzu Art. 2 der Empfehlung der Kommission (2003/361/EG)).

Wie unter § 1 bereits dargelegt, können KMU jedoch nicht mit Familienunternehmen gleichgesetzt werden. Vielmehr können sie auch deutlich mehr Mitarbeiter und/oder Umsatz haben als KMU. So gehören auch Unternehmen wie die Fresenius Gruppe mit einem Umsatz von 36.277 Mio. € oder die Merck KGaA mit einem Umsatz von 17.500 Mio. € zu den größten Familienunternehmen Deutschlands.[26] Unabhängig von Umsatz und Mitarbeiterzahlen werden sie dennoch als Familienunternehmen wahrgenommen, sodass die eben dargelegte Definition der Europäischen Kommission hier nicht herangezogen werden kann.

In Zusammenarbeit mit einer Expertengruppe hat die Europäische Kommission 2007 eine Definition für Familienunternehmen eingeführt, deren Verwendung den Mitgliedsstaaten empfohlen wird. Diese Definition soll den verschiedenen Arten und Größen von Familienunternehmen gerecht werden. Danach ist ein Unternehmen beliebiger Größe ein Familienunternehmen, wenn: *„(1) sich die Mehrheit der Entscheidungsrechte im Besitz der natürlichen Person(en), die das Gesellschaftskapital des Unternehmens erworben hat/haben oder im Besitz ihrer Ehepartner, Eltern, ihres Kindes oder der direkten Erben ihres Kindes befindet, und (2) die Mehrheit der Entscheidungsrechte direkt oder indirekt besteht, und/oder (3) mindestens ein Vertreter der Familie oder der Angehörigen offiziell an der Leitung bzw. Kontrolle des Unternehmens beteiligt ist*“.[27] Für börsennotierte Unternehmen legt die Europäische Kommission außerdem fest, dass von einem Familienunternehmen dann ausgegangen werden kann, wenn die Person/en, die das Unternehmen gegründet oder das Gesellschaftskapital erworben hat/haben oder deren Familien oder Nachfahren aufgrund ihres Anteils am Gesellschaftskapital mindestens 25 % der Stimmrechte hält/halten.[28] Diese Definition ist sehr umfassend und legt ihren Fokus auf den Einfluss der Familie über Entscheidungsrechte im Unternehmen sowie die zumindest mittelbare Beteiligung an der Leitung des Unternehmens.

---

26 Siehe die Top-100 der größten Familienunternehmen Deutschlands, Die Deutsche Wirtschaft, abrufbar unter https://die-deutsche-wirtschaft.de/die-liste-der-1000-groessten-familienunternehmen-in-deutschland/#top100.

27 Siehe Definition der Europäischen Kommission, abrufbar unter https://ec.europa.eu/growth/smes/supporting-entrepreneurship/family-business_en (im Folgenden Definition der Europäischen Kommission).

28 Definition der Europäischen Kommission.

III. Definitionsansätze aus der Literatur

Darüber hinaus existieren auch in der Literatur verschiedene Ansätze zur Definition von Familienunternehmen. So wird ein Familienunternehmen unter anderem dann angenommen, wenn die Anteile an der Gesellschaft von mehreren familiär verbundenen Personen gehalten werden.[29] Dabei steht es der Einordnung einer Gesellschaft als Familienunternehmen nicht entgegen, wenn neben den familiär verbundenen Anteilseignern auch andere Personen beteiligt sind.[30]

Ein anderer Ansatz geht darüber hinaus und definiert das Familienunternehmen über das Verhältnis zwischen dem Einfluss der Familie in den Kontrollorganen der Gesellschaft und dem Anteil der Familie am Gesellschaftskapital.[31] Vertreter dieser Ansicht wollen nur dann vom Vorliegen eines Familienunternehmens ausgehen, wenn sich eine Kontrollmehrheit bei einer Person beziehungsweise mehreren Mitgliedern der Familie abzeichnet.[32] Andere lassen bereits eine Kontrollmehrheit in den Händen der Familie genügen, während wieder andere Vertreter dieser Definitionsrichtung es ausreichen lassen, dass die Familie oder Familien einen maßgeblichen Einfluss auf die Geschäftsführung aufgrund ihrer Eigentümerstellung ausüben.[33]

Im Ergebnis sind danach diejenigen Unternehmen als Familienunternehmen zu bezeichnen, deren Kapital in den Händen einer beziehungsweise mehrerer Familien liegt, wodurch diese bezüglich der Vertragsgestaltung hinsichtlich der Rahmenbedingungen und der Besetzung von Leitungsfunktionen sowie der Gewinnverwendung einen bestimmenden Einfluss ausüben können und mithin die Entwicklung der Gesellschaft nachhaltig prägen.[34] Dabei kommt es nicht darauf an, dass auch die Geschäftsleitung durch die Familie übernommen wird.[35] Vielmehr soll die Familie in der Lage sein, die grundlegenden Entscheidungen im Unternehmen zu beeinflussen.[36] Dies kann insbesondere über die Gesellschafterversammlung oder ein eigenes Kontrollgremium – wie beispielsweise einem Beirat – erfolgen.[37]

Weiterhin kann auch eine generationsübergreifende Ausrichtung als zusätzliches Kriterium für die Annahme eines Familienunternehmens heran-

29 *W. Sigle*, FS Rowedder, 1994, 459, 460.

30 *W. Sigle*, FS Rowedder, 1994, 459, 460.

31 *Kirchdörfer*, FuS 2011, 32.

32 *Kirchdörfer*, FuS 2011, 32; vgl. auch *Woywode/Keese/Tänzler*, ZGR 2012, 418, 421; *Lange*, GmbHR 2006, 897.

33 *Kirchdörfer*, FuS 2011, 32; *Lange*, FS Hennerkes, 2009, 135, 137 f.

34 *Habersack*, in Tröger/Wilhelmi, Rechtsfragen der Familiengesellschaften, 2006, S. 20; *Maier*, in FS Walter Sigle, 2000, 51 f.

35 *Maier*, in FS Walter Sigle, 2000, 51 f.

36 *Hueck*, Die Familienverfassung, 2017, S. 25.

37 *Lange*, BB 2005, 2585, 2586.

gezogen werden. Zumindest der Fortführungswille zugunsten einer Nachfolgegeneration sollte sich dafür in der Ausrichtung des Unternehmens manifestieren.[38] Um zu gewährleisten, dass nachfolgende Generationen weiterhin die Kontrolle über das Unternehmen ausüben können, werden im Gesellschaftsvertrag Vinkulierungs- und Nachfolgeklauseln festgehalten.[39] Diese sollen das meist unerwünschte Eindringen Dritter in das Unternehmen vermeiden.[40]

Eine andere Definitionsrichtung orientiert sich an der „Family Influence through Power, Experience and Culture (auch „F-PEC“)[41] und versteht den Begriff des Familienunternehmens nicht als starr festgelegten Begriff, sondern vielmehr fließend und immer mit Blick auf den tatsächlichen Einfluss, den eine Familie auf das Unternehmen ausübt.[42] Der F-PEC-Index erlaubt dabei einen Vergleich verschiedener Unternehmen anhand des Familieneinflusses auf die Gesellschaft und dessen Auswirkungen auf die Performance derselben.[43] Eine konkrete Einordnung in Familienunternehmen und Nicht-Familienunternehmen erfolgt hier nicht.

Die Gemeinsamkeit der dargestellten Ansätze liegt im Einfluss der Familie auf das Unternehmen – sei es durch die Mehrheit der Anteile in Familienhand oder auch die Beteiligung an der Leitung des Unternehmens.

IV. Weitere Definitionsansätze

Konkretere Anforderungen stellt das IfM. Nach deren Klassifizierung liegt ein Familienunternehmen vor, wenn bis zu zwei natürliche Personen oder ihre Familienangehörigen mindestens 50 % der Anteile des Unternehmens halten und diese natürlichen Personen auch der Geschäftsführung angehören.[44] Maßgeblich ist danach, dass sowohl die Eigentums- als auch die Leitungsrechte von der Familie selbst ausgeübt werden.

Die Stiftung Familienunternehmen, die an der Erarbeitung der Definition der Europäischen Kommission mitgearbeitet hat, übernimmt entsprechend

38 *Hueck*, Die Familienverfassung, 2017, S. 25; *Scherer*, BB 2010, 323; vgl. auch Stiftung Familienunternehmen, Die volkswirtschaftliche Bedeutung der Familienunternehmen, 5. Aufl. 2019, Seite 12.

39 *Hueck*, Die Familienverfassung, 2017, S. 25; *Scherer*, BB 2010, 323.

40 *Scherer*, BB 2010, 323.

41 *Klein/Astrachan/Smyrnios*, Family Business Review 15, no. 1 (March 2002), 45, 50.

42 *Woywode/Keese/Tänzler*, ZGR 2012, 418, 422; *Kirchdörfer*, FuS 2011, 32.

43 *Klein/Astrachan/Smyrnios*, Family Business Review 2002, 15, no. 1, 45, 50.

44 Definition der Familienunternehmen des Instituts für Mittelstandsforschung, abrufbar unter http://www.ifm-bonn.org/definitionen/familienunternehmen-definition/.

deren Definition.[45] Dies gilt ebenso für die European Group of Family Businesses (GEEF), die Dachorganisation für Familienunternehmen in Europa, die diesen als Interessenvertretung vor europäischen Institutionen dient. Damit geht diese Definition weiter als die des IfM, da sie die Kontrolle durch die Familie genügen lässt und die Leitung auch von außenstehenden Dritten übernommen werden kann.

V. Exkurs: Börsennotierte Familienunternehmen

Entgegen der Annahme, Familienunternehmen seien weit überwiegend KMU, finden sich auch unter den börsennotierten Unternehmen Familienunternehmen. Tatsächlich machen sie – je nach Definition (siehe unten) – 20–40 % der börsennotierten Unternehmen in Deutschland aus.[46] Es existieren auch hier verschiedene Ansätze zur Einordnung eines Unternehmens als Familienunternehmen. Drei Definitionsansätze (Founding Family Definition, Ultimate Owner Definition und Substantial Family Influence) wurden dabei in diversen deutschen Studien zu Familienunternehmen aufgegriffen[47] und sollen im Folgenden näher erläutert werden.

Die Founding Family Definition stellt auf die Unternehmensgründer bzw. deren Familie ab. Danach liegt ein Familienunternehmen vor, wenn die Gründerfamilie mindestens 25 % der Stimmrechte besitzt und/oder mindestens ein Mitglied der Gründerfamilie im Unternehmen als Vorstand oder Aufsichtsrat tätig ist.[48] Der geforderte Eigentumsanteil orientiert sich am jeweiligen Corporate-Governance-Kontext und beträgt in Deutschland entsprechend der Sperrminorität 25 %.[49] Diese Kontrollschwelle spielt eine gewichtige Rolle in deutschen Aktiengesellschaften. Dies ist darauf zurückzuführen, dass wichtige Entscheidungen wie die Abberufung eines Aufsichtsratsmitglieds gem. § 103 AktG oder Satzungsänderungen gem. § 179

45 Definition der Familienunternehmen der Stiftung Familienunternehmen, abrufbar unter https://www.familienunternehmen.de/de/definition-familienunternehmen.

46 Stiftung Familienunternehmen, Börsennotierte Familienunternehmen in Deutschland Bedeutung, Merkmale, Performance 2019, S. V, abrufbar unter https://www.econstor.eu/bitstream/10419/250033/1/1789537495.pdf (im Folgenden: Stiftung Familienunternehmen, Börsennotierte Familienunternehmen in Deutschland, 2019).

47 Stiftung Familienunternehmen, Börsennotierte Familienunternehmen in Deutschland 2019, S. 20, abrufbar unter https://papers.ssrn.com/sol3/papers.cfm?abstract_id=1490698 (im Folgenden: Stiftung Familienunternehmen, Börsennotierte Familienunternehmen in Deutschland, 2009).

48 Stiftung Familienunternehmen, Börsennotierte Familienunternehmen in Deutschland 2009, S. 22.

49 *Anderson/Reeb*, Journal of Financial Economics 2003, Vol. 58 No. 3, 1301 ff.; *Schmid/Ampenberger/Kaserer/Achleitner*, EFS-Working Paper 13, 2008, Technische Universität München, 2009.

AktG einer qualifizierten Mehrheit von 75% bedürfen. Ein Aktionär, der mindestens 25% der Aktien am Unternehmen hält, kann mithin solche Entscheidungen blockieren und hat einen großen Einfluss auf die Entscheidungen der Hauptversammlung.

Die Ultimate Owner Definition hingegen betrachtet nur die Eigentümerstruktur eines Unternehmens, die Organstruktur findet keine Beachtung.[50] Um ein Unternehmen unter diese Definition fassen zu können wird die gesamte Eigentümerstruktur betrachtet.[51] Ist eines der Familienmitglieder oder eine Familie ein Kontrollaktionär mit 10 oder 20% der Stimmrechte, ist das Unternehmen hiernach als Familienunternehmen zu qualifizieren, ohne dass es sich um die Gründerfamilie handeln muss.[52] Der Vorteil einer Betrachtung der gesamten Eigentümerstruktur ist, dass auch mittelbare Beteiligungen beispielsweise über Familienholding-Gesellschaften Beachtung finden.[53] Stellt man hierbei auf den Ultimate Owner ab, kann man die Stimmrechte dem wirtschaftlichen Eigentümer zurechnen.[54]

Ein weiterer Ansatz zur Einordnung eines Familienunternehmens, der auch zur Erweiterung der oben beschriebenen Definition herangezogen werden kann, ist das Konzept der Substantial Family Influence (SFI), wobei der Einfluss einer Familie auf ein Unternehmen auf Basis von drei verschiedenen Aspekten beurteilt wird.[55] Gemessen werden der prozentuale Anteil der Familie am Eigentum des Unternehmens, der prozentuale Anteil der Familie an der Unternehmensführung sowie der prozentuale Anteil der Familie am Kontrollorgan.[56] Von einem maßgeblichen Einfluss kann dann gesprochen werden, wenn die Familie einen der Aspekte vollständig dominiert oder der fehlende Einfluss bei einer Komponente durch eine andere kompensiert wird.[57] Die Summe der drei Komponenten muss 100% betragen, um ein Unternehmen als Familienunternehmen qualifizieren zu können.[58] Nicht

---

50 Stiftung Familienunternehmen, Börsennotierte Familienunternehmen in Deutschland 2009, S. 17.

51 Stiftung Familienunternehmen, Börsennotierte Familienunternehmen in Deutschland 2009, S. 17.

52 *La Porta/Lopez-de-Silanes/Shleifer*, Journal of Finance 1999, Vol. 54 Issue 2, 471 ff.; Franks/Mayer/Volpin/ Wagner, AFA 2009 San Francisco Meetings Paper, EFA 2009 Bergen Meeting Paper, 11.

53 Stiftung Familienunternehmen, Börsennotierte Familienunternehmen in Deutschland, 2019, S. 5.

54 Stiftung Familienunternehmen, Börsennotierte Familienunternehmen in Deutschland, 2019, S. 5.

55 *Klein*, Family Business Review 2000, Vol. 13 Issue 3, 157 f.

56 *Klein*, Family Business Review 2000, Vol. 13 Issue 3, 157 f.

57 *Klein*, Familienunternehmen, 3. Aufl. 2010, S. 17.

58 *Klein*, Familienunternehmen, 3. Aufl. 2010, S. 17.

kompensiert werden kann ein fehlender Eigentumsanteil, dieser muss größer als null Prozent sein.[59]

Dieser SFI wurde dahingehend modifiziert, dass bereits bei einer zur Hälfte durch die Familie dominierten Eigentümerstruktur oder auch bei einem geringeren Eigentumsanteil und entsprechender Involvierung der Familie in den Organen des Unternehmens, von einem signifikanten Einfluss der Familie ausgegangen werden kann.[60] Dies wird auf die Anforderungen an den Streubesitz und die damit einhergehende Verringerung des Anteilsbesitzes der Gründerfamilien zurückgeführt.[61] Diese müssen wegen der zunehmenden Professionalisierung auch die Organe nicht mehr überwiegend besetzen können.[62] Von einem signifikanten Einfluss kann danach ausgegangen werden, wenn die Eigentümerstruktur zur Hälfte von der Familie dominiert wird oder, wenn dieser Anteil geringer ist, die Familie entsprechend in den Organen der Gesellschaft repräsentiert ist, wobei der Eigentumsanteil dennoch niemals Null betragen darf.[63] Liegt ein Familienunternehmen im Sinne des modifizierten SFI vor, ist auch stets die Founding Family Definition erfüllt.

Alle drei Ansätze stellen auf die Eigentümerstruktur der Gesellschaft ab und fordern zumindest einen gewissen Stimmrechtsanteil, wobei die Founding Family Definition und der SFI über die Erfordernisse der Ultimate Owner Definition hinausgehen und einen Einfluss auch auf die Organe der jeweiligen Gesellschaft fordern. Diese Definitionen sind abgestimmt auf Aktiengesellschaften, können aber aufgrund der Gesellschaftsstruktur auf andere Rechtsformen nicht angewandt werden. Was hiervon jedoch übernommen werden kann ist die Frage nach dem Einfluss der Familie auf das Unternehmen, sei es durch den Eigentumsanteil am Unternehmen oder die Beteiligung an der Leitung und Kontrolle des Unternehmens (dies kommt zumindest bei der GmbH mit freiwillig eingerichtetem Beirat noch in Frage).

VI. Zwischenfazit

Die Gemeinsamkeit der dargestellten Ansätze liegt im Fokus auf den Einfluss einer Familie auf die Gesellschaft sowie der Anknüpfung an das Verhältnis zwischen Familie und Unternehmen. Demnach kann von einem

59 *Klein*, Familienunternehmen, 3. Aufl. 2010, S. 17.
60 Stiftung Familienunternehmen, Börsennotierte Familienunternehmen in Deutschland, 2019, S. 10.
61 Stiftung Familienunternehmen, Börsennotierte Familienunternehmen in Deutschland, 2019, S. 10.
62 Stiftung Familienunternehmen, Börsennotierte Familienunternehmen in Deutschland, 2019, S. 11.
63 Stiftung Familienunternehmen, Börsennotierte Familienunternehmen in Deutschland, 2019, S. 11.

Familienunternehmen dann gesprochen werden, wenn an einem Unternehmen beliebiger Größe und Rechtsform unmittelbar (oder auch mittelbar beispielsweise über Stiftungen) mehrheitlich eine oder mehrere Familien beteiligt sind, die untereinander auch verwandtschaftlich verbunden sind. Neben dieser Verbundenheit müssen die Mitglieder der Familie auch einen Einfluss auf die Strategie des Unternehmens haben, entweder über die Gesellschafterversammlung oder die Geschäftsführung oder über einen eingerichteten Beirat oder einen Vertreter im Aufsichtsrat.

Für die vorliegende Untersuchung wird daher angenommen, dass ein Familienunternehmen dann vorliegt, wenn eine Familie beherrschenden Einfluss auf das Unternehmen hat. Dieser ergibt sich aus der Inhaberschaft der am Unternehmen beteiligten Personen und aus der Möglichkeit zur tatsächlichen Einflussnahme auf die Gesellschaft, sei es durch die Gesellschafterstellung oder die Tätigkeit in der Geschäftsführung oder einem Aufsichtsorgan.

B. Recht der Familienunternehmen

Auch wenn Familienunternehmen Einzug in gesetzliche Regelungen (siehe § 1 Abs. 1 Nr. 1 S. 2 DrittelbG) gehalten haben, stellt das Recht der Familienunternehmen kein eigens geregeltes Sonderrecht dar. Während die betriebswirtschaftliche Forschung hier schon fortgeschritten ist, sind die Forschungen zum Recht der Familienunternehmen von rechtswissenschaftlicher Seite bisher noch am Anfang.[64]

Da es kein Sonderrecht für Familienunternehmen gibt, stammen die einzelnen, für sie relevanten Normierungen aus verschiedenen Rechtsgebieten. Von zentraler Bedeutung ist hierbei das Gesellschaftsrecht. Für Familienunternehmen ist ihr familiärer Einfluss wie unter § 3 A dargestellt besonders wichtig. Zur Sicherung desselben sowie des Familienvermögens sind gesellschaftsrechtliche Vereinbarungen sowie individuelle Nachfolgeregelungen entscheidend.[65] Die Rechtsgrundlage dieser Gestaltungsmöglichkeiten kann sich dabei sowohl aus den aus dem Gesellschaftsrecht bekannten Rechtsformen als auch aus dem Familien- und Erbrecht ergeben.[66]

Neben den genannten Rechtsgebieten spielen unter anderem auch das Stiftungs-, Steuer- und Arbeitsrecht eine Rolle. Durch die mannigfaltigen Möglichkeiten, die sich hieraus ergeben, entstehen auch Herausforderungen bei

64 *Kormann*, Governance des Familienunternehmens, 2017; *May*, Erfolgsmodell Familienunternehmen, 2012; *Holler*, DStR 2019, 880, 883; Ulmer, ZIP 2010, 549, 550.

65 *Holler*, DStR 2019, 880, 883.

66 *Holler*, DStR 2019, 880, 883.

der jeweiligen Gestaltung durch die Familienunternehmen.[67] Zwar spielt das Gesellschaftsrecht eine entscheidende Rolle und soll hier auch hauptsächlich beachtet werden, jedoch wäre eine Bezeichnung der Familienunternehmen als „Familiengesellschaften" in dieser Arbeit nicht angebracht, da wie bereits aufgezeigt, das Recht der Familienunternehmen von wechselseitigen Bezügen zu den anderen Rechtsgebieten geprägt ist. Diese sollen auch hier entsprechende Beachtung finden (siehe darüber hinaus § 3 A).

C. Lebenszyklus eines Familienunternehmens

Die verschiedenen Typen von Familienunternehmen sollen im Folgenden anhand der unterschiedlichen Möglichkeiten hinsichtlich der Gesellschafterstruktur und des Lebenszyklus näher beleuchtet werden, wobei eine trennscharfe Einordnung aufgrund der bereits angesprochenen Individualität der einzelnen Unternehmen nicht immer ohne weiteres möglich ist. Insbesondere finden sich auch Familienunternehmen, die auf einer der nachgenannten Stufen bleiben, wenn etwa Anteile immer nur an einen Nachfolger weitergegeben werden.[68] Mit der zunehmenden Zersplitterung der Familienanteile in nachfolgenden Generationen sinkt auch die Identifikation mit dem Gründer des Familienunternehmens und somit auch dem Unternehmen und seinen Werten.[69] Dies lässt auch das Konfliktpotenzial im Familienunternehmen steigen.[70]

Der Lebenszyklus eines Familienunternehmens beginnt mit der Gründung oder dem Erwerb eines Unternehmens durch einen Alleininhaber.[71] Dieser hat zumeist auch die operative Unternehmensleitung inne und nimmt erheblichen Einfluss auf die weitere Entwicklung des Unternehmens.[72] Beim Übergang auf eine zweite Generation werden die Anteile dann meistens gleichmäßig auf mehrere Geschwister verteilt, sodass eine sog. „Geschwis-

67 *Holler*, ZIP 2018, 553, 558; vgl. *Ulmer*, ZIP 2010, 549, 553; *K. Schmidt*, in Tröger/Wilhelmi, Rechtsfragen der Familiengesellschaften, 2006, 37, 51.

68 *May/Koeberle-Schmid*, BFuP 2011, 656, 662.

69 *Hack/Meyer*, in Koeberle-Schmid/Fahrion/Witt, Family Business Governance, 3. Aufl. 2018, S. 63.

70 *Hack/Meyer*, in Koeberle-Schmid/Fahrion/Witt, Family Business Governance, 3. Aufl. 2018, S. 64.

71 *May/Koeberle-Schmid*, BFuP 2012, 52, 54; siehe auch *Hueck*, Die Familienverfassung, 2017, S. 28.

72 *Hueck*, Die Familienverfassung, 2017, S. 28; *May/Koeberle-Schmid*, BFuP 2012, 52, 62 f.

tergesellschaft“[73] entsteht.[74] Die Unternehmensleitung obliegt regelmäßig zumindest eines der Familienmitglieder.[75]

Im weiteren Verlauf entsteht sodann ein „Vetternkonsortium“[76], wo es durch die Beteiligung mehrerer Vettern und Basen an der Gesellschaft auch zur Bildung von Stämmen kommen kann.[77] Durch die unterschiedliche Anzahl der jeweiligen Nachkommen der vorher an der „Geschwistergesellschaft“ beteiligten Gesellschafter, kommt es auch zu unterschiedlicher Verteilung der Anteile.[78] Dadurch können im Unternehmen Mehr- und Minderheitspositionen entstehen.[79] Betreffend die Unternehmensleitung finden sich nun mehrere verschiedene Gestaltungsmöglichkeiten; so kann eine ausschließliche Geschäftsführung durch die Familie, eine aus Familienmitgliedern und Familienfremden bestehende Geschäftsführung oder aber eine rein fremd besetzte Unternehmensleitung vorliegen.[80] Neben einer Erweiterung des Gesellschafterkreises kommt es bei einem „Vetternkonsortium“ häufig auch zu einer Erweiterung der Produkt- bzw. Dienstleistungspalette.[81] Dazu tritt häufig auch die Aufnahme familienfremder Gesellschafter in den bestehenden Gesellschafterkreis.[82]

Die Anforderungen an das Unternehmen steigen mit der Zahl der beteiligten Personen. Während die Gründer meistens noch zur Übernahme von großen Risiken bereit sind, sinkt diese Bereitschaft in späteren Generationen.[83] Diese sehen sich häufig nicht so verbunden mit dem Unternehmen wie ihre Vorgänger und haben auch eher eine hohe Ausschüttungserwartung.[84] Auch die Wahrscheinlichkeit für den Verkauf des Unternehmens steigt beim Über-

---

73 *Hueck*, Die Familienverfassung, 2017, S. 28; *Kalss*, in Recht der Familiengesellschaften, 2017, 1, 12.

74 *May/Koeberle-Schmid*, BFuP 2012, 52, 55 f.

75 *Hueck*, Die Familienverfassung, 2017, S. 28; *May/Koeberle-Schmid*, BFuP 2012, 52, 63 f.

76 *Hueck*, Die Familienverfassung, 2017, S. 28; *Kalss*, in Recht der Familiengesellschaften, 2017, 1, 12.

77 *Hueck*, Die Familienverfassung, 2017, S. 28; *Priester*, in Tröger/Wilhelmi, Rechtsfragen der Familiengesellschaften, 2006, 53, 55; *May/Koeberle-Schmid*, BFuP 2012, 52, 56.

78 *Hueck*, Die Familienverfassung, 2017, S. 29.

79 *May/Koeberle-Schmid*, BFuP 2012, 52, 56.

80 *May/Koeberle-Schmid*, BFuP 2012, 52, 63 f.

81 *May/Koeberle-Schmid*, BFuP 2012, 52, 54; *Plate/Groth/v. Schlippe*, in Plate/Groth/Ackermann/v. Schlippe, Große Deutsche Familienunternehmen, 2011, S. 505 ff.

82 *Hueck*, Die Familienverfassung, 2017, S. 29.

83 *Zetsche*, ZIP 2017, 945, 946; *Molly/Laveren/Deloof*, Family Business Review 2010, Vol. 23 No. 2, 131, 133.

84 *Zetsche*, ZIP 2017, 945, 946; *Molly/Laveren/Deloof*, Family Business Review 2010, Vol. 23 No. 2, 131, 143.

gang auf Folgegenerationen.[85] Kommt es zu weiteren Generationswechseln kann sich das Unternehmen in eine „Familiendynastie“[86] umwandeln, wovon die Rede ist, wenn der Gesellschafterkreis über 30 Personen umfasst.[87] Die Beteiligungshöhe der jeweiligen Gesellschafter ist hier im Vergleich zu den vorangegangenen Generationen dann nur noch relativ gering.[88] Regelmäßig ist hier ein familienfremdes Management anzutreffen, wobei die Familien weiterhin Einflussnahme durch die Beteiligung an Aufsichtsgremien ausüben.[89]

D. Merkmale von Familienunternehmen

So vielfältig wie die oben diskutierten Definitionsansätze (siehe § 3 A), sind auch die einzelnen Familienunternehmen selbst. Man findet sie in unterschiedlichen Größen und Rechtsformen.[90] Dennoch gibt es neben den individuellen Werten und Zielvorstellungen einige Besonderheiten, die typisch für Familienunternehmen sind. Von zentraler Bedeutung für Familienunternehmen sind deren Unabhängigkeit sowie die Nachhaltigkeit.[91]

Ausgangspunkt der Überlegung ist in Anlehnung an die unter § 3 A festgehaltene Definition der Familienunternehmen ist der beherrschende Einfluss der Familie auf das Unternehmen. Um diesen beherrschenden Einfluss auch künftig zu sichern, ist Unabhängigkeit von familienfremden Dritten unerlässlich.[92] Zur Gewährleistung, dass die Kontrolle bei der Familie verbleibt, bedarf es konkreter Regelungen beispielsweise im Gesellschaftsvertrag.[93] Ein Mittel zur Beschränkung des Einflusses Familienfremder ist die Beschränkung der Unternehmensnachfolge auf Familienmitglieder (sog. *closed shop*-Strategie).[94] Diese dient der Wahrung des Charakters des Unternehmens als Familienunternehmen und wird auch durch Vinkulierungs- und Einziehungsklauseln erreicht, die eine Übertragung der Anteile auf Mitglie-

85 Vgl. *Molly/Laveren/Deloof*, Family Business Review 2010, Vol. 23 No. 2, 131.
86 *Hueck*, Die Familienverfassung, 2017, S. 29.
87 *Hueck*, Die Familienverfassung, 2017, S. 29.
88 *Hueck*, Die Familienverfassung, 2017, S. 29.
89 *Hack/Meyer*, in Koeberle-Schmid/Witt/Fahrion, Family Business Governance, 3. Aufl. 2018, S. 59, 66.
90 Siehe zum Vergleich Stiftung Familienunternehmen, Die volkswirtschaftliche Be Unternehmensformen und -größen Bezug nimmt.
91 *Holler*, DStR 2019, 880, 883.
92 *Holler*, DStR 2019, 880, 883; *Ulmer*, ZIP 2010, 549, 556.
93 *Scherer*, BB 2010, 323.
94 *Holler*, ZIP 2018, 553, 559; *K. Schmidt*, in Tröger/Wilhelmi, Rechtsfragen der Familiengesellschaften, 2006, S. 37, 44.

der der Familie beschränken.[95] Nicht nur das Unternehmen als solches soll in Familienhänden bleiben, aufgestellte Entscheidungsprämissen, Werte und Geschäftsprinzipien werden über Generationen hinweg aufrechterhalten.[96] Dies kann beispielsweise auch durch Errichtung einer Familienstiftung erfolgen. Als besondere Form der rechtsfähigen privatrechtlichen Stiftung zeichnet sich diese dadurch aus, dass die Förderung der Familie im Vordergrund steht.[97] Als Destinatäre erhalten die Familienmitglieder laufende Leistungen aus den Erträgen des Stiftungsvermögens oder beim Erlöschen der Stiftung das Stiftungsvermögen.[98]

Auch in finanzieller Hinsicht spielt die Unabhängigkeit für Familienunternehmen eine gewichtige Rolle. Da sie ihre Kapitalausstattung – sofern keine börsennotierte AG oder KGaA vorliegt – nicht am Kapitalmarkt erhält, ist sie auf eine Finanzierung aus eigenem Cashflow angewiesen.[99] Dies steht auch im unmittelbaren Zusammenhang mit einer nachhaltigen Ausrichtung des Unternehmens. Denn interne Vorgaben zu Stabilität und Rentabilität, können zur langfristigen Vermögenserhaltung beitragen.[100] Dies steht bei Familienunternehmen auch im Vordergrund – nicht die kurzfristige Gewinnerzielung, sondern die generationenübergreifende Planung[101] grenzen sie von Nicht-Familienunternehmen ab. Die langfristige Erhaltung von Geschäftsbeziehungen sowie von Werten des Familienunternehmens genießt dabei Vorrang vor kurzfristiger Maximierung des Unternehmensgewinns.[102] Dies kann indes auch dazu führen, dass nicht oder nur unzureichend auf Marktveränderungen eingegangen wird.[103]

Familienunternehmen wird dennoch eine höhere Flexibilität als Nicht-Familienunternehmen zugesprochen. Sind die Gesellschafter auch an der operativen Leitung des Unternehmens beteiligt bzw. besteht eine langjährige Zusammenarbeit zwischen Gesellschaftern und Geschäftsleitung, kann dies eine schnelle Reaktion auf neue Gegebenheiten ermöglichen.[104] Eine Einschränkung dieser Flexibilität kann jedoch darin gesehen werden, dass die finanzielle Struktur des Unternehmens abhängig von den Ressourcen der Anteilseigner ist. Eine Finanzierung über den Kapitalmarkt kommt häufig

95 *Binz/Mayer*, NZG 2012, 201; *Scherer*, BB 2010, 323; *Hennerkes/May*, NJW 1988, 2761, 2767.

96 *Hueck*, Die Familienverfassung, 2017, S. 26.

97 *Biermann/Koslowski*, in Scherer, Unternehmensnachfolge, 6. Aufl. 2020, § 9 Rn. 27.

98 *Biermann/Koslowski*, in Scherer, Unternehmensnachfolge, 6. Aufl. 2020, § 9 Rn. 27.

99 *Holler*, DStR 2019, 880, 883; *Ulmer*, ZIP 2010, 549, 552.

100 May, Erfolgsmodell Familienunternehmen, 2012, 220 f.

101 *Holler*, DStR 2019, 880, 884.

102 *W. Sigle*, FS Rowedder, 1994, 459, 465.

103 *Hueck*, Die Familienverfassung, 2017, S. 26.

104 *Hueck*, Die Familienverfassung, 2017, S. 26; *Lange*, BB 2005, 2585, 2586; *A. Sigle*, FS Rowedder, 1994, 301, 304.

schon wegen der gewählten Rechtsform nicht in Betracht, sodass Familienunternehmen meist auf eine Eigenfinanzierung oder die Aufnahme von Fremdkapital angewiesen sind.[105]

Der familiäre Einfluss, der den besonderen Charakter von Familienunternehmen ausmacht, ist oft auch nach außen hin erkennbar.[106] Aus der regionalen Zugehörigkeit eines Unternehmens kann sich auch ein gesellschaftliches und soziales Engagement der Familie selbst vor Ort ergeben.[107] So engagieren sich über 80 % von 5.000 der nach Umsatz größten Familienunternehmen in der Region, in der sie ansässig sind gesellschaftlich und zeigen damit auch Verbundenheit gegenüber ihrem Standort.[108] Die Bereiche, in denen sich die Unternehmen engagieren, divergieren stark. Das meiste Engagement liegt mit 77,8 % im Bereich Ökologie und Nachhaltigkeit.[109] Außerdem hat die Zufriedenheit der eigenen Mitarbeiter für Familienunternehmen einen hohen Stellenwert. So überrascht es nicht, dass mit 58,7 % innerbetriebliches Engagement an zweiter Stelle folgt.[110] Der Fokus liegt dabei auf Maßnahmen der Arbeitssicherheit und des Gesundheitsschutzes sowie der Vereinbarkeit von Familie und Beruf.[111] Diese Faktoren verstärken die Wahrnehmung von Familienunternehmen als besonders verantwortungsbewusst und vertrauenswürdig, was insbesondere auch in Krisenzeiten durch eine erhöhte Loyalität der Mitarbeiter gegenüber dem Unternehmen zum Ausdruck kommt.[112]

Die aufgezählten Besonderheiten, die vielen Familienunternehmen gemein sind, bieten einerseits Chancen und andererseits Risiken für die Unternehmen. Zwar kann die Familie, die hinter dem Unternehmen steht, eine wertvolle Ressource für das Unternehmen sein, jedoch stellt sie auch dessen größtes Risiko dar.[113] Die Herausforderung für Familienunternehmen be-

105 *Ulmer*, ZIP 2010, 549, 550 ff.; *Hommelhoff*, in Tröger/Wilhelmi, Rechtsfragen der Familiengesellschaften, 2006, S. 65 ff.

106 *Lange*, FS Hennerkes 2009, 135, 137.

107 *Hueck*, Die Familienverfassung, 2017, S. 27.

108 Stiftung Familienunternehmen, Das gesellschaftliche Engagement von Familienunternehmen, 2020, S. 10, abrufbar unter https://www.familienunternehmen.de/de/publikationen/das-gesellschaftliche-engagement-von-familienunternehmen (im Folgenden: Stiftung Familienunternehmen, Das gesellschaftliche Engagement von Familienunternehmen, 2020).

109 Stiftung Familienunternehmen, Das gesellschaftliche Engagement von Familienunternehmen, 2020, S. 16.

110 Stiftung Familienunternehmen, Das gesellschaftliche Engagement von Familienunternehmen, 2020, S. 16.

111 Stiftung Familienunternehmen, Das gesellschaftliche Engagement von Familienunternehmen, 2020, S. 16.

112 *W. Sigle*, FS Rowedder, 1994, 459, 462 ff.

113 *Groth/Simon*, in Plate/Simon/Ackermann/v. Schlippe, Große Deutsche Familienunternehmen, 2011, S. 18, 32. ff.

steht deshalb insbesondere darin, die spezifischen sich aus dem Familieneinfluss ergebenden Chancen zu nutzen und den Risiken wirksam entgegenzutreten.[114] Aus der Ausgestaltung als Familienunternehmen können sich damit stets Vor- und Nachteile ergeben. Vorteilhaft ist eine starke Einsatzbereitschaft der Familienmitglieder, die eigene Existenzgrundlage zu erhalten und zu den Werten der Familie, die sich häufig auch in der Unternehmenskultur widerspiegeln.[115] Dies kann dazu führen, dass eine feste Familienbande entsteht, die eine gestärkte Haltung gegenüber Einmischungen von außen bewirkt.[116] Das wiederum kann den Familienunternehmen auch zum Nachteil gereichen, wenn diese Mentalität zu mangelnder Offenheit gegenüber notwendigen Veränderungen und künftigen Anforderungen an das Unternehmen führt.[117]

Wie bereits dargelegt, sind Familienunternehmen ähnlich wie die dahinter stehenden Familien als diverse Konstrukte zu verstehen. Daher überrascht es nicht, dass diese auch unterschiedlichen Wertvorstellungen unterliegen, anhand derer sie ihr Handeln ausrichten. Diese werden oft in eigenen Familienverfassungen niedergelegt, um den individuellen Bedürfnissen des Unternehmens gerecht zu werden. Dies betrifft auch die Ansätze für Corporate Governance und Compliance, die individuell an das jeweilige Familienunternehmen anzupassen sind (hierzu § 4 F und § 5 G). Auch die Rechtsform kann von Familienunternehmen zu Familienunternehmen variieren, dazu im Folgenden.

E. Rechtsformen

Aus der Vielfalt der Gestaltungsmöglichkeiten ergeben sich auch vielfältige Rechtsformen, in denen Familienunternehmen auftreten können. Sie sind nicht festgelegt auf eine Rechtsform und können daher in unterschiedlichen Gesellschaftsformen vorkommen.[118] Neben Personengesellschaften treten Familienunternehmen vermehrt als Kapitalgesellschaften auf. Zu nennen sind hier unter anderem die Robert Bosch GmbH, die Beiersdorf AG oder die Freudenberg SE. Weiterhin erfreut sich auch die KGaA bereits seit längerem zunehmender Beliebtheit. Dies ist etwa an der Merck KGaA zu be-

114 *Lange*, in Lange/Leible, Governance in Familienunternehmen, 2010, S. 15 f.
115 *Wieselhuber*, FS Zitzelsberger, 2015, 191, 194.
116 *Wieselhuber*, FS Zitzelsberger, 2015, 191, 194.
117 *Wieselhuber*, FS Zitzelsberger, 2015, 191, 194.
118 *Holler*, in MHdB GesR Bd. 7, 6. Aufl. 2020, § 75 Rn. 72.

Einen Überblick über die möglichen Kriterien, die bei der Rechtsformwahl von Bedeutung sein können, gibt *Lieder*[127]:

„*Haftungsbeschränkung im Außenverhältnis, Gestaltungsfreiheit im Innenverhältnis, Gründungsaufwand und Kapitalschutz, laufende Aufwendungen für Unternehmensleitung, Verwaltung und Entscheidungsfindung, Verhinderung eines Verlusts von in der Familie gehaltenen Anteilsrechten an außenstehende Dritte, Einflussnahme der Gesellschafter auf die Unternehmensleitung (Corporate Governance, Selbst- und Fremdorganschaft), Vermeidung von Arbeitnehmermitbestimmung und Geschlechterquote auf Unternehmensebene, Unternehmensfinanzierung, Nachfolgeplanung und sukzessive Einbindung der nächsten Generation in die Unternehmensführung, Publizität und Geheimnisschutz*“. Anhand dieser soll eine Bewertung der vorgestellten Gesellschaftsformen erfolgen.

II. Begriff der Gesellschaft

Unter dem Begriff der Gesellschaft versteht man zunächst alle privatrechtlichen Zusammenschlüsse zur Erreichung eines gemeinsamen Zwecks, die durch Rechtsgeschäft (einen Gesellschaftsvertrag oder eine Satzung) begründet werden.[128] Sowohl der Aspekt der Privatrechtlichkeit sowie der gemeinsame Zweck unterscheiden Gesellschaften von anderen Konstrukten. So sind etwa Städte und Gemeinden, Körperschaften, Anstalten und Stiftungen des öffentlichen Rechts keine Gesellschaften, da sie keine privatrechtlichen Zusammenschlüsse sind.[129] Auch Stiftungen nach §§ 80 ff. BGB sind keine Personenzusammenschlüsse, sondern selbstständige Vermögensmassen und mithin keine Gesellschaften.[130] Unter Personen sind nicht nur natürliche Personen i. S. v. §§ 1 ff. BGB zu verstehen. Vielmehr können auch juristische Personen i. S. v. §§ 21 ff. BGB oder rechtsfähige Personengesellschaften i. S. v. § 14 Abs. 2 BGB an Gesellschaften beteiligt sein.

III. Personengesellschaften

Zu den Personengesellschaften zählen die GbR, die oHG sowie die KG und die Partnerschaft i. S. d. Partnerschaftsgesellschaftsgesetzes (PartGG). Die

---

127 *Lieder*, Recht der Familiengesellschaften, 2017, 27, 31.

128 *Elmar/Vogl*, in Beck'sches Steuer- und Bilanzrechtslexikon, Stand: 15. Juli 2025, Personengesellschaften Rn. 1; *Schäfer*, in MüKo/BGB, 9. Aufl. 2024, Vorbemerkung zu § 705 Rn. 1.

129 *Elmar/Vogl*, in Beck'sches Steuer- und Bilanzrechtslexikon, Stand: 15. Juli 2025, Personengesellschaften Rn. 1.

130 *Elmar/Vogl*, in Beck'sches Steuer- und Bilanzrechtslexikon, Stand: 15. Juli 2025, Personengesellschaften Rn. 1.

Personengesellschaft zeichnet sich insbesondere durch ihre Gesellschafter aus. Diese sind vertraglich verbunden und regelmäßig gesamthänderisch beteiligt und darüber hinaus nicht ohne weiteres auswechselbar.[131] Neben die persönliche Haftung tritt in den meisten Fällen auch die Selbstorganschaft.[132] Die einzige Gesellschaftsform, die sich hier abhebt ist die KG, bei der der Kommanditist nur mit seiner Einlage haftet (§ 161 HGB).

Personengesellschaften eignen sich für Familienunternehmen insbesondere aufgrund ihrer Flexibilität und der vielfältigen Gestaltungsmöglichkeiten.[133] Gesetzliche Regelungen zu den Personengesellschaften sind weitgehend dispositiver Natur und lassen den Unternehmen so viel Raum für eigene Gestaltungen.[134] So unterliegt beispielsweise die Ausarbeitung der Satzung, anders als bei der AG, keiner Satzungsstrenge i. S. v. § 23 Abs. 5 AktG.[135] Auch der Gründungsaufwand ist vergleichsweise gering, da insbesondere kein Stammkapital zur Gründung festgelegt ist. Die Gestaltungsfreiheit im Innenverhältnis erlaubt auch entsprechende Klauseln, die im Erbfall oder bei Hochzeit, etc. vor Verlust der Anteile an außenstehende Dritte schützen. Darüber hinaus üben die Gesellschafter auch Einfluss auf die Unternehmensleitung aus, da diese in Selbstorganschaft stattfindet. Hierbei kann auch die nachfolgende Generation frühzeitig eingebunden werden, um einen einfacheren Übergang zu ermöglichen. Auch etwaige Quoten müssen bei der Neubesetzung von Posten entsprechend nicht eingehalten werden.

Ein weiterer Vorteil von Personengesellschaften ist die Möglichkeit, die einzelnen Kapitalanteile der Gesellschafter nicht offenzulegen. Durch die fehlende Notierung an der Börse, ist über § 9 Abs. 2, 3 PublG ein gewisses Maß an Privatsphäre gewährleistet. So können in der Bilanz beispielsweise Kapitalanteile der Gesellschafter oder Rücklagen unter dem Posten „Eigenkapital" ausgewiesen werden, § 9 Abs. 3 PublG. Diese Art der Geheimhaltung sensibler Kennzahlen gilt dementsprechend nicht für kapitalmarktorientierte

---

131 *Elmar/Vogl*, in Beck'sches Steuer- und Bilanzrechtslexikon, Stand: 15. Juli 2025, Personengesellschaften Rn. 3; *Schäfer*, in MüKo/BGB, 9. Aufl. 2024, Vorbemerkung zu § 705 Rn. 2.

132 *Elmar/Vogl*, in Beck'sches Steuer- und Bilanzrechtslexikon, Stand: 15. Juli 2025, Personengesellschaften Rn. 3.

133 *Binz/Sorg*, in Binz/Sorg, GmbH & Co. KG, 12. Aufl. 2018, § 6 Rn. 178; *Holler*, DStR 2019, 880, 883; *Habersack*, in Tröger/Wilhelmi, Rechtsfragen der Familiengesellschaften, 2006, 19, 23 ff.

134 *Holler*, BB 2012, 719.

135 *Holler*, DStR 2019, 880, 883; *Holler*, BB 2012, 719; vgl. für die KGaA: *Koch*, in Koch, AktG, 16. Aufl. 2022, § 278 Rn. 18; *Fett*, in Bürgers/Fett, KGaA, 3. Aufl. 2022, § 3 Rn. 7.

Unternehmen, deren Notierung mit weitreichenden Informationspflichten des Kapitalmarktrechts einhergehen.[136]

Hinsichtlich der Publizitätspflichten ergibt sich indes kaum ein Vorteil gegenüber Kapitalgesellschaften, welche nach §§ 325 ff. Handelsgesetzbuch (HGB) – und bei solchen Personengesellschaften, die keine natürliche Person als persönlich haftenden Gesellschafter haben, über § 264a HGB – den Jahres- und Konzernabschluss offenlegen müssen. Denn gem. § 9 Publizitätsgesetz (PublG) trifft diese Pflicht auch Personengesellschaften, die gem. § 1 Abs. 1 PublG unter dessen Anwendungsbereich fallen. Die entsprechenden Größenkriterien liegen allerdings noch über den Anforderungen, die § 267 Abs. 2, 3 HGB an das Vorliegen einer (mittel-)großen Kapitalgesellschaft stellt.

Abgesehen von der KG ist weiterhin einer der Nachteile der Personengesellschaften die uneingeschränkte Haftung der Gesellschafter im Außenverhältnis. Insgesamt eignet sich die Personengesellschaft grundsätzlich als Rechtsform für Familienunternehmen. Da jedoch insbesondere bei der Finanzierung einerseits durch die persönliche Haftung und andererseits durch im Zweifel eingeschränktes Eigenkapital Probleme entstehen können und es darüber hinaus keine festgelegten Governance-Mechanismen gibt, sollen Personengesellschaften im Folgenden keine nähere Beachtung finden.

IV. Kapitalgesellschaften

Eine Bindung an bestimmte Gesellschaftsformen existiert nicht, sodass Familienunternehmen häufig auch in Form von Kapitalgesellschaften vorkommen. Zu ihnen zählen die AG, GmbH, UG und die KGaA sowie die Societas Europaea (SE). Auf die einzelnen Mitglieder kommt es nicht an. Anders als bei den Personengesellschaften ist die Mitgliedschaft frei übertragbar und es besteht keine persönliche Haftung. Weiterhin erfolgt die Geschäftsführung nicht zwangsläufig durch die Gesellschafter, sondern meistens durch Dritte (Fremdorganschaft).[137]

1. GmbH

Prominente Beispiele für Familienunternehmen in Form einer GmbH sind unter anderem die Robert Bosch GmbH und die Dirk Rossmann GmbH. Für Familienunternehmen kann es von Vorteil sein, die Rechtsform der GmbH

---

136 *Singhof/Weber, Meyer, Klawitter*, in Habersack/Mülbert/Schlitt, Unternehmensfinanzierung am Kapitalmarkt, 5. Aufl. 2025, §§ 3, 24, 25; *Habersack*, in Tröger/Wilhelmi, Rechtsfragen der Familiengesellschaften, 2006, 19, 24.

137 *Elmar/Vogl*, in Beck'sches Steuer- und Bilanzrechtslexikon, Stand: 15. Juli 2025, Personengesellschaften Rn. 3.

zu wählen. Zum einen ist der Gesellschaftsvertrag der GmbH in großen Teilen dispositiv und kann entsprechend der individuellen Anforderung der Gesellschaft gestaltet werden. Zwingend enthalten muss der Gesellschaftsvertrag die Firma und den Sitz der Gesellschaft, den Unternehmensgegenstand, den Betrag des Stammkapitals sowie die Zahl und Nennbeträge der Geschäftsanteile, die von den Gesellschaftern gegen Einlage auf das Stammkapital übernommen wird (§ 3 Abs. 1 GmbHG). So kann etwa bestimmt werden, dass anders als in § 35 Abs. 2 S. 1 GmbHG vorgesehen, Geschäftsführer auch einzelvertretungsbefugt sind. Weiterhin kann so auch sichergestellt werden, dass die Geschäftsanteile nicht an außenstehende Dritte gelangen, wenn dies nicht erwünscht ist.

Darüber hinaus kann durch die Gesellschafter im Rahmen der Gesellschafterversammlung großer Einfluss auf die Geschäftsführung genommen werden, siehe § 46 Nr. 5, 6 GmbHG. Auch hier können im Gesellschaftsvertrag gem. § 45 GmbHG darüberhinausgehende Rechte der Gesellschafterversammlung festgehalten werden. So kann entweder ein Fremdgeschäftsführer eingesetzt werden, dessen Rechte entsprechend seitens der Gesellschafter beschränkt werden können, oder die Gesellschafter können die Führung der Geschäfte selbst übernehmen. Aus §§ 6 Abs. 3, 37 Abs. 1, 38 Abs. 1, 45, 46, 49 Abs. 2 und 3 GmbHG ergeben sich zahlreiche Einflussmöglichkeiten der Gesellschafter und eine allgemeine Weisungsgebundenheit der Geschäftsführung, sodass das Familienunternehmen selbst bei Fremdorganschaft ihren Einfluss weiter ausüben kann. Außerdem gilt für die Gesellschafter über § 13 Abs. 2 GmbHG eine Haftungsprivilegierung, wonach für Verbindlichkeiten der GmbH lediglich das Gesellschaftsvermögen haftet.

Hat eine GmbH mehr als 500 bzw. 2000 Arbeitnehmer, ist sie gem. §§ 1 Abs. 1 und 6, 7 MitbestG bzw. §§ 1 Abs. 1 Nr. 3 und 4 DrittelbG verpflichtet, einen Aufsichtsrat zu bilden, der zur Hälfte bzw. einem Drittel aus Arbeitnehmern besteht. In dieser Größenordnung trifft sie außerdem die Pflicht, Zielgrößen und Fristen für die gleichberechtigte Teilhabe von Frauen und Männern in Aufsichtsrat und Geschäftsführung sowie den beiden Leitungsebenen unterhalb der Geschäftsführung festzulegen (§§ 36, 52 Abs. 2 GmbHG).[138] Dies kann hinsichtlich der Rechtsform der GmbH für Familienunternehmen als Einschränkung gewertet werden. Da jedoch anders als bei der AG, KGaA und der SE gem. § 96 Abs. 2 AktG eine fixe Quote nicht vorgesehen ist, ist diese Einschränkung als wenig wirksam zu werten.

Eine weitere Einschränkung erfährt die GmbH durch die begrenzten Möglichkeiten der Unternehmensfinanzierung, da sie nur eingeschränkten Zu-

138 *Rieble*, in Bork/Schäfer, GmbHG, 5. Aufl. 2022, § 36 Rn. 1 ff., § 52 Rn. 100 ff.; *Fleischer*, in MüKo/GmbHG, 4. Aufl. 2023, § 36 Rn. 1 ff.

gang zum Kapitalmarkt hat.[139] Durch Vinkulierungsklauseln und aufgrund der Formgebundenheit gem. § 15 Abs. 3–5 GmbHG, sind die Geschäftsanteile nur erschwert handelbar.[140] Anderseits kann auch dieser Nachteil zum Vorteil umgekehrt werden, da den Familienunternehmen dadurch die Steuerung des Gesellschafterkreises ermöglicht wird.[141] Wird dennoch Fremdkapital aufgenommen, kann der Einfluss der Familie dadurch sichergestellt werden, dass Mehrstimmrechte verabredet oder stimmrechtlose Anteile an der GmbH ausgegeben werden.[142]

Die GmbH erfüllt somit viele der oben genannten Kriterien für die Rechtsformwahl und eignet sich dadurch insbesondere für Familienunternehmen.

2. AG

Auch unter den Aktiengesellschaften sind viele (vor allem große) Familienunternehmen zu finden. Zu nennen sind hier unter anderem die Continental AG, die Metro AG und die CECONOMY AG. Ein Vorteil gegenüber anderen Gesellschaftsformen weist die AG insbesondere in Hinblick auf ihre Finanzierungsmöglichkeiten auf. Durch die Börsennotierung kann sich die Gesellschaft am Kapitalmarkt mit Eigenkapital eindecken. Die Kehrseite hiervon ist jedoch, dass eine Eigenkapitalaufnahme regelmäßig auch mit dem Verlust des Familieneinflusses einhergeht.[143] Um die Möglichkeiten der Einflussnahme zu sichern können indes stimmrechtslose Vorzugsaktien i. S. d. §§ 12 Abs. 1 S. 2, 139 AktG ausgegeben werden.[144]

Durch die Auferlegung von Corporate Governance-Standards über § 161 AktG, spielen weiterhin Konflikte innerhalb des Gesellschafterkreises oder zwischen einzelnen Familienstämmen eine deutlich geringere Rolle als in anderen Gesellschaftsformen.[145] Eine Anpassung der Satzung an das einzelne Unternehmen ist bei Aktiengesellschaften im Gegensatz zur GmbH nicht möglich. Vielmehr gilt gem. § 23 Abs. 5 AktG die sog. Satzungsstrenge, nach der der Inhalt der Satzung vorgegeben ist. So kann der jeweilige Charakter des Familienunternehmens hier keinen Einzug halten.[146] Hierin kann für Familienunternehmen jedoch auch positiv bewertet werden, dass die Strenge des Gesetzes die Aktionäre diszipliniert und den Handlungs-

---

139 *Lieder*, Recht der Familiengesellschaften, 2017, 27, 36.

140 *Lieder*, Recht der Familiengesellschaften, 2017, 27, 36; *Bayer/Hoffmann/Schmidt*, GmbHR 2007, 953, 955 f.

141 *Lieder*, Recht der Familiengesellschaften, 2017, 27, 36.

142 Siehe BGH NJW 1954, 1563; *Zöllner/Noack*, in Noack/Servatius/Haas, GmbHG, 24. Aufl. 2025, § 47 Rn. 35.

143 *Lieder*, Recht der Familiengesellschaften, 2017, 27, 37.

144 Siehe näheres *Wälzholz*, DStR 2004, 819, 820 f.

145 *Holler*, DStR 2019, 880, 883.

146 *Quack*, in Tröger/Wilhelmi, Rechtsfragen der Familiengesellschaften, 2006, 11, 17.

spielraum des Vorstands erweitert, da es auch keine Weisungsbefugnisse der Hauptversammlung gibt.[147]

Ein Nachteil der Rechtsform ergibt sich in Bezug auf die Übertragung der Aktien. Auch die Vinkulierung der Aktien ist nicht ausreichend, um den familieneigenen Einfluss auf Dauer zu sichern. Im Erbfall oder bei Zwangsvollstreckung bedarf es keiner Zustimmung von Hauptversammlung oder Aufsichtsrat, da diese nur bei rechtsgeschäftlichen Verfügungen notwendig ist.[148] Dies kann das Einfallstor für Nicht-Familienmitglieder darstellen.[149] Um den dauerhaften Einfluss der Familie zu sichern, stellt die AG daher nicht die vorzugswürdige Rechtsform dar. So zeigt sich, dass viele Familienunternehmen (als Beispiele seien hier Daimler und Krupp zu nennen), um ihrem erhöhten Kapitalbedarf gerecht zu werden, in Aktiengesellschaften umgewandelt wurden.[150] So wurde beispielsweise auch aus Bertelsmann (heute Bertelsmann SE & Co. KGaA) 1971 eine AG, was Bertelsmann vom Familienunternehmen im eigentlichen Sinne zum Großunternehmen weiterentwickelte.[151] Dritte, die sich in Form von Aktien am Kapital der Gesellschaften beteiligen, sorgen dafür, dass der Charakter des Familienunternehmens – der Einfluss der Familie und ihrer Mitglieder – aufgeweicht werden kann.[152] Dem kann indes entgegen gewirkt werden, wenn die Anteile als Vorzugsaktien i. S. v. § 139 AktG ausgegeben werden. Der Aktionär besitzt danach kein Stimmrecht, erhält aber eine Dividendengarantie. Das Unternehmen kann so sein Eigenkapital erhöhen, ohne aber Mitbestimmungsrechte einbüßen zu müssen.

Ein weiterer Nachteil von AG (und auch der SE) kann sich insbesondere aus der Eigenverantwortlichkeit des Vorstands ergeben, vgl. § 76 AktG. Der Vorstand einer AG ist anders als der Geschäftsführer der GmbH nicht weisungsgebunden.[153] Auch der Aufsichtsrat ist nicht in die Geschäftsführung involviert, vgl. § 111 Abs. 4 S. 1 AktG. Eine mittelbare Einflussnahme ist durch Besetzung des Aufsichtsrats mit Familienmitgliedern möglich, die einen erheblichen Einfluss auf die Gesellschaft und deren strategische Ausrichtung haben können.[154] Dem kann einerseits der DCGK entgegenstehen, der in C.6 die Unabhängigkeit der Aufsichtsratsmitglieder fordert. Außer-

147 So *Quack*, in Tröger/Wilhelmi, Rechtsfragen der Familiengesellschaften, 2006, 11, 17.

148 *Wieneke*, in Bürgers/Lieder, AktG, 6. Aufl. 2024, § 68 Rn. 14, 15; *Cahn*, in BeckOGK/AktG, Stand: 01.06.2025, § 68 Rn. 32; *Bayer*, in MüKo/AktG, 5. Aufl. 2019, § 68 Rn. 52.

149 *Quack*, in Tröger/Wilhelmi, Rechtsfragen der Familiengesellschaften, 2006, 11, 17.

150 *Quack*, in Tröger/Wilhelmi, Rechtsfragen der Familiengesellschaften, 2006, 11, 12.

151 Siehe https://history.bertelsmann.com/de/phases/index.

152 *Quack*, in Tröger/Wilhelmi, Rechtsfragen der Familiengesellschaften, 2006, 11, 12.

153 *Fleischer*, in BeckOGK/AktG, Stand: 01.06.2025, § 76 Rn. 65 f.; *Koch*, in Koch, AktG, 16. Aufl. 2022, § 76 Rn. 25; *Spindler*, in MüKo/AktG, 5. Aufl. 2019, § 76 Rn. 22.

154 *Lieder*, Recht der Familiengesellschaften, 2017, 27, 39.

dem sind auch hier mitbestimmungsrechtliche Aspekte zu berücksichtigen, wenn deren Größe 500 bzw. 2.000 Arbeitnehmer überschreitet (siehe bereits § 3 E.IV.1). Weiter ist anders als in der GmbH für den Aufsichtsrat der AG eine fixe Geschlechterquote gem. § 96 Abs. 2 AktG festgeschrieben.

Ein weiterer Aspekt, der bei der Rechtsformwahl ebenfalls zu berücksichtigen ist, sind die mit der Rechtsform verbundenen Kosten. Diese können bei der AG im Vergleich zur GmbH relativ hoch sein. Das ist einerseits auf die komplexe Organisationsstruktur der AG zurückzuführen.[155] Diese macht beispielsweise die Durchführung von Hauptversammlungen notwendig, die aufgrund von Kosten für die Räumlichkeiten, Verpflegung der Aktionäre und Beschäftigung von Ordnern und Anwälten im Back Office sowie während der Vorbereitung bereits beträchtliche Kosten verursachen können. Andererseits können Kosten auch auf verschiedene aktienrechtliche Form- sowie kapitalmarktrechtliche Publizitätsvorschriften zurückgeführt werden.[156] Diese machen oftmals umfassende Rechtsberatung notwendig, die mit hohen Kosten einhergehen kann.[157]

Im Ergebnis ist die Aktiengesellschaft nur dann für Familienunternehmen geeignet, wenn diese mit einer weitgehenden Verselbstständigung der Unternehmensleitung einverstanden sind.[158] Die Rechtsform erlaubt dem Unternehmen insbesondere durch Aufnahme von Fremdkapital am Kapitalmarkt zu wachsen. Dies geht jedoch immer auch mit dem Verlust von Einfluss der Familie einher. Viele der unter § 3 E.I genannten Aspekte werden nicht von der AG erfüllt, sodass diese in der folgenden Untersuchung nicht im Fokus liegen soll.

3. KGaA

Die KGaA ist eine hybride Rechtsform mit Elementen von Kapital- und Personengesellschaft.[159] Bekannte Beispiele für Familiengesellschaften in Form der KGaA sind unter anderem (u. a.) die Henkel AG & Co. KGaA und die Merck KGaA. Ein Großteil der Gesellschafter ist als Kommanditaktionär mit dem eigenen Vermögen an der Gesellschaft beteiligt, welcher von der persönlichen Haftung ausgeschlossen ist, während die Geschäftsführung und Vertretung weitestgehend unabhängig vom Komplementär ausgehen. Dies ergibt sich insbesondere aus dem Verweis des § 278 Abs. 2 AktG auf die Vorschriften des HGB. Da dieser auch uneingeschränkt für Verbindlich-

155 *Lieder*, Recht der Familiengesellschaften, 2017, 27, 40.

156 *Lieder*, Recht der Familiengesellschaften, 2017, 27, 40.

157 *Wälzholz*, in Sudhoff, Familienunternehmen, 2. Aufl. 2005, § 3 Rn. 48.

158 *Wälzholz*, DStR 2004, 819, 821 f.

159 *Koch*, in Koch, AktG, 16. Aufl. 2022, § 278 Rn. 1; *Fett,* in Bürgers/Fett, KGaA, 3. Aufl. 2022, § 3 Rn. 1 ff.; *Kruse/Domning/Frechen*, DStR 2017, 2440.

keiten der KGaA haftet, tritt an seine Stelle oftmals eine Kapitalgesellschaft wie die GmbH (dazu sogleich unter § 3 E.V).[160]

Der Komplementär kann weder durch den Aufsichtsrat noch die Hauptversammlung abberufen werden. Seine Leitungskompetenz kann vielmehr nur im Wege eines Gerichtsverfahrens entzogen werden, was sich aus § 278 Abs. 2 AktG i. V. m. §§ 161 Abs. 2, 117, 127 HGB ergibt. Darüber hinaus unterliegen gem. § 285 Abs. 2 S. 1 AktG die Grundlagen- und Strukturbeschlüsse der Hauptversammlung der Zustimmung des Komplementärs. Mithin ist es innerhalb der KGaA möglich, entscheidenden Einfluss auf das Unternehmen auszuüben, ohne über die Kapitalmehrheit verfügen zu müssen.[161]

Die Leitungsmacht der Geschäftsführung wird weiterhin durch einen vergleichsweise schwachen Aufsichtsrat abgesichert.[162] Dieser kann nicht auf die Geschäftsführung einwirken, eine Geschäftsordnung erlassen, oder zustimmungspflichtige Geschäfte festlegen.[163] Anders als dem Aufsichtsrat der AG steht ihm auch keine Personalkompetenz für die Besetzung der Geschäftsführung zu.[164] Der Komplementär ist kraft Gesetzes (§ 278 Abs. 2 AktG i. V. m. § 164 HGB) zur Geschäftsführung der KGaA berufen. Dies ergibt sich auch aus der fehlenden Verweisung des § 283 AktG auf §§ 84 ff. AktG.[165]

Weiterhin besteht hier auch eine größere Gestaltungsfreiheit im Vergleich zu anderen kapitalmarktorientierten Gesellschaften, da die Satzung der KGaA an die konkreten Bedürfnisse des Unternehmens angepasst werden kann.[166] Das Personengesellschaftsrecht ist weitestgehend dispositives Recht. Die Satzung der KGaA kann für den personengesellschaftsrechtlichen Bereich im Sinne des (i. S. d.) § 278 Abs. 2 AktG abweichende Regelungen vorsehen, sodass die Verfassung der KGaA zur Disposition des Rechtsanwenders steht.[167] Die aktienrechtliche Satzungsstrenge nach § 23 Abs. 5 AktG

---

160 *Koch*, in Koch, AktG, 16. Aufl. 2022, § 278 Rn. 8; *Kruse/Domning/Frechen*, DStR 2017, 2440; siehe außerdem zur grundsätzlichen Möglichkeit des Einsatzes einer juristischen Person als Komplementär: BGH NJW 1997, 1923.

161 *Lieder*, Recht der Familiengesellschaften, 2017, 27, 47.

162 *Förl/Fett*, in Bürgers/Lieder, AktG, 6. Aufl. 2024, § 287 Rn. 2; *Bachmann*, in BeckOGK/AktG, Stand: 01.06.2025, § 287 Rn. 17; *Perlitt*, in MüKo/AktG, 5. Aufl. 2020, § 278 Rn. 193, 211, § 287 Rn. 43.

163 *Bachmann*, in BeckOGK/AktG, Stand: 01.06.2025, § 287 Rn. 16; Bürgers, in Bürgers/Fett, KGaA, 3. Aufl. 2022, § 5 Rn. 509.

164 Vgl. *Bachmann*, in BeckOGK/AktG, Stand: 01.06.2025, § 287 Rn. 16.

165 *Bachmann*, in BeckOGK/AktG, Stand: 01.06.2025, § 287 Rn. 16.

166 *Göz* in Bürgers/Fett, KGaA, 3. Aufl. 2022, § 2 Rn. 2; *Fett/Stütz*, NZG 2017, 1121, 1123; *Kruse/Domning/Frechen*, DStR 2017, 2440, 2441.

167 *Perlitt*, in MüKo/AktG, 5. Aufl. 2020, § 278 Rn. 220; *Förl/Fett*, in Bürgers/Lieder, AktG, 6. Aufl. 2024, § 278 Rn. 12; *Geck*, NZG 1998, 586, 587.

gilt nur für den aktienrechtlichen Teil der KGaA.[168] Wegen der Flexibilität der KGaA kann ein Familienunternehmen bei Wahl dieser Rechtsform ihren Einfluss sicherstellen. Außerdem eröffnet sie den Zugang zum Kapitalmarkt, bei dem durch Ausgabe stimmrechtsloser Vorzugsaktien das Risiko einer Übernahme durch Dritte ausgeschlossen werden kann.[169]

Ein Nachteil der KGaA ist deren komplexe Governance-Struktur.[170] Viele bis dato ungeklärte Rechtsfragen steigern den Beratungsaufwand und erhöhen entsprechend auch die Kosten für das Unternehmen.[171] Weiterhin ist die Organisationsstruktur der KGaA komplex und auch ausländischen Investoren nur schwer vermittelbar. Die starke Stellung des Komplementärs, die für Familienunternehmen vorteilhaft ist, kann sich mit Blick auf Kapitalgeber von außen als nachteilig darstellen, wenn diese als Kommanditaktionäre kaum Einfluss auf die Gesellschaft ausüben können.[172]

Insgesamt stellt die KGaA eine für Familienunternehmen vorteilhafte Rechtsform dar. Die Vorteile von Personen- und Kapitalgesellschaft werden in ihr vereint und erlauben es den Unternehmerfamilien die Gesellschaft flexibel an die eigenen Bedürfnisse anzupassen.

V. Exkurs: Kapitalgesellschaft & Co. KGaA

Mit Grundsatzurteil vom 24. Februar 1997 wurde die Kapitalgesellschaft & Co. KGaA als hybride Rechtsform vom BGH anerkannt.[173] Bekannte Beispiele von Familienunternehmen dieser Art sind u. a. die Bertelsmann SE & Co. KGaA und die HELLA GmbH & Co. KGaA. Die Rechtsform der Kapitalgesellschaft & Co. KGaA stellt eine für Familienunternehmen attraktive Alternative zu anderen Kapitalgesellschaftsformen dar. Bei gleichzeitiger struktureller Trennung von unternehmerischem Einfluss und der Kapitalbeteiligung, ermöglicht diese Gesellschaftsform den Zugang zum Kapitalmarkt, wodurch auch die Möglichkeit der Aufnahme von Eigenkapital geschaffen wird.[174] Die Komplementärgesellschaft ist zur Geschäftsführung berufen, eine Beteiligung an dieser kann dabei langfristig den Einfluss eines

---

168 *Koch*, in Koch, AktG, 16. Aufl. 2022, § 278 Rn. 18; *Fett*, in Bürgers/Fett, KGaA, 3. Aufl. 2022, § 3 Rn. 7.

169 *Perlitt*, in MüKo/AktG, 5. Aufl. 2020, § 278 Rn. 281; *Reichert*, ZIP 2014, 1957, 1964 f.; *Wollburg*, FS Hoffmann-Becking, 2013, 1425, 1426.

170 *Lieder*, Recht der Familiengesellschaften, 2017, 27, 49; *Wälzholz*, in Sudhoff, Familienunternehmen, 2. Aufl. 2005, § 3 Rn. 19.

171 *Lieder*, Recht der Familiengesellschaften, 2017, 27, 49.

172 *Lieder*, Recht der Familiengesellschaften, 2017, 27, 49.

173 BGH NJW 1997, 1923.

174 *Fleischer*, NZG 2017, 1201, 1203; *Fett/Stütz*, NZG 2017, 1121, 1123; *Hasselbach/Ebbinghaus*, DB 2015, 1269.

oder mehrerer Gesellschafter sicherstellen.[175] Dabei ist es nicht notwendig, dass auch eine Beteiligung am Grundkapital der KGaA besteht.

Auch die persönliche Haftung kann bei der Kapitalgesellschaft & Co. KGaA beschränkt werden. Setzt man eine Komplementärgesellschaft als Komplementärin anstatt einer natürlichen Person ein, ist die Haftung auf das Haftungskapital der Gesellschaft beschränkt, was auch zur Sicherstellung der Unternehmensnachfolge beiträgt.[176] Ist beispielsweise eine GmbH als Kapitalgesellschaft eingesetzt, können die Familienmitglieder ihren Einfluss sichern, indem sie in der Komplementär-GmbH ihr Weisungsrecht gegenüber dem Geschäftsführer ausüben und so den Familieninteressen in der Unternehmensleitung zur Geltung verhelfen.[177] Ein Nachteil der Kapitalgesellschaft & Co. KGaA ist ihre komplexe Organisationsstruktur, die sich aus der Beteiligung zweier rechtlich selbstständigen Gesellschaften ergibt. Hieraus können insbesondere auch hohe laufende Kosten entstehen.[178]

F. Zwischenfazit

Die vorangestellten Überlegungen machen deutlich, dass Familienunternehmen in sehr unterschiedlichen Größen und Rechtsformen auftreten können. Es verbieten sich daher jegliche „*one-size-fits-all*“-Ansätze. Trotz der dargestellten Unterschiede gibt es gewisse Charakteristika, die vielen Familienunternehmen gemein sind.

Familienunternehmen haben in Deutschland eine hohe gesamtwirtschaftliche Bedeutung. Sie zeichnen sich zum einen durch die besondere Interessenlage und die Identifikation der einzelnen Familienmitglieder mit dem Unternehmen aus. Zum anderen rührt ob der familiären Verbundenheit auch ein gesteigertes Konfliktpotenzial her.[179] Mit den persönlichen Näheverhältnissen geht auch immer die Gefahr einher, dass Auseinandersetzungen zwischen Geschwistern oder Familienstämmen innerhalb des Unternehmens ausgefochten und damit auch Entscheidungsprozesse behindert werden.[180] Dies kann einerseits zur Folge haben, dass die familieninterne Nachfolge nicht sichergestellt werden kann und andererseits auch den Fortbestand des Unternehmens gefährden.[181]

175 *Grobecker/Hueck*, AG 2017, R140, R141; *Mayer-Uellner/Otte*, NZG 2015, 737; *Reichert*, ZIP 2014, 1957, 1960.
176 *Fett/Stütz*, NZG 2017, 1121, 1124; *Arnold*, in Die GmbH & Co. KGaA, 2001, S. 6 f.
177 *Lieder*, Recht der Familiengesellschaften, 2017, 27, 54.
178 *Lieder*, Recht der Familiengesellschaften, 2017, 27, 54.
179 *Habbe/Gieseler*, NZG 2016, 1010; *Greger*, ZKM 2014, 169, 170.
180 *Habbe/Gieseler*, NZG 2016, 1010; *Lange*, BB 2005, 2585, 2588.
181 *Habbe/Gieseler*, NZG 2016, 1010; vgl. *Lange*, BB 2005, 2585, 2588.

Die Einfluss- und Gestaltungsmöglichkeiten hängen überwiegend mit der Wahl der Rechtsform zusammen. Dabei können verschiedene Kriterien herangezogen werden wie etwa Haftungsbeschränkung, Gestaltungsfreiheit, Vinkulierung von Anteilsrechten und Einfluss auf die Geschäftsführung. Wichtig ist insbesondere, dass auch die Nachfolge konkret geregelt ist. Um das Unternehmen und seinen Fortbestand zu sichern, können verschiedene Maßnahmen ergriffen werden. So kann unter anderem der Gesellschaftsvertrag durch eine entsprechende Gestaltung, die den Besonderheiten der jeweiligen Gesellschaft und der dahinterstehenden Familie Rechnung trägt, zur Konfliktvermeidung beitragen. Gestaltungsoptionen hierfür sind beispielsweise die Bildung von Stimmrechtspools oder Stammesklauseln.[182] Darüber hinaus kann auch ein Beirat in der Gesellschaft eingerichtet werden, der die Geschäftsführung und Gesellschafter unterstützt.[183]

Die vorstehenden Ausführungen zeigen, warum in Deutschland viele familienkontrollierte GmbHs existieren (78 %). Diese Rechtsform bietet den Familienunternehmen einen großen Gestaltungsspielraum und kann entsprechend individuellen Bedürfnissen an die jeweilige Gesellschaft angepasst werden. Außerdem ist sie ebenso wie die AG eine Kapitalgesellschaft. Für die AG gibt es hinsichtlich Corporate Governance und Compliance Vorgaben, die etwa beim DCGK über § 161 AktG auch Verbindlichkeit dahingehend entfalten, dass eine Rechtfertigungspflicht bei Non-Compliance entsteht. Diese Vorgaben sind – anders als bei der KGaA, bei der viele Normen über die AG Anwendung finden – nicht ohne weiteres auf die GmbH anwendbar. Dies verdeutlicht noch einmal mehr, weshalb in Bezug auf Familienunternehmen hier der Fokus der Betrachtung liegen soll.

Die Bedürfnisse von Familienunternehmen hinsichtlich Corporate Governance und Compliance weichen von denen anderer Unternehmen ab und sind individuell zu bewerten. Die Etablierung von Strategien und Maßnahmen zur Konfliktvermeidung und -lösung sind dabei Teil der Corporate Governance einer Gesellschaft. Dabei ergeben sich gerade für Familienunternehmen Besonderheiten, die im Folgenden näher beleuchtet werden sollen.

182 *Habbe/Gieseler*, NZG 2016, 1011; *Graf/Bisle*, DStR 2010, 2409, 2412; *Lange*, BB 2005, 2585, 2589.

183 *Scherer*, BB 2010, 323, 327; *Graf/Bisle*, DStR 2010, 2509, 2413; *Hennerkes/May*, NJW 1988, 2761, 2762.

§ 4 Corporate Governance

Während Corporate Governance in Bezug auf Aktiengesellschaften in der juristischen Literatur bereits viel Beachtung gefunden hat, ist die sog. Family Business Governance ähnlich wie das Recht der Familienunternehmen (siehe § 3 B) bisher weitgehend von betriebswirtschaftlicher Seite aus betrachtet worden, während die juristische Literatur sich auf wenige Aufsätze beschränkt.

Im Folgen wird daher zunächst auf den Begriff der Corporate Governance (dazu § 4 A) und insbesondere die interne und externe Governanceperspektive eingegangen. Im Anschluss werden die Konflikte erläutert, die Corporate Governance in den Unternehmen erforderlich machen (dazu § 4 B). Anschließend erfolgt eine Übersicht über die Funktionsweise der Corporate Governance, wobei auch dargelegt wird, welche Mechanismen eingesetzt werden können, um sie im Unternehmen zu implementieren und umzusetzen (hierzu § 4 C). Sodann werden auch die Zuständigkeiten der einzelnen Organe im Unternehmen für die Corporate Governance erläutert (hierzu § 4 D). Die Ausführungen zu § 4 A, § 4 B, § 4 C und § 4 D sind auf börsennotierte Kapitalgesellschaften fokussiert. Die Unterschiede, die sich in Familienunternehmen zum Thema Corporate Governance ergeben, werden im Anschluss dargelegt (siehe § 4 F). Zwar muss auch in Familienunternehmen im Sinne der jeweiligen Gesellschaft gehandelt werden. Hierbei sind jedoch verschiedene Perspektiven zu beachten und es ergeben sich andere Problemfelder und Herausforderungen, als dies beispielsweise bei Aktiengesellschaften der Fall ist. Um diesen Herausforderungen zu begegnen, existieren verschiedene Regelwerke, die als Leitlinien dienen können (hierzu § 4 G). Während der DCGK für börsennotierte Aktiengesellschaften über § 161 AktG eine teilweise verbindliche Wirkung entfaltet, lässt der Governance Kodex für Familienunternehmen den Familienunternehmen eine Anwendung offen und gibt lediglich Empfehlungen ab, die berücksichtigt werden können. Zwar gibt es auch weitere Kodizes neben DCGK und GKFU diese sollen vorliegend jedoch nur kurz umrissen werden, da der Fokus darauf liegt, die Unterschiede zwischen Familienunternehmen und börsennotierten (nicht-familienkontrollierten) Aktiengesellschaften aufzuzeigen.

A. Begriff der Corporate Governance

Für den Begriff der Corporate Governance gibt es keine festgelegte deutsche Übersetzung. Auch eine Legaldefinition hat sich bis dato nicht herausgebildet. Seit den 1990er-Jahren hält der Begriff auch in die deutsche Literatur Einzug.[184] Im Englischen wird „Governance“ definiert als *„the act or process of governing or overseeing the control and direction of something (such as a country or an organization)*”[185]. Dies kann als “Kontrolle”[186] oder “Steuerung”[187] übersetzt werden, zielt also insbesondere auf die Leitung und die Überwachung des Unternehmens ab. Deshalb wird unter dem Begriff „Corporate Governance“ im deutschen Sprachgebrauch die Unternehmensverfassung als Gesamtheit der Regeln der Unternehmensleitung und -überwachung gefasst.[188]

Die Gruppe der zwanzig wichtigsten Industrie- und Schwellenländer (G20) und die Organisation für wirtschaftliche Zusammenarbeit und Entwicklung (OECD) definieren in ihren Governance-Grundsätzen Corporate Governance wie folgt: *„Gegenstand der Corporate Governance ist das Geflecht der Beziehungen zwischen der Geschäftsführung eines Unternehmens, seinem Aufsichtsorgan (Board), seinen Aktionären und den anderen Unternehmensbeteiligten (Stakeholdern). Die Corporate Governance liefert zudem den strukturellen Rahmen für die Festlegung der Unternehmensziele, die Identifizierung der Mittel und Wege zu ihrer Umsetzung und die Modalitäten der Erfolgskontrolle.*“.[189] Diese sehr allgemein gehaltene Definition gibt kein Organisationsziel vor und stellt Corporate Governance als universell anwendbares Konzept dar.

Der DCGK als Regelwerk, welches nur auf börsennotierte Kapitalgesellschaften gemünzt ist und lediglich über § 161 AktG Rechtswirkung erlangt, definiert Corporate Governance als den *„rechtliche(n) und faktische(n) Ordnungsrahmen für die Leitung und Überwachung eines Unternehmens*“.[190] Dies hat auch in der juristischen Literatur Einzug gehalten.[191] Eine Erweite-

---

184 Siehe etwa *Baums*, The American Journal of Comparative Law 1992, Vol. 40 No. 2, 503 ff.

185 Definition “Governance“ in Merriam-Webster, abrufbar unter https://www.merriam-webster.com/dictionary/governance.

186 Übersetzung „Governance“ in Collins Dictionary, abrufbar unter https://www.collinsdictionary.com/de/worterbuch/englisch-deutsch/governance.

187 Übersetzung „Governance“ in PONS Wörterbuch, abrufbar unter https://de.pons.com/übersetzung/englisch-deutsch/governance.

188 Vgl. Präambel des Deutschen Corporate Governance Kodex der Regierungskommission Corporate Governance für börsennotierte Unternehmen Fassung vom 28. April 2022 (DCGK), abrufbar unter https://www.dcgk.de/de/kodex/aktuelle-fassung/praeambel.html (im Folgenden: DCGK in der Fassung vom 28. April 2022); *von Werder*, in Kremer u. a., Deutscher Corporate Governance Kodex, 8. Auflage 2021, 2. Teil Rn. 1; Baums Bericht der Regierungskommission 2001, Rn. 5; Grundsatzkommission Corporate Governance NZG 2000, 333; *U. H. Schneider/Strenger*, AG 2000, 106.

189 OECD (2015), G20/OECD-Grundsätze der Corporate Governance, S. 9.

190 Vgl. Präambel des DCGK in der Fassung vom 28. April 2022.

191 Siehe v. Werder, in Kremer u. a., Deutscher Corporate Governance Kodex, 8. Auflage 2021, 2. Teil Rn. 1.

rung erhielt diese Definition durch *Kollmann*, der Corporate Governance als *„den rechtlichen und faktischen Ordnungsrahmen für eine verantwortungsvolle, auf langfristige Wertschöpfung ausgerichtete Unternehmensleitung und -kontrolle*“ definiert.[192]

Ziel der Corporate Governance ist insbesondere die Optimierung der Unternehmenskontrolle und -führung.[193] Darunter fallen vor allem die nachhaltige und rechtmäßige Wertschöpfung im Interesse der Aktionäre und der Mitarbeiter.[194] Von besonderer Bedeutung ist im Rahmen der Corporate Governance auch der Transparenzgedanke. Danach sollen die Aktivitäten des Unternehmens und die Modalitäten seiner Leitung sowie Überwachung für die Stakeholder weitestgehend transparent sein.[195] Nur durch eine offene Kommunikation mit den Bezugsgruppen könne das notwendige Vertrauen der Stakeholder hergestellt und gefestigt werden.[196] Die Corporate Governance stellt Verhaltensmaßstäbe für die Geschäftsführung auf, anhand derer diese ihre Handlungen auszurichten haben, die insbesondere der Sicherstellung der Einhaltung interner und externer Regelungen als auch der Erreichung der Ziele des Unternehmens dienen sollen.[197] Somit beinhaltet Corporate Governance aus juristischer Perspektive zwei Aspekte: Einerseits ein Regelwerk für eine gute Unternehmensführung und andererseits dessen konkrete Umsetzung in der Praxis.[198] Ziel ist es vor allem, dass die Gesellschaft im Unternehmensinteresse geführt wird. Dabei müssen einerseits Belange der Aktionäre, Belegschaft und Stakeholder berücksichtigt und andererseits für den Bestand des Unternehmens und seine nachhaltige Wertschöpfung Sorge getragen werden.[199]

---

192 *Kollmann*, WM Sonderbeilage Nr. 1 zu Heft 1/2003, 1, 4; eine ausführliche Übersicht zu verschiedenen Defintionsansätzen findet sich u. a. in *Hausch*, Corporate Governance im deutschen Mittelstand, 2004, S. 33 ff., S. 39.

193 Deutscher Corporate Governance Kodex, Fassung vom 28. April 2022, Präambel; *Koch*, in Koch, AktG, 16. Aufl. 2022, § 76 Rn. 37; *Konnertz-Häußler*, GmbHR 2012, 68, 70; *Rode*, BB 2006, 341.

194 Deutscher Corporate Governance Kodex, Fassung vom 28. April 2022, Präambel; *Koch*, in Koch, AktG, 16. Aufl. 2022, § 76 Rn. 37.

195 *Von Werder*, in Kremer u. a., Deutscher Corporate Governance Kodex, 8. Auflage 2021, Präambel Rn. 5.

196 *Von Werder*, in Kremer u. a., Deutscher Corporate Governance Kodex, 8. Auflage 2021, Präambel Rn. 5.

197 *Lange*, BB 2005, 2585; *Grützner/Jakob*, in Grützner/Jakob, Compliance von A-Z, 2. Aufl. 2015.

198 *Konnertz-Häußler*, GmbHR 2012, 68, 70.

199 Vgl. Präambel des DCGK, Fassung v. 28. April 2022.

I. Interne und externe Perspektive

Der Begriff der Corporate Governance lässt sich im deutschen Sprachgebrauch nicht eindeutig zuordnen und weist lediglich Überschneidungen zum Begriff der Unternehmensverfassung auf.[200] Diese betrifft indes primär die Binnenordnung des Unternehmens, beispielsweise durch Festlegung von Informationsrechten.[201] Unter Corporate Governance versteht man jedoch auch Fragen der Einbindung des Unternehmens in sein Umfeld (zum Beispiel in den Kapitalmarkt), sodass zwischen einer internen und einer externen Governanceperspektive differenziert werden kann.[202]

Die interne Perspektive bezieht sich auf die jeweiligen Kompetenzen und Funktionsweisen als auch das Zusammenwirken der Unternehmensorgane der Aktiengesellschaft wie Vorstand und Aufsichtsrat.[203] Weiterhin umfasst sie den Aufbau und die Zusammensetzung der jeweiligen Organe, Vorschriften über Rechte und Pflichten der Organe sowie mögliche Haftungstatbestände.[204]

Indes bezieht sich die Außensicht der Corporate Governance auf das Verhältnis der Unternehmensführung zu den wesentlichen Stakeholdern des Unternehmens.[205] Der Begriff der Stakeholder ist hierbei sehr weit zu verstehen und umfasst neben den Anteilseignern und Gläubigern des Unternehmens auch die Mitarbeiter sowie die Öffentlichkeit.[206] Dabei kommt den Shareholdern im Kreis der Stakeholder besondere Bedeutung zu.[207] Die externe Governanceperspektive bezieht sich dabei unter anderem auf Regelungen

---

200 *Von Werder*, in Hommelhoff/Hopt/v. Werder, Hdb. Corporate Governance, 2. Aufl. 2009, S. 4.

201 *Von Werder*, in Hommelhoff/Hopt/v. Werder, Hdb. Corporate Governance, 2. Aufl. 2009, S. 4.

202 *Böcking/Bundl*, in Hopt/Binder/Böcking, HdB Corporate Governance von Banken und Versicherungen, 2. Aufl. 2020 § 2 Rn. 6 ff.; *von Werder*, in Hommelhoff/Hopt/v. Werder, Hdb. Corporate Governance, 2. Aufl. 2009, S. 4.; *Kübler*, FS Zöllner, 1998, 321, 324; siehe auch zu internen und externen Kontrollmechanismen *Walsh/Seward*, The Academy of Management Review 1990, Vol. 15 No. 3, 421, 422.

203 *Böcking/Bundl*, in Hopt/Binder/Böcking, HdB Corporate Governance von Banken und Versicherungen, 2. Auflage 2020 § 2 Rn. 7; *von Werder*, in Kremer u. a., Deutscher Corporate Governance Kodex, 8. Auflage 2021, 2. Teil Rn. 1; *Baums*, in Bericht der Regierungskommission Corporate Governance, 2001, 6.

204 *Konnertz-Häußler*, Corporate Governance als Problemlösungsstrategie bei der GmbH, 2010, S. 19.

205 *Böcking/Bundl*, in Hopt/Binder/Böcking, HdB Corporate Governance von Banken und Versicherungen, 2. Auflage 2020 § 2 Rn. 8; *von Werder*, in Kremer u. a., Deutscher Corporate Governance Kodex, 8. Auflage 2021, 2. Teil Rn. 1.

206 Vgl. Abs. 1 S. 3 Präambel DCGK in der Fassung vom 28.04.2022.

207 *Von Werder*, in Kremer u. a., Deutscher Corporate Governance Kodex, 8. Auflage 2021, 2. Teil Rn. 1.

zu Anlegerrechten, Offenlegung und Transparenz.[208] Darunter fallen somit auch Vorschriften zur Veröffentlichung von Insidertatsachen oder Managemententscheidungen.[209]

II. Good Corporate Governance

Die Good Corporate Governance bestimmt sich nach ihrem jeweiligen Kontext.[210] Einerseits kann sie auf die Erstellung eines Regelungsrahmen zur Corporate Governance und andererseits auf dessen Umsetzung in den betroffenen Unternehmen abzielen. Diese gehen in der Regel jedoch miteinander einher, sodass unter Good Corporate Governance ein Regelwerk verstanden werden kann, welches auf die individuellen Bedürfnisse des Unternehmens zugeschnitten ist und der zweckmäßigen Führung und Organisation des Unternehmens dienen soll.[211] Dieses muss entsprechend vom Unternehmen im Interesse seiner Stakeholder umgesetzt werden.[212] Da es hierbei insbesondere auf die individuellen Bedürfnisse des Unternehmens ankommt, können keine objektiven Kriterien zur Messung von Erfolg oder Misserfolg der Governance eines Unternehmens aufgestellt werden. Der Prozess hin zur Good Corporate Governance ist ein fortlaufender. Er hat sich fortwährend an den Umständen zu orientieren, in denen sich das Unternehmen befindet und muss entsprechend auch angepasst werden, wenn sich Veränderungen ergeben.[213]

B. Konflikte im Unternehmen

Vor allem in großen Unternehmen treffen verschiedene Akteure mit verschiedenen Interessen aufeinander. Neben Anteilseignern, Arbeitnehmern und Gläubigern steht das Management, welches im Rahmen seiner Unternehmensleitung dafür Sorge trägt, dass es zu einer gemeinschaftlichen Wert-

208 *Konnertz-Häußler*, Corporate Governance als Problemlösungsstrategie bei der GmbH, 2010, S. 6.
209 *Konnertz-Häußler*, Corporate Governance als Problemlösungsstrategie bei der GmbH, 2010, S. 6.
210 *Schneider*, DB 2000, 2413.
211 *Konnertz-Häußler*, Corporate Governance als Problemlösungsstrategie bei der GmbH, 2010, S. 5.
212 *Konnertz-Häußler*, Corporate Governance als Problemlösungsstrategie bei der GmbH, 2010, S. 5.
213 Siehe auch *Konnertz-Häußler*, Corporate Governance als Problemlösungsstrategie bei der GmbH, 2010, S. 6.

schöpfung kommt.[214] Die Beziehungen der einzelnen Akteure untereinander und mit dem Unternehmen sind dabei (teilweise) in Verträgen geregelt.[215] Aus dieser Unvollständigkeit der Verträge rührt der Kern der Governanceprobleme: Die Verträge bilden aufgrund der verschiedenen Stellungen der Teilnehmer untereinander sowie der unterschiedlichen Interessen, die dabei verfolgt werden, die Gesamtinteressenlage nur unvollständig ab und erfassen gerade nicht alle Interessen.[216]

Die beteiligten Gruppen verfügen über unterschiedliche Möglichkeiten der Einflussnahme, die sie im Zweifel auch zu ihren Gunsten – und somit oft zu Lasten der anderen – nutzen können.[217] Die Unvollständigkeit ergibt sich weiterhin daraus, dass die Verträge auf zukünftige Ereignisse gerichtet sind, deren Entwicklungen nicht präzise vorhergesagt werden können.[218] So liegt es etwa bei Verträgen zwischen den Aktionären und dem Unternehmen, in denen vereinbart wird, dass der Aktionär Eigenkapital einbringt und das Unternehmen eine Rendite auszahlt. Ex ante lässt sich jedoch aufgrund möglicher Entwicklungen am Kapitalmarkt die tatsächliche Höhe der Rendite nicht von vorneherein bestimmen.[219]

Es folgt eine Übersicht über die sich daraus ergebenden Konfliktfelder.

I. Prinzipal-Agenten-Konflikt

Corporate Governance soll insbesondere dazu beitragen, Herausforderungen, denen sich Unternehmen ausgesetzt sehen, entgegenzutreten. Eine dieser Herausforderungen stellt der Konflikt zwischen Anteilseignern (Prinzipal) und dem Management (Agent) dar (sog. „Prinzipal-Agenten-Konflikt“).[220]

---

214 *Von Werder*, in Hommelhoff/Hopt/v. Werder, Hdb. Corporate Governance, 2. Aufl. 2009, S. 6; Jones, The Academy of Management Review 1995, Vol. 20 No. 2, 404, 407.

215 *Von Werder*, in Hommelhoff/Hopt/v. Werder, Hdb. Corporate Governance, 2. Aufl. 2009, S. 6; *Zöllner*, Interne Corporate Governance, 2007, S. 1.

216 *Zöllner*, Interne Corporate Governance, 2007, S. 1.

217 *Von Werder*, in Hommelhoff/Hopt/v. Werder, Hdb. Corporate Governance, 2. Aufl. 2009, S. 6.

218 *Hart/Holmström*, Advances in Economic Theory, 1989, S. 128 ff.; *Hart/Moore*, Econometrica 1988, Vol. 56 No. 4, 755.

219 *Von Werder*, in Hommelhoff/Hopt/v. Werder, Hdb. Corporate Governance, 2. Aufl. 2009, S. 7.

220 *Seiler/Geier*, in Ellenberger/Bunte, Bankrechts-HdB, 6. Aufl. 2022, § 83, Rn. 60; *Spindler*, in MüKo/GmbHG, 4. Aufl. 2023, § 52 Rn. 778; *Weber/Kebekus*, ZHR 2020, 324, 331; *Behme*, BB 2019, 451, 452; *Konnertz-Häußler*, GmbHR 2012, 68, 70; *Kirschbaum*, BKR 2006, 139, 140; *Lutter*, ZIP 2003, 737 ff.

Das Verhältnis zwischen den Aktionären und dem Management der Gesellschaft wird als Prinzipal-Agent-Beziehung bezeichnet.[221] Hiernach haben die Aktionäre ein besonderes Interesse an der Maximierung ihrer Rendite und verhalten sich risikoneutral,[222] während das Management sich risikoavers und opportunistisch verhält.[223] Entsprechend anderen Vertretungsverhältnissen, bestehen zwischen Prinzipal und Agenten Interessengegensätze, wodurch insbesondere ein entsprechender Überwachungsaufwand in der Gesellschaft für die Sicherstellung korrekter Verhaltensweisen des Managements entsteht.[224] Die Interessengegensätze rühren auch aus einer bestehenden Informationsasymmetrie; der Agent verfügt aufgrund seiner Tätigkeit über einen Informationsvorsprung gegenüber dem Prinzipal, wodurch es ihm möglich ist, eigene Interessen zulasten des Prinzipals zu verfolgen.[225] Eben dieses Informationsdefizit auf Seiten der Anteilseigner kann das Risiko opportunistischen Verhaltens des Managements bergen.[226] Während die Eigner das unternehmerische Risiko tragen, liegt die Leitungsbefugnis beim Management, welches dadurch versucht sein kann, seinen eigenen Nutzen auf Kosten der Eigner zu maximieren.[227]

Durch die Trennung von Eigentum und Kontrolle in börsennotierten Kapitalgesellschaften entstehen ebendiese Informationsasymmetrien zwischen den verschiedenen Akteuren, welche zu sog. Agency-Kosten führen.[228] Dies bezeichnet die Summe der Überwachungs- und Bindungskosten zuzüglich (zzgl.) des Residualverlusts (Residual Loss).[229] Die Überwachungskosten spiegeln sich im Wert der Ressourcenaufwendungen des Prinzipals (Aktionär) zur Überwachung des Agenten (Management).[230] Unter den Bindungskosten versteht man den Wert der Ressourcen, die vom Agenten aufgewendet werden, um unerwünschtes Verhalten des Prinzipals auszuschließen.[231] Da trotz aller Bemühungen des Prinzipals nicht auszuschließen ist, dass der

221 *Von Werder*, in Hommelhoff/Hopt/v. Werder, Hdb. Corporate Governance, 2. Aufl. 2009, S. 7; *Zöllner*, Interne Corporate Governance, 2007, S. 2; *Lange*, BB 2005, 2585.
222 *Von Werder*, in Hommelhoff/Hopt/v. Werder, Hdb. Corporate Governance, 2. Aufl. 2009, S. 7.
223 *Fama*, Journal of Political Economy 1980, Vol. 88 No. 2, 288 ff.; *Jensen/Meckling*, Journal of Financial Economics 1976, Vol. 3 Issue 4, 305, 308.
224 *Behme*, BB 2019, 451, 452; *Rode*, BB 2006, 341; *Lange*, BB 2005, 2585.
225 *Rode*, BB 2006, 341; *Konnertz-Häußler*, GmbHR 2012, 68, 70; *Lange*, BB 2005, 2585.
226 *Lange*, BB 2005, 2585.
227 *Lange*, BB 2005, 2585.
228 *Zöllner*, Interne Corporate Governance, 2007, S. 1.
229 *Jensen/Meckling*, Journal of Financial Economics 1976, Vol. 3 Issue 4, 305, 308; siehe auch *Konnertz-Häußler*, Corporate Governance als Problemlösungsstrategie bei der GmbH, 2010, S. 28; *Zöllner*, Interne Corporate Governance, 2007, S. 1.
230 *Jensen/Meckling*, Journal of Financial Economics 1976, Vol. 3 Issue 4, 305, 308.
231 *Jensen/Meckling*, Journal of Financial Economics 1976, Vol. 3 Issue 4, 305, 308.

Agent auch Entscheidungen trifft, die nicht im Sinne des Prinzipals sind, kann hierbei ein Verlust entstehen, der als sog. Residualverlust bezeichnet wird.[232] Dieser ist das monetäre Äquivalent der Wohlfahrtseinbuße, die dem Prinzipal entsteht, wenn der Agent trotz Überwachungs- und Bindungskosten nicht im besten Interesse des Prinzipals handelt, sondern teilweise ein vom Interesse des Prinzipals abweichendes Ziel verfolgt.[233] Corporate Governance-Maßnahmen sollen zur Verringerung des Prinzipal-Agenten-Konflikts beitragen und dafür sorgen, dass die mit der Verwaltung von fremden Vermögen Betrauten (Agenten) dies im Interesse der Eigentümer (Prinzipal) tun.[234] Die Folge davon sollen sinkende Agency-Kosten sein.[235]

Die Probleme, die sich hieraus in Bezug auf Corporate Governance ergeben und der Umgang mit denselben, hängen von der jeweiligen Bezugsgruppe ab. Hierbei sind der Shareholder- und der Stakeholder-Ansatz voneinander abzugrenzen.

II. Shareholder Value-Ansatz

Der Shareholder Value-Ansatz konzentriert sich auf das Verhältnis zwischen den Aktionären und dem Management der Gesellschaft.[236] Dabei rücken die Interessen der Eigenkapitalgeber in den Vordergrund, sodass die Corporate Governance-Maßnahmen insbesondere zu deren Gunsten durchgeführt werden.[237]

Zur Lösung des unter § 4 B.I beschriebenen Prinzipal-Agenten-Konflikts dienen hierbei Corporate Governance-Maßnahmen zum Anlegerschutz und zur Stärkung des Anlegervertrauens.[238] Die Aufklärung der Anleger über ihre Rechte und die Erleichterung der Durchsetzung ihrer Rechte sind dabei maßgebliche Elemente des Anlegerschutzes.[239] Die Etablierung von Kontrollmechanismen sowie die Schaffung von Transparenz spielt hierbei eine gewichtige Rolle und ist u. a. Ziel von Corporate Governance (siehe bereits

232 *Jensen/Meckling*, Journal of Financial Economics 1976, Vol. 3 Issue 4, 305, 308.

233 *Jensen/Meckling*, Journal of Financial Economics 1976, Vol. 3 Issue 4, 305, 308; siehe auch *Konnertz-Häußler*, Corporate Governance als Problemlösungsstrategie bei der GmbH, 2010, S. 28.

234 *Konnertz-Häußler*, Corporate Governance als Problemlösungsstrategie bei der GmbH, 2010, S. 28.

235 *Konnertz-Häußler*, Corporate Governance als Problemlösungsstrategie bei der GmbH, 2010, S. 28.

236 *Von Werder*, in Hommelhoff/Hopt/v. Werder, Hdb. Corporate Governance, 2. Aufl. 2009, S. 7; *Zöllner*, Interne Corporate Governance, 2007, S. 2; *Lange*, BB 2005, 2585.

237 *Rappaport*, Harvard Business Review 2006, Vol. 84 No. 9, 66 ff.

238 *Konnertz-Häußler*, Corporate Governance als Problemlösungsstrategie bei der GmbH, 2010, S. 28.

239 *Große/Boos*, WM 2006, 1177, 1183.

§ 4 A). Der Anlegerschutz spielt deshalb eine relevante Rolle in der Corporate Governance, weil durch Einführung der Corporate Governance Kodizes das Vertrauen von Anlegern hinsichtlich des Kapitalmarkts gewonnen werden sollte.[240]

III. Stakeholder-Ansatz

Dem eng gefassten Shareholder Value-Ansatz steht der Stakeholder-Ansatz gegenüber. Dieser bezieht neben den Interessen der Aktionäre auch die Interessen anderer Bezugsgruppen wie den Arbeitnehmern, Gläubigern und der Öffentlichkeit mit ein.[241]

Dahinter steht der Gedanke, dass neben den Aktionären auch diese Gruppen ein Interesse daran haben, dass das Unternehmen erfolgreich agiert. So soll Corporate Governance für Gläubiger des Unternehmens u. a. zur Verringerung ihres Insolvenzausfallrisikos beitragen.[242] Darüber hinaus profitiert auch die Öffentlichkeit vom Unternehmenserfolg, wenn zum Beispiel höhere Investitionen getätigt, mehr Steuern bezahlt und Arbeitsplätze geschaffen werden.[243] Einige Ansätze wollen sich hinsichtlich der Regelungen zur Corporate Governance nur auf die Shareholder eines Unternehmens konzentrieren.[244] Diese nehmen an, dass die sonstigen Stakeholder anders als die Shareholder eines Unternehmens vertraglich etwa durch Arbeits- oder Lieferverträge und gesetzlich beispielsweise durch Vorschriften zum Verbraucherschutz abgesichert seien und somit die Regeln für die Corporate Governance hauptsächlich für die Shareholder gestaltet werden sollten.[245] Da die Shareholder direkt mit dem eigenen Kapital am Unternehmen beteiligt sind, tragen sie im Gegensatz zu anderen Stakeholdern zwar ein höheres Risiko; dies lässt sich so u. a. aber auch auf die Arbeitnehmer übertragen, deren Arbeitslohn als Lebensgrundlage auch vom Erfolg des Unternehmens

240 Europäische Kommission, Aktionsplan zur Modernisierung des Gesellschaftsrechts und Verbesserung der Corporate Governance in der EU, KOM 2003, 284 endg. S. 9.

241 *Fleischer*, in BeckOGK/AktG, Stand: 01.06.2025, § 76 Rn. 40; *Böcking/Bundl*, in Hopt/Binder/Böcking, HdB Corporate Governance von Banken und Versicherungen, 2. Auflage 2020 § 2 Rn. 6; *von Werder*, in Hommelhoff/Hopt/v. Werder, Hdb. Corporate Governance, 2. Aufl. 2009, S. 8; siehe auch OECD (2015), G20/OECD-Grundsätze der Corporate Governance.

242 *Konnertz-Häußler*, Corporate Governance als Problemlösungsstrategie bei der GmbH, 2010, S. 29.

243 *Konnertz-Häußler*, Corporate Governance als Problemlösungsstrategie bei der GmbH, 2010, S. 29.

244 Mit weiteren Ausführungen *von Werder*, in Hommelhoff/Hopt/v. Werder, Hdb. Corporate Governance, 2. Aufl. 2009, S. 8.

245 *Von Werder*, in Hommelhoff/Hopt/v. Werder, Hdb. Corporate Governance, 2. Aufl. 2009, S. 8.

abhängig ist. Eine Fokussierung der Governance nur auf die Aktionäre ist mithin nicht tragbar.

IV. Zwischenfazit

Entwicklungen wie zunehmende Fusionen und Übernahmen sowie Umstrukturierungen von Unternehmen verschärfen potenziell die unternehmensinternen Konflikte und erhöhen den Bedarf an sachgerechten Corporate Governance-Lösungen.[246] Ergebnis hiervon ist die stete Fortentwicklung von Gesetzen und Kodizes, welche im Unternehmen durch Implementierung zu Verbesserungen führen sollen.

Gerade kapitalmarktorientierte Unternehmen sehen sich weiterhin einer gewissen Erwartungshaltung der Öffentlichkeit und der Kapitalmärkte ausgesetzt. Die Corporate Governance ist deshalb an der Erwartungshaltung der Share- und Stakeholder auszurichten.[247] Sie kann zum Beispiel durch die Veröffentlichung der Entsprechenserklärung nach § 161 AktG auf der Website der Gesellschaft Publizität und Transparenz[248] schaffen und dadurch die Entscheidung der Teilnehmer des Kapitalmarkts positiv beeinflussen sowie das Unternehmen zur Reflexion der eigenen Geschäftspolitik anhalten.[249]

Regelungen der Corporate Governance haben grundsätzlich die Aufgabe, geeignete rechtliche und faktische Impulse zu setzen, die günstige Bedingungen für eine produktive Wertschöpfung und faire Wertverteilung schaffen.[250] Leitmaxime ist dabei stets das Unternehmensinteresse, dem Vorstand und Aufsichtsrat der AG gem. §§ 93 Abs. 1 S. 2, 116 AktG auch gesetzlich verpflichtet sind.[251] Auch wenn verschiedene Bezugsgruppen mit individuellen Interessen im Unternehmen zusammenkommen, besteht übereinstimmend das Interesse an einem nachhaltigen und wirtschaftlichen Erfolg desselben. Da sich das Unternehmensinteresse aus den verschiedenen Einzelinteressen der Bezugsgruppen zusammensetzt, bedarf es hier eines holistischen Ansatzes in dem Sinne, Corporate Governance-Mechanismen einzusetzen, die die

246 *Zöllner*, Interne Corporate Governance, 2007, S. 1.

247 *Orth*, in Beck'sches HdB d. Rechnungslegung, 67. EL Januar 2022, B 950 Rn. 12.

248 BegrRegE TransPuG, BT-Drs. 14/8769, 22; BGH NZG 2009, 342, 345; BGH NZG 2009, 1270; *Bayer/Scholz*, in BeckOGK/AktG, 01.06.2025, § 161 Rn. 4; *Leyens*, ZEuP 2016, 388, 396.

249 *Spindler*, in K. Schmidt/Lutter, AktG, 5. Aufl. 2024, § 161 Rn. 1; *Bayer/Scholz*, in BeckOGK/AktG, Stand 01.06.2025, § 161 Rn. 4.

250 *Von Werder*, in Hommelhoff/Hopt/v. Werder, Hdb. Corporate Governance, 2. Aufl. 2009, S. 16.

251 Siehe auch Präambel des DCGK in der Fassung vom 28.04.2022.

Interessen aller Stakeholder miteinbeziehen.[252] Diese sollen im Folgenden näher beleuchtet werden.

C. Ziele der Corporate Governance und Governance-Mechanismen

Das vorrangige Ziel der Corporate Governance ist die Förderung des Unternehmenserfolges (siehe oben (s. o.)). Zum Erreichen dieses Ziels gibt es verschiedene Governance-Mechanismen, die von Unternehmen eingeführt und umgesetzt werden können. Die einzelnen Maßnahmen spiegeln immer auch die Ziele der Corporate Governance wider. Maßnahmen zur Verringerung des Prinzipal-Agenten-Konflikts hängen von der jeweiligen Bezugsgruppe ab (hierzu § 4 C.I). Auch die Stärkung der Effizienz von Unternehmensorganen kann zur guten Corporate Governance beitragen (hierzu § 4 C.II). Weiterhin sind die Schaffung von Transparenz (hierzu § 4 C.III), die Einführung etwaiger Kontrollmechanismen (hierzu § 4 C.IV) sowie Maßnahmen zum Reputationsgewinn (hierzu § 4 C.V) des Unternehmens wichtige Bausteine eines funktionierenden Corporate Governance-Systems. Darüber hinaus spielen auch Governance-Kodizes (hierzu § 4 C.VI) sowie eigene Bestrebungen des Unternehmens (hierzu§ 4 C.VII) wie u. a. die Einführung eigener Governance-Regeln, eine wichtige Rolle beim Erreichen des Governance-Ziels.

I. Verringerung des Prinzipal-Agenten-Konflikts

Minimiert werden kann der Prinzipal-Agenten-Konflikt durch eine verstärkte Effizienz der einzelnen Gesellschaftsorgane sowie durch Erhöhung von Kontroll- und Transparenzmechanismen.[253] Dies kann unter anderem dadurch erreicht werden, dass Zuständigkeiten klar geregelt werden sowie auch die Zusammenarbeit der Organe, die Berichterstattung und die Mitspracherechte.[254] Dadurch sollen Entscheidungsstrukturen und gute Entscheidungen gewährleistet werden.[255]

Wie unter § 4 B dargelegt, hängt der Umgang mit dem Prinzipal-Agenten-Konflikt von der jeweiligen Bezugsgruppe ab, die Gegenstand der

---

252 *Von Werder*, in Hommelhoff/Hopt/v. Werder, Hdb. Corporate Governance, 2. Aufl. 2009, S. 16.

253 *Konnertz-Häußler*, GmbHR 2012, 68, 70.

254 *Konnertz-Häußler*, GmbHR 2012, 68, 70.

255 *Kalss/Deutsch*, in Dauses/Ludwigs, HdB. d. EU-Wirtschaftsrechts, 53. EL Mai 2025, § 20 Rn. 534.

Betrachtung ist. Maßnahmen zum Anlegerschutz und zur Stärkung des Anlegervertrauens sind bei Verfolgung des Shareholder Value-Ansatzes maßgebend. Darunter fällt auch die Aufklärung der Anleger über ihre Rechte sowie die Erleichterung der Durchsetzung derselben.

Verfolgt man den Stakeholder-Ansatz und bezieht alle Interessengruppen wie beispielsweise auch Mitarbeiter mit in die Governance ein, müssen zusätzliche Maßnahmen ergriffen werden. So können zur Überwindung der oben beschriebenen Konflikte Maßnahmen der Mitbestimmung wie etwa die Einbindung von Arbeitnehmervertretern in den Aufsichtsrat oder die Einrichtung von Betriebsräten in Betracht gezogen werden. Dies kann vor allem dazu beitragen, dass den Interessen dieser Stakeholder-Gruppe Gehör verschafft wird und entsprechende Lösungen gefunden werden. Für Gläubiger des Unternehmens und die Öffentlichkeit liegt das Hauptinteresse darin, das Insolvenzausfallrisiko zu minimieren (s. o. unter § 4 B.III).

II. Effizienz der Unternehmensorgane

Weiterhin sollen Governance-Maßnahmen auch zu einer effizienteren Arbeitsweise der Unternehmensorgane führen.[256] Dies kann sich einerseits in der Intraorganarbeit und andererseits in der Interorganarbeit widerspiegeln. Die Zusammenarbeit innerhalb eines Organs kann effizienter gestaltet werden, in dem die Aufgaben der Organmitglieder detailliert beschrieben und wichtige Aspekte ihrer Arbeit deutlich hervorgehoben werden.[257] Um die Arbeitsweise der einzelnen Mitglieder effizienter zu gestalten, können ihnen dabei sog. Incentives wie beispielsweise Phantom Shares[258] angeboten werden. Auch die Einrichtung eines bestimmten Organs kann durch entsprechende Governance-Vorschriften festgelegt werden.[259]

Bei der Zusammenarbeit zwischen einzelnen Organen einer Gesellschaft können entsprechend Informationswege festgelegt und Berichtspflichten eingerichtet werden, sofern diese per Gesetz nicht bereits vorgeschrieben

256 *Konnertz-Häußler*, Corporate Governance als Problemlösungsstrategie bei der GmbH, 2010, S. 30; *Sünner*, AG 2000, 492, 493.

257 *Konnertz-Häußler*, Corporate Governance als Problemlösungsstrategie bei der GmbH, 2010, S. 30.

258 Dabei handelt es sich um eine variable Entgeltform, die vor allem im Rahmen der Entlohnung von Führungskräften eingesetzt wird. Diese erhalten dabei Phantom Shares, die nicht die vollen Rechte einer Aktie verbriefen. Sie geben dem Inhaber lediglich ein Recht auf Barauszahlung der Differenz, die sich aus dem Kurs der Aktie des Unternehmens zu einem vom bestimmten Zeitpunkt im Verhältnis zum Ausgabedatum ergibt. Siehe näheres hierzu u. a. bei https://www.gabler-banklexikon.de/definition/phantom-shares-60517/version-340072.

259 *Konnertz-Häußler*, Corporate Governance als Problemlösungsstrategie bei der GmbH, 2010, S. 30.

sind. Auch die gegenseitige Beratung kann zu einer effizienteren Arbeitsweise führen. Insgesamt empfiehlt sich die Anwendung des Corporate Governance Kodexes bzw. eigener Kodizes, da diese meist über die gesetzlichen Anforderungen hinaus gehen, was auch mit einer Steigerung der Arbeitsqualität einhergehen kann.[260]

III. Transparenz

Ein weiteres Ziel der Corporate Governance ist die Erhöhung der Transparenz und somit auch der Kontrollmöglichkeiten für die Stakeholder (siehe bereits § 4 C.I).

Corporate Governance-Regelungen sollen dazu beitragen, etwaige Informationsasymmetrien zwischen den verschiedenen Akteuren des Unternehmens abzubauen.[261] Hierfür werden den Stakeholdern Instrumente der Informationsbeschaffung an die Hand gegeben. Dies ergibt sich bereits aus diversen Vorschriften publizitäts-, kapitalmarkt- und arbeitsrechtlicher Natur wie etwa aus der aus § 325 HGB folgenden Verpflichtung zur Abgabe einer Entsprechenserklärung nach § 161 AktG oder die Offenlegung des Jahresabschlusses und Lageberichts. Ziel ist es, eine für alle Stakeholder zeitgleich zugängliche Informationsbasis zu schaffen, die es ihnen ermöglicht, die Lage des Unternehmens eigenständig zu beurteilen.[262] Dies erhöht die Nachvollziehbarkeit von Unternehmensentscheidungen und kann zur Stärkung des Anlegervertrauens beitragen.[263]

Mittel zur Steigerung der Transparenz können unter anderem E-Mails an die Gesellschafter und Kunden oder Veröffentlichungen auf der unternehmenseigenen Website sein. Viele Unternehmen nutzen inzwischen ihre Websites, um ihre Stakeholder unter dem Stichwort „Investor Relations“ über aktuelle Entwicklungen zu informieren. Als Beispiele sei hier zunächst die Bertelsmann SE & Co. KGaA zu nennen. Sie hat auf ihrer Website einen eigenen Reiter für Investor Relations unter dem Finanznachrichten, Ad-hoc-Mel-

260 *Konnertz-Häußler*, Corporate Governance als Problemlösungsstrategie bei der GmbH, 2010, S. 30.

261 *Von Werder*, in Hommelhoff/Hopt/v. Werder, Hdb. Corporate Governance, 2. Aufl. 2009, S. 18; *Konnertz-Häußler*, Corporate Governance als Problemlösungsstrategie bei der GmbH, 2010, S. 31.

262 *Von Werder*, in Hommelhoff/Hopt/v. Werder, Hdb. Corporate Governance, 2. Aufl. 2009, S. 18; *Konnertz-Häußler*, Corporate Governance als Problemlösungsstrategie bei der GmbH, 2010, S. 32.

263 *Von Werder*, in Hommelhoff/Hopt/v. Werder, Hdb. Corporate Governance, 2. Aufl. 2009, S. 18; *Konnertz-Häußler*, Corporate Governance als Problemlösungsstrategie bei der GmbH, 2010, S. 32.

dungen und Pressemitteilungen veröffentlicht werden.[264] Weiterhin werden hier Geschäftsberichte hochgeladen, Einladungen für Webcasts und Investor Conference Calls eingestellt und ein Überblick über die Entwicklung der Genussscheine gegeben. Ähnlich sieht es bei der Ceconomy AG aus, welche auf ihrer Website ebenfalls über die Entwicklung der Ceconomy-Aktien berichtet, die Strategie des Unternehmens vorstellt und Informationen zu Quartalsmitteilungen sowie möglichen Telefonkonferenzen darlegt.[265]

Auch der DCGK sieht entsprechende Grundsätze und Empfehlungen vor, die zur Transparenz beitragen sollen. So sollen unter anderem die Aktionäre bei Informationen unter gleichen Voraussetzungen gleichbehandelt werden (Grundsatz (GS) 20) und der Konzernabschluss sowie der Konzernlagebericht binnen 90 Tagen nach Geschäftsjahresende, die verpflichtenden unterjährigen Finanzinformationen binnen 45 Tagen nach Ende des Berichtszeitraums öffentlich zugänglich sein (F. 2).

IV. Kontrollmechanismen

Eine erhöhte Transparenz des Unternehmens geht einher mit einer höheren Informationsdichte sowohl für Unternehmensorgane, für Stakeholder als auch die Öffentlichkeit. Dadurch werden weitere Kontrollmöglichkeiten geschaffen, die es den Beteiligten Akteuren ermöglichen, fundierte Entscheidungen bezüglich des Unternehmens treffen zu können. Für die Stakeholder des Unternehmens gilt hierbei, dass Kontrollmöglichkeiten dazu beitragen, dass diese die Geschäftspolitik des Unternehmens nachverfolgen und beurteilen können, um beispielsweise über den An- und Verkauf von Aktien zu entscheiden.[266] Streubesitzaktionäre mit einem diversifizierten Portfolio haben indes keinen Anreiz, sich für die Überwachung der Unternehmensleitung einzusetzen, da die Kosten hierfür ihren Nutzen übersteigen.[267] Daraus entsteht die sog. rationale Apathie, bei der die Ablehnung der Entwicklung der Gesellschaft nicht in Ausübung der Mitgliedschaftsrechte („*voice*") deutlich wird, sondern vielmehr durch den Verkauf der Anteile deutlich wird („*exit*").[268]

Regelungen zur Kontrolle durch die Organe des Unternehmens dienen ebenfalls der guten Corporate Governance. Diese können die Kontrollmechanis-

---

264 Siehe https://www.bertelsmann.de/investor-relations/#st-1.

265 Siehe https://www.ceconomy.de/de/investor-relations/.

266 *Von Werder*, in Hommelhoff/Hopt/v. Werder, Hdb. Corporate Governance, 2. Aufl. 2009, S. 16; *Konnertz-Häußler*, Corporate Governance als Problemlösungsstrategie bei der GmbH, 2010, S. 33.

267 *Weber/Kebekus*, ZHR 184 (2020), 324, 33; *Easterbrok/Fischel*, Journal of Law and Economics 1983, Vol. 26, Issue 2, 385, 402.

268 *Weber/Kebekus*, ZHR 184 (2020), 324, 33; *Engert*, ZIP 2006, 2105 f.

men verbessern, indem sie den Organen Maßstäbe zur Durchführung der Kontrolle vorgeben und einen Leitfaden für die Überprüfung von Berichten und Informationen konkretisieren.[269] So kann etwa der Aufsichtsrat mithilfe diverser Berichte des Vorstands sich selbst über die Belange des Unternehmens informieren oder – gerade bei mitbestimmten Aktiengesellschaften – auch den Arbeitnehmern diese Informationen zugänglich machen.

Neben den Anteilseignern und den Unternehmensorgangen, soll auch die Öffentlichkeit als Kontrollinstrument dienen. Dies sieht auch der DCGK in Abschnitt F vor. Nach F 5 soll die Gesellschaft beispielsweise nicht mehr aktuelle Erklärungen zur Unternehmensführung und Entsprechenserklärungen zu den Empfehlungen des Kodex mindestens fünf Jahre lang auf ihrer Internetseite zugänglich machen.

V. Reputationsgewinn

Darüber hinaus sollen die Governance-Maßnahmen auch zum Reputationsgewinn der Unternehmen beitragen. Der Reputation des Unternehmens ist insbesondere der Vorstand entsprechend seiner Pflichten aus § 93 AktG verpflichtet. Als Teil der externen Pflichtenbindung ist er für den Aufbau und Erhalt der entstehenden Reputation sowie deren unternehmerische Verwendung und Vermarktung verantwortlich.[270] Bei der Wahrnehmung seiner Unternehmerfunktion obliegt ihm im Rahmen der §§ 76 Abs. 1, 93 Abs. 1 AktG eine Leitungspflicht zum Reputationsmanagement.[271]

Das Anlegervertrauen kann auch durch eine gute Reputation des Unternehmens gestärkt werden. Der Ruf des Unternehmens lässt sich beispielsweise durch rechtskonformes Verhalten fördern, was wiederum von der Compliance-Organisation des Unternehmens abhängig ist (siehe hierzu § 5 C.V). Darüber hinaus kann auch die Übernahme gewisser sozialer und moralischer Verantwortlichkeiten im Rahmen der Corporate Social Responsibility zur Steigerung des Ansehens des Unternehmens führen.[272] Diese können durch eine entsprechende Unternehmensführung gesteuert werden und haben somit auch unmittelbaren Einfluss auf die Reputation.[273]

---

269 *Von Werder*, in Hommelhoff/Hopt/v. Werder, Hdb. Corporate Governance, 2. Aufl. 2009, S. 16; *Konnertz-Häußler*, Corporate Governance als Problemlösungsstrategie bei der GmbH, 2010, S. 33.

270 *Fleischer*, in BeckOGK, AktG, Stand: 01.06.2025, § 93 Rn. 31.

271 *Fleischer*, DB 2017, 2015, 2020; *Seibt*, DB 2015, 171, 174; *Seibt*, DB 2016, 2707, 2709.

272 *Fleischer*, in BeckOGK, AktG, Stand: 01.06.2025, § 76 Rn. 42 ff.; *Koch*, in Koch, AktG, 16. Aufl. 2022, § 76 Rn. 35.

273 Siehe *Koch*, in Koch, AktG, 16. Aufl. 2022, § 76 Rn. 35.

Insbesondere für Anleger werden Bestrebungen der Unternehmen in den Bereichen Soziales und Umwelt immer wichtiger (Environmental Social Governance (ESG)). So gaben 44 % der befragten Anleger in einer Umfrage der Postbank an, Nachhaltigkeitsaspekte in ihren Anlageentscheidungen berücksichtigen zu wollen.[274] Damit einher geht jedoch auch immer das Risiko des Greenwashings bei den Unternehmen, die behaupten, die ESG-Kriterien zu erfüllen, diese in der Realität jedoch nicht abbilden. Gerade Greenwashing kann dabei zu erheblichem Reputationsverlust führen, wie sich im Fall der DWS Group deutlich zeigt.[275] Deren CEO, Dr. Asoka Wöhrmann, betonte das besondere Interesse der DWS Group an der Umsetzung von ESG. Interne E-Mails und Präsentationen zeigen hingegen, dass nur ein kleiner Teil der Investmentplattform die ESG-Integration auch anwendet und das angegebene, nach ESG-Kriterien verwaltete Vermögen zu hoch ausgewiesen war.[276] Gerade solche Verfehlungen im Bereich der ESG können mit einem erhöhten Reputationsverlust der betroffenen Unternehmen einhergehen.[277]

VI. Governance-Kodizes

Weiterhin stellen Governance-Kodizes Mechanismen zur Umsetzung der Corporate Governance im Unternehmen dar (hierzu § 4 G).

VII. Selbstregulierung

Neben Corporate Governance-Kodizes, die durch eigens zusammengestellte Kommissionen aufgestellt werden, können die Unternehmen sich auch selbst Kodizes auferlegen. Diese können in verschiedenen Formen auftreten und unterschiedlich implementiert werden. Vorteilhaft hieran ist insbesondere, dass auf die jeweiligen Gegebenheiten der Branche oder des Marktes Rücksicht genommen werden kann und so individuell anpassbare Regelwerke entstehen können. Nachteilig erscheint hieran jedoch, dass eigene Regelwerke nicht befolgt werden müssen und somit auch eine Umsetzung nicht zwangsläufig erfolgt. Dies hätte zur Folge, dass etwaige eigene Regelwerke zu zahnlosen Papiertigern verkommen, die die Corporate Governance des Unternehmens nicht zu unterstützen vermögen.

---

274 Siehe *Göpfert*, Nachhaltigkeitsampel mit Schwächen, tagesschau.de vom 5. Mai 2021.

275 Siehe *Diesteldorf*, Macht sich die DWS grüner, als sie ist?, sueddeutsche.de vom 2. August 2021; *Stoltenberg*, DWS bekommt eine Ahnung von ESG-Reputationsrisiken, boersen-zeitung.de vom 2. August 2021.

276 Siehe *Diesteldorf*, Macht sich die DWS grüner, als sie ist?, sueddeutsche.de vom 2. August 2021.

277 Siehe *Stoltenberg*, DWS bekommt eine Ahnung von ESG-Reputationsrisiken, boersen-zeitung.de vom 2. August 2021.

VIII. Compliance

Die Compliance ist ein wichtiger Bestandteil der Corporate Governance.[278] Als solcher wird sie auch im DCGK näher umrissen (Grundsatz 5) und soll Teil eigenständiger Ausführungen unter § 5 sein.

D. Zuständigkeiten für Corporate Governance

Im DCGK werden bezüglich der Corporate Governance Vorstand und Aufsichtsrat in die Pflicht genommen. Der Pflichtenrahmen hierzu ergibt sich darüber hinaus aus den originären Organpflichten des AktG.

I. Aufgaben des Vorstands

Die ordnungsgemäße Organisation und Überwachung der Gesellschaft ist nach § 93 Abs. 1 S. 1 AktG Sache des Vorstands. Er ist Adressat einer allgemeinen übergreifenden Pflicht, für eine ordnungsgemäße Unternehmensorganisation zu sorgen.[279] Die Leitungsaufgabe des Vorstands umfasst die Verpflichtung zur Schaffung einer Organisationsstruktur, die geeignet ist, den Unternehmenszweck und -gegenstand zu erfüllen.[280] Der Vorstand hat dabei für eine gesetzmäßige, satzungskonforme und möglichst effiziente Organisation Sorge zu tragen.[281] Der konkrete Inhalt der Organisationspflicht ist dabei abhängig von Art und Größe des Unternehmens.[282]

Im Rahmen seiner kontinuierlichen Überwachungspflichten hat sich der Vorstand stets über die Angemessenheit der eigenen Unternehmensorganisation zu vergewissern und die ordnungsgemäße Einhaltung gesetzlicher Normen durch nachgeordnete Mitarbeiter sicherzustellen.[283] Diese Pflicht verdichtet sich bei Anhaltspunkten für mögliche Organisationsmängel zu einer Untersuchungs- und Aufklärungspflicht. Stellt der Vorstand dabei Defizite

278 *Koch*, in Koch, AktG, 16. Aufl. 2022, § 76 Rn. 37.

279 *Fleischer*, in BeckOGK, Stand: 01.06.2025, § 93 Rn. 73; *Spindler*, in MüKo/AktG, 5. Aufl. 2019, § 91 Rn. 18; *Hopt/Roth*, in GK-AktG, 5. Aufl. 2014, § 93 Rn. 153.

280 *Hoffmann-Becking*, in MHdB GesR IV, 6. Aufl. 2024 § 25 Rn. 21; vgl. *Fleischer*, in BeckOGK, Stand: 01.06.2025, § 93 Rn. 26; *Hopt/Roth*, in GK-AktG, 5. Aufl. 2014, § 93 Rn. 153 ff.

281 *Fleischer*, in BeckOGK, Stand: 01.06.2025, § 93 Rn. 26; *Hoffmann-Becking*, in MHdB GesR IV, 6. Aufl. 2024, § 25 Rn. 21.

282 LG München I NZG 2014, 345, 347; *Hopt/Roth*, in GK-AktG, 5. Aufl. 2014, § 93 Rn. 153 ff.; *Hoffmann-Becking*, in MHdB GesR IV, 6. Aufl. 2024, § 25 Rn. 21.

283 *Rieder/Menne*, CCZ 2018, 203, 207; *Paefgen*, WM 2016, 433, 436; *Fleischer*, NZG 2014, 321, 323; *Habersack*, AG 2014, 1, 3; *Arnold*, ZGR 2014, 76, 79; *Bicker*, AG 2012, 542, 543 f.; *Verse*, ZHR 175 (2011), 401, 404; *Reichert/Ott*, ZIP 2009, 2173.

der Unternehmensorganisation fest, muss er unverzüglich die erforderlichen Maßnahmen zur Beseitigung dieser Defizite ergreifen oder veranlassen, um das Risiko des Schadenseintritts zu minimieren.[284] Insbesondere obliegt es dem Vorstand, die erforderlichen Maßnahmen zur Beseitigung etwaiger Fehler oder Lücken der Organisationsstruktur zu treffen oder an zu ordnen, wenn sich bei einer Prüfung herausstellt, dass das implementierte System fehler- oder lückenhaft ist.[285] Passiert dies nicht, kann der Vorstand der Gesellschaft nach § 93 Abs. 2 AktG schadensersatzpflichtig sein, wenn sich aufgrund der Defizite der Unternehmensorganisation ein Risiko für die Gesellschaft realisiert und zu einem Schaden führt.[286] Anknüpfungspunkt für eine Haftung kann dabei auch das Unterlassen von Gegenmaßnahmen trotz Kenntnis bestehender Defizite in der Corporate Governance Struktur sein.[287]

Von seiner Organisations- und Überwachungspflicht wird der Vorstand auch dann nicht frei, wenn er eine Unternehmensorganisation etabliert, in der er Leitungsfunktionen in großem Umfang auf hierzu geschaffene Gremien beziehungsweise Funktionen überträgt.[288] Die gesellschaftsrechtliche Organisations- und Überwachungspflicht verbleibt stets bei ihm.

II. Aufgaben des Aufsichtsrats

Gem. § 111 Abs. 1 AktG hat der Aufsichtsrat die Geschäftsführung zu überwachen. Dabei ist anerkannt, dass der Aufsichtsrat nicht die gesamte Geschäftsführung i. S. d. § 77 Abs. 1 AktG überwachen muss, sondern sich auf die wesentlichen Aspekte der Geschäftsleitung i. S. d. § 76 Abs. 1 AktG konzentrieren soll.[289] Mithin hat er den Vorstand daraufhin zu überwachen, ob dieser alles Notwendige unternimmt, um das Vermögen der Gesellschaft zu mehren und Schaden von der Gesellschaft abzuwenden.[290] Er muss darauf

---

284 LG München I NZG 2014, 345, 347; *Fleischer*, in BeckOGK, AktG, Stand: 01.06.2025, § 91 Rn. 59; *Koch*, in Koch, AktG, 16. Aufl. 2022, § 76 Rn. 16b; *Hoffmann-Becking*, in MHdB GesR IV, 6. Aufl. 2024, § 25 Rn. 32; *Fleischer*, NZG 2014, 321, 326; *Simon/Merkelbach*, AG 2014, 318, 319 f.

285 *Koch*, in Koch, AktG, 16. Aufl. 2022, § 91 Rn. 7; *Bicker*, AG 2012, 541, 547; *Fleischer*, CCZ 2008, 1, 2.

286 *Spindler*, in MüKo/AktG, 5. Aufl. 2019, § 91 Rn. 75; Säcker, NJW 2008, 3313, 3315.

287 Vgl. *Ritter*, in MAH Aktienrecht, 4. Aufl. 2024, § 24 Rn. 28 ff.

288 *Spindler*, in MüKo/AktG, 5. Aufl. 2019, § 91 Rn. 19; vgl. auch *Koch*, in Koch, AktG, 16. Aufl. 2022, § 91 Rn. 9.

289 OLG Köln AG 1978, 17, 21; *Spindler*, in BeckOGK/AktG, Stand: 01.06.2025, § 111 Rn. 8; *Habersack*, in MüKo/AktG, 5. Aufl. 2019, § 111 Rn. 18; *Koch*, in Koch, AktG, 16. Aufl. 2022, § 111 Rn. 2; *Bürgers/Fischer*, in Bürgers/Lieder, AktG, 6. Aufl. 2024, § 111 Rn. 3.

290 *Spindler*, in BeckOGK/AktG, Stand: 01.06.2025, § 111 Rn. 1. f.; *Habersack*, in MüKo/AktG, 5. Aufl. 2019, § 111 Rn. 1 f.; *Koch*, in Koch, AktG, 16. Aufl. 2022, § 111 Rn. 1;

achten, dass ein geeignetes Risikofrüherkennungs- und Überwachungssystem eingeführt und genutzt wird (§ 91 Abs. 2 AktG).[291]

Eine gute Corporate Governance erfordert nicht nur eine nachgelagerte Kontrolle der Vorstandstätigkeit, sondern auch die zukunftsorientierte Beratung des Vorstands.[292] Nur so ist es dem Aufsichtsrat möglich, frühzeitig Bedenken zu äußern und Fehlentwicklungen vorzubeugen, wozu er nach § 111 Abs. 1 AktG auch verpflichtet ist.[293] Insgesamt hat der Aufsichtsrat im Rahmen seiner Governance-Bemühungen die vier Governance-Elemente des Unternehmens zu berücksichtigen: Internes Kontrollsystem, Risikomanagementsystem, internes Revisionssystem und Compliance-Management-System (CMS).[294]

Die Art und Intensität der erforderlichen und vom Aufsichtsrat geschuldeten Überwachung richten sich danach, in welcher wirtschaftlichen Situation sich die AG befindet.[295] Im Normalfall kann sich der Aufsichtsrat darauf beschränken, die regelmäßigen Vorstandsberichte nach § 90 AktG zu prüfen sowie stichprobenartig Nachfragen zu stellen.[296] Befindet sich die Gesellschaft dagegen in wirtschaftlichen Schwierigkeiten intensiviert sich die Prüfungspflicht, beispielsweise durch die häufigere Anforderung von Berichten, dem Beschluss zusätzlicher Zustimmungsvorbehalte oder der Kontrolle vor Ort im Rahmen eigener Untersuchungen.[297]

Gem. § 111 Abs. 4 S. 2 AktG hat die Satzung oder der Aufsichtsrat zu bestimmen, dass bestimmte Arten von Geschäften nur mit Zustimmung des Auf-

---

Bürgers/Fischer, in Bürgers/Lieder, AktG, 6. Aufl. 2024, § 111 Rn. 3; *Drygala*, in K. Schmidt/Lutter, AktG, 5. Aufl. 2024, § 111 Rn. 4.

291 *Habersack*, in MüKo/AktG, 5. Aufl. 2019, § 111 Rn. 12.; *Koch*, in Koch, AktG, 16. Aufl. 2022, § 111 Rn. 3; *Bürgers/Fischer*, in Bürgers/Lieder, AktG, 6. Aufl. 2024, § 111 Rn. 7 f.; *Drygala*, in K. Schmidt/Lutter, AktG, 5. Aufl. 2024, § 111 Rn. 9.

292 *Drygala*, in K. Schmidt/Lutter, AktG, 5. Aufl. 2024, § 111 Rn. 4, siehe auch BGH 114, NJW 1991, 1830; *Hoffmann-Becking*, in MHdB GesR IV, 6. Aufl. 2024, § 29 Rn. 47 ff.; *Rellermeyer*, ZGR 1993, 77, 85; *Lutter*, ZHR 159 (1995), 287, 289 ff.; *Lutter/Kremer*, ZGR 1992, 87, 88 ff.

293 BGH NZG 2013, 339; BGH NJW 1994, 520, 524.

294 *Hülsberg/Bauer*, WPg 2017, 1111, 1112.

295 *Spindler*, in BeckOGK/AktG, Stand: 01.06.2025, § 111 Rn. 31; *Habersack*, in MüKo/AktG, 5. Aufl. 2019, § 111 Rn. 55; *Bürgers/Fischer*, in Bürgers/Lieder, AktG, 6. Aufl. 2024, § 111 Rn. 6; *Drygala*, in K. Schmidt/Lutter, AktG, 5. Aufl. 2024, § 111 Rn. 22, 24.

296 OLG Stuttgart AG 2012, 762, 763 f.; *Habersack*, in MüKo/AktG, 5. Aufl. 2019, § 111 Rn. 55; *Bürgers/Fischer*, in Bürgers/Lieder, AktG, 56 Aufl. 2024, § 111 Rn. 7; *Hüffer*, ZGR 1980, 320, 335.

297 BGH WM 2009, 851; OLG Stuttgart AG 2012, 298, 300; OLG Brandenburg AG 2009, 662; OLG Düsseldorf ZIP 2012, 2299, 2300; OLG Düsseldorf ZIP 2015, 1586, 1589; OLG Hamburg DB 2001, 58, 584; *Spindler*, in BeckOGK/AktG, Stand: 01.06.2025, § 111 Rn. 32.

sichtsrats vorgenommen werden dürfen. Somit gestaltet der Aufsichtsrat die unternehmerische Tätigkeit des Vorstands im Sinne einer präventiven Kontrolle begleitend mit.[298] § 111 Abs. 4 S. 2 AktG verschafft dem Aufsichtsrat indes nur ein Vetorecht, hingegen nicht die Befugnis, anstelle des Vorstands Geschäftsführungsmaßnahmen zu initiieren oder durchzuführen.[299] Legt die Satzung nicht fest, welche Geschäfte zustimmungspflichtig sind, obliegt es dem Ermessen des Aufsichtsrats zu entscheiden, die zustimmungsbedürftigen Geschäfte festzulegen.[300] Dabei besteht Einigkeit darüber, dass entsprechend GS 6 Abs. 2 DCGK nur Geschäfte von grundlegender Bedeutung erfasst werden sollen.[301]

Zustimmungsvorbehalte können insbesondere zur Sicherung spezifischer Corporate Governance-Belange eingesetzt werden.[302] Dies betrifft zum Beispiel Maßnahmen, bei deren Vornahme der Vorstand typischerweise einem Interessenkonflikt unterliegt, wie bei Verträgen mit dem Abschlussprüfer über prüfungsfremde Leistungen, bei nicht von § 112 AktG erfassten Beratungsverträgen mit dem Vorstand nahestehenden Personen sowie bei D&O-Gruppenversicherungsverträgen.[303] Auch bedeutende Personalmaßnahmen des Vorstands wie der Abschluss von Anstellungsverträgen mit leitenden Angestellten, die die Aufgaben von Bereichsvorständen wahrnehmen, können für zustimmungspflichtig erklärt werden.[304]

E. Zwischenfazit

Zwar ist die Kausalität zwischen Unternehmenserfolg und einer funktionierenden Corporate Governance nur schwer messbar und mithin auch nicht ausnahmslos nachweisbar[305], dennoch konnten verschiedene Studien zumin-

298 BGH NJW 1997, 1926.

299 *Habersack*, in MüKo/AktG, 5. Aufl. 2019, § 111 Rn. 114.

300 *Spindler*, in BeckOGK/AktG, Stand: 01.06.2025, § 111 Rn. 83; *Habersack*, in MüKo/AktG, 5. Aufl. 2019, § 111 Rn. 114.

301 *Spindler*, in BeckOGK/AktG, Stand: 01.06.2025, § 111 Rn. 85; *Drygala*, in K. Schmidt/Lutter, AktG, 5. Aufl. 2024, § 111 Rn. 56; zum DCGK aF: BegrRegE BT-Drs. 14/8769, 17; *Götz*, NZG 2002, 599, 602 f.

302 *Habersack*, in MüKo/AktG, 5. Aufl. 2019, § 111 Rn. 124.

303 *Spindler*, in BeckOGK/AktG, Stand: 01.06.202501.06.2025, § 111 Rn. 86; *Habersack*, in MüKo/AktG, 5. Aufl. 2019, § 111 Rn. 124; *Hopt/Roth*, in GK-AktG, 5. Aufl. 2018, § 111 Rn. 639 f.; *Hoffmann-Becking*, in MHdB GesR IV, 6. Aufl. 2024, § 29 Rn. 56.

304 *Habersack*, in MüKo/AktG, 5. Aufl. 2019, § 111 Rn. 124; *Habersack*, ZHR 178 (2014), 131, 144 f.

305 *Schmidt*, Corporate Governance, Controlling und Unternehmenserfolg, 2010, S. 183; *Vetter*, NZG 2008, 121, 122; *Prigge/Offen*, ZBB 2007, 89, 91 f., 102 f.

dest Zusammenhänge zwischen beiden Aspekten feststellen.[306] Unternehmen können durch verschiedene Maßnahmen zur Transparenz und gewisse Kontrollmechanismen dazu beitragen, dass der Prinzipal-Agenten-Konflikt abgeschwächt wird und den Bedürfnissen der verschiedenen Stakeholder Rechnung getragen wird. Dies kann insbesondere auch zur verbesserten Reputation des Unternehmens beitragen. Was für die börsennotierte AG gilt, muss jedoch nicht für Familienunternehmen gelten. Deshalb wird im Folgenden dargelegt, inwiefern die Governance in Familienunternehmen ausgestaltet werden kann und welche Maßnahmen hier ergriffen werden können, um zu einer guten Corporate Governance beizutragen.

F. Governance in Familienunternehmen

Die Umsetzung von Corporate Governance ist unerlässlich für Unternehmen. Dies gilt nicht nur für börsennotierte Unternehmen, die sich am DCGK orientieren können und sollen, sondern vielmehr auch für Familienunternehmen. Familienunternehmen weisen viele Besonderheiten auf und heben sich unter anderem durch die Beteiligung persönlich involvierter Familienmitglieder von kapitalmarktorientierten Unternehmen ab, hinter denen eher institutionelle Investoren stehen, die sich im Zweifelsfalle von einer Beteiligung im Unternehmen zurückziehen, wenn nicht die gewünschten Dividenden erzielt werden. Für Familienmitglieder stellt sich dies schwieriger dar. Sie sind – je nach Konstellation – so eng mit dem Unternehmen verbunden, dass ihnen persönlich am Erfolg desselben gelegen ist.

Obwohl ca. 78 % der Unternehmen in Deutschland familienkontrollierte GmbHs sind (siehe hierzu bereits § 3 E) gibt es für sie kaum Orientierungspunkte in Bezug auf Corporate Governance und Compliance. Verbindliche Vorschriften existieren nicht und dennoch wird auch von ihren Organen stets Handeln zum Wohle der Gesellschaft verlangt. Das sich bei Familienunternehmen gänzlich andere Problematiken stellen als bei nicht-familiengeführten Kapitalgesellschaften findet bis dato kaum Beachtung. Die bekannten Ansätze der Corporate Governance greifen in Bezug auf die Familienunternehmen deutlich zu kurz. Aufgrund dessen werden sich die weiteren Ausführungen auf Familienunternehmen in der Rechtsform der GmbH konzentrieren. Deshalb ist mit der Bezeichnung „Familienunternehmen" im Folgenden die GmbH gemeint (siehe bereits § 1 und § 3 F).

306 *Drobetz/ Schillhofer/ Zimmermann*, European Financial Management, 2004, Vol. 10 No. 2, 267 ff.; *Zimmermann/Gonacharov/Werner*, Working Paper, Does Compliance with the German Corporate Governance Code have an Impact on Stock Valuation?, S. 1 ff.

Börsennotierten Unternehmen steht der DCGK als Leitwerk für gute Unternehmensführung zur Verfügung. Zwar trifft dieser auch allgemeingültige Aussagen[307], die sich auf Familienunternehmen anwenden lassen, dennoch richtet sich die Vielzahl der Regelungen, die in ihm enthalten sind, an kapitalmarktorientierte Unternehmen und sind so nicht ohne weiteres übertragbar. Dies gilt insbesondere dann, wenn die entsprechenden Regelungen einen Bezug zur Rechtsform aufweisen. Außerdem gilt zu beachten, dass eine pauschale Übertragung aufgrund der Vielfalt der Familienunternehmen nicht möglich ist.[308] Jedes Familienunternehmen ist anders; Unterschiede ergeben sich insbesondere aus den Unternehmenszielen, der Struktur des Unternehmens sowie den jeweils handelnden Akteuren.[309]

Ähnlich den unter § 4 B dargestellten Herausforderungen für kapitalmarktorientierte Unternehmen, existieren jedoch auch Herausforderungen für Familienunternehmen, diese sind indes anders gelagert. Insbesondere der Wunsch nach Transparenz seitens institutioneller Anleger betrifft Familienunternehmen weniger, da diesen der Zugang zum Kapitalmarkt fehlt.[310] Ein besonderes Spannungsfeld ergibt sich vielmehr aus der Ausgestaltung des Familienunternehmens an sich; die Verbindung von unternehmerischer Tätigkeit und Familie birgt einerseits Chancen für das Unternehmen und andererseits auch ein erhöhtes Risikopotenzial durch mögliche Konflikte innerhalb der Familie.[311]

Die Besonderheiten, welche sich für Familienunternehmen in Hinblick auf die gute Governance ergeben, sollen in der Folge im Einzelnen dargestellt werden. Zunächst werden deshalb die Grundsätze der Family Business Governance erläutert (hierzu§ 4 F). Hierbei erfolgt unter anderem eine Erläuterung der Unterschiede von Familienunternehmen zu kapitalmarktorientieren Gesellschaften. Zunächst erfolgt eine Begriffsbestimmung der Family Business Governance (hierzu § 4 F.I). Dabei werden unter anderem die Unterschiede zur vorher dargelegten Corporate Governance deutlich gemacht. In Familienunternehmen herrscht eine besondere, von kapitalmarktorientierten Unternehmen abgrenzbare, Gefährdungslage, die eine Family Business Governance erforderlich macht. Diese kann sich unter anderem aus Konflikten im Gesellschafterkreis oder Nachfolgeregelungen ergeben (siehe im Einzelnen § 4 F.II). Um der Gefährdungslage Herr zu werden, können verschiedene Governance-Mechanismen herangezogen werden (hierzu § 4 F.III). In-

307 So die Präambel des DCGK in der Fassung vom 28. April 2022.

308 *Hueck*, Die Familienverfassung, 2017, S. 31; vgl. auch *Lutter*, in Lange/Leible, Governance in Familienunternehmen, 2010, S. 25.

309 *Hueck*, Die Familienverfassung, 2017, S. 31.

310 *Lange*, in BB 2005, 2585, 2587.

311 *Lange*, in Lange/Leible, Governance in Familienunternehmen, 2010, S. 17.

wiefern diese im Unternehmen implementiert werden, ist einzelfallabhängig und situationsbedingt anzupassen.

Fraglich ist darüber hinaus auch, wer die Aufgabe der Compliance in Familienunternehmen wahrnehmen soll (hierzu § 4 F.IV). In Aktiengesellschaften kommt oftmals dem Aufsichtsrat neben dem Vorstand hier eine bedeutende Rolle zu. So kann auch er im Verdachtsfalle unter anderem interne Untersuchungen im Unternehmen durchführen. Auf Ebene der GmbH gibt es – abgesehen von GmbHs mit mehr als 500 Mitarbeitern – keinen obligatorischen Aufsichtsrat. Daher ist hier insbesondere zu untersuchen, wer stattdessen für die Corporate Governance zuständig sein soll. So kann unter anderem ein freiwillig eingerichteter Beirat zur guten Governance beitragen. Dafür stellt sich insbesondere die Frage, wie er aufgestellt sein muss und mit welchen Rechten und Pflichten die GmbH ihn ausstatten muss.

Im Folgenden sollen die Anforderungen, Chancen und Möglichkeiten, aber auch die Risiken für Familienunternehmen und inwiefern hier Abhilfe geschaffen kann aufgezeigt und untersucht werden.

I. Begriff der Family Business Governance

Corporate Governance umfasst insbesondere die nachhaltige und gesetzeskonforme Wertschöpfung im Interesse der Gesellschafter und der Mitarbeiter und somit hauptsächlich Empfehlungen hinsichtlich der Organisation (*Business*) eines Unternehmens. Der entscheidende Faktor, der Familienunternehmen von anderen abhebt ist die Inhaberfamilie, die in diesem Konzept jedoch außer Acht gelassen wird. Mithin muss die Business Governance um die sog. Family Governance erweitert werden. Die Corporate Governance in einem Familienunternehmen dient primär den wirtschaftlichen Zielen dieses Unternehmens sowie dem Interesse der Inhaberfamilie an einem langfristigen Erhalt ihres Unternehmens.[312] Die Wünsche externer Kapitalgeber und Kunden kommen erst an zweiter Stelle.[313]

Auf der Website des GKFU wird die so zusammengesetzte Family Business Governance als „…Organisation von Führung und Kontrolle im Unternehmen sowie die Sicherung des Zusammenhalts der Familie.“ definiert.[314] Hierbei kann auch der übergreifende Ordnungsrahmen der drei Bereiche Unternehmen, Familie und Eigentum verstanden werden.[315] Dieser Ord-

312 *Lange*, GmbHR 2006, 897, 898.

313 *Lange*, GmbHR 2006, 897, 898.

314 Siehe http://www.kodex-fuer-familienunternehmen.de/index.php/faq/allgemeine-fragen.

315 Entsprechend dem sog. Drei-Kreis-Modell von *Taigiuri/Davis*, Family Business Reviw 1992, Vol. 5 Issue 1, 43, 49.

nungsrahmen besteht aus mehreren Schichten, die unter anderem gesellschafts-, schuldrechtlicher und nicht normativer Natur sind.[316] Von Fleischer wird dies auch als „Zwiebelschalenmodell“[317] bezeichnet. Regelungen zur Family Business Governance ergeben sich danach aus Gesetz, dem Gesellschaftsvertrag, der Gesellschaftervereinbarung, dem GKFU sowie der Familienverfassung und somit auf verschiedenen Ebenen.

Das Gesetz stellt dabei einen allgemeinen Regelungsrahmen für die Gesellschafter mit entsprechenden Organisations- und Verhaltensregeln auf. So sind die Geschäftsführer gem. §43 Abs. 1 GmbHG verpflichtet, in den Angelegenheiten der Gesellschaft die Sorgfalt eines ordentlichen Geschäftsmannes anzuwenden. §46 GmbHG legt darüber hinaus auch die Pflichten der Gesellschafter der GmbH fest, wonach sie unter anderem Maßregeln zur Prüfung und Überwachung der Geschäftsführung aufzustellen haben (Nr. 6).

Der Gesellschaftsvertrag kann aufgrund Gestaltungsmöglichkeiten in der GmbH ein wichtiges Instrument zur Einführung von Governance-Regeln darstellen. Gem. §§45 Abs. 1, 3 Abs. 2 Hs. 2 GmbHG können durch die Gesellschafter auf die Gesellschaft angepasste Organisationsstrukturen implementiert werden. Darin können vor allem Mitspracherechte und Regelungen bzgl. des Gesellschaftsvermögens festgehalten werden.[318] Da die GmbH bei weniger als 500 Mitarbeitern keinen fest vorgeschriebenen Aufsichtsrat hat, kann sie auch gem. §52 GmbHG einen fakultativen Aufsichtsrat etablieren, einen sog. Beirat, der zur Erfüllung der Governance-Aufgaben beitragen kann.[319]

Eine weitere Ebene der Family Business Governance stellen Gesellschaftervereinbarungen dar. Diese treten neben den Gesellschaftsvertrag und stellen schuldrechtliche Vereinbarungen dar, die nur die jeweiligen Vertragspartner binden und mithin auch nur einstimmig abgewandelt werden können.[320] Diese können verschiedene Regelungsgegenstände enthalten. So können hierin Stimmrechtsvereinbarungen getroffen werden, die der Koordinierung der Stimmabgabe bei Gesellschafterbeschlüssen dienen.[321] Darüber hinaus können auch Absprachen über die Besetzung der Gesellschaftsorgane oder

---

316 *Fleischer*, Recht der Familiengesellschaften, 2017, 100, 101; *Fleischer*, ZHR 179 (2015), 404, 411 ff.

317 *Fleischer*, Recht der Familiengesellschaften, 2017, 100, 101.

318 *Schäfer*, in Henssler/Strohn, GesR, 6. Aufl. 2024, §3 GmbHG Rn. 30; *Fleischer*, Recht der Familiengesellschaften, 2017, 100, 102.

319 *Fleischer*, Recht der Familiengesellschaften, 2017, 100, 102; *Lange*, GmbHR 2006, 897, 900.

320 *Altmeppen*, in Altmeppen, GmbHG, 11. Aufl. 2023, §3 Rn. 43 ff.; *Schäfer*, in Henssler/Strohn, GesR, 6. Aufl. 2024, §3 GmbHG Rn. 32; *Fleischer*, Recht der Familiengesellschaften, 2017, 100, 102.

321 *Schäfer*, in Henssler/Strohn, GesR, 6. Aufl. 2024, §3 GmbHG Rn. 34; *Wicke*, in MüKo/GmbHG, 5. Aufl. 2025, §3 Rn. 132.

Übertragungsbeschränkungen Inhalt von Gesellschaftervereinbarungen sein.[322] Die Gesellschaftervereinbarungen sind für Familienunternehmen besonders interessant, da sie für die Öffentlichkeit nicht einsehbar sind.[323] Daneben tritt immer häufiger auch die sog. Familienverfassung. In dieser wird der kollektive Wertekanon der Inhaberfamilie sowie ihre unternehmensbezogenen Zielsetzungen niedergelegt.[324] Anders als die Satzung und Gesellschaftervereinbarung wird die Familienverfassung von allen Familienmitgliedern unterzeichnet und soll diese insbesondere moralisch binden (näher hierzu § 6 A.II.4). Unabhängig von gesetzlichen Vorgaben und eigenen Vereinbarungen der Gesellschafter untereinander ergibt sich aus dem GKFU eine weitere Regelungsschicht für die Family Business Governance (hierzu § 4 G.II). Dieser unterscheidet sich vom DCGK insbesondere durch einen fehlenden Comply-or-Explain-Mechanismus, wie er sich für die AG und die SE aus § 161 AktG ergibt (hierzu G. I.5).

Die Family Business Governance setzt sich mithin zusammen aus familien- (*Family*) und unternehmensbezogenen (*Business*) Elementen, welche im Folgenden näher beleuchtet werden.

1. Family Governance

Die Family Governance steht für die Organisation der Inhaberfamilie und zielt auf das Zusammengehörigkeitsgefühl der Familienmitglieder und deren Identifikation mit dem Unternehmen ab.[325] Ziel ist es diese zu stärken und langfristig zu festigen. Weiterhin gilt es, potenzielle Konflikte zu vermeiden und zu lösen, um einen professionellen Umgang mit der unternehmerischen Verantwortung sicherzustellen.[326] Nach Definition des GKFU ist das Ziel der Family Governance „*das Zusammengehörigkeitsgefühl der Mitglieder der Inhaberfamilie und deren Identifikation mit dem Unternehmen – im Sinne eines gemeinsamen Projektes – zu stärken und langfristig zu festigen. Weiteres Anliegen einer guten Family Governance ist es, potenzielle Konflikte zu vermeiden bzw. lösen zu helfen und einen professionellen Umgang mit der unternehmerischen Verantwortung sicherzustellen.*“.[327] Mit ihr sollen faire, transparente und überprüfbare Regeln für die Unternehmer-

322 *Schäfer*, in Henssler/Strohn, GesR, 6. Aufl. 2024, § 3 GmbHG Rn. 34; *Wicke*, in MüKo/GmbHG, 5. Aufl. 2025, § 3 Rn. 132; *Fleischer*, Recht der Familiengesellschaften, 2017, 100, 102.

323 *Fleischer*, Recht der Familiengesellschaften, 2017, 100, 102; *Forstmoser*, FS Zobl, 2004, 475, 501.

324 *Fleischer*, Recht der Familiengesellschaften, 2017, 100, 103.

325 Kapitel 9 des GKFU, S. 41; *Holler*, in MHdB GesR VII, 6. Aufl. 2020, § 75 Rn. 165.

326 Kapitel 9 des GKFU, S. 41.

327 Kapitel 9 des GKFU, S. 41.

familien und deren Zugang zum Unternehmen geschaffen und die Bindung der Familie zum Unternehmen gestärkt werden.[328]

Somit regelt die *Family Governance* das Miteinander der Inhaberfamilie. Die Bindung und Identifikation der Familienmitglieder mit dem Unternehmen sowie der Zusammenhalt untereinander sollen durch sie gestärkt werden.[329] Weiterhin soll durch die Family Governance – in Zusammenspiel mit der *Business Governance* – verhindert werden, dass Konflikte innerhalb der Familie entstehen und diese sich darüber hinaus negativ auf das Unternehmen auswirken.[330]

Die Family Governance besteht dabei aus verschiedenen Komponenten, die sich auch mit denen der Business Governance überlappen können (siehe sogleich unter § 4 F. I.2). Gremien der Family Governance sind die Familienmanager und der Familienrat, in größeren Familienunternehmen, kann auch das Family Office eine Rolle hierbei einnehmen.[331] Instrumente, die zu einer Family Governance beitragen können und mithin auch dem Konfliktmanagement dienen, sind unter anderem Testamente, Vorsorgevollmachten und Eheverträge (siehe hierzu § 6 A).[332] Herzstück der Family Governance ist die Familienverfassung (hierzu § 6 A.II.4).[333]

2. Business Governance

Die Business Governance entspricht der Corporate Governance und bezieht sich auf das Unternehmen und das Zusammenwirken der Stakeholder mit diesem.[334] Zentrale Gremien der Business Governance sind die Geschäftsführung und das Aufsichtsgremium.[335] Die Instrumente, derer sich die Business Governance bedient sind das Risiko- und Compliance-Manage-

---

328 *Holler*, in MHdB GesR VII, 6. Aufl. 2020, § 75 Rn. 165; *ders.*, ZIP 2018, 553, 554.

329 *Krause*, BB 2012, 714.

330 *Mengers/Prigge*, Recht der Familiengesellschaften, 2017, 71, 79; *Krause*, BB 2012, 714; *May/Koeberle*, DB 2011, 485, 486.

331 *Rohner*, in MAH Personengesellschaftsrecht, 3. Aufl. 2019, § 3 Rn. 42 ff.; *Koeberle-Schmid/Witt/Fahrion*, in Koeberle-Schmid/Fahrion/Witt, Family Business Governance, 3. Aufl. 2018, S. 32.

332 *Rohner*, in MAH Personengesellschaftsrecht, 3. Aufl. 2019, § 3 Rn. 42 ff.

333 *Mengers/Prigge*, Recht der Familiengesellschaften, 2017, 71, 80; *Ulrich/Speidel*, ZCG 2017, 197, 200, wonach mehr als die Hälfte der befragten Familienunternehmen in einer 2017 durchgeführten empirischen Untersuchung eine Familienverfassung erarbeitet haben.

334 *Mengers/Prigge*, Recht der Familiengesellschaften, 2017, 71, 78; *Holler*, ZIP 2018, 553, 554; *Krause*, BB 2012, 714.

335 *Koeberle-Schmid/Witt/Fahrion*, in Koeberle-Schmid/Fahrion/Witt, Family Business Governance, 3. Aufl. 2018, S. 32.

ment-System, das interne Kontrollsystem, die interne Revision sowie Vergütungs- und Haftungsregelungen.[336]

a) Gremien der Business Governance

Anders als in Unternehmen, die nicht familienkontrolliert sind, geben die Familienmitglieder der Geschäftsführung des Familienunternehmens Ziele und Werte vor, in deren Rahmen diese sich dann zu verhalten haben.[337] Wird die Geschäftsführung von einem Familienangehörigen übernommen, entspricht dies seiner Zielrichtung und der unter B.I beschriebene Prinzipal-Agenten-Konflikt ist reduziert.[338] Übernimmt die Geschäftsführung indes ein Fremdgeschäftsführer, sind erhöhte Kontrollmaßnahmen notwendig, die auch mit einem Anreizsystem verknüpft werden können, um das Handeln des Fremdgeschäftsführers im Sinne des Familienunternehmens sicherzustellen.[339] Aufgabe der Geschäftsführer – unabhängig von deren Stellung in- oder außerhalb der Familie – ist vor allem die Umsetzung der durch die Familie vorgegebenen Werte und Ziele, die zu einer entsprechenden Unternehmenskultur führen sollen.[340] Als weiteres Gremium tritt das Aufsichtsgremium neben die Geschäftsführung. Dieses kann sowohl familienintern als auch -extern besetzt werden. Aufgabe des Gremiums ist die Beratung, die Überwachung der Geschäftsführung sowie die Besetzung der Geschäftsführung mit geeigneten Kandidaten, wie es bereits aus der AG bekannt ist (siehe hierzu § 4 D).

b) Instrumente der Business Governance

Instrumente der Business Governance sind die vier Governance-Elemente des Unternehmens: Internes Kontrollsystem, Risikomanagementsystem, internes Revisionssystem und Compliance-Management-System, welche eng miteinander verzahnt sind.[341]

Durch das Risikomanagementsystem sollen nachteilige Veränderungen, die sich erheblich auf die Vermögens-, Finanz- und Ertragslage der Gesell-

336 *Koeberle-Schmid/Witt/Fahrion*, in Koeberle-Schmid/Fahrion/Witt, Family Business Governance, 3. Aufl. 2018, S. 32.

337 *Krause*, BB 2012, 714, 715.

338 *Koeberle-Schmid/Witt/Fahrion*, in Koeberle-Schmid/Fahrion/Witt, Family Business Governance, 3. Aufl. 2018, S. 32; *Hueck*, Die Familienverfassung, 2017, S. 41.

339 *Koeberle-Schmid/Witt/Fahrion*, in Koeberle-Schmid/Fahrion/Witt, Family Business Governance, 3. Aufl. 2018, S. 32; *Krause*, BB 2012, 714, 715.

340 *Koeberle-Schmid/Witt/Fahrion*, in Koeberle-Schmid/Fahrion/Witt, Family Business Governance, 3. Aufl. 2018, S. 32; *Krause*, BB 2012, 714, 715.

341 *Hülsberg/Bauer*, WPg 2017, 1111, 1112.

schaft auswirken können, frühzeitig erkannt werden.[342] Darunter fallen zum Beispiel Geschäfte, die risikobehaftet sind und Unrichtigkeiten der Rechnungslegung.[343] Das Compliance-Management-System soll insbesondere zur Vermeidung von Verstöße gegen die gesetzlichen Vorschriften beitragen[344] (Überschneidung mit der Unternehmenscompliance, dazu unter § 5). Das AktG sieht für den Vorstand nach § 91 Abs. 2 AktG vor, dass er ein entsprechendes System einführt. Eine entsprechende Regelung gibt es für den GmbH-Geschäftsführer zwar nicht, jedoch ist anerkannt, dass auch er ein solches System zu etablieren hat.[345] Weiterhin dient das interne Kontrollsystem dient der Überprüfung wesentlicher Prozesse im Unternehmen und ist Teil der Risikosteuerung.[346] Als letzter Bestandteil unterstützt die interne Revision die Geschäftsleitung bei der Umsetzung der Führung und Kontrolle, indem sie unabhängige Prüfungs- und Beratungsleistungen zur Verbesserung von Geschäftsprozessen erbingt.[347]

Diese Governance-Instrumente leisten einen erheblichen Beitrag zur erfolgreichen Unternehmensführung und können Entscheidungen innerhalb der Geschäftsführung, des Aufsichtsgremiums oder der Familieninhaber erleichtern.[348] Die Instrumente einzurichten reicht jedoch nicht aus, vielmehr müssen sie fortlaufend auf Wirksamkeit und Funktionsfähigkeit überprüft und im Zweifel überarbeitet werden.[349]

---

342 *Fleischer*, in BeckOGK/AktG, Stand: 01.06.2025, § 91 Rn. 31 f.; *Theusinger/Jung*, in MAH GmbH-Recht, 5. Aufl. 2023, § 24 Rn. 10.

343 *Koeberle-Schmid/Witt/Fahrion*, in Koeberle-Schmid/Fahrion/Witt, Family Business Governance, 3. Aufl. 2018, S. 34.

344 *Dauner-Lieb*, in Henssler/Strohn, GesR, 6. Aufl. 2024, § 91 Rn. 7, *Koch*, in Koch, AktG, 16. Aufl. 2022, § 91 Rn. 6.

345 *Zöllner/Noack*, in Noack/Servatius/Haas, GmbHG, 24. Aufl. 2025, § 43 Rn. 10; *Fleischer*, in BeckOGK/AktG, Stand: 01.06.2025, § 91 Rn. 41; *Kleindiek*, in Lutter/Hommelhoff, GmbHG, 21. Aufl. 2023, § 43 Rn. 31; *Ziemons*, in Michalski/Heidinger/Leible/J. Schmidt, 4. Aufl. 2023, § 43 Rn. 168 ff.; *Theusinger/Jung*, in MAH GmbH-Recht, 5. Aufl. 2023, § 24 Rn. 9.

346 *Koeberle-Schmid/Witt/Fahrion*, in Koeberle-Schmid/Fahrion/Witt, Family Business Governance, 3. Aufl. 2018, S. 34.

347 *Koeberle-Schmid/Witt/Fahrion*, in Koeberle-Schmid/Fahrion/Witt, Family Business Governance, 3. Aufl. 2018, S. 35.

348 *Koeberle-Schmid/Witt/Fahrion*, in Koeberle-Schmid/Fahrion/Witt, Family Business Governance, 3. Aufl. 2018, S. 35.

349 *Koeberle-Schmid/Witt/Fahrion*, in Koeberle-Schmid/Fahrion/Witt, Family Business Governance, 3. Aufl. 2018, S. 35.

3. Unterschiede und Gemeinsamkeiten von Corporate Governance und Family Business Governance

Ein entscheidender Unterschied zwischen nicht-familienkontrollierten Unternehmen und Familienunternehmen im oben definierten Sinne, ist die enge Verbindung der Gesellschafter zum Unternehmen. Das Unternehmen steht unter dem beherrschenden Einfluss einer Familie mit mehreren Familienmitgliedern und/oder -stämmen. Der Kapitalmarkt, der bei börsennotierten Gesellschaften eine kontrollierende Wirkung durch Transparenzforderungen und Publizitätspflichten sowie zahlreichen Regelungen entfaltet, fehlt bei Familienunternehmen. Doch ähnlich wie bei börsennotierten Unternehmen treffen im Familienunternehmen verschiedene Interessen aufeinander. Das führt genauso wie bei nicht-familienkontrollierten Unternehmen zu dem Bedürfnis des Ausgleichs dieser Interessen und mithin zur Notwendigkeit von Corporate Governance – im speziellen der Family Business Governance. Die Corporate Governance börsennotierter Aktiengesellschaften soll insbesondere dazu beitragen, dass Informationsasymmetrien und Interessensgegensätze zwischen Unternehmensleitung und Anteilseignern durch einen angemessenen rechtlichen und faktischen Rahmen abgebaut werden.[350] Anders als die Corporate Governance dient die Family Business Governance hauptsächlich den wirtschaftlichen Zielen des Unternehmens und dem Interesse der Eigentümerfamilie am langfristigen Erfolg des Familienunternehmens.[351] Die Interessen anderer Stakeholder kommen anders als bei der Corporate Governance erst an zweiter Stelle (siehe im Unterschied hierzu § 4 B.IV).

Regeln, die beispielsweise durch den DCGK oder auch gesetzliche Normierung im AktG geschaffen wurden, können nicht ohne weiteres auf Familienunternehmen übertragen werden, denn hier ergeben sich bereits ganz andere Konflikte als in nicht-familienkontrollierten Unternehmen (dazu sogleich unter § 4 F.II).[352] Hinzu kommt, dass Familienunternehmen sich auch untereinander unterscheiden und keines dem anderen gleicht. Börsennotierte Aktiengesellschaften sind durch die aktienrechtlichen Regelungen vorgeformt. Sie erfüllen dieselben Standards und unterscheiden sich eher durch ihren Unternehmensgegenstand als die rechtlichen Gestaltungsmöglichkeiten im Unternehmen. Neben der Kontrolle durch den Kapitalmarkt ist auch die Überwachung innerhalb des Unternehmens gesetzlich vorgeschrieben (§ 111 AktG ff.).[353] Familienunternehmen können hingegen in den unterschiedlichsten Rechtsformen und Größen vorkommen. Mithin müssen individuelle

350 *Hueck*, Die Familienverassung, 2017, S. 30.
351 *Lange*, GmbHR 2006, 897, 898.
352 *Krause*, BB 2012, 714; *Thümmel,* BB 2010, „Die erste Seite“.
353 *Uffmann*, ZIP 2015, 2441, 2442; *Lange*, GmbHR 2006, 897, 898.

Lösungen für die jeweils vorhandene Situation der einzelnen Unternehmen gefunden werden.

Der unter § 4 B.I dargestellte Prinzipal-Agenten-Konflikt ist nicht uneingeschränkt auf Familienunternehmen übertragbar. Dennoch kann es auch in Familienunternehmen zu Agenturkonflikten kommen. Bei Einsatz eines Fremdgeschäftsführers sind in Familienunternehmen jedoch die Überwachungsmöglichkeiten der Inhaber effektiver ausgestaltet als in kapitalmarktorientieren Gesellschaften, sodass auch die Kontrollkosten geringer ausfallen.[354] Außerdem kann auch der Entscheidungsspielraum des Managements weiter eingeschränkt werden. Dies führt anders als in nicht-familienkontrollierten Unternehmen zu einer Senkung der Gefahr des opportunistischen Verhaltens des Fremdmanagements.[355] Weiterhin kann es auch zu Agenturkonflikten zwischen aktiv in der Geschäftsführung beteiligten und den passiven, dort nicht beteiligten Gesellschaftern kommen.[356] Das ist potenziell dann der Fall, wenn in einer Gesellschaft geschäftsführende Mehrheitsgesellschafter und nicht-geschäftsführende Minderheitsgesellschafter auftreten.[357] Dies rührt daher, dass aktiv an der Geschäftsführung beteiligte Gesellschafter einen besseren Zugang zu relevanten Informationen haben, mit deren Hilfe sie im Zweifel auch Missbrauch betreiben und Entscheidungen zu ihren Gunsten und zu Ungunsten der Minderheitsgesellschafter treffen können.[358] Denn nicht selten fallen die Interessen der aktiven und passiven Gesellschafter unterschiedlich aus. Die aktiven Gesellschafter haben großes Interesse an der Stärkung der Liquiditätsbasis des Unternehmens und weniger an der Ausschüttung von Erträgen, was auch darauf zurückzuführen ist, dass diese ihr Gehalt von der Gesellschaft beziehen.[359] Die passiven Gesellschafter hingegen sehen das Unternehmen eher als Kapitalanlage und sind mithin an höheren Ausschüttungen interessiert.[360]

Der Kapitalmarkt fordert von den dort agierenden Unternehmen Transparenz und die Einhaltung der Corporate Governance Regelungen zum Beispiel des DCGK. Die hier untersuchten Familienunternehmen sind nicht börsennotiert und erhalten ihre finanziellen Mittel nicht vom Kapitalmarkt,

---

354 *Hueck*, Die Familienverfassung 2017, S. 33; *Weller*, ZGR 2012, 386, 392; *Lange*, BB 2005, 2585, 2587.

355 *Lange*, BB 2005, 2585, 2587; *Kirchdörfer/Kögel*, FS Hennerkes, 2000, 221, 229.

356 *Hueck*, Die Familienverfassung 2017, S. 34; *Westermann*, FS Hennerkes, 2009, 21, 22 ff.

357 *Krause*, BB 2012, 714; *Lange*, BB 2005, 2585, 2587; *Kirchdörfer/Kögel*, FS Hennerkes, 2000, 221, 230.

358 *Uffmann*, ZIP 2015, 2441, 2442; *Woywode/Keese/Tänzler*, ZGR 2012, 418; *Lange*, BB 2005, 2585, 2587; *Kirchdörfer/Kögel*, FS Hennerkes, 2000, 221, 232 f.; *Reuter*, ZGR 1991, 467, 469.

359 *Hueck*, Die Familienverfassung 2017, S. 34; *Lange*, BB 2005, 2585, 2587.

360 *Hueck*, Die Familienverfassung 2017, S. 34; *Lange*, BB 2005, 2585, 2587.

sodass auch eine entsprechende Kontrolle fehlt. Das Bedürfnis, zur Einführung und Aufrechterhaltung von Corporate Governance-Maßnahmen ist jedoch auch in Familienunternehmen vorhanden. Insbesondere potenzielle Konflikte im familiengeprägten Gesellschafterkreis machen solche unerlässlich. Dies kann sich umso schwieriger gestalten, wenn keine regulierende Institution wie der Kapitalmarkt vorhanden ist.[361] Wie unter § 4 F.I bereits dargelegt, bedarf es bei der Governance von Familienunternehmen nicht nur einer Betrachtung des Unternehmens (*Business*) sondern insbesondere auch der Familie (*Family*).

Vor allem die unter § 4 F. I.2.b) genannten Bereiche weisen in vielen Familienunternehmen Nachholbedarf auf. Dies gilt insbesondere für Familienunternehmen, in denen Familienmitglieder maßgeblich an der Unternehmensführung beteiligt sind. Grund hierfür ist meist eine fehlende unabhängige Kontrolle innerhalb des Unternehmens.[362]

II. Konfliktpotenzial in Familienunternehmen

Familienunternehmen können von der Verknüpfung zwischen Unternehmerfamilie und Unternehmen profitieren. So stehen Familienunternehmen für Langlebigkeit und Unabhängigkeit (siehe hierzu bereits § 3 D). Jedoch entsteht hierdurch auch ein erhöhtes Konfliktpotenzial, welches im Folgenden näher dargestellt werden soll. Die dabei entstehenden Konfliktfelder sind vielfältig, sodass hier beispielhaft auf fünf Konfliktfaktoren eingegangen werden soll.

Das Phänomen von Konflikten im Gesellschafterkreis konnte bisher bei vielen Familienunternehmen beobachtet werden und stellt keinen Einzelfall dar. Nicht selten geht es bei diesen Konflikten um Nachfolgeregelungen, Erbschaftsstreitigkeiten und somit insbesondere um Geld. So herrscht beispielweise bei der Familie Haub Familienstreit, seitdem Karl-Erivan Haub, geschäftsführender und persönlich haftender Gesellschafter der Unternehmensgruppe Tengelmann, 2018 am Matterhorn verschwand und im Mai 2021 für tot erklärt wurde. Für die Familie stellte sich nach dem Verschwinden des Unternehmers insbesondere die Frage, wie künftig mit der Führung des Unternehmens verfahren und wie die Erbschaftsteuer in dreistelliger Millionenhöhe bezahlt werden sollte. Die Situation bei Tengelmann gestaltete sich insbesondere wegen fehlender Nachfolgereglungen als schwierig. Zum Begleichen der Millionensumme wurden innerhalb der Familie Ge-

361 So auch *Uffmann*, ZIP 2015, 2441, 2442.

362 *Koeberle-Schmid/Witt/Fahrion*, in Koeberle-Schmid/Fahrion/Witt, Family Business Governance, 3. Aufl. 2018, S. 34.

schäftsanteile verkauft, wobei es jedoch auch über den Wert derselben erhebliche Unstimmigkeiten gab.[363]

Nicht nur Tengelmann sondern auch weitere Familienunternehmen sind von Familienstreitigkeiten betroffen (siehe auch § 1 Um diese Konflikte nachvollziehen und lösen zu können, ist es wichtig, die einzelnen Konfliktfelder näher zu betrachten, die typischerweise in Familienunternehmen entstehen können.

1. Gesellschafterstreitigkeiten

Dass Governance in Familienunternehmen nicht nur auf den Bereich *Business*, sondern auch auf *Family* ausgerichtet sein muss, ergibt sich aus dem starken Familieneinfluss und der engen familiären Verbundenheit zum Unternehmen. Die beteiligten Familienmitglieder nehmen dabei unterschiedliche Rollen ein und vertreten somit auch zumindest teilweise unterschiedliche Interessen.[364] Familienmitglieder, die in der Geschäftsführung eingesetzt werden, haben weitreichende Entscheidungskompetenzen, die ihnen von den anderen Familienmitgliedern in Vertrauen auf ihre Absichten und Fähigkeiten übertragen werden. Dies bedingt eine starke Abhängigkeit des Unternehmens von der Leitungsperson und ihren Fähigkeiten. Das kann einerseits mit schnellen und flexiblen Entscheidungen verbunden sein und andererseits dazu führen, dass Fehleinschätzungen des Unternehmers besonders schwere Folgen haben, werden sie nicht von anderen Mitgliedern der Familie validiert.[365]

Weiterhin ergibt sich ein erhöhtes Konfliktpotenzial insbesondere aus möglichen Streitigkeiten im Gesellschafterkreis. Grund hierfür können emotionale Faktoren wie Eifersucht, Missgunst und Machtmissbrauch sein.[366] Streitigkeiten, die eigentlich innerhalb der Familie entstehen, werden über die Gesellschafterstellung der Beteiligten direkt in das Unternehmen getra-

---

363 Zum Fall Tengelmann: *Bros/Müller*, Handelsblatt, Interview mit Mark Binz, erschienen am 26. September 2021, abrufbar unter https://www.handelsblatt.com/unternehmen/mittelstand/familienunternehmer/interview-mit-mark-binz-anwalt-fuer-streitigkeiten-in-unternehmerfamilien-tengelmann-war-der-fall-meines-lebens/27644204.html?ticket=ST-691078-N5FZ2klpXv00dvTzVra4-cas01.example.org; Business Insider Deutschland, Tengelmann-Anwalt Mark Binz über den Prozess und die Erbschaftssteuer, erschienen am 4. Oktober 2021, abrufbar unter https://www.businessinsider.de/wirtschaft/anwalt-mark-binz-ueber-den-tengelmann-prozess-und-die-erbschaftssteuer-a/.

364 *Uffmann*, ZIP 2015, 2441, 2444.

365 *Hueck*, Die Familienverfassung, 2017, S. 35; *Lange*, BB 2005, 2585, 2586.

366 *Rohner*, in MAH Personengesellschaftsrecht, 3. Aufl. 2019, § 3 Rn. 39; *Krause*, BB 2012, 714; *May/Koeberle-Schmid*, DB 2011, 485; *Lange*, BB 2005, 2585, 2588.

gen.[367] Hieraus können Streitfälle zwischen den Eigentümern und Probleme bei der Führung des Unternehmens resultieren.[368] Problematisch ist dies vor allem dann, wenn emotionale Streitigkeiten zwischen einzelnen Familienmitgliedern oder -stämmen auf Unternehmensebene eskalieren und dies zu Lasten sachbezogener Entscheidungen geht.[369] Typische Konfliktfelder bei derartigen Streitigkeiten sind unter anderem Unternehmensnachfolge, Mitarbeit im Unternehmen, Vergütung und Kompetenzen aktiver Gesellschafter, Gremienbesetzung, Unternehmensstrategie und Ausschüttungen.[370]

Das Konfliktpotenzial steigt dabei mit Größe und Komplexität der Unternehmerfamilie. Bei einer kleinen Familie mit nur wenigen Mitgliedern, die am Unternehmen beteiligt sind, ist eine klare Zuweisung von Rollen noch möglich, während bei steigender Komplexität (etwa bei Hinzunahme von Schwiegerkindern etc.) auch die Anknüpfungspunkte für Konflikte zunehmen – sei es, weil einzelne Mitglieder verschiedene Rollen einnehmen und selbst damit in Rollenkonflikte gelangen, oder sei es wegen Konflikten untereinander.[371] Die Komplexität wird in Bezug auf die Familie erhöht durch Größe, Altersstruktur, Internationalisierung, Stammesbildung und Patchwork-Bildung.[372] Auf Unternehmensseite erhöht sich die Komplexität durch Größe, Internationalisierung, Rechtsform, Führungs- und Fremdkapitalstruktur.[373]

Wie bereits oben unter § 4 F. I.3 deutlich geworden, können auch sog. passive Gesellschafter in Familienunternehmen vorkommen. Diese sind nicht unmittelbar an der Unternehmensführung beteiligt oder zumindest nicht im selben Maße wie andere, die sog. aktiven Gesellschafter. Aktive Gesellschafter haben durch räumliche Nähe, Geschäftsinteresse und hohen Eigentumsanteil sowie ihre Anstellung im Unternehmen oft ein erhöhtes Interesse am Unternehmen und mehr Möglichkeiten, ihre Interessen auch durchzusetzen.[374] Dem hingegen sind passive Mitglieder oft Minderheitsgesellschafter oder solche, die in räumlicher Entfernung zum Unternehmen wohnen und deren Einfluss auf das Familienunternehmen sowie deren Engagement in diesem lediglich marginal sind.[375] Fehlende Transparenz hinsichtlich Ge-

367 *Lange*, BB 2005, 2585, 2588.

368 *Uffmann*, ZIP 2015, 2441, 2442; *Erker*, DStR 2014, 105.

369 *Hueck*, Die Familienverfassung, 2017, S. 36; *Lange*, FS Hennerkes 2009, 135, 139 f.

370 *Krause*, BB 2012, 714; *Lange*, BB 2005, 2585, 2587; *Kirchdörfer/Kögel*, FS Hennerkes, 2000, 221, 230.

371 *Uffmann*, ZIP 2015, 2441, 2445; *Rüsen/v. Schlippe/Gimeno*, FuS 2021, 92, 93 f.

372 *Westermann*, NZG 2015, 649; *Uffmann*, ZIP 2015, 2441, 2445; *Kirchdörfer/Lorz*, FuS 2013, 127; *Koeberle-Schmid/Schween/May*, BB 2011, 2499; *Westermann*, FS Bezzenberger, 2000, 449 ff.

373 *Uffmann*, ZIP 2015, 2441, 2445; *Koeberle-Schmid/Schween/May*, BB 2011, 2499.

374 *Woywode/Keese/Tänzler*, ZGR 2012, 418, 428.

375 *Woywode/Keese/Tänzler*, ZGR 2012, 418, 428.

schäftsstrategie und Unternehmensführung bergen dabei ein erhebliches Konfliktpotenzial.

2. Ausscheiden aus der Gesellschaft

Streitigkeiten innerhalb des Gesellschafterkreises können dazu führen, dass einzelne Familienmitglieder das Familienunternehmen verlassen wollen. Daraus können weitere Probleme entstehen. Geschäftsanteile von Familienunternehmen sind anders als Anteile börsennotierter Gesellschaften nicht ohne weiteres übertragbar (siehe § 3 E.IV.1). Dies macht auch eine Bewertung der jeweiligen Anteile schwieriger.[376] Auch der Austritt aus einem Familienunternehmen gestaltet sich als schwierig. Dabei ist er ein wichtiges Instrument – vor allem für den Minderheitsgesellschafter – um Vertragskonformität der Mehrheitsgesellschafter im Wege eines Druckmittels zu erreichen.[377]

Anders als bei der oHG, bei welcher jeder Gesellschaft mittels Kündigung nach §§ 131 Abs. 3 Nr. 3, 132 HGB seine Mitgliedschaft auflösen kann, ist für die GmbH kein gesetzliches Austrittsrecht vorgesehen. Eine Möglichkeit für den Gesellschafter, sich seines Geschäftsanteils zu entledigen ist die Veräußerung gem. § 15 Abs. 1 GmbHG sowie die Auflösungsklage gem. § 61 GmbHG, der ein in den Verhältnissen der Gesellschaft liegender wichtiger Grund zugrunde liegen muss. Weiterhin hängt die Klagelegitimation von einer Mindestbeteiligung in Höhe von 10 % ab.

Besteht Einigkeit zwischen den Gesellschaftern ist dies unproblematisch. In einem solchen Fall kann der Anteil des Ausscheidungswilligen von einem anderen Gesellschafter übernommen werden. Dies wird aber insbesondere bei Streitigkeiten zwischen den Gesellschaftern nicht ohne weiteres möglich sein. Eine Veräußerung des Geschäftsanteils ist häufig wegen Vinkulierungsklauseln nicht durchführbar (siehe bereits unter § 3 E.IV.1) und auch eine Auflösungsklage scheint keine ernsthafte Alternative.[378] Von der Rechtsprechung entwickelt und inzwischen grundsätzlich anerkannt, ist deshalb ein dem Grundgedanken des § 314 BGB entsprechendes Austrittsrecht, wonach bei zerstörter Vertrauensgrundlage die Lösung vom Dauerschuldverhältnis möglich sein soll.[379]

Konflikte im Gesellschafterkreis stellen mithin eine große Herausforderung für Familienunternehmen dar. Ihnen kann mit entsprechenden Governan-

---

376 *Weller*, ZGR 2012, 386, 407 ff.; *Woywode/Keese/Tänzler*, ZGR 2012, 418, 429.

377 *Weller*, ZGR 2012, 386, 407.

378 *Weller*, ZGR 2012, 386, 407.

379 BGH NJW 1953, 780, 781; BGH NJW 1992, 892, 895; *Kersting*, in Noack/Servatius/Haas, GmbHG, 24. Aufl. 2025, § 34 Anh. Rn. 1; *Strohn*, in MüKo/GmbHG, 5. Aufl. 2025, § 34 Rn. 116; *Weller*, ZGR 2012, 386, 407.

ce-Regelungen begegnet werden (dazu § 6 A). Es überrascht daher nicht, dass weiteres Konfliktpotenzial durch fehlende oder aber ungeeignete Nachfolgeregelungen entstehen können.

3. Nachfolgeregelungen

Für Familienunternehmen spielt die Frage der Nachfolge eine große Rolle. Viele der Familienunternehmen bauen sich über Generationen auf und es gilt, den Erfolg mithilfe geeigneter Nachfolger weiter aufrechtzuerhalten und auszubauen. Dabei gibt es Familienunternehmen, in denen die Nachfolge nicht oder nicht im Detail geregelt wird. So beispielhaft bei der Faber-Castell AG geschehen. Anton-Wolfgang Graf von Faber-Castell hat seinen vier Kindern vor seinem Tod in gleichen Teilen die Anteile am Familienunternehmen übertragen. Eine Nachfolgereglung insbesondere darüber, wie Positionen im Unternehmen zu besetzen seien, gab es indes nicht. Dies führte unter den Hinterbliebenen zum Streit darüber, wer die Nachfolge im Unternehmen antreten solle.[380] Zwar konnte an dieser Stelle – zumindest nach außen so dargestellt – eine Lösung des Problems gefunden werden, jedoch kann dieses auch von vorneherein durch entsprechende Governance-Regelungen vermieden werden.

Familienmitglieder verhalten sich untereinander oft selbstlos.[381] Dieses altruistische Verhalten begünstigt häufig, dass ungeeignete Nachfolger für die Unternehmensleitung ausgewählt werden.[382] Die Intention vieler Familienunternehmen ist die Weitergabe des Unternehmens an die nächste Generation (siehe bereits § 3 D). Gelangen beim Generationenwechsel Familienmitglieder in die Unternehmensführung, obwohl sie im Hinblick auf ihre Qualifikationen – sei es beruflicher oder unternehmerischer Art – nicht für die Position geeignet sind und es geeignete interne oder externe Kandidaten gegeben hätte, spricht man von intergenerationalem Altruismus.[383] Diesem kann mithilfe geeigneter Governance-Mechanismen entgegnet werden. In diesen können etwa Mindestvoraussetzungen hinsichtlich Ausbildung, Berufs- und Führungserfahrung festgelegt werden, die ein Nachfolger erfüllen muss, um eine Führungsposition übernehmen zu können.[384]

---

380 *Ritzer,* Süddeutsche Zeitung, Bei Faber-Castell übernimmt die neunte Generation, erschienen am 1. August 2021, abrufbar unter https://www.sueddeutsche.de/wirtschaft/faber-castell-erbstreit-1.5369964.

381 *Schulze/Lubatkin/Dino*, Journal of Business Venturing, 2003, Vol. 18, Issue. 4, 473 ff.

382 *Hueck*, Die Familienverfassung, 2017, S. 35; *Woywode/Keese/Tänzler*, ZGR 2012, 418, 424.

383 *Gedajlovic/Lubatkin/Schulze*, Journal of Management Studies 2004, Vol. 41, Issue 5, 899 ff.

384 *Woywode/Keese/Tänzler*, ZGR 2012, 418, 425.

4. Kapitalausstattung und Ausschüttungspolitik

Wie bereits unter § 3 D dargelegt, sind Familienunternehmen weitestgehend auf die Finanzierung aus eigenen Mitteln angewiesen. Dies hat zur Konsequenz, dass die Kapitalerhaltung und Thesaurierung eines Großteils des Jahresergebnisses zentrale Bedeutung für Familienunternehmen haben.[385] Daraus folgt, dass auch mögliche Austrittswünsche eventuell Abfindungsbeschränkungen unterliegen.[386] Diese Beschränkungen können in Familienunternehmen zu Konflikten führen. Das ist vor allem dann der Fall, wenn das Familienunternehmen viele Anteilseigner mit verschiedenen Interessen hat.[387] Problematisch sind hierbei, wie oben unter § 4 F.II.1 gesehen, die divergierenden Interessen aktiver und passiver Gesellschafter. Um langfristig den Erfolg des Familienunternehmens und seine Wettbewerbsfähigkeit nicht zu gefährden, bedarf es einer den wirtschaftlichen Verhältnissen des Unternehmens angepasste Ausschüttungspolitik.[388]

Um einerseits die Kapitalausstattung des Unternehmens nachhaltig zu sichern und andererseits Konflikte im Gesellschafterkreis zu vermeiden, bedarf es zusätzlich konkreter Schutzvorkehrungen im Rahmen vertraglicher Regelungen mit Gültigkeit für alle Gesellschafter. Zu den Handlungsoptionen siehe § 6 A.

5. Besetzung von Aufsichtsgremien

Hat eine GmbH mehr als 500 bzw. 2000 Arbeitnehmer ist sie gem. §§ 1 Abs. 1 und 6, 7 MitbestG bzw. §§ 1 Abs. 1 Nr. 3 und 4 DrittelbG verpflichtet, einen Aufsichtsrat zu bilden. Liegen die Mitarbeiterzahlen darunter, kann sie einen freiwilligen Aufsichtsrat einrichten. Anders als bei der AG, kann in der GmbH auch der Beirat die Aufgaben des Aufsichtsrats ausüben (dazu § 6 A.III). Eine Frage, die mithilfe der Family Business Governance geklärt werden soll, ist die nach der Besetzung sowie den Aufgaben eines solchen Aufsichtsgremiums im Familienunternehmen. Denn auch hier können die Vorstellungen der einzelnen Familienmitglieder stark voneinander abweichen.[389]

III. Ziele der Family Business Governance

Zuvörderst geht es bei der Family Business Governance darum, den Fortbestand des Unternehmens nachhaltig zu sichern und Machtmissbrauch und

385 *Holler*, DStR 2019, 880, 883; *Ulmer*, ZIP 2010, 549, 551; *Lange*, BB 2005, 2585, 2587.
386 *Ulmer*, ZIP 2010, 549, 551; *Sigle*, in FS Rowedder, 1994, 459, 468 f.
387 *Woywode/Keese/Tänzler*, ZGR 2012, 418, 426.
388 *Woywode/Keese/Tänzler*, ZGR 2012, 418, 428.
389 Zur konkreten Ausgestaltung siehe § 6 A.II.5.a).

Konflikte innerhalb der Familie zu vermeiden. Mithilfe einer guten Family Business Governance sollen bestehende Informationsasymmetrien zwischen Familienmitgliedern oder einer Fremdgeschäftsführung ausgeglichen werden.[390]

Da es vor allem bei wachsenden Unternehmen nicht unwahrscheinlich ist, dass auch Fremdgeschäftsführer eingesetzt werden, müssen Regeln gefunden werden, innerhalb derer das Verhältnis zwischen der Unternehmerfamilie und dem Geschäftsführer gestaltet werden kann. Dies soll dazu dienen, die unterschiedlichen Zielvorstellungen und Erwartungshaltungen der jeweils Beteiligten miteinander in Einklang zu bringen.[391] Diese Regeln sollen negative Auswirkungen von Konflikten zwischen den Familienmitgliedern untereinander, aber auch zwischen der Familie und anderen am Unternehmen beteiligten Personen verhindern.[392]

Die Family Business Governance hat es sich daher zur Aufgabe gemacht, die spezifischen Risiken von Familienunternehmen durch geeignete Instrumente der Unternehmensführung und -überwachung einzudämmen.[393] Weiterhin soll nicht nur das Konfliktpotenzial „Familie" betrachtet werden, sondern auch das in ihr ruhende Erfolgspotenzial.[394] Durch geeignete Strukturen kann dieses positive Potenzial für das Unternehmen erschlossen werden. Dafür sollen bezüglich der Family Governance faire, transparente und überprüfbare Regeln für die Familie und deren Zugang zum Unternehmen geschaffen (*fair process*) und der Zusammenhalt der Familienmitglieder untereinander gesteigert werden.[395] Durch die Ausgestaltung der Business Governance i. S. d. Best Practice und der individuellen Situation des Unternehmens soll insbesondere der Wert des Unternehmens nachhaltig gesteigert werden.[396] Dafür sollen Führungs- und Kontrollstrukturen professionell gestaltet werden. Die sog. Professional Ownership soll über Generationen gesteigert werden und damit die Lebensfähigkeit des Familienunternehmens sichern.[397]

---

390 *Krause*, BB 2012, 714.

391 *Uffmann*, ZIP 2015, 2441, 2442; *Krause*, BB 2012, 714.

392 *Krause*, BB 2012, 714.

393 Sanders, NZG 2017, 961, 965.

394 *Uffmann*, ZIP 2015, 2441, 2442; *Wicke,* ZGR 2012, 450, 457.

395 *Holler*, in MHdB GesR VII, 6. Aufl. 2020, § 75 Rn. 165; *Koeberle-Schmid/Witt/Fahrion*, in Koeberle-Schmid/Fahrion/Witt, Family Business Governance, 3. Aufl. 2018, S. 29; *Holler,* ZIP 2018, 553, 554; *Krause*, BB 2021, 714.

396 *Koeberle-Schmid/Witt/Fahrion*, in Koeberle-Schmid/Fahrion/Witt, Family Business Governance, 3. Aufl. 2018, S. 32.

397 *Koeberle-Schmid/Witt/Fahrion*, in Koeberle-Schmid/Fahrion/Witt, Family Business Governance, 3. Aufl. 2018, S. 29.

IV. Zuständigkeit für die Family Business Governance

1. Rechtliche Einordnung

In der AG ist der Vorstand das zuständige Organ für die ordnungsgemäße Organisation und Überwachung der Gesellschaft nach § 93 Abs. 1 S. 1 AktG. Danach hat er für eine ordnungsgemäße Unternehmensorganisation zu sorgen, was auch die Corporate Governance des Unternehmens umfasst.[398] Die Leitungsaufgabe des Vorstands umfasst dabei auch die Verpflichtung zur Schaffung einer Organisationsstruktur, die geeignet ist, den Unternehmenszweck und -gegenstand zu erfüllen.[399] Der Vorstand hat dabei für eine gesetzmäßige, satzungskonforme und möglichst effiziente Organisation Sorge zu tragen,[400] wobei der konkrete Inhalt der Organisationspflicht von Art und Größe des Unternehmens abhängt.[401]

Den Geschäftsführer der GmbH trifft gem. § 43 Abs. 1 GmbHG die Pflicht zur ordnungsgemäßen Unternehmensleitung. Dazu gehört, dass er die Gesellschaft im Rahmen des Gesetzes, des Gesellschaftsvertrags, seiner Treuepflicht und den verbindlichen Beschlüssen anderer Gesellschaftsorgane zu leiten hat.[402] Im Gegensatz zu den Aktionären der AG[403] steht den Gesellschaftern der GmbH eine Weisungsbefugnis gegenüber den Geschäftsführern zu.[404] Dieses kann auch nicht durch schuldrechtliche Vereinbarungen ausgeschlossen werden.[405] Die Geschäftsführer sind an die Weisungen der

398 *Spindler*, in MüKo/AktG, 5. Aufl. 2019, § 91 Rn. 18; *Hopt/Roth*, in GK-AktG, 5. Aufl. 2014, § 93 Rn. 153.

399 *Hoffmann-Becking*, in MHdB GesR IV, 6. Aufl. 2024, § 2 Rn. 6; vgl. *Fleischer*, in BeckOGK, Stand: 01.06.2025, § 93 Rn. 26; *Hopt/Roth*, in GK-AktG, 5. Aufl. 2014, § 93 Rn. 153 ff.

400 *Fleischer*, in BeckOGK, Stand: 01.06.2025, § 93 Rn. 26; *Hoffmann-Becking*, in MHdB GesR IV, 6. Aufl. 2024, § 25 Rn. 21.

401 LG München I NZG 2014, 345, 347; *Hopt/Roth*, in GK-AktG, 5. Aufl. 2014, § 93 Rn. 153 ff.; *Hoffmann-Becking*, in MHdB GesR IV, 6. Aufl. 2024, § 25 Rn. 21.

402 OLG Zweibrücken NZG 1999, 506; OLG Düsseldorf GmbHR 1994, 317; *Fleischer*, in MüKo/GmbHG, 4. Aufl. 2023, § 43 Rn. 11 f.; *Beurskens*, in Noack/Servatius/Haas, GmbHG, 24. Aufl. 2025, § 37 Rn. 23; *Ziemons*, in Michalski/Heidinger/Leible/J. Schmidt, 4. Aufl. 2023, § 43 Rn. 55.

403 Hier nur ausnahmsweise, wenn substanziell in die Rechte der Aktionäre eingegriffen wird: Bei Ausgliederung eines Betriebs, der den wertvollsten Teil des Gesellschaftsvermögens bildet, auf eine Tochtergesellschaft – BGHZ 93, 122 ff. „Holzmüller"; bei regulärem Delisting, wegen der erheblichen Beeinträchtigung der Verkehrsfähigkeit der Aktien – BGH ZIP 2003, 387 „Macroton"; bei Umstrukturierung einer Tochtergesellschaft in eine Enkelgesellschaft wegen des Mediatisierungseffekts – BGH ZIP 2004, 993 „Gelatine I" sowie BGH ZIP 2004, 1001 „Gelatine II".

404 OLG Düsseldorf ZIP 1984, 1476; *Beurskens*, in Noack/Servatius/Haas, GmbHG, 24. Aufl. 2025, § 37 Rn. 35; *Mennicke,* NZG 2000, 622; *Ebert*, GmbHR 2003, 444.

405 LSG Berlin-Brandenburg GmbHR 2018, 908; *Beurskens*, in Noack/Servatius/Haas, GmbHG, 23. Aufl. 2022, § 37 Rn. 35.

Gesellschafterversammlung gebunden, weshalb diesen i. d. R. auch eine haftungsbefreiende Wirkung zukommt.[406]

Ihre Grenzen erfährt die Weisungsbefugnis nur dort, wo die Geschäftsführer Gesetzespflichten zu erfüllen haben.[407] So etwa bei Pflichten zur Kapitalerhaltung (§§ 43 Abs. 2 und 3, 30, 31 GmbHG) und zur rechtzeitigen Stellung des Insolvenzantrags (§ 15a InsO). Weiterhin sind die Geschäftsführer nicht an Weisungen gebunden, die rechtswidrig sind.[408] Zwar können den Geschäftsführern die in § 46 GmbHG der Gesellschafterversammlung zugewiesenen Kompetenzen weit überwiegend übertragen werden. Es gibt jedoch Kompetenzen, die zwingend bei der Gesellschafterversammlung verbleiben müssen. Dies gilt insbesondere für die in § 53 Abs. 1 GmbHG geregelte Satzungsautonomie.[409]

Die Family Business Governance kann auf verschiedenen Wegen im Familienunternehmen umgesetzt werden. Typischerweise findet man Regelungen hierzu im Gesellschaftsvertrag, in einer eigens angelegten Familienverfassung oder einem eigenen Familienkodex (siehe näheres hierzu unter § 6 A.II). Für die Zuständigkeit in Belangen der Family Business bedeutet dies, dass die Geschäftsführung nicht allein für diese zuständig ist. Vielmehr ist die Gesellschafterversammlung zwingend miteinzubeziehen.

2. Vorgaben des GKFU

Als Orientierungshilfe kann auch der GKFU dienen. Dieser sieht in 1.1 GKFU vor, dass die Inhaber des Familienunternehmens festlegen sollen, welche Werte und Ziele verfolgt werden. In den folgenden Bestimmungen des 1. Kapitels trifft der GKFU Aussagen zu den Festlegungen, die hier getroffen werden können. Auch die Gestaltung der Family Business Governance soll danach den Inhabern obliegen. Diese können unter anderem auch festlegen, ob und unter welchen Bedingungen Familienmitglieder Teil der Unternehmensführung und/oder des Aufsichtsgremiums sein sollen (weitere Darlegungen zum GKFU unter § 4 G.II). Auch nach den Bestimmungen des GKFU trifft die Gesellschafter als Inhaber des Familienunternehmens die Zuständigkeit für die Family Business Governance. Damit verbunden ist auch die Ausgestaltung einzelner Governance Instrumente.

---

406 BGH NJW 2010, 64 Rn. 10; BGH NJW 2000, 1571; *Altmeppen*, in Altmeppen, GmbHG, 11. Aufl. 2023, § 43 Rn. 122; *Paefgen,* in Habersack/Casper/Löbbe, GK GmbHG, 3. Aufl. 2020, § 43 Rn. 213; *Beurskens*, in Noack/Servatius/Haas, GmbHG, 24. Aufl. 2025, § 43 Rn. 18.

407 BGH NJW 1960, 285; BGH NJW 1974, 1088; OLG Frankfurt GmbHR 1997, 346.

408 BGH NJW1960, 285; BGH NJW 2974, 1088; OLG Naumburg ZIP 1999, 1362.

409 BGH NJW 1965, 1378; Altmeppen, in Altmeppen, GmbHG, 11. Aufl. 2023, § 53 Rn. 25; *Noack*, in Noack/Servatius/Haas, GmbHG, 24. Aufl. 2025, § 53 Rn. 61.

3. Folgerungen für Familienunternehmen

Unabhängig von der gesetzlichen Verpflichtung zur Einbeziehung der Gesellschafter und der Weisungsgebundenheit der Geschäftsführer einer GmbH, sollten die Gesellschafter in die Ausgestaltung der Family Business Governance einbezogen werden. Das Familienunternehmen steht und fällt mit seinen Gesellschaftern, sodass Regelungen zur Governance auch in ihrem Interesse festgelegt werden sollten. Dies kann für sich genommen bereits zu einer besseren Family Business Governance beitragen. Denn wenn die Gesellschafter an der Entscheidungsfindung beteiligt sind, können sie ihre Belange in ausreichendem Maße mit einbringen und die Wahrscheinlichkeit, dass die Regeln eingehalten werden, steigt.

G. Governance Kodizes

Neben gesetzlich normierten Corporate Governance-Vorschriften, die sich unter anderem in verschiedenen Gesetzen des Handels- und Gesellschaftsrechts finden, gibt es verschiedene Kodizes, die dem Privatrecht entspringen und nicht oder nur teilweise obligatorischen Charakter haben.

Es existieren zahlreiche Governance Kodizes neben dem DCGK (dazu sogleich § 4 G.I). Noch vor dem DCGK wurden die OECD-Grundsätze der Corporate Governance im Jahr 1999 veröffentlicht. Die neueste Fassung stammt vom 23. Dezember 2015 und wurde in Zusammenarbeit mit der G20 erarbeitet. Primärer Adressatenkreis sind hier – anders als beim DCGK – die Mitgliedsstaaten und deren politische Entscheidungsträger: *„Die G20/OECD-Grundsätze der Corporate Governance helfen politischen Entscheidungsträgern bei der Evaluierung und Verbesserung des gesetzlichen, regulatorischen und institutionellen Rahmens der Corporate Governance mit dem Ziel, wirtschaftliche Effizienz, nachhaltiges Wachstum und finanzielle Stabilität zu fördern.*“.[410] Bei der Entwicklung und Einführung neuer Gesetze sollen die Grundsätze diesen helfen, Corporate Governance-Vorschriften aufzustellen bzw. zu überarbeiten. Daneben werden auch börsennotierte Unternehmen sowie kleinere, nicht-börsennotierte Unternehmen adressiert, die die Grundsätze nutzen sollen, um für eine verantwortungsvolle Corporate Governance zu sensibilisieren.[411] Rechtliche Verbindlichkeit erlangen die OECD-Grundsätze nicht, sie stellen vielmehr einen unverbindlichen Rahmen auf, der bei der Etablierung von Vorschriften vom Gesetzgeber herangezogen werden kann.[412] Auch Unternehmen werden auf-

410 OECD (2015), G20/OECD-Grundsätze der Corporate Governance, S. 3.
411 OECD (2015), G20/OECD-Grundsätze der Corporate Governance, S. 9.
412 OECD (2015), G20/OECD-Grundsätze der Corporate Governance, S. 11.

gerufen, anhand der Grundsätze eigene Corporate Governance-Regeln aufzustellen.[413] Weitere Governance Kodizes sind unter anderem der Fairness Kodex des Deutschen Derivate Verbands vom 1. November 2013 in aktualisierter Fassung vom 13. März 2018, der als Selbstverpflichtung von Emittenten zur Einhaltung von Standards bei Strukturierung, Emission, Marketing und Handel strukturierter Wertpapiere verstanden wird.[414] Der Deutsche Derivate Verband umfasst dabei 15 führende Emittenten derivativer Wertpapiere in Deutschland, die insgesamt 90 Prozent des Gesamtmarkts ausmachen. Außerdem existiert der Corporate Governance-Kodex für Asset Management-Gesellschaften vom 27. April 2005[415] sowie der Corporate Governance Kodex der deutschen Immobilienwirtschaft vom 7. Februar 2017.[416]

Vorliegend geht es um die Corporate Governance in Familienunternehmen. Da insbesondere die Unterschiede zwischen Familienunternehmen und börsennotierten (nicht-familienkontrollierten) Aktiengesellschaften untersucht werden sollen, konzentrieren sich die vorliegenden Darstellungen auf den DCGK sowie den GKFU.

I. Deutscher Corporate Governance Kodex

Der Deutsche Corporate Governance Kodex der Regierungskommission Corporate Governance für börsennotierte Unternehmen in der Fassung vom 28. April 2022 (DCGK) ist ein an börsennotierte Unternehmen gerichtetes Regelwerk und wurde durch eine Regierungskommission des Bundesministeriums für Justiz und Verbraucherschutz erarbeitet (siehe hierzu § 4 G. I. 1). Er wird jährlich daraufhin überprüft, ob er der aktuellen Best Practice der Unternehmensführung entspricht und gegebenenfalls aktualisiert.[417] Am 27. Januar 2022 wurde eine Kodexreform angekündigt. Seit dem 25. Januar 2022 lief hierzu das Konsultationsverfahren und am 27.06.2022 wurde der neue DCGK 2022 im Bundesanzeiger veröffentlicht. Hierbei rücken insbesondere ESG-Aspekte in den Vordergrund. Auch das Gesetz zur Stärkung

413 OECD (2015), G20/OECD-Grundsätze der Corporate Governance, S. 11.

414 Fairness Kodex, abrufbar unter https://www.derbsw.de/static/a85333070bedf81a2bd5506028ea8b26/240711_BSW_Fairness_Kodex_DE_a4420d3ab7.pdf.

415 Corporate Governance-Kodex für Asset Management-Gesellschaften, abrufbar unter https://www.ecgi.global/sites/default/files/codes/documents/code_am_companies_apr2005_de.pdf.

416 Corporate Governance Kodex der deutschen Immobilienwirtschaft, abrufbar unter https://www.icg-institut.de/wp-content/uploads/2020/09/AG-Kodex-neu-2017-2.pdf.

417 Umschreibung des Corporate Governance Kodex der Regierungskommission Corporate Governance (abrufbar unter: https://www.dcgk.de/de/kodex.html, Umschreibung des Corporate Governance Kodex der Regierungskommission Corporate Governance).

der Finanzmarktintegrität (FISG) macht laut Kommission eine Anpassung erforderlich.[418]

Der DCGK formuliert die Grundsätze guter Unternehmensführung und soll zu deren verantwortungsvoller Umsetzung beitragen (siehe zum Inhalt § 4 G. I.2), wobei er jedoch keine normative Geltung (siehe hierzu § 4 G. I.3) gegenüber seinem Adressatenkreis (siehe hierzu § 4 G. I.4) entfaltet. Ihm wird jedoch über die Entsprechenserklärung des § 161 Abs. 1 S. 1 AktG zur Geltung verholfen (hierzu § 4 G. I.5). Eine Missachtung der im DCGK enthaltenen Grundsätze und Empfehlungen kann dennoch haftungsrechtliche Konsequenzen nach sich ziehen (siehe hierzu § 4 G. I.6). Eine direkte Anwendung des DCGK auf andere Rechtsformen als die adressierte AG scheidet aus, vielmehr ist nur eine mittelbare Anwendbarkeit anzunehmen (siehe hierzu § 4 G. I.7).

1. Entwicklung des Corporate Governance Kodex

Im Vergleich zur internationalen Entwicklung im Bereich Corporate Governance, wurde die Entwicklung eines Kodex in Deutschland erst spät in Angriff genommen. Während ein Bericht der OECD aus 1999 bereits eine Liste mit vorher erarbeiteten Governance-Leitlinien verschiedener Länder und Einrichtungen enthielt,[419] begann die Entwicklung erster Leitlinien 2000 mit zwei Entwürfen privater Initiativen. Einer der Entwürfe wurde von der Grundsatzkommission Corporate Governance vorgelegt und umfasste die „Corporate Governance-Grundsätze („Code of Best Practice") für börsennotierte Gesellschaften" (sog. „Frankfurter Grundsätze").[420] Der andere Entwurf stammte vom Berliner Initiativkreis German Code of Corporate Governance.[421] Beide Entwürfe verfolgten unterschiedliche Ansätze. Während der Frankfurter Entwurf einen juristischen Ansatz verfolgte, war der Berliner Entwurf betriebswirtschaftlicher Natur.[422]

Die Resonanz auf die vorgestellten Entwürfe und die damit einhergehende Anregung zur Schaffung eines einheitlichen Kodex nach internationalem

---

418 Siehe zur Kodexreform https://www.dcgk.de/de/presse/deteilansicht/kodexreform-2022-nachhaltigkeit-gewinnt-an-bedeutung.html.

419 *Von Werder*, in Kremer u. a., Deutscher Corporate Governance Kodex, 8. Auflage 2021, 2. Teil Rn. 4.

420 Grundsatzkommission Corporate Governance, NZG 2000, 333; *Schneider/Strenger*, AG 2000, 106.

421 Berliner Initiativkreis German Code of Corporate Governance, DB 2000, 1573; *Peltzer/v. Werder*, AG 2001, 1; *Pohle/v. Werder*, DB 2001, 1101.

422 *Von Werder*, in Kremer u. a., Deutscher Corporate Governance Kodex, 8. Auflage 2021, 2. Teil Rn. 6.

Vorbild war weitgehend positiv.[423] Jedoch sollte ein einheitlicher Kodex in Deutschland geschaffen werden.[424] Im Jahr 2000 wurde vor diesem Hintergrund von der Bundesregierung die Regierungskommission Corporate Governance unter Leitung von Prof. Dr. Dres. h. c. Theodor Baums berufen, die die Ausarbeitung eines einheitlichen Kodex durch eine zu berufene Kommission empfohlen hat.[425] Darüber hinaus gab sie auch Anregungen und Empfehlungen für den Kodexinhalt ab, die in die Überlegungen miteinbezogen wurden.[426]

Der Empfehlung der von Baums geleiteten Kommission folgend, wählte das Bundesministerium für Justiz[427] insgesamt 13 Persönlichkeiten aus Wirtschaft, Wissenschaft und dem öffentlichen Leben aus, um als Kodexkommission ein einheitliches Regelwerk zu erarbeiten.[428] Die Besetzung der Kodexkommission hat sich über die Jahre immer wieder verändert. Aktuell umfasst sie 14 Mitglieder, der Vorsitzende der Kommission ist Prof. Dr. Rolf Nonnenmacher.[429] Befürchtungen, dass es bei der Ausarbeitung des Kodex an Transparenz oder Mitwirkungsmöglichkeiten mangele[430], haben die Kodexkommission 2012 dazu veranlasst, Kodexänderungen vor der Beschlussfassung auf der Kodexwebsite zu veröffentlichen und der breiten Öffentlichkeit damit auch die Möglichkeit zur Stellungnahme zu geben.[431]

Das Bundesministerium für Justiz und Verbraucherschutz[432] kann als Auftraggeber die Kommission auflösen, verkleinern und vergrößern. Auch die Kommissionsmitglieder können ihre Tätigkeit in der Kodexkommission beenden. Dabei ist es nicht vorgeschrieben, aber geboten, dass das entsprechende Mitglied dem Bundesministerium für Justiz und Verbraucherschutz frühzeitig Bescheid gibt, damit ein Nachfolger für den Zeitpunkt bestellt

423 *Von Werder*, in Kremer u. a., Deutscher Corporate Governance Kodex, 8. Auflage 2021, 2. Teil Rn. 7.

424 Vgl. *Hopt*, ZHR 2002, Beiheft 71, 29.

425 *Von Werder*, in Kremer u. a., Deutscher Corporate Governance Kodex, 8. Auflage 2021, 2. Teil Rn. 7.

426 *Von Werder*, in Kremer u. a., Deutscher Corporate Governance Kodex, 8. Auflage 2021, 2. Teil Rn. 7.

427 Seit 17. Dezember 2013 Bundesministerium für Justiz und Verbraucherschutz.

428 Für eine abschließende Aufzählung der ehemaligen Kommissionsmitglieder siehe https://www.dcgk.de/de/kommission/ehemalige-mitglieder.html.

429 Für eine abschließende Aufzählung der aktuellen Kommissionsmitglieder siehe https://www.dcgk.de/de/kommission/mitglieder.html.

430 Vgl. Beschluss des Bundesfachausschusses Wirtschafts-, Haushalts- und Finanzpolitik der CDU vom Oktober 2011: „Den Deutschen Corporate Governance Kodex verfassungsfest weiterentwickeln"; *Bernhardt*, BB 2008, 1686.

431 Siehe https://www.dcgk.de/de/.

432 Seit 8. Dezember 2021 Bundesministerium für Justiz.

werden kann, in dem das Mitglied ausscheidet.[433] Die Regierungskommission hat sich im Jahr 2014 eine Geschäftsordnung gegeben.[434] Danach ist eine regelmäßige Amtszeit von vier Jahren sowie die Möglichkeit von zwei Wiederbestellungen vorgesehen (Ziffer 1.1 Abs. 4 der Geschäftsordnung).

2. Regelungen des DCGK

a) Allgemeines

Allgemein unterteilen sich die Regelungen in Grundsätze, Empfehlungen und Anregungen. Die Empfehlungen beziehen sich jeweils auf die vorangestellten Grundsätze und konkretisieren die an die Normadressaten gestellten Anforderungen.

Abschnitt A. zeigt die verschiedenen Aufgaben der Organe einer AG auf. Zunächst wird die Geschäftsführungsaufgabe des Vorstands näher erläutert, daran schließt sich ein Überblick über die Überwachungsaufgabe des Aufsichtsrats an. Abschließend wird auf die Funktion der Hauptversammlung eingegangen. Abschnitt B. regelt die Besetzung des Vorstands durch den Aufsichtsrat. In Abschnitt C. wird die Zusammensetzung des Aufsichtsrats näher beleuchtet. Dabei werden die allgemeinen Anforderungen an den Aufsichtsrat näher konkretisiert. Auch die Unabhängigkeit der Aufsichtsratsmitglieder sowie der Wahlvorgang werden in den Grundsätzen des Kodex niedergelegt.

Weiterhin stellt Abschnitt D. die Arbeitsweise des Aufsichtsrats dar. Thematisiert werden in dem Abschnitt unter anderem die Geschäftsordnung des Aufsichtsrats, die Zusammenarbeit von Vorstand und Aufsichtsrat sowie die Zusammenarbeit mit dem Abschlussprüfer. Abschnitt E statuiert die Unabhängigkeit der Interessen von Vorstand und Aufsichtsrat von persönlichen Motiven und soll zur Vermeidung von Interessenkonflikten beitragen. Darüber hinaus regeln Abschnitt F. und G. die einzuhaltende Transparenz und externe Berichterstattung sowie die Vergütung von Vorstand und Aufsichtsrat.

b) Wesentliche Änderungen durch die Neuregelungen des DCGK 2020

Die Regierungskommission hat am 16. Dezember 2019 eine neue Fassung des Kodex beschlossen, deren Bekanntmachung am 20. März 2020 im Bundesanzeiger erfolgte. Durch die Neufassung hat sich insbesondere die Gliederung des Kodex verändert. Anders als zuvor erfolgt keine Orientierung an den einzelnen Organen mehr, sondern vielmehr eine Orientierung an den

---

433 *Von Werder*, in Kremer u. a., Deutscher Corporate Governance Kodex, 8. Auflage 2021, 2. Teil Rn. 25.

434 Siehe https://www.dcgk.de//files/dcgk/usercontent/de/download/geschaeftsordnung/2014-04-14_Geschaeftsordnung_RegKom.pdf.

jeweiligen Aufgaben. Dies soll die Klarheit und Verständlichkeit des Kodex verbessern.[435] Weiterhin wurde mit dem neuen Kodex neben den Empfehlungen und Anregungen die Kategorie „Grundsätze" eingeführt. Diese informieren Stakeholder über wesentliche rechtliche Vorgaben für verantwortungsvolle Unternehmensführung. Sie bilden die Grundlage für die abgeleiteten Empfehlungen und Anregungen.[436]

Außerdem soll die Anzahl der Aufsichtsratsmitglieder reduziert werden, die potenziell einem Interessenkonflikt unterliegen. Dafür wurden die Anforderungen an die Unabhängigkeit der Anteilseignervertreter im Aufsichtsrat konkretisiert, um sicherzustellen, dass die Überwachung des Vorstands am Unternehmensinteresse ausgerichtet wird.[437] Dies betrifft nur die Anteilseignervertreter, da diese von der Hauptversammlung gewählt werden und potenzielle Interessenkonflikte sich aus einer Nähe zum Vorstand oder Eigeninteresse (beispielsweise als Kunde oder Lieferant) ergeben können.[438]

Auch die Regelungen zur Vorstandsvergütung wurden erneuert und nunmehr in Ziel- und Maximalvergütung eingeteilt. Die Zielvergütung umfasst alle Vergütungselemente und entspricht dem Betrag, der dann ausgezahlt wird, wenn alle Ziele erreicht werden. Ergänzt wird dies durch die Maximalvergütung (sog. Cap).[439] Unter die Gesamtvergütung fallen fixe und variable Elemente, wobei die fixen Elemente insbesondere Festgehalt und Beiträge zur Altersvorsorge und die variablen Elemente vor allem Boni und andere leistungsabhängige Komponenten umfassen.[440]

Eine weitere Neuerung betrifft die Berichterstattung über Corporate Governance. Wo vorher noch Lagebericht nach § 289f HGB und Corporate Governance Bericht nach Ziff. 3.10 DCGK a. F. nebeneinander standen, regelt Grundsatz 22 (GS) nunmehr, dass in der Erklärung zur Unternehmensführung auch über die Corporate Governance der Gesellschaft berichtet werden soll. Dies soll zur Klarheit und Verständlichkeit der Berichterstattung zur Corporate Governance beitragen.[441] Die Regelungen zur Berichterstattung werden weiterhin auch um Transparaenzempfehlungen erweitert (siehe zum Beispiel GS 13).

---

435 Regierungskommission, Begründung vom 16. Dezember 2019, Seiten 2, 5 siehe https://www.dcgk.de//files/dcgk/usercontent/de/download/kodex/191216_Begruendung_DCGK.pdf (im Folgenden Regierungskommission, Begründung vom 16. Dezember 2019).

436 Regierungskommission, Begründung vom 16. Dezember 2019, Seite 2.

437 Regierungskommission, Begründung vom 16. Dezember 2019, Seite 2.

438 Regierungskommission, Begründung vom 16. Dezember 2019, Seite 2.

439 Regierungskommission, Begründung vom 16. Dezember 2019, Seite 3.

440 Regierungskommission, Begründung vom 16. Dezember 2019, Seite 3.

441 Regierungskommission, Begründung vom 16. Dezember 2019, Seite 4.

c) Kodexreform 2022

Die Kodexreform 2022 soll insbesondere die Neuerungen durch das FISG sowie Nachhaltigkeitsaspekte berücksichtigen. Bereits die Präambel wurde dergestalt geändert, dass hervorgehoben wird, dass Tätigkeiten des Unternehmens sich auf Mensch und Umwelt auswirken und dies entsprechend bei der Führung und Überwachung des Unternehmens Berücksichtigung finden sollte.[442] Außerdem wurde in Abschnitt A. Leitung und Überwachung unter A.1 eine neue Empfehlung integriert, die die mit Sozial- und Umweltfaktoren verbundenen Risiken und Chancen für Unternehmen aufgreift. Die Unternehmensstrategie soll danach künftig auch Auskunft darüber geben, wie wirtschaftliche, ökologische und soziale Ziele erreicht werden sollen. Dies soll auch Teil der Unternehmensplanung sein.[443] Außerdem wird in GS 4 festgehalten, dass ein an der Risikolage des Unternehmens ausgerichtetes CMS eingerichtet werden soll. GS 5, der bis dato die Compliance definiert und den Unternehmen ebenfalls auferlegt, soll hingegen entfallen. Hierbei wird empfohlen (A.3) auch nachhaltigkeitsbezogene Belange in das Risikomanagementsystem mit einzubeziehen. Außerdem soll auch der Lagebericht die wesentlichen Merkmale des internen Kontroll- und Risikomanagementsystems auflisten (A.5). Daran angepasst werden auch die Aufgaben des Aufsichtsrats erweitert, da auch dieser die ökologische und soziale Nachhaltigkeit des Unternehmens fortan überwachen soll (GS. 6). Dadurch ändert sich in C.1 auch sein Anforderungsprofil, da er künftig Expertise in für das Unternehmen bedeutsamen Nachhaltigkeitsfragen aufweisen soll.

Weiterhin legt GS. 9 fest, dass es eine verpflichtende Mindestbeteiligung der Geschlechter und auch Zielgrößen bei nicht börsennotierten oder nicht der paritätischen Mitbestimmung unterliegenden Unternehmen geben soll. Hinsichtlich des Prüfungsausschusses regelt D.10, dass die Risikoeinschätzung, die Prüfungsstrategie und Prüfungsplanung sowie die Prüfungsergebnisse mit dem Abschlussprüfer diskutiert werden sollen. Der Vorsitzende soll sich dabei regelmäßig mit Finanzvorstand und Abschlussprüfer über den Fortgang dieser Prüfungen austauschen und dem Ausschuss berichten. Auch hier werden in Bezug auf die Kenntnisse des Vorsitzenden des Prüfungsausschusses in D. 3 die Nachhaltigkeitskriterien berücksichtigt. Dabei sollen gem. D.6 Abschlussprüfer und Prüfungsausschuss auch ohne den Vorstand tagen.

3. Rechtsnatur des Kodex

Da die Vorschriften des Deutschen Corporate Governance Kodex kein parlamentarisches Gesetzgebungsverfahren durchlaufen haben, sind sie keine

442 DCGK in der Fassung vom 28. April 2022, S. 2.
443 DCGK in der Fassung vom 28. April 2022, S. 3.

Rechtsnormen im Sinne von (i. S. v.) § 2 des Einführungsgesetzes zum Bürgerlichen Gesetzbuche (EGBGB).[444] Sie haben so weder unmittelbare noch mittelbare Gesetzeskraft und stellen auch keine Handelsbräuche i. S. v. § 346 HGB dar.[445] Der Regelungsgehalt und Zweck der Grundsätze zeigen, dass der Kodex keine normative Geltung gegenüber den Normadressaten entfaltet. Die Grundsätze enthalten lediglich rechtliche Vorgaben für eine verantwortungsvolle Unternehmensführung und haben Informationscharakter, bezwecken jedoch gerade keine verbindliche staatliche Durchsetzung.[446] Dies gilt umso mehr, da es sich beim Kodex nach dem gesetzgeberischen Willen nur um „unverbindliche Verhaltensempfehlungen" handelt.[447] Dies schließt jedoch eine Rechtswirkung für die Organe der Gesellschaft nicht aus.[448] Die Bestimmungen des Kodex stellen Verhaltensanforderungen an die Organe. Sie sind als „Sollbestimmungen"[449] ausgestaltet und seitens des Kapitalmarkts wird eine Durchsetzung ebendieser Anforderungen erwartet.[450]

Inhaltlich können die Bestimmungen des Kodex in drei Kategorien eingeteilt werden. Zunächst enthält der Kodex Darstellungen des geltenden Rechts. Die deskriptive Darstellung rechtlicher Vorgaben für Aktiengesellschaften soll insbesondere das Informationsbedürfnis ausländischer Investoren stillen.[451] Die Aufteilung der Geschäftsleitung und -überwachung auf zwei Gremien stellt im internationalen Vergleich eine Besonderheit dar. So verfügt beispielsweise die britische Public Limited Company lediglich über zwei Direktoren, die mit der gesamten Geschäftsleitung befasst sind, sowie den Anteilseignern und mindestens einem Company Secretary, der sicherstellt, dass gesetzliche und behördliche Anforderungen eingehalten werden und die Geschäftsführer über ihre rechtlichen Pflichten und Verantwortlichkeiten informiert sind. Das in Deutschland vorherrschende dualistische Führungssystem sieht ein von der Geschäftsleitung getrenntes Überwachungsorgan vor.[452] Im

---

444 *Lüneborg*, in Hölters/Weber, AktG, 5. Aufl. 2025, § 161 Rn. 3; *Bachmann*, in Kremer u. a., DCGK, 8. Auflage 2021, 2. Teil, Rn. 80; *Goette*, in MüKo/AktG, 4. Aufl. 2018, § 161 Rn. 22.

445 OLG Zweibrücken NZG 2011, 433, 435; OLG Schleswig NZG 2004, 669; AG Duisburg, NZI 2008, 621, 622; *Goette*, in MüKo/AktG, 4. Aufl. 2018, § 161 Rn. 22 ff.; *Koch*, in Koch, AktG, 16. Aufl. 2022, § 161 Rn. 3.

446 Präambel des DCGK in der Fassung vom 28. April 2022; *Brugger*, NZG 2020, 281, 282.

447 BegrRegE BT-Drs. 14/8769, 21.

448 *Brugger*, NZG 2020, 281, 282.

449 *Koch*, in Koch, AktG, 16. Aufl. 2022, § 161 Rn. 3.

450 *Koch*, in Koch, AktG, 16. Aufl. 2022, § 161 Rn. 3; *Goette*, in MüKo/AktG, 4. Aufl. 2018, § 161 Rn. 23.

451 Umschreibung des Corporate Governance Kodex der Regierungskommission Corporate Governance; *Goette*, in MüKo/AktG, 4. Aufl. 2018, § 161 Rn. 23; *Vetter*, in Henssler/Strohn, GesR, 6. Aufl. 2024, § 161 AktG Rn. 4.

452 *Eberspächer*, BeckOGK/AktG, Stand 01.02.2024, Art. 38 SE-VO Rn. 3.

Vergleich dazu übernimmt in einem monistischen System, was insbesondere in Ländern, die vom Common Law geprägt sind, sowie beispielsweise auch Belgien, Schweden und Luxemburg, Anwendung findet, die Geschäftsführung auch die Überwachungsaufgaben, sodass sich dort die Unternehmensführung bei einem Organ konzentriert.[453]

Weiterhin beinhaltet der Kodex Empfehlungen, welche durch das Wort „soll" gekennzeichnet sind. Mithilfe dieser Empfehlungen sollen Standards eingeführt werden, deren Ausführung auch ohne eine entsprechende gesetzliche Ausgestaltung zur Optimierung der Leitungs- und Überwachungsaufgabe beitragen sollen.[454] Außerdem enthält der Kodex Anregungen, die zwar Einfluss auf die Weiterentwicklung der Unternehmensführung nehmen sollen, aber noch nicht derart gefestigt sind in Hinblick auf Führungs- und Überwachungsgrundsätze, dass man sie als Empfehlungen formulieren könnte.[455]

4. Adressatenkreis

Der deutsche Corporate Governance Kodex richtet sich gemäß seiner Präambel an börsennotierte Gesellschaften und Gesellschaften mit Kapitalmarktzugang. Erfasst sind demnach Gesellschaften im Sinne des AktG, die nach § 3 Abs. 2 AktG verfasst sind. Dies gilt gem. § 161 Abs. 1 S. 1 AktG für börsennotierte Gesellschaften i. S. v. § 3 Abs. 2 AktG. Darunter fallen weder Gesellschaften, deren Aktien lediglich im Freiverkehr gehandelt werden[456], noch ausländische Gesellschaften mit inländischer Börsennotierung.[457] Jedoch gilt § 161 AktG über § 278 Abs. 3 AktG und Art. 9 Abs. 1 lit. c ii) SE-VO auch für die KGaA[458] und die SE[459].

5. Entsprechenserklärung § 161 Abs. 1 S. 1 AktG

Gem. § 161 AktG haben Vorstand und Aufsichtsrat kapitalmarktorientierter Unternehmen die Pflicht jährlich eine sog. Entsprechenserklärung ab-

---

453 *Eberspächer*, BeckOGK/AktG, Stand 01.02.2024, Art. 38 SE-VO Rn. 4.

454 Umschreibung des Corporate Governance Kodex der Regierungskommission Corporate Governance, *Goette*, in MüKo/AktG, 4. Aufl. 2018, § 161 Rn. 23; *Vetter*, in Henssler/Strohn, GesR, 6. Aufl. 2024, § 161 AktG Rn. 3.

455 Umschreibung des Corporate Governance Kodex der Regierungskommission Corporate Governance, *Goette*, in MüKo/AktG, 4. Aufl. 2018, § 161 Rn. 23; *Vetter*, in Henssler/Strohn, GesR, 6. Aufl. 2024, § 161 AktG Rn. 3.

456 *Bayer/Scholz*, in BeckOGK/AktG, 01.02.2024, § 161 Rn. 52; *Goette*, in MüKo/AktG, 4. Aufl. 2018, § 161 Rn. 61; *Koch*, in Koch, AktG, 16. Aufl. 2022, § 161 Rn. 6a.

457 *Koch*, in Koch, AktG, 16. Aufl. 2022, § 161 Rn. 6a.

458 *Leyens*, in Hirte/Mülbert/Roth, 5. Aufl. 2018, § 161 Rn. 126; *Spindler*, in K. Schmidt/Lutter, AktG, 5. Aufl. 2024, § 161 Rn. 17.

459 BGH NZG 2012, 1064; *Lutter*, in KK-AktG, 3. Aufl. 2010, § 161 Rn. 32; *Spindler*, in K. Schmidt/Lutter, AktG, 5. Aufl. 2024, § 161 Rn. 17.

zugeben. Darin müssen die betroffenen Unternehmen erklären, inwieweit den im DCGK enthaltenen Empfehlungen entsprochen wurde und zukünftig entsprochen werden soll. Eine Nichtbeachtung von Empfehlungen ist zu begründen (sog. „comply or explain“). Die Erklärung ist anschließend auf der Internetseite der Gesellschaft zu veröffentlichen.

Der Zweck der Entsprechenserklärung ist die Information der Aktionäre und des Kapitalmarkts über die Bemühungen der Gesellschaft hinsichtlich deren Corporate Governance.[460] Durch die Verpflichtung zur Begründung von Abweichung vom DCGK, werden die Unternehmen zur Reflexion der Unternehmensführung und -verfassung und zur Auseinandersetzung mit dem DCGK gezwungen.[461] Dies führt weiterhin zu größerer Transparenz für Anleger hinsichtlich der Entscheidung der Organe der Gesellschaft.[462]

a) Zuständigkeit des Vorstands und des Aufsichtsrats

Die Erklärungspflicht trifft nach § 161 Abs. 1 S. 1 AktG Vorstand und Aufsichtsrat. Auch wenn sich einzelne Kodexempfehlungen an die Organmitglieder oder die Hauptversammlung richten, sind diese nicht für die Abgabe der Entsprechenserklärung zuständig.[463] Dabei ist nicht festgelegt, ob Aufsichtsrat und Vorstand eine einheitliche[464] oder separate Erklärung[465] abgeben müssen. Der BGH hat diese Frage bis dato offengelassen.[466] Zwar lässt sich § 161 Abs. 1 S. 1 AktG nicht entnehmen, dass eine einheitliche Erklärung abgegeben werden müsse, jedoch legt der Wortlaut diese Annahme zumindest nahe: „Die Erklärung ist…“.[467] Ähnlich verhält es sich mit der amtlichen Überschrift („Erklärung zum Corporate Governance Kodex“) und den

460 *Bayer/Scholz*, in BeckOGK/AktG, Stand 01.02.2024, § 161 Rn. 4; *Leyens*, ZEuP 2016, 388, 396.

461 *Bayer/Scholz*, in BeckOGK/AktG, Stand 01.02.2024, § 161 Rn. 4; *Spindler*, in K. Schmidt/Lutter, AktG, 5. Aufl. 2024, § 161 Rn. 1; *Goette*, in MüKo/AktG, 4. Aufl. 2018, § 161 Rn. 1.

462 *Goette*, in MüKo/AktG, 4. Aufl. 2018, § 161 Rn. 1.

463 *Bayer/Scholz*, in BeckOGK/AktG, Stand 01.02.2024, § 161 Rn. 4; *Spindler*, in K. Schmidt/Lutter, AktG, 5. Aufl. 2024, § 161 Rn. 18.

464 Für eine einheitliche Erklärung: *Bayer/Scholz*, in BeckOGK/AktG, Stand 01.02.2024, § 161 Rn. 56; *Goette*, in MüKo/AktG, 4. Aufl. 2018, § 161 Rn. 47, 57, 70; *Koch*, in Koch, AktG, 16. Aufl. 2022, § 161 Rn. 10; *Leyens*, in Hirte/Mülbert/Roth GK/AktG, 5. Aufl. 2018, § 161 Rn. 297; *Nowak/Rott/Mahr*, ZGR 2005, 252, 255; *Seibt*, AG 2002, 249, 253; vgl. auch BegrRegE TransPuG, BT-Drs. 14/8769, 21.

465 Für eine separate Erklärung: *Lüneborg*, in Hölters/Weber, AktG, 5. Aufl. 2025, § 161 Rn. 20; *Spindler*, in K. Schmidt/Lutter, AktG, 5. Aufl. 2024, § 161 Rn. 23; *Vetter*, in Henssler/Strohn, GesR, 6. Aufl. 2024, § 161 AktG Rn. 15; *Krieger*, FS Ulmer, 2003, 367, 369.

466 BGH NZG 2009, 342 – Kirch/Deutsche Bank.

467 Vgl. auch *Bayer/Scholz*, in BeckOGK/AktG, Stand 01.02.2024, § 161 Rn. 57.

handelsrechtlichen Regelungen, die sich mit dem Kodex befassen (§§ 285 Nr. 16, 289f Abs. 2 Nr. 1, 314 Abs. 1 Nr. 8, 325 Abs. 1 S. 1 Nr. 2 HGB).[468] Die Annahme einer einheitlichen Erklärung scheint insofern sinnvoll, als dass mit zwei verschiedenen Erklärungen eine verständliche Information des Kapitalmarktes, wie sie eigentlich mit der Entsprechenserklärung bezweckt ist, nicht möglich wäre.[469]

b) Beschlussfassung

Um zu einer einheitlichen Erklärung zu gelangen, sind zwei voneinander unabhängige Beschlüsse von Vorstand und Aufsichtsrat notwendig, welche anschließend in der einheitlichen Erklärung zusammengeführt werden.[470] Grundsätzlich gelten für den Beschluss des Vorstands in Bezug auf die Entsprechenserklärung die allgemeinen Regeln, wobei § 161 AktG die Pflicht zur Abgabe der Entsprechenserklärung dem Vorstand als Gesamtvorstand zuweist und mithin eine Entscheidung des Kollegialorgans erforderlich macht.[471] Gem. § 77 Abs. 1 S. 1 AktG muss dieser grundsätzlich einstimmig ergehen, sofern sich aus der Satzung der Gesellschaft oder der Geschäftsordnung des Vorstands nichts anderes ergibt. Ein Mehrheitsbeschluss kann dabei nur in Hinblick auf solche Empfehlungen ergehen, die sich an den Vorstand als Organ richten.[472]

Wenn hingegen die Organmitglieder als persönliche Adressaten einer Empfehlung angesprochen werden, müssen alle Mitglieder der positiven Entsprechenserklärung zustimmen, da den Vorstandsmitgliedern keine individuellen Pflichten auferlegt werden können.[473] Erforderlich ist hierzu ein einstimmiger Beschluss mit konkludenter Zustimmung der jeweiligen einzelnen Mitglieder des Vorstands.[474] Wurde die Zustimmungserklärung der einzelnen Organmitglieder im Vorfeld bereits eingeholt und nimmt der Beschluss Bezug auf Empfehlungen, die an den Vorstand als Organ gerichtet

---

468 Vgl. auch *Bayer/Scholz*, in BeckOGK/AktG, Stand 01.02.2024, § 161 Rn. 57.

469 *Leyens*, in Hirte/Mülbert/Roth GK/AktG, 5. Aufl. 2018, § 161 Rn. 297; *Bayer/Scholz*, in BeckOGK/AktG, Stand 01.02.2024, § 161 Rn. 57.

470 *Goette*, in MüKo/AktG, 4. Aufl. 2018, § 161 Rn. 62; *Koch*, in Koch, AktG, 16. Aufl. 2022, § 161 Rn. 11; *Marsch-Barner*, in Marsch-Barner/Schäfer Börsennotierte AG-HdB, 6. Aufl. 2026, Rn. 2.75; *Spindler*, in K. Schmidt/Lutter, AktG, 5. Aufl. 2024, § 161 Rn. 19; *Vetter*, in Henssler/Strohn, GesR, 6. Aufl. 2024, § 161 AktG Rn. 15.

471 *Hoffmann-Becking*, in MHdB GesR Band IV, 5. Aufl. 2020, § 29 Rn. 62; *Koch*, in Koch, AktG, 16. Aufl. 2022, § 161 Rn. 12; *Vetter*, in Henssler/Strohn, GesR, 6. Aufl. 2024, § 161 AktG Rn. 15; *Krieger*, FS Ulmer, 2003, 365, 376.

472 *Bayer/Scholz*, in BeckOGK/AktG, Stand 01.02.2024, § 161 Rn. 64.

473 *Spindler*, in K. Schmidt/Lutter, AktG, 5. Aufl. 2024, § 161 Rn. 24; *Marsch-Barner*, in Marsch-Barner/Schäfer Börsennotierte AG-HdB, 6. Aufl. 2025, Rn. 2.75.

474 *Grigoleit/Zellner*, in Grigoleit, AktG, 2. Aufl. 2020, § 161 Rn. 16.

sind, ist auch ein Mehrheitsbeschluss möglich.[475] Die Beschlussfassung des Aufsichtsrats unterscheidet sich nur marginal von der des Vorstands. Die Entscheidung über die Entsprechenserklärung ist nicht auf einen Ausschuss delegierbar.[476]

Gem. § 108 Abs. 1 AktG entscheidet der Aufsichtsrat grundsätzlich mit einfacher Mehrheit. Für eine Positiverklärung bedarf es jedoch der Zustimmung einzelner Aufsichtsratsmitglieder, wenn sich die Kodexempfehlungen an diese persönlich richten.[477] Nach Beschlussfassung soll eine einheitliche Entsprechenserklärung abgegeben werden (siehe dazu § 4 G. I.5.a)§ 4 G. I.5). Deshalb bedarf es einer Zusammenführung der einzelnen Organbeschlüsse, wobei kein Einigungszwang besteht.[478] Entstehen dadurch Abweichungen eines der Organe von den Kodexempfehlungen, müssen diese erklärt werden.[479]

c) *Inhalt der Entsprechenserklärung*

Vorstand und Aufsichtsrat müssen sich gem. § 161 Abs. 1 S. 1 AktG uneingeschränkt zum vergangenheitsbezogenen Teil der Entsprechenserklärung äußern. Diese Erklärung basiert auf dem eigenen Wissen der Organe, weshalb diese sich vergewissern müssen, dass die Empfehlungen auch eingehalten wurden.[480] Richtet sich die jeweilige Empfehlung an ein anderes Organ, ist entsprechend Auskunft über die Einhaltung der Empfehlung einzuholen.[481]

Dabei hat das betroffene Organ die Pflicht, eine wahrheitsgemäße Aussage zu treffen. Dies ergibt sich bereits aus der organschaftlichen Treuepflicht.[482] Sofern keine Anhaltspunkte bestehen, die ein anderes befürchten lassen, darf sich grundsätzlich auf die Auskunft des jeweiligen Organs verlassen werden.[483] Das gilt auch in Bezug darauf, dass entsprechende Auskünfte

475 *Bayer/Scholz*, in BeckOGK/AktG, Stand 01.02.2024, § 161 Rn. 65.

476 *Goette*, in MüKo/AktG, 4. Aufl. 2018, § 161 Rn. 67; *Habersack*, in MüKo/AktG, 4. Aufl. 2018, § 107 Rn. 148; *Koch*, in Koch, AktG, 16. Aufl. 2022, § 161 Rn. 13; *Spindler*, in K. Schmidt/Lutter, AktG, 5. Aufl. 2024, § 161 Rn. 26.

477 *Bayer/Scholz*, in BeckOGK/AktG, Stand 01.02.2024, § 161 Rn. 70.

478 *Goette*, in MüKo/AktG, 4. Aufl. 2018, § 161 Rn. 47; *Grigoleit/Zellner*, in Grigoleit, AktG, 2. Aufl. 2020, § 161 Rn. 15.

479 *Goette*, in MüKo/AktG, 4. Aufl. 2018, § 161 Rn. 47 *Grigoleit/Zellner*, in Grigoleit, AktG, 2. Aufl. 2020, § 161 Rn. 15.

480 *Koch*, in Koch, AktG, 16. Aufl. 2022, § 161 Rn. 10; *Leyens*, in Hirte/Mülbert/Roth, GK/AktG, 5. Aufl. 2018, § 161 Rn. 177; *Krieger*, FS Ulmer, 2003, 365, 371 f.

481 *Goette*, in MüKo/AktG, 4. Aufl. 2018, § 161 Rn. 40, 58, 64; *Krieger*, FS Ulmer, 2003, 365, 371.

482 *Hölters*, in Hölters/Weber, AktG, 5. Aufl. 2025, § 161 Rn. 22; *Koch*, in Koch, AktG, 16. Aufl. 2022, § 161 Rn. 14; *Goette*, in MüKo/AktG, 4. Aufl. 2018, § 161 Rn. 40.

483 *Koch*, in Koch, AktG, 16. Aufl. 2022, § 161 Rn. 14; *Spindler*, in K. Schmidt/Lutter, AktG, 5. Aufl. 2024, § 161 Rn. 28.

eingeholt wurden.[484] Eine Auskunft muss indessen nicht eingeholt werden, sofern es sich um Empfehlungen handelt, die beide Organe betreffen – sei es, weil deren Umsetzung eine Zusammenarbeit des Vorstands und Aufsichtsrats erfordert oder aber bei Empfehlungen, von deren Umsetzung eine Kenntnis des anderen Organs vorausgesetzt wird (beispielsweise Vergütung des Vorstands).[485]

Etwas anderes gilt für die zukunftsgerichtete Absichtserklärung, die im Rahmen der Entsprechenserklärung ebenfalls abgegeben werden muss. Hier entsteht ein Konflikt zwischen der Kompetenzordnung innerhalb einer AG sowie der Unabhängigkeit der Organe. Die Absichtserklärung umfasst gerade nicht die Überprüfung in der Vergangenheit liegender Sachverhalte[486], sondern soll Auskunft über künftiges Organverhalten geben.

Trifft in diesem Zusammenhang eine Kodexempfehlung nur auf eines der Organe zu, kann das andere hier keine Aussage treffen. Eine abweichende Erklärung des anderen, nicht von der Empfehlung betroffenen Organs, kann indes zu einer Verpflichtung zur Abgabe einer Negativerklärung führen, die wiederum die künftig geplante Corporate Governance des Unternehmens lediglich verzerrt darstellen würde.[487] Aus diesem Grund sind die Beschlussgegenstände auf Empfehlungen beschränkt, die von der Kompetenz des Organs umfasst sind, welches den Beschluss treffen soll.[488]

Das andere Organ trifft sodann nur eine Kontrollpflicht hinsichtlich der Richtigkeit der abgegebenen Absichtserklärung; ein eigener Beschluss über das künftige Verhalten des anderen Organs ist indes ausgeschlossen.[489] Mithin bedarf es keiner Wissenserklärung der Organe über die Absichten des jeweils anderen Organs.[490] Im Ergebnis muss die Beschlussfassung des jeweiligen Organs einerseits die Empfehlungen umfassen, die sich unmittelbar an das Organ richten sowie diejenigen, für deren Umsetzung das Organ zuständig ist. Mithin sind Empfehlungen, die an Vorstand und Aufsichtsrat adressiert sind, Gegenstand der Beschlüsse beider Organe.[491]

---

484 *Bayer/Scholz*, in BeckOGK/AktG, Stand 01.02.2024, § 161 Rn. 59.
485 *Goette*, in MüKo/AktG, 4. Aufl. 2018, § 161 Rn. 40.
486 *Bayer/Scholz*, in BeckOGK/AktG, Stand 01.02.2024, § 161 Rn. 60.
487 *Bayer/Scholz*, in BeckOGK/AktG, Stand 01.02.2024, § 161 Rn. 60.
488 *Koch*, in Koch, AktG, 16. Aufl. 2022, § 161 Rn. 20; *Spindler*, in K. Schmidt/Lutter, AktG, 5. Aufl. 2024, § 161 Rn. 20.
489 *Bayer/Scholz*, in BeckOGK/AktG, Stand 01.02.2024, § 161 Rn. 60; hierzu auch BGH NZG 2009, 342 – Kirch/Deutsche Bank, wo die Verantwortlichkeit nicht nur an die Kenntnis der Unrichtigkeit der Erklärung, sondern daran angeknüpft wird, dass die Organmitglieder nicht dafür Sorge getragen haben, dass eine richtige Erklärung abgegeben wird.
490 *Bayer/Scholz*, in BeckOGK/AktG, Stand 01.02.2024, § 161 Rn. 60.
491 *Spindler*, in K. Schmidt/Lutter, AktG, 5. Aufl. 2024, § 161 Rn. 20.

d) Bindungswirkung der Entsprechenserklärung

Beiden Erklärungen ist die Pflicht zur wahrheitsgemäßen Erklärung gemein.[492] Dies ist insbesondere dem Zweck des § 161 AktG zu entnehmen, der einerseits dazu führen soll, dass Vorstand und Aufsichtsrat zur kritischen Selbstreflexion angehalten sind und andererseits eine Informationsfunktion für den Kapitalmarkt beinhaltet (siehe hierzu auch § 4 G. I.5).

Die Entsprechenserklärung hat grundsätzlich keine Bindungswirkung.[493] Sonst läge in jeder Abweichung von den Kodexempfehlungen, deren Einhaltung man für den kommenden Zeitraum erklärt hat, eine schadensersatzbewährte Sorgfaltspflichtverletzung.[494] Dennoch ist die Absichtserklärung nicht gänzlich unverbindlich; treten Änderungen ein, sind die entsprechenden Abweichungen in einer aktualisierten Erklärung darzulegen (siehe hierzu § 4 G. I.5.h).[495] Deshalb stellt sich insbesondere die Frage, inwiefern Aufsichtsrat und Vorstand an den zukunftsgerichteten Teil ihrer Entsprechenserklärung gebunden sind. Grundsätzlich steht es den Organmitgliedern nach § 161 AktG frei, den Empfehlungen nachzukommen oder von ihnen abzuweichen. Die Entscheidung über die zukünftige Befolgung der im DCGK niedergelegten Empfehlungen ist eine unternehmerische Entscheidung i. S. v. § 93 Abs. 1 S. 2 AktG und geht somit mit dem Ermessen der Organmitglieder einher.[496] Mithin haben die Organmitglieder die Pflicht, auf Grundlage angemessener Informationen eine Entscheidung hinsichtlich der Empfehlungen des DCGK zu treffen und bei Abweichungen vom DCGK ebendiese zu erklären.[497] Sind die Organmitglieder aus anderen Gründen zur Einhaltung von Kodexempfehlungen verpflichtet, kann eine Pflicht zur Abgabe einer Positiverklärung abgeleitet werden. Eine pauschale Verpflichtung würde indes gegen § 23 Abs. 5 AktG verstoßen und ist unzulässig.[498] Es ist jedoch möglich, einzelne Empfehlungen durch Verweis in die Satzung der

---

492 *Leyens*, in Hirte/Mülbert/Roth GK/AktG, 5. Aufl. 2018, § 161 Rn. 307; *Bayer/Scholz*, in BeckOGK/AktG, Stand 01.02.2024, § 161 Rn. 73.

493 *Bayer/Scholz*, in BeckOGK/AktG, Stand 01.02.2024, § 161 Rn. 114.

494 *Bayer/Scholz*, in BeckOGK/AktG, Stand 01.02.2024, § 161 Rn. 114.

495 Dies entspricht im Übrigen auch der Rechtsprechung des BGH; der II. Zivilsenat stützt einen Gesetzesverstoß auf eine unterlassene Aktualisierung der Entsprechenserklärung und nicht die Abweichung selbst, BGH NZG 2009, 342 – Kirch/Deutsche Bank; BGH NZG 2009, 1270 – Umschreibungsstopp.

496 *Goette*, in MüKo/AktG, 4. Aufl. 2018, § 161 Rn. 39 *Koch*, in Koch, AktG, 16. Aufl. 2022, § 161 Rn. 21.

497 *Grigoleit/Zellner*, in Grigoleit, AktG, 2. Aufl. 2020, § 161 Rn. 17; *Krieger*, FS Ulmer, 2003, 365, 380.

498 *Spindler*, in K. Schmidt/Lutter, AktG, 5. Aufl. 2024, § 161 Rn. 48; *Leyens*, in Hirte/Mülbert/Roth GK/AktG, 5. Aufl. 2018, § 161 Rn. 266.

Gesellschaft aufzunehmen. im Einzelfall ist jedoch deren Vereinbarkeit mit § 23 Abs. 5 AktG zu überprüfen.[499]

e) *Bezugszeitraum*

Ein Bezugszeitraum wird durch § 161 Abs. 1 S. 1 AktG nicht konkret festgelegt. Dennoch ist stets – insbesondere vor dem Hintergrund der transparenten Information des Kapitalmarktes – eine lückenlose Berichterstattung vorauszusetzen und damit auch eine regelmäßige Befassung der Gesellschaftsorgane mit der eigenen Corporate Governance.[500]

Bezogen auf den vergangenheitsbezogenen Teil der Entsprechenserklärung bedeutet dies, dass diese sich entsprechend auf den Zeitraum seit Abgabe der vorherigen Entsprechenserklärung beziehen muss.[501] Bei einer (zulässigen) unterjährigen Aktualisierung der Erklärung wird keine neue vollständige Entsprechenserklärung abgegeben, sodass auch hier der Bezugspunkt stets die letzte vollständige Entsprechenserklärung ist.[502] Spiegelbildlich hierzu gilt für die zukunftsgerichtete Absichtserklärung, dass diese sich auf die Zeit bis zur Abgabe der nächsten vollständigen Entsprechenserklärung zu beziehen hat.[503]

f) *Begründungspflicht bei Nichtbeachtung*

Wenn einer oder mehreren Empfehlungen des DCGK nicht entsprochen wurde, muss die Gesellschaft sich hierzu gem. § 161 Abs. 1 S. 1 AktG erklären. Dies trägt dazu bei, dass der ratio legis – nämlich einer kritischen Auseinandersetzung mit den Regelungen des Kodex und der unternehmenseigenen Corporate Governance – entsprochen wird.[504] Bei der Begründung der jeweiligen Abweichungen ist auf die unternehmensspezifische Lage sowie der nicht entsprochenen Regelung Bezug zu nehmen. Eine bloß abstrakte Darstellung allgemeiner Vorbehalte gegen den Kodex reicht nicht aus.[505]

---

499 *Spindler*, in K. Schmidt/Lutter, AktG, 5. Aufl. 2024, § 161 Rn. 48; *Leyens*, in Hirte/Mülbert/Roth, GK/AktG, 5. Aufl. 2018, § 161 Rn. 265; *Krieger*, FS Ulmer, 2003, 365, 378.

500 *Goette*, in MüKo/AktG, 4. Aufl. 2018, § 161 Rn. 44; *Leyens*, in Hirte/Mülbert/Roth, GK/AktG, 5. Aufl. 2018, § 161 Rn. 369; *Bayer/Scholz*, in BeckOGK/AktG, Stand: 01.02.2024, § 161 Rn. 85.

501 *Spindler*, in K. Schmidt/Lutter, AktG, 5. Aufl. 2024, § 161 Rn. 41; *Marsch-Barner*, in Marsch-Barner/Schäfer Börsennotierte AG-HdB, 6. Aufl. 2025, Rn. 2.72; *Bayer/Scholz*, in BeckOGK/AktG, Stand 01.02.2024, § 161 Rn. 86.

502 *Bayer/Scholz*, in BeckOGK/AktG, Stand 01.02.2024, § 161 Rn. 86.

503 *Goette*, in MüKo/AktG, 4. Aufl. 2018, § 161 Rn. 44; *Leyens*, in Hirte/Mülbert/Roth, GK/AktG, 5. Aufl. 2018, § 161 Rn. 372; *Spindler*, in K. Schmidt/Lutter, AktG, 5. Aufl. 2024, § 161 Rn. 41.

504 *Bayer/Scholz*, in BeckOGK/AktG, Stand 01.02.2024, § 161 Rn. 89.

505 *Bayer/Scholz*, in BeckOGK/AktG, Stand 01.02.2024, § 161 Rn. 89.

Dies gilt ebenso für eine Ablehnung des Kodex in Gänze.[506] Dabei ist es indes möglich, dass sich Begründungen hinsichtlich unterschiedlicher Empfehlungen und Abweichungen von denselben inhaltlich überschneiden.[507]

g) Abgabezeitpunkt und Form

Ein Stichtag zur Abgabe der Entsprechenserklärung ist durch § 161 AktG nicht vorgesehen. Erklärt wird lediglich, dass die Erklärung jährlich zu erfolgen hat. Zwar könnte angenommen werden, dass im Gleichlauf zu den §§ 285 Nr. 16, 314 Abs. 1 Nr. 8, 325 Abs. 1 S. 3, 289f Abs. 2 Nr. 1 HGB sich die Formulierung „jährlich" auf ein Geschäftsjahr bezieht. Dem kann jedoch entgegengehalten werden, dass die Regelungen zeitgleich eingeführt wurden und mithin der fehlende Bezug zu einem Geschäftsjahr in § 161 AktG als bewusste Entscheidung des Gesetzgebers gewertet werden muss.[508] Es spricht indes nichts dagegen, die Abgabe der Entsprechenserklärung mit dem Abschluss eines Geschäftsjahres zu verbinden.[509] Die Entscheidung hierzu obliegt Vorstand und Aufsichtsrat.[510] Da ein fester Zeitpunkt nicht vorgegeben ist, kann sich hier an den Überlegungen des BGH orientiert werden, wonach die Erklärung im selben Monat des nächsten Jahres abzugeben ist.[511] Somit löst auch eine erstmalige Erklärung nicht aus, dass das Unternehmen anschließend auf einen Tag zur Veröffentlichung festgelegt ist.[512] Hinsichtlich der Form existieren ebenfalls keine Vorgaben in § 161 AktG. Aus Dokumentationsgründen sollte indes eine schriftliche sowie unterzeichnete Version veröffentlicht werden.[513]

h) Aktualisierungspflicht

Wird die Entsprechenserklärung unterjährig unrichtig oder ist sie dies von vorneherein, verlangen sowohl der BGH als auch die herrschende Meinung

---

506 *Bayer/Scholz*, in BeckOGK/AktG, Stand 01.02.2024, § 161 Rn. 89.

507 *Leyens*, in Hirte/Mülbert/Roth, GK/AktG, 5. Aufl. 2018, § 161 Rn. 340.

508 *Bayer/Scholz*, in BeckOGK/AktG, Stand 01.02.2024, § 161 Rn. 101.

509 *Spindler*, in K. Schmidt/Lutter, AktG, 5. Aufl. 2024, § 161 Rn. 39; *Marsch-Barner*, in Marsch-Barner/Schäfer Börsennotierte AG-HdB, 6. Aufl. 2025, Rn. 2.73; *Koch*, in Koch, AktG, 16. Aufl. 2022, § 161 Rn. 15.

510 *Spindler*, in K. Schmidt/Lutter, AktG, 5. Aufl. 2024, § 161 Rn. 39; *Marsch-Barner*, in Marsch-Barner/Schäfer Börsennotierte AG-HdB, 6. Aufl. 2025, Rn. 2.73; *Koch*, in Koch, AktG, 16. Aufl. 2022, § 161 Rn. 15.

511 Vgl. BGH NZG 2010, 618 Rn. 9; siehe dazu auch *Spindler*, in K. Schmidt/Lutter, AktG, 5. Aufl. 2024, § 161 Rn. 39; *Goette*, in MüKo/AktG, 4. Aufl. 2018, § 161 Rn. 73.

512 *Bayer/Scholz*, in BeckOGK/AktG, Stand 01.02.2024, § 161 Rn. 101.

513 *Goette*, in MüKo/AktG, 4. Aufl. 2018, § 161 Rn. 75; *Koch*, in Koch, AktG, 16. Aufl. 2022, § 161 Rn. 22.

(h. M.), dass die Erklärung aktualisiert wird.[514] Die ratio leges des § 161 AktG kann nur dann erreicht werden, wenn eine zutreffende Information des Kapitalmarktes erfolgt, sodass eine Aktualisierungspflicht in beiden benannten Situationen angemessen erscheint.[515] Dabei genügt die Mitteilung über Änderungen im Vergleich zur vorherigen Entsprechenserklärung. Eine neue vollständige Erklärung ist nicht notwendig.[516] Wenn in der Aktualisierungserklärung von Empfehlungen des DCGK abgewichen werden soll, bedarf dies wie bei der Entsprechenserklärung auch einer Begründung.[517] Eine eindeutige Bezeichnung der Aktualisierungserklärung empfiehlt sich einerseits aus Transparenzgründen und andererseits zur Vermeidung von Missverständnissen in Hinblick auf eine vorzeitige Abgabe der turnusmäßigen Entsprechenserklärung, die anders als die Aktualisierungserklärung vollständig und sowohl zukunfts- als auch vergangenheitsbezogen sein muss.[518]

6. Haftungsrechtliche Konsequenzen bei Verstößen

Spezielle Haftungsregelungen sieht der DCGK nicht vor. Vielmehr ist auf die allgemeinen Grundsätze des Aktienrechts zurückzugreifen. Zu beachten ist dabei insbesondere, dass die Haftung eines Organs nicht an einen Verstoß gegen den Kodex anknüpfen kann, da der DCGK keine Gesetzesqualität aufweist (siehe dazu bereits § 4 G. I.3).[519]

a) Verstoß gegen § 161 Abs. 1 S. 1 AktG

Nach §§ 93 Abs. 1 S. 1, 116 S. 1 AktG haben Vorstands- und Aufsichtsratsmitglieder bei der Geschäftsführung die Sorgfalt eines ordentlichen und gewissenhaften Geschäftsleiters anzuwenden. Wird diese Pflicht verletzt, sind sie der Gesellschaft nach § 93 Abs. 2 AktG zum Ersatz des daraus entstande-

---

514 BGH NZG 2009, 342 – Kirch/Deutsche Bank; BGH NZG 2009, 1270 – Umschreibungsstopp; BGH NZG 2012, 1064 – Fresenius; *Goette*, in MüKo/AktG, 4. Aufl. 2018, § 161 Rn. 84; *Koch*, in Koch, AktG, 16. Aufl. 2022, § 161 Rn. 20; *Leyens*, in Hirte/Mülbert/Roth, GK/AktG, 5. Aufl. 2018, § 161 Rn. 375 ff.; *Spindler*, in K. Schmidt/Lutter, AktG, 5. Aufl. 2024, § 161 Rn. 43; *Bayer/Scholz*, in BeckOGK/AktG, Stand 01.02.2024, § 161 Rn. 105.

515 *Bayer/Scholz*, in BeckOGK/AktG, Stand 01.02.2024, § 161 Rn. 105; *Leyens*, in Hirte/Mülbert/Roth, GK/AktG, 5. Aufl. 2018, § 161 Rn. 377; *Spindler*, in K. Schmidt/Lutter, AktG, 5. Aufl. 2024, § 161 Rn. 43 f.; siehe auch BegrRegE TransPuG, BT-Drs. 14/8769, S. 22.

516 *Lutter*, in KK-AktG, 3. Aufl. 2010, § 161 Rn. 96; *Leyens*, in Hirte/Mülbert/Roth, GK/AktG, 5. Aufl. 2018, § 161 Rn. 389.

517 *Bayer/Scholz*, in BeckOGK/AktG, Stand 01.02.2024, § 161 Rn. 108.

518 *Bayer/Scholz*, in BeckOGK/AktG, Stand 01.02.2024, § 161 Rn. 108.

519 *Bayer/Scholz*, in BeckOGK/AktG, Stand: 01.02.2024, § 161 Rn. 146; *Koch*, in Koch, AktG, 16. Aufl. 2022, § 161 Rn. 28.

nen Schadens verpflichtet. Ein Verstoß gegen die aus § 161 AktG folgenden Pflichten, wie Veröffentlichung und Begründung, Richtigkeit sowie Rechtzeitigkeit der Entsprechenserklärung, stellt eine Pflichtverletzung i. S. d. §§ 93 Abs. 2 S. 1, 116 AktG dar.[520]

Eine solche Pflichtverletzung kann den Organmitgliedern nur dann angelastet werden, wenn sie „...die anfängliche oder später eintretende Unrichtigkeit der Erklärung kannten oder kennen mussten und sie gleichwohl nicht für eine Richtigstellung gesorgt haben."[521]. Das Organmitglied hat zu beweisen, dass es die Sorgfalt eines ordentlichen und gewissenhaften Geschäftsleiters angewendet hat,[522] dies wird indes selten gelingen, da ein Verstoß gegen § 161 Abs. 1 S. 1 AktG typischerweise nicht mit der Sorgfalt aus § 93 AktG vereinbar ist.[523]

Die Gesellschaft muss weiterhin nachweisen, dass durch die Pflichtverletzung ein Schaden der Gesellschaft kausal herbeigeführt wurde. Dies gestaltet sich jedoch häufig schwierig. Schließlich wird es regelmäßig nicht nachweisbar sein, dass eine Vermögenseinbuße konkret auf die fehlende oder fehlerhafte Entsprechenserklärung zurückzuführen ist. Eine Außenhaftung der Organmitglieder kommt nur in eingeschränkten Fällen in Betracht. Insbesondere scheiden eine Haftung wegen *culpa in contrahendo* wegen fehlender Inanspruchnahme des besonderen persönlichen Vertrauens[524], eine allgemeine Prospekthaftung sowie eine kapitalmarktrechtliche Vertrauenshaftung (wegen der jederzeitigen Möglichkeit zur Änderung der Entsprechenserklärung wird kein Vertrauenstatbestand geschaffen)[525] aus.

Weiterhin ist § 161 AktG kein Schutzgesetz i. S. v. § 823 Abs. 2 BGB, da die Vorschrift nicht dem Schutz einzelner Anlieger dient.[526] Jedoch können bei

---

520 *Bayer/Scholz*, in BeckOGK/AktG, Stand: 01.02.2024, § 161 Rn. 147; *Koch*, in Koch, AktG, 16. Aufl. 2022, § 161 Rn. 25; *Spindler*, in K. Schmidt/Lutter AktG, 5. Aufl. 2024, § 161 Rn. 66; *Brugger*, NZG 2020, 281, 282; *Berg/Stöcker*, WM 2002, 1569, 1577; *Lutter*, FS Hopt, 2010, 1025, 1026.

521 BGH NZG 2009, 342 – Kirch/Deutsche Bank.

522 *Koch*, in Koch, AktG, 16. Aufl. 2022, § 161 Rn. 27; *Bayer/Scholz*, in BeckOGK/AktG, Stand: 01.02.2024, § 161 Rn. 32 ff.; *Brugger*, NZG 2020, 281, 282.

523 *Koch*, in Koch, AktG, 16. Aufl. 2022, § 161 Rn. 25a; *Bayer/Scholz*, in BeckOGK/AktG, Stand: 01.02.2024, § 161 Rn. 114; *Brugger*, NZG 2020, 281, 282.

524 *Goette*, in MüKo/AktG, 4. Aufl. 2018, § 161 Rn. 98; *Spindler*, in K. Schmidt/Lutter AktG, 5. Aufl. 2024, § 161 Rn. 66.

525 *Bayer/Scholz*, in BeckOGK/AktG, Stand: 01.02.2024, § 161 Rn. 149; *Goette*, in MüKo/AktG, 4. Aufl. 2018, § 161 Rn. 102; *Spindler*, in K. Schmidt/Lutter AktG, 5. Aufl. 2024, § 161 Rn. 77.

526 *Bayer/Scholz*, in BeckOGK/AktG, Stand: 01.02.2024, § 161 Rn. 149; *Koch*, in Koch, AktG, 16. Aufl. 2022, § 161 Rn. 28, 30; *Spindler*, in K. Schmidt/Lutter AktG, 5. Aufl. 2024, § 161 Rn. 73; *Marsch-Barner*, in Marsch-Barner/Schäfer Börsennotierte AG-HdB, 6. Aufl. 2025, Rn. 2.89.

unrichtiger Abgabe der Entsprechenserklärung die § 331 Abs. 1 Nr. 1 HGB und § 400 AktG verletzt werden, welche hingegen Schutzgesetze i. S. d. § 823 Abs. 2 BGB darstellen.[527] Um eine Schadensersatzpflicht anzunehmen, bedarf es nach diesen Vorschriften des Vorsatzes; liegt Vorsatz vor, kommt auch eine Haftung nach § 826 BGB in Betracht.[528]

b) Verstoß gegen den Kodex

Ein Verstoß gegen die Empfehlungen des Kodex begründen keine Pflichtverletzung.[529] Dies gilt bei erklärter Nichtbefolgung sowie Positiverklärung. Der DCGK ist für die Auslegung von § 93 Abs. 1 S. 1 AktG ohne Belang; insbesondere konkretisiert er die sich daraus ergebende Sorgfaltspflicht nicht.[530] Weiterhin begründet auch die Absichtserklärung keine Selbstbindung der Organe (siehe dazu bereits § 4 G. I.5.d)).

7. Anwendbarkeit auf andere Gesellschaftsformen

Der DCGK richtet sich an börsennotierte Gesellschaften und Gesellschaften mit Kapitalmarktzugang i. S. v. § 161 Abs. 1 S. 2 AktG.[531] Nicht kapitalmarktorientierte Unternehmen sind zwar keine unmittelbaren Adressaten, dennoch können die Empfehlungen des Kodex auch diesen als Orientierung dienen.[532]

Börsennotiert in diesem Sinne sind Gesellschaften, deren Aktien an einem Markt zugelassen sind, der von staatlich anerkannten Stellen überwacht und geregelt wird, regelmäßig stattfindet und für das Publikum unmittelbar oder mittelbar zugänglich ist (vgl. § 3 Abs. 2 AktG). Kapitalmarktorientiert sind hingegen Gesellschaften, die ausschließlich andere Wertpapiere als Aktien zum Handel an einem organisierten Markt i. S. d. § 2 Abs. 11 Wertpapierhandelsgesetz (WpHG) ausgegeben haben und deren Aktien auf eigene Veranlassung über ein multilaterales Handelssystem i. S. d. § 2 Abs. 8 S: 1 Nr. 8 WpHG gehandelt werden (vgl. § 161 Abs. 1 S. 2 AktG).

---

527 *Spindler*, in K. Schmidt/Lutter AktG, 5. Aufl. 2024, § 161 Rn. 73; *Lutter*, in KK-AktG, 3. Aufl. 2010, § 161 Rn. 182 f.

528 *Lutter*, in KK-AktG, 3. Aufl. 2010, § 161 Rn. 185.

529 *Goette*, in MüKo/AktG, 4. Aufl. 2018, § 161 Rn. 22; *Spindler*, in K. Schmidt/Lutter AktG, 5. Aufl. 2024, § 161 Rn. 68; *Bachmann*, WM 2002, 2137, 2138; *Berg/Stöcker*, WM 2002, 1569, 1575 ff.; *Ettinger/Grützediek*, AG 2003, 353, 354 f.

530 *Bayer/Scholz*, in BeckOGK/AktG, Stand: 01.02.2024, § 161 Rn. 145; *Koch*, in Koch, AktG, 16. Aufl. 2022, § 161 Rn. 28; *Spindler*, in K. Schmidt/Lutter AktG, 5. Aufl. 2024, § 161 Rn. 65; *Lutter*, in KK-AktG, 3. Aufl. 2010, § 161 Rn. 180.

531 Präambel des DCGK in der Fassung vom 28. April 2022.

532 Präambel des DCGK in der Fassung vom 28. April 2022.

Für die GmbH und die Personengesellschaften gilt der DCGK mithin nicht. Insbesondere wirkt sich auch der unter § 4 B.I behandelte Prinzipal-Agenten-Konflikt in der GmbH anders aus als in dem der AG. Bei der GmbH tritt er primär zwischen Gesellschaftern und Gläubigern der GmbH auf.[533] Erst auf sekundärer Ebene kommt es zu opportunistischem Verhalten der Geschäftsführung gegenüber den Gesellschaftern.[534] Die Anforderungen an die Corporate Governance in anderen Gesellschaftsformen unterscheiden sich von denen in den vom DCGK erfassten Gesellschaften. Insbesondere in Familienunternehmen gibt es spezifische Problemfelder, die unter § 4 F behandelt werden sollen.

Dennoch gilt es auch in anderen Gesellschaftsformen das Handeln der Organe am Wohl der Gesellschaft auszurichten. Die nachhaltige und rechtsgetreue Wertschöpfung im Interesse der Stakeholder und der Öffentlichkeit kann auch hier als Maßstab guter Unternehmensführung dienen und sollte deshalb auch in nicht-kapitalmarktorientierten Unternehmen Beachtung finden. Das gilt insbesondere für die nachfolgenden Ausführungen zur Compliance als Bestandteil der Corporate Governance.

II. Governance Kodex für Familienunternehmen

Neben dem DGCK existieren weitere Kodizes und Richtlinien, die als Leitlinien für Unternehmen dienen sollen. Darunter findet sich auch der GKFU. Dieser soll als Leitlinie für verantwortungsvolle Leitung von Familienunternehmen dienen.

1. Entwicklung des GKFU

Als erster Governance Kodex für Familienunternehmen, wurde der GKFU 2004 von Prof. Dr. Peter May, Jurist und Betriebswirt, angestoßen. Der fertige Kodex beruhte dabei auf einer Initiative der INTES Akademie für Familienunternehmen GmbH, des Network Deutschland e. V. (F. B.N.) und des Verbandes DIE FAMILIENUNTERNEHMER. Ziel war es, Familienunternehmen eine Möglichkeit zu geben, bestehende Governance-Strukturen zu hinterfragen und gegebenenfalls zu optimieren. Ähnlich wie beim DCGK (hierzu § 4 G. I.1), erarbeitet eine Kommission aus 31 Mitgliedern (Familienunternehmer, Wissenschaftler und Berater) den Kodex und überprüft alle fünf Jahre, inwieweit Anpassungsbedarf besteht. Die vierte Neuauflage des Kodex wurde im Mai 2021 vorgestellt und trat am 17. Mai 2021 in Kraft.[535] Sie ersetzt die bisherigen Fassungen aus den Jahren 2004, 2010 und 2015.

533 *Konnertz-Häußler*, GmbHR 2012, 68, 70.
534 *Konnertz-Häußler*, GmbHR 2012, 68, 70.
535 Stand: 13. Mai 2021.

Der Kodex ist bislang nicht nur auf Zustimmung gestoßen, sondern hat auch Kritik erfahren.[536] Kritisiert wird vor allem, dass der Kodex auf einer privaten Initiative von auf die Beratung von Familienunternehmen spezialisierten Dienstleistern fußt und es sich bei dem Kodex um ein „beratergetriebenes Modethema“[537] handele.[538] Außerdem sei aufgrund der Gestaltungsbreite bei Familienunternehmen ein Einheitskodex nicht sinnvoll.[539] Wie diese Kritik einzuordnen ist, soll am Ende dieses Kapitels dargelegt werden.

2. Regelungen des GKFU

a) Allgemeines

In insgesamt 10 Kapiteln gibt der GKFU Leitlinien für eine gute Unternehmensführung von Familienunternehmen vor. Aufgrund der Heterogenität der Familienunternehmen, macht der Kodex keine präzisen Vorgaben für die inhaltliche Ausgestaltung der Governance. Die Unternehmen unterscheiden sich in vielerlei Hinsicht, so etwa in Hinblick auf ihre Größe, ihr Alter und die Struktur der Inhaberschaft. Auch die Einflussnahme der hinter den Unternehmen stehenden Familien divergiert von Unternehmen zu Unternehmen und zeigt sich insbesondere in den Unterschieden der verschiedenen Kontroll- und Führungsstrukturen zueinander (so bereits § 3 D).

Der GKFU macht deshalb keine klaren Vorgaben, vielmehr werden Fragen aufgestellt, die es Familienunternehmen ermöglichen sollen, ihre Governance einem Gütetest zu unterziehen und basierend auf dessen Ergebnissen Anpassungen vorzunehmen. Dies lässt sich auch der Präambel des Kodex entnehmen, wonach es das ausdrückliche Ziel des Kodex ist, den Unternehmerfamilien zu helfen, die für sie relevanten Fragen zu stellen und im Anschluss die auf ihre Bedürfnisse zugeschnittene Lösung zu finden.[540] Weiterhin soll der Kodex und dessen Einhaltung zum nachhaltigen Bestehen der Unternehmen beitragen. Hierbei herrscht auch Bewusstsein dafür, dass nicht nur traditionelle Wertvorstellungen eine Rolle spielen, sondern Unternehmen auch zeitgemäß und an die Situation ihres Unternehmens angepasste Maßnahmen ergreifen müssen, um auch den künftigen Fortbestand sichern zu können.[541]

---

536 Siehe *Graf/Bisle*, DStR 2010, 2409; *Hennerkes*, BB 2010, I.

537 *Holler,* in MHdB GesR VII, 6. Aufl. 2020, § 75 Rn. 165.

538 *Grottel/Kieser/Helfmann/Rau/Kettenring*, ZCG 2012, 153, 154; vgl. auch Nachweise bei *Fleischer*, ZIP 2016, 1509, 1513 und *Uffmann,* ZIP 2015, 2441, 2446.

539 *Graf/Bisle*, DStR 2010, 2409.

540 Präambel des GKFU, S. 9, abrufbar unter http://www.kodex-fuer-familienunternehmen.de/images/Downloads/GovernanceKodexfuerFamilienunternehmen_17052021.pdf (im Folgenden: GKFU).

541 Präambel des GKFU, S. 8, 9.

Der GKFU enthält sowohl Empfehlungen („es wird empfohlen") als auch Bestandteile, die für eine gute Governance unverzichtbar sind („soll"). Von den Empfehlungen soll in begründeten Ausnahmefällen abgewichen werden können.[542] Im Folgenden werden die einzelnen Kapitel des GKFU in Teilen dargelegt.

b) Inhalt des GKFU

Das erste Kapitel befasst sich mit dem Selbstverständnis der Inhaber. Hierbei legt der GKFU Wert darauf, dass die Inhaber sich ihrer Rolle bewusstwerden und sich auch in Hinblick auf die „gesellschaftliche Akzeptanz"[543] der Familienunternehmen einsetzen, indem sie sich zum verantwortungsvollen Umgang mit ihrer Rolle als Inhaber eines Familienunternehmens bekennen. Hierunter soll vor allem die Umsetzung geeigneter Governance-Mechanismen fallen.[544] Darunter versteht der GKFU unter anderem die Festlegung von Werten und Zielen, denen sich die Inhaber verpflichtet fühlen (1.1 GKFU) sowie Festlegungen hinsichtlich der Berücksichtigung von Interessen Dritter (Mitarbeiter, Kunden) und Belangen der ESG (1.2 GKFU). Dies sind insbesondere Aspekte wie nachhaltiges Wirtschaften und der sorgsame Umgang mit Ressourcen. Nachhaltig soll die Governance des Unternehmens nicht nur in Bezug auf Umweltaspekte sein, sondern auch im Hinblick auf dynamische Entwicklungen im Umfeld des Unternehmens (1.3 GKFU). Weiterhin sollen sich Inhaber darüber klar werden, inwiefern familienfremder Einfluss auf das Unternehmen zugelassen werden soll (beispielsweise durch familienfremde Inhaber) und welche Rolle die Unternehmensinteressen im Vergleich zum Interesse der Inhaber spielen soll (1.4 GKFU).

Darauffolgend stellt der GKFU die mögliche Ausgestaltung der Inhaberrechte und -pflichten in Kapitel 2 dar. Auch wenn die Inhaber Befugnisse an ein Aufsichtsgremium delegieren, verbleibt die letzte Entscheidungskompetenz bei ihnen. Sie haben außerdem die Qualität der von einem Gremium getroffenen Entscheidungen zu überprüfen.[545]

Die Inhaber sollen insbesondere entscheiden, welche Organe zur Governance des Unternehmens beitragen und mit welchen Kompetenzen diese ausgestattet sein sollen (2.1.3 GKFU). Dabei ist auch zu entscheiden, inwiefern Familienmitglieder Einzug in diese Organe halten sollen (2.1.2 GKFU). Ist ein Aufsichtsgremium gesetzlich nicht vorgeschrieben, sollen Inhaber darüber befinden, inwieweit Beratung und Kontrolle der Unternehmensführung an ein freiwilliges Gremium delegiert werden sollen (2.1.4 GKFU). Dabei

542 Präambel des GKFU, S. 9.
543 Kapitel 1 des GKFU, S. 11.
544 Kapitel 1 des GKFU, S. 11.
545 Kapitel 2 des GKFU, S. 13.

soll das Verhältnis der Inhaber zu möglichen Gremien auf Transparenz fußen und eindeutig geregelt sein, sodass es hinsichtlich der letztendlichen Entscheidungskompetenz nicht zu Missverständnissen kommt (2.1.5, 2.1.6 GKFU).

Neben diesen allgemeinen werden auch individuelle Gestaltungsparameter wie Mitwirkungsrechte (2.2.1 GKFU) und Vertretung bei Stimmrechtsausübung (2.2.2 GKFU) festgehalten. Außerdem soll der Inhaber stets über die notwendigen Informationen verfügen, um die Lage des Unternehmens korrekt beurteilen zu können (2.2.4 GKFU). Einzelne Rechte und Pflichten der Inhaber sollen entsprechend 2.2.6 GKFU festgelegt werden. Unter anderem sollen hierbei Regelungen zur Teilnahme an der Inhaberversammlung und Unterlassung von Wettbewerb getroffen werden. Außerdem werden die Inhaber dazu angehalten, Situationen vorzubeugen, die dem Unternehmen schaden können. So sollen Notfallpläne sicherstellen, wie beim plötzlichen Ableben eines Inhabers zu verfahren ist und wie mit Erbschaften und Scheidungen umzugehen ist.

Im dritten Kapitel wird auch solchen Familienunternehmen, die gesetzlich nicht dazu verpflichtet sind, nahegelegt, ein Aufsichtsgremium einzusetzen. Die zunehmende Unternehmensgröße, Komplexität und die Dynamik, mit der sich im Umfeld der Unternehmen Veränderungen ergeben, machen laut GKFU ein solches Gremium notwendig, welches der Beratung und Kontrolle der Unternehmensführung dienen soll.[546]

Dabei sollen die Aufgaben und die innere Ordnung des Aufsichtsgremiums durch den Inhaber festgelegt werden (3.1 GKFU). Darunter fallen unter anderem die Zuständigkeiten zum Beispiel im Hinblick auf die Bestellung und Abberufung der Unternehmensführung oder für die Unternehmensstrategie (3.1.1 GKFU) sowie Regelungen hinsichtlich des Inhalts, Umfangs und Turnus der Berichterstattung der Unternehmensführung (3.1.2 GKFU). Außerdem wird den Inhabern nahegelegt, sich mit der Zusammensetzung des Gremiums, der Vergütung und der Haftung auseinanderzusetzen (3.2, 3.3. GKFU). Hierbei wird empfohlen, auch familienunabhängigen Sachverstand in das Gremium einzubringen, da dieser die Qualität und Objektivität der Arbeit verbessern könne (3.2.1 GKFU). In diesem Zusammenhang stellt sich auch die Frage, inwiefern die Inhaberfamilie im Gremium vertreten sein soll (3.2.2. GKFU).

Neben den gesetzlichen Vorgaben soll die Unternehmensführung ihre Leitungsverantwortung auch im Sinne der von den Inhabern vorgegebenen Werte und Ziele und der geschaffenen Kompetenzordnung wahrnehmen.[547] Dafür soll insbesondere eine stete Abstimmung der strategischen Ausrich-

---

546 Kapitel 3 des GKFU, S. 19.
547 Kapitel 4 des GKFU, S. 24.

tung mit dem eingesetzten Gremium stattfinden, wobei die Fähigkeit zur Anpassung an ein dynamisches Umfeld große Bedeutung beigemessen wird (4.1.1 GKFU). Weiterhin soll ein effektives System zur Fortbildung eingerichtet werden, welches entsprechend etwaiger Änderungen im Umfeld des Unternehmens auch weiterentwickelt werden soll (4.1.2 GKFU). Auch hier nimmt der GKFU Bezug auf die Dynamik, der seitens der Familienunternehmen begegnet werden soll. Anders als viele kapitalmarktorientierte Gesellschaften haben insbesondere Familienunternehmen den Vorteil, aufgrund ihrer Struktur flexibel auf geänderte Situationen zu reagieren (hierzu bereits § 3 D).

Ein weiterer Aspekt, der von Geschäftsführern von Familienunternehmen verlangt wird, ist das Handeln im Sinne eines ehrbaren Kaufmanns sowie die Einhaltung gesetzlicher und unternehmensinterner Bestimmungen (Compliance) und die Einrichtung eines angemessenen Risikomanagements (4.1.3 GKFU). Diese Regelung erinnert an Grundsatz 4 und 5 des DCGK (näheres hierzu unter § 4 G.II.6) und macht deutlich, dass auch Familienunternehmen den unter § 5 beschriebenen Herausforderungen gegenüberstehen.

Darüber hinaus sollen Größe und Struktur der Unternehmensführung sich an Größe und Marktanforderungen orientieren (4.2.1 GKFU). Bei der Zusammensetzung der Unternehmensführung stellt sich insbesondere die wichtige Frage, inwiefern auch Familienmitglieder als Mitglieder von Organen der Gesellschaft in Frage kommen. Regeln diesbezüglich sollen laut 4.2.3 GKFU klar, transparent und objektiv überprüfbar sein. Eine Ungleichbehandlung von Familienmitgliedern und Nicht-Familienmitgliedern soll explizit nicht stattfinden. An Entscheidungen bezüglich der Familienmitglieder sollen gem. GKFU immer auch familienunabhängige Personen beteiligt sein. Weiterhin empfiehlt 4.2.4 GKFU eine langfristig angelegte Nachfolgeplanung, die nicht nur für planbare Aus- und Eintritte greifen soll, sondern auch im Sinne einer Notfallplanung im Falle des plötzlichen Eintritts des Nachfolgefalls. Außerdem enthält Kapitel 4 GKFU auch Empfehlungen zu Vergütung und Haftung von Mitgliedern der Unternehmensführung.

Anders als bei kapitalmarktorientierten Gesellschaften erfolgt die Kapitalausstattung der Familienunternehmen zumeist nicht über den Kapitalmarkt, sondern über von den Inhabern zur Verfügung gestellten Finanzmitteln. Insbesondere im Hinblick auf den Nachhaltigkeitsaspekt, der den GKFU in großen Teilen prägt, müssen Familienunternehmen sich auch im ausreichenden Maße um die Sicherung ihrer Kapitalbasis kümmern. Empfehlungen zu Ergebnisermittlung und -verwendung ergeben sich hierbei aus Kapitel 5 des GKFU.

Eine grundlegende Empfehlung des fünften Kapitels ist die Anwendung des Vorsichtsprinzips (5.1.1 GKFU). Dieses findet seine gesetzliche Verankerung in § 252 Abs. 1 Nr. 4 HGB, wonach bei der Bewertung der im Jahresabschluss ausgewiesenen Vermögensgegenstände und Schulden vorsichtig zu bewerten ist. So sind alle vorhersehbaren Risiken und Verluste, die bis zum Abschlussstichtag entstanden sind zu berücksichtigen, auch wenn diese erst zwischen dem Abschlussstichtag und dem Tag der Aufstellung des Jahresabschlusses bekanntgeworden sind. Dabei sind außerdem Gewinne nur dann zu berücksichtigen, wenn diese am Abschlussstichtag auch realisiert sind.

Außerdem wird empfohlen, den Jahresabschluss auch dann prüfen zu lassen, wenn keine entsprechende Verpflichtung hierzu besteht (5.1.2 GKFU). Auswahl und Beauftragung des jeweiligen Abschlussprüfers soll dann durch die Inhaber oder das etwaige Gremium erfolgen (5.1.3 GKFU). Bei der Ergebnisverwendung soll insbesondere darauf geachtet werden, dass die gesetzten Stabilitäts-, Rentabilitäts- und Wachstumsziele mit der Gesamtstrategie einhergehen (5.2.1 GKFU) und ein ausreichender Teil des nach Abzug der Steuern verbleibenden Gewinns dauerhaft im Unternehmen verbleibt, um das Eigenkapital zu stärken (5.2.2 GKFU). Grundsatzregelungen hierzu sollen in die Satzung aufgenommen werden, um hier einen verlässlichen Rahmen für die Ergebnisverwendung zu schaffen (5.2.4 GKFU).

Darüber hinaus soll die Inhaberschaft der Familie langfristig sichergestellt werden. Dafür sollen Vorkehrungen getroffen werden, die sicherstellen, dass die Anteile am Unternehmen in der Unternehmerfamilie verbleiben.[548] Damit geht auch die eingeschränkte Übertragbarkeit der Anteile einher. Deswegen können die Inhaber festlegen, an wen (inner- oder außerhalb des Unternehmens) ohne weitere Einschränkungen Anteile übertragen werden dürfen (6.1 GKFU). Dabei ist vorgesehen, das auch geregelt wird, welche Folge eine abredewidrige Übertragung haben soll. Ausgleichend soll den Inhabern ein angemessenes Kündigungsrecht zugestanden werden (6.2 GKFU).

Neu eingefügt wurden mit Kapitel 7 des GKFU Bestimmungen zu Familienunternehmen, in denen die Beteiligung mittelbar über eine bzw. mehrere Gesellschaften oder Stiftungen gehalten wird. Zunächst soll bei solchen Konstellationen die Satzung des Familienunternehmens klare Regeln enthalten, ob und wenn ja in welcher Art und Weise eine mittelbare Inhaberschaft möglich ist. Dabei soll jedoch der Charakter des Familienunternehmens nicht beeinträchtigt werden (7.1 GKFU). Weiterhin soll auch die Handlungsfähigkeit der beteiligungshaltenden Gesellschaft zu jedem Zeitpunkt gewährleistet sein (7.2 GKFU). Um sicherzustellen, dass auch in der beteiligungshaltenden Gesellschaft das in Kapitel 1 beschriebene Selbstverständnis eingehalten wird, empfiehlt 7.3 GKFU die Verankerung in der dortigen Satzung. Auch die Rolle der mittelbaren Inhaber in den Organen der beteiligungshaltenden Gesellschaft oder Stiftung soll definiert werden

548 Kapitel 6 des GKFU, S. 31.

(7.4 GKFU). Insgesamt soll bei einer möglichen Zwischenschaltung einer Gesellschaft oder Stiftung auch die emotionale Bindung der (mittelbaren) Inhaber (7.7 GKFU) sowie die eindeutige Regelung zur Ergebnisverwendung (7.8 GKFU) sichergestellt werden.

Auch Kapitel 8 wurde entsprechend den Entwicklungen der letzten Jahre, in denen Unternehmerfamilien im hohen Maße Vermögen aufgebaut haben, das nicht im Kernunternehmen gebunden ist, in den GKFU eingefügt.[549] Da dieses Vermögen mittelbar auch den Zwecken des Familienunternehmens (unter anderem Finanzierung der Erbschaftsteuer oder Eingehen weiterer Beteiligungen) dienen soll[550], wird in Kapitel 8 der Umgang mit dem nicht gebundenen Vermögen näher beleuchtet. Zunächst wird den Inhabern empfohlen, festzulegen, welchem Zweck das nicht gebundene Vermögen dienen soll (8.1.1 GKFU). Weiterhin soll dieses auch in der Gesamtstrategie des Unternehmens Berücksichtigung finden (8.1.2 GKFU). Hinsichtlich der Governance des Vermögens sieht der GKFU vor, dass eine organisatorische Struktur festgelegt wird, die das Vermögen verwalten soll (etwa Family Office, 8.2.1 GKFU) und dass Leitlinien entsprechend denen der Kapitel 1 bis 7 auch für das nicht gebundene Vermögen festgelegt werden sollen (8.2.2 GKFU). Daneben können auch Gremien für das nicht im Familienunternehmen gebundene Vermögen eingerichtet werden, welche entweder mit dem des Familienunternehmens sachlich verbunden oder getrennt sein können (8.2.3 GKFU).

Um das notwendige Maß an Professionalität und einen Zusammenhalt innerhalb der Unternehmerfamilie herzustellen und aufrechtzuerhalten, soll das Familienunternehmen sich nicht bloß auf unternehmerische Belange fokussieren, sondern auch die Organisation der Unternehmerfamilie berücksichtigen (zu den Zielen der Family Governance siehe bereits § 4 F. I. 1).[551] Der GKFU gibt den Familienunternehmen für die Family Governance nur Leitlinien an die Hand. Begründet wird dies mit der Einzigartigkeit der Familienunternehmen.[552] Dabei sollen Familienunternehmen sich um die Belange der Familie ebenso sorgsam kümmern wie um die Führung des Unternehmens, um die Einigkeit in der Familie zu wahren (9.1.1 GKFU). Werte und Ziele, die als Leitbild für das Unternehmen dienen sollen, sollen weiterhin auch emotionale Aspekte berücksichtigen (9.1.2 GKFU). Die Family Governance soll darüber hinaus unter anderem festlegen, wer zur Inhaberfamilie gehört, welche Voraussetzungen für die Aufnahme neuer Mitglieder gelten und unter welchen Voraussetzungen die Mitgliedschaft verloren

549 Siehe http://www.kodex-fuer-familienunternehmen.de/index.php.
550 Kapitel 8 des GKFU, S. 38.
551 Kapitel 9 des GKFU, S. 41.
552 Kapitel 9 des GKFU, S. 41.

gehen kann. Dabei sind auch Fragen zu berücksichtigen, die die folgende Generation des Unternehmens betreffen (9.1.3 GKFU).

Der GKFU empfiehlt den Familienunternehmen Verhaltensregeln festzulegen, in denen insbesondere der Umgang innerhalb der Unternehmerfamilie und beispielsweise das Auftreten in der Öffentlichkeit (auch Social Media) geregelt werden sollen (9.2.1 GKFU). Verstöße gegen diese Verhaltensregeln sollen Konsequenzen haben, wobei auch immer Wege der Wiedergutmachung zu eröffnen sind (9.2.2 GKFU). Dies kann bei Umsetzung dieser Regeln in die Praxis die Einigkeit innerhalb der Familie fördern. Konflikte, die innerhalb der Inhaberfamilie entstehen, sollen aber in jedem Fall getrennt von den Belangen des Unternehmens Beachtung finden und diese nicht beeinträchtigen (9.2.3 GKFU). Unter 9.3 hält der GKFU fest, dass die Inhaberfamilie gemeinsame Aktivitäten durchführen (9.3.1 GKFU) und frühzeitig zur Kompetenzentwicklung der künftigen Inhaber beitragen soll (9.3.2 GKFU). Dabei sollen den Familienmitgliedern die notwendigen Kompetenzen vermittelt werden, die für ihre Gesellschafterrolle im Familienunternehmen erforderlich sind. Auch philanthropische Aktivitäten können hierbei Berücksichtigung finden (9.3.3 GKFU).

Die Inhaberfamilie sollte zur Umsetzung der Family Governance geeignete Strukturen schaffen und innerhalb der Familie Verantwortlichkeiten festlegen. Dabei sollen die Strukturen sich auch an der Komplexität des Unternehmens orientieren. Bei Einrichtung von Gremien hierzu soll ein möglichst diverses Gremium geschaffen werden, um alle Interessen entsprechend abbilden zu können (9.4.1 GKFU). Für den so eingerichteten Familienrat (oder bei kleineren Unternehmen der Familienmanager) sollen die Wahlmodalitäten und die Amtsdauer vorher festgelegt werden (9.4.2 GKFU). Beim Anforderungsprofil sollen verschiedene Kompetenzen Berücksichtigung finden – insbesondere aber Kommunikationsfähigkeiten und Akzeptanz innerhalb der Inhaberfamilie (9.4.3 GKFU). Auch die Aufgaben des Familienrats oder -managers sollen klar definiert sein (9.4.4 GKFU). Auf eine angemessene Vergütung der Aufgabe sollte an dieser Stelle Wert gelegt werden (9.4.5 GKFU). Für die Family Governance soll darüber hinaus auch ein festes Budget eingeplant werden (9.4.6 GKFU).

Das letzte Kapitel des GKFU beschäftigt sich mit der Erstellung und Gültigkeit eines eigenen Governance Kodex des Familienunternehmens. Zuvörderst wird empfohlen, die Bestandteile des Kodex individuell auf das Unternehmen anzupassen (10.1 GKFU). Wichtig soll dabei die gemeinsame Erarbeitung sein (10.2 GKFU) (so bereits § 4 F.IV). Eine Anpassung der Regelungen soll bedarfsweise vorgenommen werden, wobei Zuständigkeiten und Mehrheitserfordernisse frühzeitig geregelt werden sollen (10.3 GKFU). Von besonderer Wichtigkeit ist auch die Frage danach, welche Rechtsqualität dem Kodex zukommen soll. Hierbei seien klare Abgrenzungen insbesondere zum Gesellschaftsvertrag notwendig (10.4 GKFU).

Die Quintessenz des GKFU ist, dass Familienunternehmen sehr individuell sind und dementsprechend individualisierte Regeln benötigen. Eine vorgefertigte Form kann Familienunternehmen hier nicht gerecht werden, zumal dies nicht zwangsläufig zu einer besseren Governance führen würde, wenn für das jeweilige Familienunternehmen zentrale Aspekte fehlen oder nicht angepasst werden.

3. Rechtsnatur des GKFU

Der GKFU entfaltet keine Rechtswirkung für Familienunternehmen. Das liegt zunächst daran, dass es „das Familienunternehmen" nicht gibt. Des Weiteren versteht sich der Kodex selbst als Empfehlung für Familienunternehmen zur Einrichtung einer eigenen Family Business Governance.[553] Anders als beim DCGK umfasst er keine der dem § 161 AktG entsprechenden Regelung. Weiterhin fußt der GKFU auf einer ausschließlich privaten Initiative ohne jegliche Beteiligung von offizieller Seite. Mithin ist der GKFU ein unverbindliches Rahmenwerk, welches den Unternehmen lediglich als Stütze bei der Einrichtung ihrer eigenen Family Business Governance dienen kann.

4. Adressatenkreis

Der GKFU richtet sich an die Inhaber von Familienunternehmen, „*die sich ihrer besonderen Verantwortung stellen wollen, und zwar unabhängig von der Größe des Unternehmens und davon, in der wievielten Generation es als Familienunternehmen geführt wird.*"[554]. Dabei versteht der GKFU unter Familienunternehmen Unternehmen, die „*unter der bestimmenden Inhaberschaft einer Familie mit generationsübergreifender Ausrichtung*"[555] stehen.

5. Haftungsrechtliche Konsequenzen bei Verstößen

Ein „Verstoß" gegen den GKFU hat keine haftungsrechtlichen Folgen. Anders als der DCGK gibt es keine Entsprechenserklärung, anhand derer überprüft wird, welche Empfehlungen eingehalten wurden oder nicht. Das Prinzip des „comply or explain" findet mithin keine Anwendung, sodass auch eine Pflichtverletzung der Geschäftsleitung nicht ohne weiteres angenom-

553 So Vorbemerkung GKFU, S. 3; „Leitlinien für die verantwortungsvolle Führung von Familienunternehmen und Unternehmerfamilien".

554 Präambel GKFU, S. 8.

555 Glossar GKFU, S. 49.

men werden kann. Daneben sollten jedoch auch im Familienunternehmen Maßnahmen der Governance vorgenommen werden. Dazu bereits § 4 F.IV.

6. Unterschiede und Gemeinsamkeiten des DCGK und GKFU

Der DCGK und der GKFU weisen Unterschiede und Gemeinsamkeiten auf. Viele der Standards guter und verantwortungsvoller Unternehmensführung, die im DCGK enthalten sind, können auch auf Familienunternehmen angewandt werden. Dies trifft – natürlich – insbesondere dann zu, wenn das Familienunternehmen börsennotiert ist. Dennoch unterscheiden sich die Kodizes durch verschiedene Aspekte, die im Folgenden dargelegt werden.

Einer der größten Unterschiede zwischen den beiden Kodizes ist der jeweilige Adressatenkreis. Während sich der DCGK an deutsche börsennotierte Gesellschaften i. S. d. AktG richtet, sind Adressaten des GKFU Familienunternehmen, egal welcher Größe oder Rechtsform. Dabei kommt es laut GKFU entscheidend auf die bestimmende Inhaberschaft an. Da die vom DCGK betroffenen Gesellschaften eine Entsprechenserklärung i. S. d. § 161 AktG abgeben müssen, in denen Abweichungen vom Kodex erklärt werden, ist zumindest die Auseinandersetzung dieser mit dem DCGK zwingend notwendig, um gesetzlich vorgesehene Pflichten einzuhalten. Der GKFU hingegen ist lediglich eine Leitlinie, die von Familienunternehmen herangezogen werden kann, aber nicht muss. Somit ist auch das Einhalten der dort aufgelisteten Maßnahmen lediglich freiwilliger Natur. Dies ist insbesondere darauf zurückzuführen, dass der DCGK von einer Regierungskommission verabschiedet wird, die vom Bundesministerium der Justiz eingesetzt wurde und deren Mitglieder von ebendiesem berufen werden. Der GKFU hingegen basiert auf einer freiwilligen Initiative aus Beraterkreisen und kann schon allein wegen des weit definierten Adressatenkreises keine solche Wirkung entfalten.

Anders als kapitalmarktorientierte Gesellschaften sind Familienunternehmen keine homogene Gruppe. Der DCGK sieht für börsennotierte Gesellschaften konkrete Handlungsvorgaben vor. Dies ist möglich, da die betroffenen Unternehmen alle zumindest in ihrer rechtlichen Konzeption sehr ähnlich und einheitliche Regelungen dadurch möglich sind. Dabei beschreibt der DCGK gesetzliche Vorschriften, die im AktG geregelt sind, während der GKFU sich nicht auf gesetzliche Regelungen bezieht, sondern vielmehr Best Practice Grundsätze für Familienunternehmen wiedergibt. Der GKFU regt darüber hinaus zur Erstellung eines unternehmenseigenen Kodex an.

Weiterhin ergänzt der GKFU die Regelungen zur Corporate Governance um den Faktor Family. Dies geschieht in der Annahme, dass der Erfolg des Familienunternehmens in großem Maße von der Einigkeit der Inhaberfamilie abhängig ist. So steht es den Inhabern frei, festzulegen, inwieweit das Unternehmensinteresse Vorrang vor den Interessen der Inhaberfamilie haben soll (1.4 GKFU). Der DCGK räumt dem Unternehmensinteresse in Grundsatz 1 hingegen Vorrang ein. Das Zusammengehörigkeitsgefühl sowie die Identifikation einzelner Gesellschafter mit dem Unternehmen spielen in börsennotierten Aktiengesellschaften hingegen eine geringe bis keine Rolle. Hier geht es vielmehr um die Anlage von Vermögen in Aktien. Welches Unternehmen diese ausgibt, ist für viele Aktionäre nicht von Belang. Anleger legen heute zwar vermehrt Wert auf ESG-Faktoren und diese werden durch den neuen ESG-Index nun auch leichter zu lokalisieren, dennoch kommt es dabei nicht auf die dahinterstehende Gesellschaft, sondern nur deren Engagement in den Bereichen Umwelt und Soziales an.[556]

Weiter macht der DCGK hinsichtlich finanzieller Belange kaum Angaben. Ausführungen hierzu zielen meist auf Transparenz durch Veröffentlichung von Finanzinformationen oder aber die Ausgestaltung des Vergütungssystems ab. Für Familienunternehmen ist es hingegen wichtig, dass die Geschäftsanteile nicht ohne weiteres frei handelbar sind und in Familienhand bleiben. Auch die Ergebnisverwendung bedarf gesonderter Ausführungen, die im GKFU, nicht aber im DCGK zu finden sind. Hier kann etwa auf die KG verwiesen werden, bei der nach § 169 HGB die Kommanditisten den gesamten auf sie entfallenden Jahresgewinn entnehmen. Bei den Komplementären gilt nach §§ 122, 161 Abs. 3 HGB, dass sie Geld bis zum Betrag von 4 % ihres Kapitalanteils zu Lasten der Beteiligung entnehmen können. Dies macht Regelungen zur Kapitalsicherung hier unumgänglich.[557]

Zudem sind in der börsennotierten AG Zielgrößen für den Frauenanteil in den Führungsebenen unterhalb des Vorstands festzulegen (Grundsatz 3 DCGK). Der GKFU enthält hierzu keine Regelungen. Hinsichtlich der Informationsstrukturen sieht der DCGK Transparenz gegenüber Aktionären aber auch Dritten in Form von Lageberichten und unterjährigen Finanzinformationen vor (Abschnitt F DCGK). Der GKFU sieht hierzu vor, dass Aufsichts- und/oder Beratungsgremium sowie die Unternehmensführung jederzeit in der Lage sind, die wirtschaftliche und finanzielle Lage des Unternehmens beurteilen zu können (2.1.6 GKFU). Ob diese interne Transparenz auch gegenüber externen Stakeholdern zur Anwendung kommen soll, obliegt der Entscheidung der Inhaber (2.1.6 GKFU).

556 Siehe beispielsweise *Frühauf*, FAZ, Der Dax bekommt einen grünen Bruder, erschienen am 20. Mai 2021, abrufbar unter https://www.faz.net/aktuell/finanzen/der-dax-bekommt-einen-gruenen-bruder-17348991.html; FAZ, Boom im deutschsprachigen Raum, aktualisiert am 8. Dezember 2020, abrufbar unter https://www.faz.net/aktuell/finanzen/nachhaltige-anlagen-vervielfachen-sich-17091643.html.

557 Siehe auch *Graf/Bisle*, DStR 2010, 2409.

Trotz vieler Unterschiede bestehen zwischen dem DCGK und dem GKFU auch Gemeinsamkeiten. So verlangen beide von ihren Adressaten ein ethisch fundiertes und eigenverantwortliches Verhalten im Sinne des Leitbilds des ehrbaren Kaufmanns.[558] Weiterhin wird auch von Familienunternehmern verlangt, für die Einhaltung gesetzlicher Bestimmungen und unternehmensinterner Richtlinien Sorge zu tragen und ein angemessenes Risikomanagement einzurichten (4.1.3 GKFU).[559] Außerdem steht auch bei der börsennotierten AG die nachhaltige und langfristige Entwicklung der Gesellschaft im Fokus.[560] Dies legt der GKFU bereits in seiner Präambel zugrunde. Die betroffenen Unternehmen der beiden Kodizes werden vor allem auch auf ihre besondere gesellschaftliche Verantwortung hingewiesen, an der sich das Handeln der Organe bzw. der Inhaber ausrichten soll.[561] Eine weitere Gemeinsamkeit liegt in den Formulierungen der Kodizes. Der DCGK beinhaltet Grundsätze, die mit dem Wort „soll" gekennzeichnet sind, von denen nur abgewichen werden kann, wenn das Unternehmen hierzu eine Entsprechenserklärung im Sinne des § 161 Abs. 1 S. 1 AktG abgibt. Anregungen werden hingegen mit dem Wort „sollte" gekennzeichnet, diese fallen nicht unter den Anwendungsbereich des § 161 Abs. 1 S. 1 AktG.[562] Der GKFU weist mit dem Wort „soll" ebenfalls auf Empfehlungen hin, die für eine gute Corporate Governance unverzichtbar sein sollen. Darüber hinaus beinhaltet auch er Anregungen, von denen abgewichen werden kann. Diese kennzeichnet er anders als der DCGK jedoch mit „es wird empfohlen".[563]

Es wird deutlich, dass viele Einzelheiten der Festlegung durch die Inhaber überlassen wird. Dies erscheint mit Blick auf die Unterschiede der Unternehmensformen auch sinnvoll.

7. Kritik am GKFU

Der GKFU ist bisher nicht nur auf Zustimmung gestoßen. Kritisiert wird unter anderem, dass der Kodex auf einer privaten Initiative von Beratern zurückzuführen ist, welche auf die Beratung von Familienunternehmen spezialisiert sind und es sich bei dem Kodex um ein „beratergetriebenes Modethema"[564] handele.[565]

558 Präambel des DCGK in der Fassung vom 28. April 2022, 4.1.3. GKFU.
559 Siehe Grundsatz 5 DCGK in der Fassung vom 28. April 2022.
560 Siehe Empfehlung B.2, Grundsatz 23, Empfehlung G.6, Empfehlung G.18 DCGK in der Fassung vom 28. April 2022.
561 Präambel des DCGK in der Fassung vom 28. April 2022, Präambel des GKFU, S. 8.
562 Präambel des DCGK in der Fassung vom 28. April 2022.
563 Präambel des GKFU, S. 9.
564 *Holler,* in MHdB GesR VII, 6. Aufl. 2020, § 75 Rn. 165.
565 *Grottel/Kieser/Helfmann/Rau/Kettenring*, ZCG 2012, 153, 154; vgl. auch Nachweise bei *Fleischer*, ZIP 2016, 1509, 1513 und *Uffmann,* ZIP 2015, 2441, 2446.

Dass der GKFU auf einer Beraterinitiative fußt, lässt sich nicht zurückweisen. Dennoch sollten hier zwei Aspekte Beachtung finden. Zunächst ist festzuhalten, dass die Kommission, die sich um die Weiterentwicklung des GKFU kümmert, aus verschiedenen Mitgliedern besteht. Unter anderem finden sich in ihr neben den besagten Beratern auch Universitätsprofessoren und Mitglieder von Familienunternehmen. Es erscheint sinnvoll, dass insbesondere letztgenannte Teil dieser Kommission sind, in der es um die Erarbeitung möglicher Leitlinien für die Verbesserung der Family Business Governance geht. Anders als beim DCGK handelt es sich zwar nicht um eine von der Regierung speziell eingesetzte Kommission, dennoch sollte dies deren Arbeit nicht in Abrede stellen. Viele der Regelungen orientieren sich – in angepasstem Maße – am DCGK und legen ihr Hauptaugenmerk auf eine Gruppierung, die weder gesetzlich noch in anderer Weise vom Gesetzgeber oder der Politik mit entsprechenden Leitlinien oder Empfehlungen unterstützt wird. Dies konnte unlängst bei der Entwicklung des Entwurfs für ein Unternehmensstrafrecht beobachtet werden (hierzu näheres unter § 5 E.I). Außerdem gehören auch der Kommission des DCGK Berater an. Die Verfolgung auch eigener Ziele in der Erarbeitung des Kodex ist daher auch hier nicht zu 100 % auszuschließen. Mithin kann der Kritik an dieser Stelle nicht gefolgt werden.

Ein weiterer Kritikpunkt am GKFU ist, dass aufgrund der Gestaltungsbreite bei Familienunternehmen ein Einheitskodex nicht sinnvoll sei.[566] Grundsätzlich ist dem insoweit zuzustimmen, dass wegen der bereits dargelegten Besonderheiten von Familienunternehmen eine einheitliche Behandlung tatsächlich nicht sinnvoll ist. Jedoch empfiehlt der GKFU den Familienunternehmen, dass diese einen eigenen Kodex entwerfen sollen. Dabei können sie die im GKFU aufgeführten Aspekte berücksichtigen oder auch nicht.[567] Der Kritik von *Graf/Bisle*[568] ist jedoch insoweit zuzustimmen, als dass der GKFU teilweise Leerformeln enthält, deren Bedeutung nicht unbedingt klar sind. Anders als beide behaupten, trifft dies jedoch in Teilen auch auf den DCGK zu. Wenn sie kritisieren, dass Größe und Zusammensetzung der Unternehmensführung an der Größe des Unternehmens ausgerichtet werden sollen (2.1.4 GKFU), wird vergessen, dass die Anforderungen an Organe einer AG beispielsweise in Bezug auf die Compliance der Gesellschaft ähnlich sind. Hier soll ebenfalls die Größe des Unternehmens eine Rolle spielen. Nimmt man den GKFU als unverbindliche Leitlinie, als welche er in der

566 *Graf/Bisle*, DStR 2010, 2409.

567 Formulierung GKFU: „Familienunternehmen hingegen zeichnen sich durch eine große Vielfalt von Rechtsformen, Größenordnungen, Unternehmens-, Inhaber- und Führungsstrukturen aus. Aus dieser Vielfalt erwachsen spezifische Herausforderungen, die einer besonderen Beachtung bedürfen", Präambel, S 8.

568 *Graf/Bisle*, DStR 2010, 2409 ff.

vorliegenden Bearbeitung verstanden wird, da er insbesondere keine rechtliche Verbindlichkeit hat, ist der Kritik von *Graf/Bisle* an dieser Stelle nicht zuzustimmen.

Ein Aspekt, der jedoch für diese Kritik sprechen kann, ist, dass in der Präambel des GKFU auf S. 9 dargelegt wird, dass der Kodex Familienunternehmen dabei helfen soll, individuelle und auf die jeweilige Situation angepasste Richtlinien im Rahmen eines eigenen Familien-Kodex aufzustellen. Im nächsten Abschnitt wird jedoch impliziert, dass die Empfehlungen beachtet werden müssen: *„Bei seinen Empfehlungen unterscheidet der Governance Kodex für Familienunternehmen zwischen den Formulierungen „soll" und „es wird empfohlen". Die Formulierung „soll" weist auf Empfehlungen hin, die für eine gute Governance unverzichtbar sind. Die Formulierung „es wird empfohlen" wird für Empfehlungen verwendet, von denen in begründeten Ausnahmefällen abgewichen werden kann.*". Durch diese Formulierung entsteht der Eindruck, dass unabhängig von der Individualität der Familienunternehmen, die dargelegten Empfehlungen in jedem Fall einzuhalten seien. Dies kann einschränkend auf die Familienunternehmen wirken und so verstanden werden, dass die eigentlich unverbindlichen Vorgaben verbindlich seien. Hier wäre es wichtig, das Augenmerk auf individuelle Lösungen zu legen und nicht auf einheitliche Vorgaben.

Weiterhin lässt der GKFU weitere Ausführungen zu ESG-Faktoren vermissen. Unter 1.2 wird zwar kurz auf Belange der Umwelt eingegangen, jedoch wird der soziale Faktor hierbei nicht beachtet. Das Thema ESG wird nicht nur für börsennotierte Aktiengesellschaften immer wichtiger, auch Kunden und Geschäftspartner achten vermehrt auf soziale und nachhaltige Faktoren. Die Reputation spielt für Familienunternehmen eine große Rolle und kann, wie auch bei anderen Unternehmen, erfolgsentscheidend sein. Dementsprechend sollten sich auch Familienunternehmen zunehmend mit diesem Thema auseinandersetzen, wenn nicht bereits geschehen. Dies sollte auch durch den GFKU deutlich gemacht werden, wenn hier der Anspruch besteht, dass Empfehlungen entsprechend umgesetzt werden. Insbesondere ist auch das Auslassen bzw. nur die unzureichende Befassung mit der Thematik nicht mehr zeitgemäß.

Im Ergebnis ist die Kritik am GKFU in Teilen begründet. Einheitliche Richtlinien sind für Familienunternehmen nicht sinnvoll. Ihnen muss vielmehr die Möglichkeit gegeben werden, individuelle Lösungen zu finden. Der GKFU kann den Familienunternehmen jedoch helfen, auf die für das Unternehmen relevanten Einzelheiten zu achten, alle Aspekte miteinzubeziehen und sich insbesondere mit dem Thema Family Business Governance auseinander zu setzen. Die einzelnen Aspekte, die vom GKFU angesprochen werden, können von Familienunternehmen in ihre Überlegungen zur eigenen Family Business Governance miteinbezogen werden. Sie können außerdem als

Denkanstoß genommen werden, um sich über die Problemfelder im eigenen Unternehmen bewusst zu werden. Die eigene Family Business Governance im Rahmen einer Familienverfassung, eines Familienkodex oder ähnlichem kann durch den GKFU indes nicht ersetzt werden und tritt nicht an die Stelle einer eigenen Befassung mit dem Thema (dazu § 6 A).

§ 5 Compliance

Die Corporate Governance umfasst ein weites Spektrum an Führungsgrundsätzen, die sich an die Organe der Gesellschaft richten. Ein wichtiger Bestandteil dieser Grundsätze ist auch die Rechtmäßigkeit des Handelns der Organe (sog. Compliance). Diese sind im Rahmen ihrer gesetzlichen Pflichten des AktG und GmbHG dazu angehalten, einerseits selbst keine Rechtsverstöße zu begehen und andererseits auch auf den ihnen nachgeordneten Unternehmensebenen für regeltreues Verhalten etwa durch Überwachung zu sorgen. Wesentlich für die damit einhergehenden Organisationspflichten sind entsprechende Risiko- und Compliance-Management-Systeme. Diese können Führungs- und Überwachungsstrukturen in der Gesellschaft verbessern und eine nachhaltige Unternehmensentwicklung sicherstellen. Das ist umso wichtiger, betrachtet man mögliche Haftungsszenarien und drohende Schäden für die Reputation des Unternehmens bei Bekanntwerden von Compliance-Verstößen. Wie dieser Teilbereich der Governance im Unternehmen ausgestaltet ist, warum er so wichtig ist und welche Regularien existieren, soll im Folgenden erörtert werden.

Zunächst erfolgt dafür eine Begriffsbestimmung (siehe § 5 A). Des Weiteren wird erläutert, weshalb Compliance für Unternehmen so wichtig ist (siehe § 5 B). Im Anschluss daran wird die konkrete Compliance-Pflicht der Geschäftsleitung erörtert (siehe § 5 C) und der Zweck der Compliance dargestellt (§ 5 D). Fraglich ist insbesondere, inwieweit Compliance gesetzlich verankert ist und welche Pläne des Gesetzgebers hierzu bestehen (siehe § 5 E). Hierbei werden die Bestrebungen der Großen Koalition aus der 19. Legislaturperiode hinsichtlich eines Verbandssanktionengesetz-Entwurfs (VerSanG-E) kritisch beleuchtet und erörtert, inwieweit diese Pläne nun durch die Ampel-Koalition umgesetzt werden könnten. Sodann wird die Compliance in Familienunternehmen näher beleuchtet (hierzu § 5 G).

A. Begriffsbestimmung

Während Corporate Governance die Aufgaben, Rechte und Verantwortlichkeiten der Organe beschreibt, geht es bei der Compliance um die Sicherstellung der Einhaltung von Gesetzen und Geboten, die das Unternehmen betreffen.[569]

---

569 *Ziemons*, in Michalski/Heidinger/Leible/J. Schmidt, 4. Aufl. 2023, § 43 Rn. 174–177; *Fleischer*, in MüKo/GmbHG, 4 Aufl. 2023, § 43 Rn. 178; *Campos Nave/Zeller* BB 2012, 131.

Ursprünglich stammen der Begriff und die Funktion von Compliance aus dem anglo-amerikanischen Raum und dort im Besonderen aus dem Bankensektor.[570] Dort wurde unter Compliance ein systematisches Konzept zur Sicherstellung des regelkonformen Verhaltens in den verschiedenen Risikobereichen der Banken verstanden.[571] Der Begriff bedeutet so viel wie „Einhaltung, Befolgung, Übereinstimmung, Einhaltung bestimmter Gebote“[572]. Eine Legaldefinition des Begriffes „Compliance“ existiert nicht. Jedoch gilt nach Grundsatz 5 des DCGK: *„Der Vorstand hat für die Einhaltung der gesetzlichen Bestimmungen und der internen Richtlinien zu sorgen und wirkt auf deren Beachtung im Unternehmen hin (Compliance).“*. Auch wenn der DCGK an börsennotierte Unternehmen gerichtet ist, beansprucht diese Definition von Compliance auch für die GmbH Geltung.[573]

Bei näherer Betrachtung wird deutlich, dass die in Grundsatz 5 enthaltene Definition von Compliance nicht bloß beschreibt, dass gesetzliche Bestimmungen sowie interne Richtlinien einzuhalten sind. Vielmehr wird von der Geschäftsleitung eines Unternehmens verlangt, dass Maßnahmen ergriffen werden, die die Einhaltung sicherstellen. Mithin betrifft Compliance das gesamte Unternehmen und nicht nur die Ebene der Geschäftsleitung. Vorstand und Geschäftsführung müssen also nicht nur selbst Gesetze und interne Vorgaben einhalten, ihnen obliegt es darüber hinaus, die nachgeordneten Unternehmensebenen auf die entsprechende Einhaltung zu kontrollieren. Es besteht somit also auch eine Überwachungspflicht.

Der Unterschied zur Corporate Governance liegt in der Perspektive. Corporate Governance wird durch die Sichtweise der Regulierer geprägt, während die Compliance denjenigen betrifft, der reguliert wird.[574] Die Diskussion um Corporate Governance wird vor allem durch befürchtete Nachteile im Wettbewerb, bekanntgewordene Bilanzfälschungsfälle und Insolvenzen und von als unangemessen bewertetes Verhalten von Gesellschaftsorganen befeuert.[575] Dies spiegelt sich auch im unter § 4 B.I beschriebenen Prinzipal-Agenten-Konflikt wider, der insbesondere die Konflikte zwischen Management und Anteilseignern betrifft. Während im Bereich der Corporate Governance eine Regulierung bisher ausbleibt und die Beteiligten mehr oder weniger auf freiwillige Kodizes angewiesen sind, gilt es bei der Compliance, alle geltenden Regeln zu beachten und für deren Beachtung innerhalb

570 Dazu *Fleischer*, in BeckOGK, AktG, Stand: 01.06.2025, § 91 Rn. 66; Hauschka/Moosmayer/Lösler, Corporate Compliance, 3. Aufl. 2016, § 1 Rn. 2.

571 *Fleischer*, CCZ 2008, 1.

572 Hauschka/Moosmayer/Lösler, Corporate Compliance, 3. Aufl. 2016, § 1 Rn. 2.

573 *Theusinger/Jung*, in MAH GmbHR, 5. Aufl. 2023, § 24 Rn. 3.

574 Hauschka/Moosmayer/Lösler, Corporate Compliance, 3. Aufl. 2016, § 1 Rn. 4.

575 Hauschka/Moosmayer/Lösler, Corporate Compliance, 3. Aufl. 2016, § 1 Rn. 6.

des Unternehmens zu sorgen.[576] Hierbei werden Regelverstöße, die durch Organe oder Mitarbeiter begangen werden, als Risiko für Unternehmen und Management verstanden und versucht sie durch vorbeugende Maßnahmen im Sinne einer angemessenen Unternehmensorganisation zu vermeiden.[577]

B. Relevanz

Es gibt viele prominente Beispiele, wie sich Non-Compliance auf Unternehmen und deren Mitarbeiter beziehungsweise auch Unternehmensorgane auswirken kann. Sehen konnte man dies anhand zahlreicher Fälle in den vergangenen Jahren, die sich nicht nur in Hinblick auf monetäre Nachteile negativ ausgewirkt haben, sondern auch ganz persönliche Schicksale nach sich zogen.

Einer der wohl bekanntesten Fälle stellt dabei die Schmiergeldaffäre um den Siemens-Konzern dar. 2006 hatte dort die Münchner Staatsanwaltschaft ein weltweites System schwarzer Kassen entdeckt, mithilfe dessen Amtsträger und Auftraggeber bestochen wurden. Die Ermittlungen zogen diverse Prozesse im In- und Ausland sowie intensive interne Untersuchungen nach sich, an deren Ende Verurteilungen von Managern und Bußgeldern für das Unternehmen in Deutschland und den USA in Höhe von über einer Milliarde Euro standen.[578] Einen Teil des entstandenen Schadens forderte Siemens von seinen Vorständen zurück. Zu diesen gehörte auch der ehemalige Finanzvorstand Heinz-Joachim Neubürger, der sich mit Siemens auf eine Schadenersatzzahlung von 2,5 Mio. € einigte und sich im Anschluss an ein siebenjähriges Verfahren gegen ihn das Leben nahm.[579] Der Einigung des Konzerns und seines ehemaligen Vorstandsmitglieds ging ein Verfahren vor dem Landgericht München I voraus, dessen Folge das heute sog. Siemens/Neubürger Urteil[580] war. Kern des wegweisenden Urteils für die Compliance in Deutschland war die Anerkennung einer ausdrücklich schadensersatzbewehrten Verpflichtung zum Einrichten eines CMS sowie zur Überwachung der jeweils zuständigen Ressortleiter, derer man sich als Mitglied der Geschäftsleitung nicht entziehen kann.[581] Compliance ist demnach Aufgabe der Geschäftsleitung.

576 Hauschka/Moosmayer/Lösler, Corporate Compliance, 3. Aufl. 2016, § 1 Rn. 7.

577 Hauschka/Moosmayer/Lösler, Corporate Compliance, 3. Aufl. 2016, § 1 Rn. 7.

578 Siehe u. a. *Schrag*, Deutsche Welle, Korruption in Deutschland – der Fall Siemens, erschienen am 9. Dezember 2009, abrufbar unter https://www.dw.com/de/korruption-in-deutschland-der-fall-siemens/a-4996892.

579 FAZ, Ehemaliger Siemens-Finanzchef gestorben, erschienen am 6. Februar 2015, abrufbar unter https://www.faz.net/aktuell/wirtschaft/ex-siemens-finanzchef-heinz-joachim-neubuerger-gestorben-13413421.html.

580 LG München I NZG 2014, 345 ff.

581 LG München I NZG 2014, 345 ff.

Wettbewerbsdelikten und somit diese nicht in der Polizeilichen Kriminalstatistik auftauchen.[587] Im Jahr 2019 wurden insgesamt 40.484 Fälle von Wirtschaftskriminalität registriert.[588] Im Vergleich zum Vorjahr ergibt sich somit ein Rückgang um ca. 20 %.[589] Der Durchschnitt der registrierten Fälle der letzten fünf Jahre liegt bei 56.725 Fällen und somit weit über dem letzten ermittelten Wert.[590] Betrachtet man alle polizeilich bekannt gewordenen Straftaten, liegt der Anteil der Straftaten im Zusammenhang mit Wirtschaftskriminalität in der Gesamtheit der bekannten Delikte bei 0,7 %.[591]

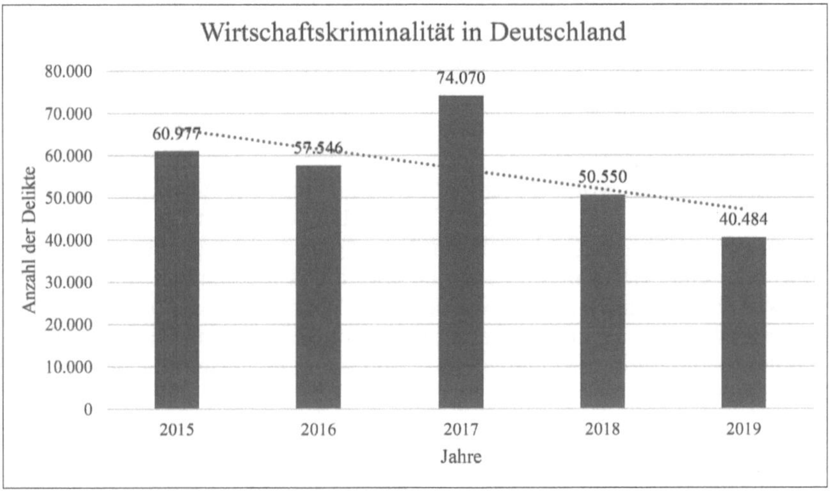

Abbildung 3, Quelle: Bundeslagebild BKA 2019 vom 29. Dezember 2020, S. 5 (basierend auf der Polizeilichen Kriminalstatistik)

Die Rückläufigkeit lässt sich vor allem damit erklären, dass weiterhin eine hohe Dunkelziffer angenommen werden muss.[592] Dies hängt vor allem mit der Komplexität der jeweiligen Fälle zusammen, welche für langwierige Verfahren sorgt.[593] Auch die Überschneidung mit anderen Deliktarten kann den tendenziellen Rückgang erklären.[594]

587 Bundeslagebild BKA 2019 vom 29. Dezember 2020, S. 4.
588 Bundeslagebild BKA 2019 vom 29. Dezember 2020, S. 5.
589 Bundeslagebild BKA 2019 vom 29. Dezember 2020, S. 5.
590 Für das Jahr 2017 ergibt sich ein deutlich höherer Wert. Dies ist auf ein Verfahren wegen Anlagebetrugs in Sachsen zurückzuführen, welches sich auf insgesamt 23.000 Einzeltaten bezieht, Bundeslagebild BKA 2019 vom 29. Dezember 2020, S. 5.
591 Bundeslagebild BKA 2019 vom 29. Dezember 2020, S. 5.
592 Bundeslagebild BKA 2019 vom 29. Dezember 2020, S. 26.
593 Bundeslagebild BKA 2019 vom 29. Dezember 2020, S. 26.
594 Bundeslagebild BKA 2019 vom 29. Dezember 2020, S. 26.

Beachtenswert ist, dass trotz des Rückgangs, die Schäden von Wirtschaftsdelikten im Jahr 2019 einen Anteil von 44,7 % am in der Polizeilichen Kriminalstatistik für alle Straftaten ausgewiesenen Gesamtschaden in Höhe von 6,647 Mrd. € aufweisen.[595] Vor dem Hintergrund, dass Wirtschaftsdelikte insgesamt nur 0,7 % aller bekannt gewordenen Straftaten ausmachen, zeigt sich, welches Gewicht diese Art der Delikte insbesondere in finanzieller Hinsicht haben. Darüber hinaus sind auch immaterielle Schäden zu befürchten, die oftmals nicht bezifferbar sind. Hierunter fallen unter anderem Reputations- und Vertrauensverluste von Unternehmen oder ganzen Wirtschaftszweigen sowie Wettbewerbsverzerrungen.[596] Diese Folgen treffen vor allem die Unternehmen selbst, sodass hier offenkundiger Handlungsbedarf besteht.

Die Vielzahl an möglichen Delikten, die durch Unternehmensangehörige begangen werden können, führen weiterhin zu oftmals hohen Bußgeldern. Bereits der Blick auf die hohe Aufklärungsquote von 90,5 %[597] sollte mögliche Täter dazu bringen, Taten zu unterlassen. Da dies, wie man mit Blick auf die Statistik sehen kann, nicht der Fall ist, stellt sich zumindest die Frage, wie Anreize geschaffen werden können, damit Taten unterlassen werden oder wenigstens bei deren Aufklärung Hilfe geleistet werden kann.

Das Bundeskartellamt beispielsweise räumt seit 2000 mit einer sog. Kronzeugenregelung Kartellteilnehmern die Chance ein, Strafen zu reduzieren oder davon sogar gänzlich befreit zu werden.[598] Dies ist insbesondere mit Blick auf die hohen Kartellbußgelder reizvoll.[599] Auch in anderen Bereichen können Unternehmen mit Bußgeldern belangt werden (z. B. bei Verstößen gegen Datenschutzrecht). Mithin haben sie regelmäßig auch ein Interesse daran, dass Verstöße aufgeklärt und Schäden möglichst geringgehalten werden. Dies sollte insbesondere auch durch das neue VerSanG-E erreicht werden.

595 Bundeslagebild BKA 2019 vom 29. Dezember 2020, S. 7.

596 Bundeslagebild BKA 2019 vom 29. Dezember 2020, S. 9.

597 Bundeslagebild BKA 2019 vom 29. Dezember 2020, S. 7.

598 Erfolgreiche Kartellverfolgung, Bundeskartellamt Stand Dezember 2016, S. 6, https://www.bundeskartellamt.de/SharedDocs/Publikation/DE/Broschueren/Informationsbroschüre%20-%20Erfolgreiche%20Kartellverfolgung.pdf?__blob=publicationFile&v=12 (im Folgenden: Erfolgreiche Kartellverfolgung, Bundeskartellamt Stand Dezember 2016).

599 Beispielsweise wurden im sog. Bahnschienenkartell Bußgelder gegen Hersteller und Lieferanten wegen Quoten und Preisabsprachen verhängt, das höchste verhängte Einzelbußgeld betrug dabei 103 Mio. €, siehe Erfolgreiche Kartellverfolgung, Bundeskartellamt Stand Dezember 2016, S. 8.

Vor allem Vorkommnisse wie der Schmiergeld-Skandal der Siemens AG[600] lenken den Blick auf die Wirtschaftskriminalität und sensibilisieren für deren zukünftige Verhinderung.[601] Es obliegt den Unternehmen, drohende Schäden materieller und immaterieller Art abzuwenden. Ebendiese Vermeidung von Verstößen, sollte oberste Prämisse einer jeden Unternehmensleitung sein.[602] Das Fundament hierfür ist die konsequente Einhaltung von gültigen Vorschriften.

Im Hinblick auf potenzielle Bußgelder, mögliche Reputationsverluste und sogar Existenzgefährdungen zeigt sich die besondere Wichtigkeit der Gesetzestreue von Unternehmen. Risikosituationen ergeben sich insbesondere im Kartellrecht, Korruptionsstrafrecht, Umweltrecht sowie Außenwirtschafts- und Produkthaftungsrecht.[603] Zunehmend wichtiger werden Compliance-Sachverhalte auch im Rahmen von steuerrechtlichen Fragestellungen.[604] Darüber hinaus haben die stetige Digitalisierung auch wirtschaftlicher Vorgänge sowie das Inkrafttreten der Datenschutz-Grundverordnung (DS-GVO) dazu beigetragen, dass datenschutzrechtliche Herausforderungen zugenommen haben. Dies hat dazu geführt, dass auch hier eine gesteigerte Aufmerksamkeit vonnöten ist.[605]

Die Pflicht, Compliance im Unternehmen umzusetzen, liegt bei der Geschäftsleitung. Zu den einzelnen Pflichten im Zusammenhang mit Compliance im Folgenden (zu den Besonderheiten im Familienunternehmen siehe § 5 G).

C. Compliance-Pflicht

Eine ausdrücklich benannte Compliance-Pflicht enthält das deutsche Recht nicht. Jedoch ergeben sich aus verschiedenen Normen und der Rechtsprechung Anforderungen, die an die Unternehmensorganisation zu stellen sind. Aus diesen lässt sich auch eine Compliance-Pflicht ableiten, die heute weit überwiegend anerkannt ist.[606] Nach herrschender Lehre ist der

---

600 Siehe https://www.haufe.de/compliance/management-praxis/antikorruptionskurs-bei-siemens-hat-sich-bewaehrt_230130_323542.html.

601 *Piel/Rübenstahl*, in Knierim/Rübenstahl/Tsambikakis, Internal Investigations, 2. Aufl. 2016, Kapitel 21, Rn. 1.

602 *Schaupensteiner*, NZA-Beilage 2011, 8.

603 *Fleischer*, AG 2003, 291, 300.

604 *Aichberger/Schwartz*, DStR 2015, 1758 ff.; *Kromer/Pumpler/Henschel*, BB 2013, 791 ff.

605 *Korch/Chatard*, AG 2019, 551, 554 ff.; *Löschhorn/Fuhrmann*, NZG 2019, 161 ff; *Glaser*, GmbHR 2018, 993 ff.; *Behling*, ZIP 2017, 697 ff.; *König*, AG 2017, 262 ff.

606 Siehe LG München I, NZG 2014, 345 ff. sowie A I Grundsatz 5 des DCGK in der Fassung vom 28. April 2022; siehe darüber hinaus *Koch*, in Koch, AktG, 16. Aufl.

Vorstand einer AG verpflichtet, eine dem Gefahrenpotenzial entsprechende Compliance-Organisation einzurichten, die auf Haftungsvermeidung und Risikokontrolle ausgerichtet ist.[607] Diese Verpflichtung trifft grundsätzlich auch den Geschäftsführer der GmbH (siehe zu den Unterschieden § 5 G).[608] Ihre Pflichten kann die Geschäftsleitung nicht nur dann verletzen, wenn sie selbst tätig wird, sondern auch bei Anregung anderer Mitglieder der Geschäftsleitung oder von Mitarbeitern zu pflichtwidrigem Verhalten sowie mangels Einschreiten gegen pflichtwidriges Verhalten der ebengenannten Gruppen.[609] Darüber hinaus können sich präventive und reaktive Compliance-Maßnahmen bei Verhängung einer Verbandsgeldbuße bußgeldmindernd auswirken.[610] Dabei soll jedoch keine Pflicht zur Implementierung eines standardisierten Compliance-Systems bestehen (weiteres hierzu unter § 5 C.V).

Gegenstimmen, die eine allgemeine Rechtspflicht zur Einrichtung einer Compliance-Organisation verneinen, stützen ihre Meinung darauf, dass man der Geschäftsleitung im Rahmen ihres Organisationsermessens gem. § 93 Abs. 1 S. 2 AktG überlassen müsse, welche Mittel und Wege sie zur Gewährleistung der Rechtstreue im Unternehmen wählen.[611] Außerdem seien zum Beispiel aufsichtsrechtliche Sondervorschriften bewusst auf spezielle Bereiche beschränkt worden und finden sich nicht in allgemeiner Fassung im AktG wieder.[612] Dies lässt jedoch die Pflicht der Geschäftsleitung unbestritten, rechtswidriges Verhalten innerhalb des Unternehmens durch organi-

---

2022, § 76 Rn. 13; *Fleischer*, in BeckOGK, AktG, Stand: 01.06.2024, § 91 Rn. 62 f.; *Spindler*, in MüKo/AktG, 5. Aufl. 2019, § 91 Rn. 52; *Mertens/Cahn*, in KK-AktG, 3. Aufl. 2010, § 91 Rn. 35; *Bürgers*, ZHR 179 (2015), 173, 175 ff.; *Reichert/Ott*, NZG 2014, 241 f.; *Arnold*, ZGR 2014, 76, 78 f.; *Bicker,* AG 2012, 542, 543 ff.; *Goette*, ZHR 175 (2011), 388, 392 ff.; *Verse*, ZHR 175 (2011), 401, 403 ff.; *Fleischer*, CCZ 2008, 1, 2 ff.

607 *Fleischer*, in BeckOGK, AktG, Stand: Stand: 01.06.2025, § 91 Rn. 62; *Mertens/Cahn*, in KK-AktG, §. Aufl. 2010, § 91 Rn. 36; *Marsch-Barner*, in Marsch-Barner/Schäfer Börsennotierte AG-HdB, 6. Aufl. 2025, Rn. 21.24; *Reichert/Ott*, NZG 2014, 241, 242; *Simon/Merkelbach*, AG 2014, 318, 319; *Bicker,* AG 2012, 542, 544; *Fleischer,* CCZ 2008, 1, 3.

608 *Paefgen,* in Habersack/Casper/Löbbe, GK GmbHG, 3. Aufl. 2020, § 43 Rn. 54; *Kleindiek*, in Lutter/Hommelhoff, GmbHG, 21. Aufl. 2023, § 43 Rn. 31; *Fleischer*, in MüKo/GmbHG, 4. Aufl. 2023, § 43 Rn. 178; *Beurskens*, in Noack/Servatius/Haas, GmbHG, 24. Aufl. 2025, § 43 Rn. 10.

609 Ausdrücklich BGH NJW 2013, 1958 Rn. 22; aufgegriffen von BGH NZG 2015, 792 Rn. 27.

610 BGH NZG 2018, 36 Ls.; dazu *Baur/Holle*, NZG 2018, 14, *Bürkle*, BB 2018, 525; *Eufinger*, ZIP 2018, 615.

611 *Koch*, in Koch, AktG, 16. Aufl. 2022, § 76 Rn. 14; *Kremer/Klahold*, ZGR 2010, 113, 120 f.; *Hauschka/Klindt*, NJW 2007, 2726, 2728; *ders.*, ZIP 2004, 877, 878; *Bürkle*, BB 2005, 565, 568 ff.

612 *Koch*, in Koch, AktG, 16. Aufl. 2022, § 76 Rn. 14.

satorische Vorkehrungen abzustellen und zu unterbinden.[613] So fordert auch die Gegenmeinung unabhängig von der konkreten Gefährdungslage einer Gesellschaft ein Minimum an Präventionsmaßnahmen.[614] Auch die herrschende Lehre fordert in kleineren Unternehmen mit lediglich geringer Risikoexposition keine institutionalisierten Compliance-Strukturen.[615] Dies soll insbesondere für Gesellschaften in der Rechtsform der GmbH gelten.[616] Die herrschende Lehre betont außerdem, dass die Geschäftsleitung zwar nicht hinsichtlich des „Ob" der Compliance-Pflicht, aber durchaus hinsichtlich des „Wie", also der konkreten Ausgestaltung von Compliance-Maßnahmen ein weites Organisationsermessen habe.[617]

I. Compliance-Pflicht im Außenverhältnis

Die Geschäftsleitung kann auch im Verhältnis zu Dritten – mithin im Außenverhältnis – die Pflicht treffen, für die Einhaltung von Rechtsnormen zu sorgen.

Diese Pflicht ergibt sich vor allem aus § 130 Abs. 1 OWiG, wonach eine Ordnungswidrigkeit begeht, wer als Inhaber eines Unternehmens vorsätzlich oder fahrlässig die Aufsichtsmaßnahmen unterlässt, die erforderlich sind, um in dem Unternehmen bußbewehrte Zuwiderhandlungen gegen Pflichten zu verhindern, die den Inhaber treffen. Von § 130 OWiG umfasst sind auch Pflichten, die nicht unmittelbar den Inhaber des Unternehmens (AG oder GmbH als juristische Person) treffen, aber einen gewissen Unternehmensbezug aufweisen.[618] Über § 9 Abs. 1 Nr. 1 OWiG wird die an die juristische Person als Inhaber gerichtete Pflicht auf die Mitglieder der Geschäftsleitung transponiert, was dazu führt, dass diese bei Erfüllung ihrer Pflichten auch diese Vorschriften im Blick haben müssen.

Weiter können mittelbar auch Compliance-Pflichten aus deliktischen Verkehrssicherungspflichten aus § 823 BGB und einer strafrechtlichen Garan-

---

613 *Fleischer*, in BeckOGK, AktG, Stand: Stand: 01.06.2025, § 91 Rn. 63; *Koch*, in Koch, AktG, 16. Aufl. 2022, § 76 Rn. 13.

614 *Koch*, in Koch, AktG, 16. Aufl. 2022, § 76 Rn. 16; *Hauschka/Greeve*, BB 2007, 165, 166.

615 *Mertens/Cahn*, in KK-AktG, 3. Aufl. 2010, § 91 Rn. 36; *Bicker*, AG 2012, 542, 544; *Reichert/Ott*, ZIP 2009, 2173, 2174.

616 *Fleischer*, in MüKo/GmbHG, 4. Aufl. 2023, § 43 Rn. 181; *Goette*, ZHR 175 (2011), 388, 396 f.; *Kort*, NZG 2008, 81, 84.

617 *Fleischer*, in BeckOGK, AktG, Stand: 01.06.2025, § 91 Rn. 63; *ders.*, NZG 2014, 321, 324; *Kort*, FS Roth, 2011, 407, 410 ff.; *Winter*, FS Hüffer, 2010, 1103, 1107.

618 *Rogall*, in KK-OWiG, 6. Aufl. 2025, § 130 Rn. 81 ff.; siehe auch *Bachmann/Kremer*, in Kremer u. a., Deutscher Corporate Governance Kodex, 8. Aufl. 2021, GS 5 Rn. 17.

tenpflicht entsprechend § 13 StGB diskutiert werden.[619] Jedoch hat der BGH klargestellt, dass aus der Legalitätspflicht folgende Überwachungspflichten im Außenverhältnis in der Regel keine Garantenstellung i. S. d. § 13 StGB begründen.[620] Im Innenverhältnis kommt eine Garantenstellung hingegen in Betracht. Allerdings kann eine lediglich unzureichende Überwachung nicht schon den Tatbestand der Untreue durch Unterlassen begründen.[621] Werden Dritte aufgrund mangelnder oder mangelhafter Compliance-Maßnahmen aus dem Unternehmen heraus deliktisch geschädigt, haftet in erster Linie die Gesellschaft über § 31 BGB. Dies folgt daraus, dass die Geschäftsleitung nur ihr gegenüber zur ordnungsgemäßen, sprich sorgfältigen Unternehmensorganisation verpflichtet ist.[622]

Weiterhin können sich im Außenverhältnis Compliance-Verpflichtungen aus Sondervorschriften ergeben. Die sich daraus ergebenden Vorgaben machen besondere organisatorische Vorkehrungen notwendig, die sich aus den allgemeinen Vorgaben der §§ 76, 91, 93 AktG sowie § 43 GmbHG nicht ergeben. Beispielhaft zu nennen sei hier die DS-GVO, die einen weiten Anwendungsbereich hat und nicht bloß branchenspezifisch ist. So fordert beispielsweise Art. 24 DS-GVO, dass der Verantwortliche geeignete technische und organisatorische Maßnahmen setzen muss, um sicherzustellen und den Nachweis erbringen zu können, dass die Verarbeitung von Daten gemäß der DS-GVO erfolgt.

Spezialgesetzliche Vorgaben können sich insbesondere auch im Banken- und Versicherungssektor ergeben, die aus Normen des Bankaufsichts- und Kapitalmarktrechts folgen. § 25a Abs. 1 Kreditwesengesetz (KWG) bestimmt, dass ein vom KWG umfasstes Institut über eine ordnungsgemäße Geschäftsorganisation verfügen muss, die die Einhaltung der zu beachtenden gesetzlichen Bestimmungen und der betriebswirtschaftlichen Notwendigkeiten gewährleistet. Die Geschäftsleiter sind danach für die ordnungsgemäße Geschäftsorganisation des Instituts verantwortlich und haben erforderliche Maßnahmen für die Ausarbeitung der entsprechenden institutsinternen Vorgaben zu ergreifen, sofern nicht das Verwaltungs- oder Aufsichtsorgan entscheidet. Eine ordnungsgemäße Geschäftsorganisation muss nach § 25a Abs. 1 S. 3 KWG insbesondere ein angemessenes und wirksames Risikomanagement umfassen, auf dessen Basis ein Institut die Risikotragfähigkeit laufend sicherzustellen hat. Aus § 25a Abs. 1 S. 3 Nr. 1–6 KWG ergeben sich dabei die Aspekte, die das Risikomanagement umfassen soll. § 25a KWG

619 BGH NJW 2009, 3173 zur Garantenstellung des Compliance Officers, die indes nicht verallgemeinerungsfähig ist dazu *Koch*, in Koch, AktG, 16. Aufl. 2022, § 76 Rn. 19.

620 BGH NJW 2012, 3439; bestätigt durch BGH NZG 2019, 939 Rn. 10.

621 *Spindler*, in MüKo/AktG, 5. Aufl. 2019, § 91 Rn. 78; *Grützner/Behr*, DB 2013, 561, 565.

622 BGH NJW 2019, 2164; BGH NJW 2012, 3439.

wird weiter konkretisiert durch die Mindestanforderungen an das Risikomanagement (MaRisk), die mit einem Rundschreiben der Bundesanstalt für Finanzdienstleistungsaufsicht (BaFin) für die Ausgestaltung des Risikomanagements in deutschen Kreditinstituten veröffentlicht wurden.[623]

Weitere spezialgesetzliche Normen sind die §§ 23 ff. Versicherungsaufsichtsgesetz (VAG) und § 80 WpHG. Letzterer sieht vor, dass ein Wertpapierdienstleistungsunternehmen die organisatorischen Pflichten nach § 25a Abs. 1 und § 25e KWG oder, sofern es sich um ein Wertpapierinstitut handelt, nach § 28 Abs. 1 und 2 und § 41 des Wertpapierinstitutsgesetzes (WpIG) einhalten muss. Einzelne Anforderungen ergeben sich dabei aus § 80 Abs. 1 S. 2 Nr. 1–4 WpHG. Diese werden wiederum ergänzt durch die Mindestanforderungen an die Compliance-Funktion und weitere Verhaltens-, Organisations- und Transparenzpflichten (MaComp) unter AT 6 näher konkretisiert. Diese wurden wie die MaRisk durch Rundschreiben der BaFin veröffentlicht.[624] Weitere Regelungsansätze finden sich unter anderem in § 52a Abs. 2 Bundes-Imissionsschutzgesetz (BImSchG) und § 58 Kreislaufwirtschaftsgesetz (KrWG).

Ein weiteres Gesetz, welches Compliance-Pflichten näher regelt ist das Lieferkettensorgfaltspflichtengesetz (LkSG). Dieses wurde am 11. Juni 2021 vom Bundestag verabschiedet und tritt am 1. Januar 2023 in Kraft. Danach sind Unternehmen ab einer bestimmten Größe dazu verpflichtet, innerhalb ihres eigenen Betriebes sowie ihrer Lieferketten auf die Einhaltung von umweltbezogenen Pflichten und Menschenrechten zu achten und Präventions- sowie Abhilfemaßnahmen (§§ 6, 7 LkSG) zu ergreifen. Die gesetzlichen Pflichten sehen außerdem die Einrichtung eines Risikomanagements (§ 4 LkSG) sowie die Durchführung einer Risikoanalyse (§ 5 LkSG) vor. Die Unternehmen sollen sich weiterhin in einer Grundsatzerklärung zu ihrer unternehmerischen Menschenrechtsstrategie äußern (§ 6 Abs. 2 LkSG). Im Falle von Rechtsverstößen soll ein zuvor eingerichtetes Beschwerdeverfahren die Aufklärung vereinfachen (§ 8 LkSG). Die Einhaltung der im LkSG auferlegten Sorgfaltspflichten soll außerdem dokumentiert werden. Das Unternehmen hat dazu jährlich einen Bericht über die Erfüllung der Pflichten im vergangenen Geschäftsjahr zu erstellen und öffentlich frei zugänglich zu machen. (§ 10 Abs. 1, 2 LkSG). Behördlich kontrolliert und durchgesetzt werden die festgelegten Pflichten und deren Einhaltung durch das

623 Neueste Überarbeitung vom 5. November 2021, Rundschreiben 10/2021 (BA) – MaRisk, abrufbar unter https://www.bafin.de/SharedDocs/Veroeffentlichungen/DE/Rundschreiben/2021/rs_1021_MaRisk_BA.html.

624 Neueste Überarbeitung vom 10. August 2021, Rundschreiben 05/2018 (WA) – MaComp, abrufbar unter https://www.bafin.de/SharedDocs/Veroeffentlichungen/DE/Rundschreiben/2018/rs_18_05_wa3_macomp.html;jsessionid=F048783ACAC70CB7E887A3E91A1E6234.2_cid501?nn=9021442.

Bundesamt für Wirtschaft und Ausfuhrkontrolle (BAFA). Verstöße gegen die Sorgfaltspflichten aus dem LkSG stellen eine bußgeldbewährte Ordnungswidrigkeit dar (§ 24 Abs. 1 LkSG). Für diese ist ein Bußgeldrahmen von bis zu zwei Prozent des weltweiten konsolidierten Jahresumsatzes vorgesehen sofern es sich um ein Unternehmen mit einem Jahresumsatz von mehr als 400 Mio. € handelt (§ 24 Abs. 3 LkSG). Unternehmen mit einem geringeren Umsatz müssen Bußgelder von bis zu 800.000 € befürchten – je nach Art und Schwere des Verstoßes (§ 24 Abs. 2 LkSG). Weiterhin kommt ein Ausschluss von der Vergabe öffentlicher Aufträge für bis zu drei Jahre in Betracht, sofern ein Bußgeld von mindestens 175.000 € verhängt wurde (§ 22 Abs. 1, 2 LkSG). Auf europäischer Ebene wird noch im laufenden Jahr (2022) ein entsprechender Entwurf einer Richtlinie im Bereich des Lieferkettenrechts erwartet.

Anders als allgemein in der AG oder der GmbH, hat der Gesetzgeber mithin für bestimmte Branchen die Pflicht zur Implementierung eines Compliance-Systems ausdrücklich normiert. Diese Sondernormen werden von Grundsatz 5 DCGK nicht aufgegriffen. Vielmehr werden sie ausdrücklich in der Präambel des DCGK aus der Anwendung desselben ausgeklammert.[625] Auch die analoge Anwendung der eben genannten Vorschriften kommt nach herrschender Auffassung nicht in Betracht.[626] In praktischer Hinsicht können Unternehmen die Regelungen als Anreiz für ihre eigene Organisation nehmen, sind aber, soweit sie nicht unter deren Anwendungsbereich fallen, nicht dazu verpflichtet.

II. Compliance-Pflicht im Innenverhältnis

Die Compliance-Pflicht ist gesetzlich weder im AktG noch im GmbHG ausdrücklich geregelt. Wie bereits dargelegt, herrscht auch Einigkeit hinsichtlich des grundsätzlichen Bestehens derselben. Lediglich die Rechtsgrundlage ist umstritten. Die dogmatische Herleitung der Compliance-Pflicht im Innenverhältnis erlangt jedoch Bedeutung, wenn es etwa um die Delegation von Pflichten oder die Übertragbarkeit von Regelungen des AktG auf die GmbH geht, die eine dem § 91 Abs. 2 AktG entsprechende Regelung nicht kennt.[627]

Eine Literaturmeinung stützt die Compliance-Verantwortung der Geschäftsleitung auf eine Gesamtanalogie aller compliance-relevanten Normen der verschiedenen Rechtsgebiete.[628] Dabei wird jedoch verkannt, dass die ein-

625 Siehe Präambel des DCGK in der Fassung vom 28. April 2022, S. 3.

626 *Bachmann/Kremer*, in Kremer u. a., Deutscher Corporate Governance Kodex, 8. Aufl. 2021, GS 5 Rn. 19; *Koch*, in Koch, AktG, 16. Aufl. 2022, § 76 Rn. 16a; *Bachmann*, VGR 13 (2018), 65, 74 ff.

627 Siehe auch *Fleischer*, in BeckOGK, Stand: 01.06.2025, § 91 Rn. 64 m. w. N.

628 *U. H. Schneider*, ZIP 2003, 645, 648 f.

zelnen Compliance-Vorschriften unterschiedliche und insbesondere bereichsspezifische Schutzrichtungen haben.[629] Die in ihnen enthaltenen Compliance-Pflichten sind auf bestimmte Branchen zugeschnitten und können nicht ohne weiteres verallgemeinert und herangezogen werden.[630]

Andere Stimmen leiten die Compliance-Pflicht aus einer Analogie zu § 91 Abs. 2 AktG her.[631] Sie verweisen auf die Gesetzesbegründung, die die bestandsgefährdenden Risiken aufzählt, worunter auch Compliance-Verstöße von Organmitgliedern oder anderen Unternehmensangehörigen gezählt werden.[632] Dem kann einerseits entgegengesetzt werden, dass das GmbHG keine dem entsprechende Norm beinhaltet, was vom Gesetzgeber so zwar wegen der Ausstrahlungswirkung von § 91 Abs. 2 AktG gewollt war,[633] jedoch für GmbH-Geschäftsführer zu Unklarheiten führen kann. Weiterhin werden Compliance-Verstöße nur äußerst selten und selbst bei Berücksichtigung aller möglichen Sanktionen (zivil-, straf- und öffentlich-rechtlicher Art) den Tatbestand der bestandsgefährden Entwicklung erfüllen.[634]

Die herrschende Lehre leitet die Compliance-Verantwortung der Geschäftsleitung stattdessen aus der allgemeinen Leitungssorgfalt der Vorstandsmitglieder gem. §§ 76 Abs. 1, 93 Abs. 1 AktG ab.[635] Begründet wird dies damit, dass die Legalitätspflicht (dazu sogleich) sich nicht in der eigenen Rechtstreue erschöpft, sondern auch die Legalitätskontrollpflicht (dazu unter § 5 C.IV) umfasst.[636] Die Mitglieder der Geschäftsleitung müssen mithin auch geeignete Maßnahmen ergreifen, um gesetzestreues Verhalten auf den nachgeordneten Ebenen sicherzustellen.[637]

---

629 *Fleischer*, in BeckOGK, Stand: 01.06.2025, § 91 Rn. 66.

630 *Fleischer*, in BeckOGK, Stand: 01.06.2025, § 91 Rn. 66; *Koch*, in Koch, AktG, 16. Aufl. 2022, § 76 Rn. 44; *Fleischer*, NZG 2014, 321, 322; *Merkt*, ZIP 2014, 1705, 1707; *Bicker*, AG 2012, 542, 544; *Verse,* ZHR 175 (2011), 401, 403.

631 *Faust*, in Ellenberger/Bunte, Bankrechts-HdB, 6. Aufl. 2022, § 89 Rn. 95a; *Spindler*, WM 2008, 905, 906 f.; *Berg*, AG 2007, 271, 284 ff.; *Schwintowski,* NZG 2005, 200, 201 f.

632 BegrRegE KonTraG, BT-Drs. 13/9717, S. 15; *Fleischer*, in BeckOGK, Stand: 01.06.2025, § 91 Rn. 66.

633 BegrRegE KonTraG, BT-Drs. 13/9717, S. 15.

634 *Fleischer*, in BeckOGK, Stand: 01.06.2025, § 91 Rn. 66, *Mertens/Cahn*, in KK-AktG, 3. Aufl. 2010, § 91 Rn. 34; *Fleischer*, NZG 2014, 321, 322; *Merkt*, ZIP 2014, 1705, 1707; *Bicker*, AG 2012, 542, 544; *Verse*, ZHR 175 (2011), 401, 403 f.

635 *Fleischer*, in BeckOGK, Stand: 01.06.2025, § 91 Rn. 65; *Koch*, in Koch, AktG, 16. Aufl. 2022, § 76 Rn. 12; *Spindler*, in MüKo/AktG, 5. Aufl. 2019, § 91 Rn. 52; *Mertens/Cahn*, in KK-AktG, 3. Aufl. 2010, § 91 Rn. 35; *Bürgers*, ZHR 179 (2015), 173, 175; *Fleischer*, NZG 2014, 321, 322; *ders.*, BB 2008, 1070, 1072; *Verse,* ZHR 175 (2011), 401, 404; *Bürkle*, BB 2007, 1797, 1799; *Vetter*, DB 2007, 1963, 1964.

636 *Fleischer*, in BeckOGK, Stand: 01.06.2025, § 91 Rn. 65; *ders.*, CCZ 2008, 1, 2.

637 BGH NZG 2015, 792 RN. 27; BGH NJW 2013, 1958 Rn. 22; OLG Köln NZG 2001, 135, 136; LG München I NZG 2014, 345.

III. Legalitätspflicht

Grundsätzlich haben gem. §93 Abs. 1 S. 1 AktG Vorstandsmitglieder bei ihrer Geschäftsführung die Sorgfalt eines ordentlichen und gewissenhaften Geschäftsleiters anzuwenden. Für die Geschäftsführer der GmbH gilt dies gem. §43 Abs. 1 GmbHG. Auch sie tragen die Verantwortung für die Einhaltung interner und externer Vorgaben (siehe zu den Pflichten des Geschäftsführers im Familienunternehmen §5 G).[638] Eine der daraus folgenden Kardinalspflichten ist die Legalitätspflicht, nach welcher der Vorstand an Recht und Gesetz gebunden ist.[639] Neben der Pflicht, sich selbst rechtskonform zu verhalten, hat der Vorstand dabei auch dafür Sorge zu tragen, dass die AG sowie deren Mitarbeiter sich an gesetzliche Vorgaben halten.[640] Neben der Rechtsordnung, die sich aus den geschriebenen Regeln ergibt, hat der Vorstand auch die selbstgewählten Regeln der Satzung sowie die Hauptversammlungsbeschlüsse zu beachten.[641]

IV. Legalitätskontrollpflicht

Die Sicherstellung normkonformen Verhaltens durch die Unternehmensangehörigen mündet in einer Legalitätskontrollpflicht.[642] Diese ist in der Regel gemeint, wenn von der Compliance-Pflicht gesprochen wird und ist eigentlicher Gegenstand von Grundsatz 5 des DCGK.[643] Die Legalitätskontrollpflicht kann in die horizontale und vertikale Überwachungspflicht eingeteilt werden. Auf horizontaler Ebene hat der einzelne Vorstand den Gang der Geschäfte über seine jeweiligen Ressortgrenzen hinaus fortlaufend zu beobachten.[644] Jedoch sind dabei auch jeweilige Grenzen zu beachten, die sich aus der Ressortverantwortung des einzelnen Vorstands ergeben kön-

---

638 *Leinekugel*, in Oppenländer/Trölitzsch, PraxisHdB. der GmbH-Geschäftsführung, 4. Aufl. 2025, §18 Rn. 18; *Oppenheim*, DStR 2014, 1063.

639 BGH NJW 2010, 3458; BGH NJW 2011, 88 Rn. 37; BGH NJW 2012, 3439; *Fleischer*, in BeckOGK, AktG, Stand: 01.06.2025, §93 Rn. 19; *Spindler*, in MüKo/AktG, 5. Aufl. 2019, §93 Rn. 86; *Grigoleit/Tomasic*, in Grigoleit, AktG, 2013, §93 Rn. 23; *Dauner-Lieb*, in Henssler/Strohn, GesR, 6. Aufl. 2024, §93 Rn. 7a.

640 *Koch*, in Koch, AktG, 16. Aufl. 2022, §93 Rn. 6; *Dauner-Lieb*, in Henssler/Strohn, GesR, 6. Aufl. 2024, §93 Rn. 7a; *Grigoleit/Tomasic*, in Grigoleit, AktG, 2013, §93 Rn. 23; *Bicker*, AG 2014, 8.

641 *Spindler*, in MüKo/AktG, 5. Aufl. 2019, §93 Rn. 86; *Fleischer*, in BeckOGK, AktG, Stand: 01.06.2025, §93 Rn. 19; *Hopt/Roth*, in GK-AktG, 5. Aufl. 2014, §93 Rn. 132.

642 *Grigoleit/Tomasic*, in Grigoleit, AktG, 2013, §93 Rn. 23; *Verse*, ZHR 2011, S. 401 f.

643 *Bachmann/Kremer*, in Kremer u. a., Deutscher Corporate Governance Kodex, 8. Auflage 2021, GS 5 Rn. 15.

644 BGHZ 133, 370 376 f.; *Fleischer*, in BeckOGK, AktG, Stand: 01.06.2025, §93 Rn. 129; *Nietsch*, ZIP 2013, 1449, 1451 ff.; *Fleischer*, NZG 2003, 449, 452.

nen.[645] Die vertikale Überwachungspflicht bezieht sich auf nachgeordnete Unternehmensebenen.[646] Die Delegation von Aufgaben auf nachgeordnete Unternehmensebenen führt nicht dazu, dass die Verantwortung des Vorstands entfällt. Sie wandelt vielmehr seine Pflicht in eine Auswahl-, Einweisungs- und Überwachungspflicht um.[647]

Neben der Auswahl- und Einweisungssorgfalt trifft den Vorstand insbesondere die Überwachungssorgfalt. Diese hat laufend stattzufinden. Dabei ist sicherzustellen, dass die Mitarbeiter ihren Aufgaben ordnungsgemäß nachkommen.[648] Die Überwachungsintensität hängt von Art, Größe und Organisation des Unternehmens ab.[649] Auch die Bedeutung der übertragenden Aufgabe ist zu beachten.[650]

Weiterhin resultiert daraus auch die Verantwortung des Vorstands, sich fortlaufend zu informieren und zu prüfen, ob im Unternehmen Anhaltspunkte für Rechtsverstöße vorliegen.[651] Diese Compliance-Verantwortung verpflichtet den Vorstand dazu, eine an das entsprechende Gefahrenpotenzial angepasste und auf Haftungsvermeidung und Risikokontrolle angelegte Compliance-Organisation einzurichten.[652] Diese Pflicht erschöpft sich nicht bereits in der Einrichtung des Compliance-Systems. Vielmehr werden vom Vorstand eine regelmäßige Weiterentwicklung sowie fortlaufende Überwachung und Kontrolle gefordert.[653]

---

645 OLG Frankfurt GmbHR 1992, 608; OLG Hamm GmbHR 1992, 375, 377; *Fleischer*, in BeckOGK, AktG, Stand: 01.06.2025, § 93 Rn. 129; *Spindler*, in MüKo/AktG, 5. Aufl. 2019, § 77 Rn. 57; *Fleischer*, NZG 2003, 449, 452.

646 *Fleischer*, in BeckOGK, AktG, Stand: 01.06.2025, § 93 Rn. 130.

647 BGHZ 127, 336, 347; *Fleischer*, in BeckOGK, AktG, Stand: 01.06.2025, § 93 Rn. 134 ff.; *Spindler*, in MüKo/AktG, 5. Aufl. 2019, § 93 Rn. 179; *Hopt/Roth*, in GK-AktG, 5. Aufl. 2014, § 93 Rn. 161, 162; *Mertens/Cahn*, in KK-AktG, 3. Aufl. 2010, § 93 Rn. 84.

648 BGHZ 127, 336, 347; KG NZG 1999, 400; *Fleischer*, in BeckOGK, AktG, Stand: 01.06.2025, § 93 Rn. 138; *Hopt/Roth*, in GK-AktG, 5. Aufl. 2014, § 93 Rn. 162.

649 *Fleischer*, in BeckOGK, AktG, Stand: 01.06.2025, § 93 Rn. 139.

650 *Fleischer*, in BeckOGK, AktG, Stand: 01.06.2025, § 93 Rn. 139.

651 LG München I, NZG 2014, 345, 348; *Koch*, in Koch, AktG, 16. Aufl. 2022, § 76 Rn. 16; *Rathgeber*, NZWiSt 2014, 183, 194.

652 *Mertens/Cahn*, in KK-AktG, 3. Aufl. 2010, § 93 Rn. 36; *Bicker*, AG 2012, 542, 544; *Fleischer*, AG 2003, 291, 299; *Fleischer*, CCZ 2008, 1, 3; *Reichert/Ott*, NZG 2014, 241, 242; *Simon/Merkelbach*, AG 2014, 318, 319; *Dreher*, FS Hüffer, 2010, 161, 168; *Winter*, FS Hüffer, 2010, 1103, 1105.

653 *Nietsch*, ZGR 2015, 631, 660; *Fleischer*, NZG 2014, 321, 326; *Simon/Merkelbach*, AG 2014, 318, 320; *Bicker*, AG 2012, 541, 547.

V. Compliance-Organisation

Die Organisationspflichten zur Vermeidung etwaiger Compliance-Verstöße ergeben sich aus den allgemeinen Vorstandspflichten der §§ 76 Abs. 1, 93 Abs. 1 AktG, bzw. entsprechend den Pflichten des GmbH-Geschäftsführers gem. § 43 Abs. 1 GmbHG.[654] Das „Ob" der Einführung einer an das Unternehmen angepassten Compliance-Organisation steht nicht im freien Ermessen der Geschäftsleitung. Vielmehr ist diese Entscheidung gerichtlich voll überprüfbar.[655] Hinsichtlich des „Wie", also der Ausgestaltung der Compliance-Organisation, entscheidet die Geschäftsleitung indes nach freiem Ermessen i. S. d. Business Judgement Rule nach § 93 Abs. 1 S. 2 AktG.[656]

Um die Funktionsfähigkeit der Compliance-Organisation zu gewährleisten, sind zunächst angemessene Ressourcen, finanzieller und personeller Art, bereitzustellen.[657] Wichtig ist weiterhin, dass eine klare Zuordnung der Verantwortlichkeiten erfolgt.[658] Ein standardisiertes CMS ist dabei nicht einzuführen.[659] Vielmehr hängen die konkreten Compliance-Maßnahmen von Art, Größe, Organisation des Unternehmens, den zu beachtenden Vorschriften, der geographischen Präsenz und den Verdachtsfällen aus der Vergangenheit ab (so auch bei der Überwachungspflicht, siehe § 5 C.IV).[660]

Um geeignete Maßnahmen für das Unternehmen festzustellen, sind vier Schritte durchzuführen („Analysieren, Einrichten, Überwachen, Reagie-

654 LG München I, 10.12.2013 – 5 HK O 1387/10, BB 2014, 850 Ls, NZG 2014, 345, 346; *Fleischer*, in BeckOGK/AktG, Stand Stand: 01.06.2025, § 91 Rn. 52, 41.; *Spindler*, in MüKo/AktG, 5. Aufl. 2019, § 91 Rn. 52; *Mertens/Cahn*, in KK-AktG, 3. Aufl. 2010, § 93 Rn. 71; *Bicker*, AG 2012, 542, 544; *Fleischer*, AG 2003, 291, 300; *Reichert/Ott*, NZG 2014, 241, 242; *Simon/Merkelbach*, AG 2014, 318, 319.

655 *Fleischer*, in BeckOGK/AktG, Stand: 01.06.2025, § 91 Rn. 71; *Bürkle*, CCZ 2015, 52, 53; *Fleischer*, NZG 2014, 321, 324.

656 *Fleischer*, in BeckOGK/AktG, Stand: 01.06.2025, § 91 Rn. 71; *Koch*, in Koch, AktG, 16. Aufl. 2022, § 76 Rn. 14; *Spindler*, in MüKo/AktG, 5. Aufl. 2019, § 91 Rn. 67; *Arnold/Rudzio*, KSzW 2016, 231, 235 ff.; *Balke/Klein*, ZIP 2017, 2038, 2042 f.; *Nietsch*, ZGR 2015, 631, 634 ff.; *Ott*, ZGR 2017, 149, 163ff; *Fleischer*, NZG 2014, 321, 324.

657 *Leinekugel*, in Oppenländer/Trölitzsch, PraxisHdB. der GmbH-Geschäftsführung, 4. Aufl. 2025, § 18 Rn. 29.

658 Vgl. LG München I NZG 2014, 345, 347; *Fleischer*, in BeckOGK/AktG, Stand: 01.06.2025, § 91 Rn. 70; *Harbarth*, ZHR 179 (2015), 136, 158; *Fleischer*, NZG 2014, 321, 326; *ders.*, CCZ 2008, 1, 2; *Bicker*, AG 2012, 542, 546.

659 *Koch*, in Koch, AktG, 16. Aufl. 2022, § 76 Rn. 14; *Koch*, WM 2009, 1013 ff.

660 vgl. LG München I NZG 2014, 345, 347; *Fleischer*, in BeckOGK/AktG, Stand: 01.06.2025, § 91 Rn. 69; *Kort*, in GK-AktG, 5. Aufl. 2015, § 91 Rn. 139; *Bürkle*, CCZ 2015, 52, 53 ff.

ren“[661]). Zunächst ist eine Risikoanalyse durchzuführen.[662] Anhand dieser kann festgestellt werden, welche spezifischen Risiken für das Unternehmen in seinem konkreten Umfeld bestehen. Das Gefahrenpotenzial des Unternehmens ergibt sich dabei unter anderem aus der Branchenzugehörigkeit, der Größe sowie früheren Verfehlungen und Unregelmäßigkeiten.[663] Die Pflicht zur Einrichtung eines Compliance-Systems besteht dabei nur in bestimmten Branchen wie beispielsweise für Finanzinstitute gem. § 25a Abs. 1 KWG oder § 80 Abs. 1 WpHG für Wertpapierdienstleister, welche sich wie unter § 5 C.I gesehen nicht im Wege einer Gesamtanalogie übertragen lässt. Ziel der Risikoanalyse ist es daher, zu überprüfen, ob die bestehende Compliance-Organisation in der Lage ist, Risiken zu identifizieren und zu vermeiden, zumindest aber zu minimieren.[664] Relevante Risikobereiche sind dabei das Datenschutzrecht, das Kapitalmarkt- und Kartellrecht, Umweltrecht, Produkthaftungsrecht, arbeitsrechtliche Risikobereiche wie Schwarzarbeit, Fremdpersonaleinsatz und Diskriminierung am Arbeitsplatz sowie Steuerrecht und strafrechtliche Delikte wie Untreue und Bestechung.[665]

Auf Grundlage der Analyse können dann geeignete Strukturen implementiert werden, um den aufgedeckten Risiken angemessen entgegenzutreten. Dabei wird eine an das Risiko-Portfolio des Unternehmens angepasste Compliance-Richtlinie ausgearbeitet und verkündet.[666] Darin müssen alle Unternehmensangehörige zur Einhaltung der Gesetze sowie unternehmensinterner Vorgaben angehalten werden.[667] Außerdem muss auch die Unternehmensleitung sich deutlich zur Regeltreue bekennen.[668] Ein gewichtiger Baustein der Compliance in Unternehmen ist eine Compliance-Kultur, die sich in den Unternehmenswerten widerspiegelt. Diese muss im Unterneh-

---

661 *Leinekugel*, in Oppenländer/Trölitzsch, PraxisHdB. der GmbH-Geschäftsführung, 4. Aufl. 2025, § 18 Rn. 32; *Simon/Merkelbach*, AG 2014, 318, 321.

662 *Leinekugel*, in Oppenländer/Trölitzsch, PraxisHdB. der GmbH-Geschäftsführung, 4. Aufl. 2025, § 18 Rn. 32; *Theusinger/Jung*, in MAH GmbHR, 5. Aufl. 2023, § 24 Rn. 43; *Simon/Merkelbach*, AG 2014, 318, 21.

663 LG München I NZG 2014, 345, 347; *Koch*, in Koch, AktG, 16. Aufl. 2022, § 76 Rn. 17; *Spindler*, in MüKo/AktG, 5. Aufl. 2019, § 91 Rn. 66; *Simon/Merkelbach*, AG 2014, 318, 319; *Merkt*, ZIP 2014, 1705, 1708 f.; *Reichert/Ott*, ZIP 2009, 2173, 2174.

664 *Hoffmann/Schieffer*, NZG 2017, 401, 404; *Schulz*, BB 2017, 1475, 1479; *Bergmoser/Theusinger/Gushurst*, BB Special 5/2008, 1, 9.

665 Siehe u. a. *Fleischer*, in BeckOGK/AktG, Stand: 01.06.2025, § 91 Rn. 69; *Koch*, in Koch, AktG, 16. Aufl. 2022, § 76 Rn. 11.

666 *Fleischer*, in BeckOGK/AktG, Stand: 01.06.2025, § 91 Rn. 70; *Moosmayer*, in Moosmayer, Compliance, 4. Aufl. 2021, Rn. 71 ff., 157 ff.

667 *Verse*, ZHR 175 (2011), 401, 414; *Kremer/Klahold*, ZGR 2010, 113, 123; *Reichert/Ott*, ZIP 2009, 2173, 2174 f.; *Schneider*, ZIP 2003, 645, 649.

668 *Fleischer*, in BeckOGK/AktG, Stand: 01.06.2025, § 91 Rn. 70; *Verse*, ZHR 175 (2011), 401, 414; *Kremer/Klahold*, ZGR 2010, 113, 123; *Reichert/Ott*, ZIP 2009, 2173, 2174 f.; *Schneider*, ZIP 2003, 645, 649.

men fest verankert sein und erfordert einen entsprechenden „tone from the top“.[669] Der Vorstand ist angehalten, eine klare Position zu beziehen und diese den Unternehmensangehörigen auch vorzuleben.[670] Um Wirksamkeit zu erlangen, müssen die aufgestellten Compliance-Richtlinien entsprechend im Unternehmen auch gelebt werden und dürfen nicht bloß auf dem Papier bestehen.[671] Mögliche Maßnahmen, die der Vorstand ergreifen kann, sind unter anderem Mitarbeiterschulungen, E-Learning-Programme oder auch die Einrichtung einer eigens beauftragten Compliance-Abteilung, die Maßnahmen zur Prävention, Überwachung und Sanktionierung ergreift.[672]

Compliance erschöpft sich allerdings nicht in der einmaligen Einrichtung geeigneter Strukturen, vielmehr muss die Unternehmensleitung regelmäßig prüfen, ob die implementierten Maßnahmen weiterhin ausreichen oder nachjustiert werden müssen.[673] Nur eine aktuelle, umfassende und zutreffende Risikoanalyse kann den Vorstand im Wege der Business Judgement Rule exkulpieren.[674] Treten trotz der getroffenen Vorkehrungen Verdachtsfälle auf Non-Compliance auf, oder wird gar ein Verstoß gegen gesetzliche Regelungen offensichtlich, trifft den Vorstand eine Handlungspflicht zur Abstellung des delinquenten Verhaltens.[675] An dieser Stelle gilt dann die Pflichtentrias „Aufklären, Abstellen, Ahnden“.[676]

Im Ergebnis ist die Organisationspflicht jedoch nicht grenzenlos. Vielmehr steht sie unter dem Vorbehalt der Erforderlichkeit und Zumutbarkeit.[677] Dem Vorstand ist dabei nicht zuzumuten, dass er ein flächendeckendes Kontrollnetz aufbaut, ihm ist vielmehr ein weiter Ermessensspielraum zuzubilli-

---

669 *Fleischer*, in BeckOGK/AktG, Stand: 01.06.2025, § 91 Rn. 76; *Koch*, in Koch, AktG, 16. Aufl. 2022, § 76 Rn. 18; *Theusinger/Jung*, in MAH GmbHR, 5. Aufl. 2023, § 24 Rn. 51; *Schulz*, BB 2017, 1475, 1480; *Harbarth*, ZHR 179 (2015), 136, 158; *Schürrle/Olbers*, CCZ 2010, 102; *Reichert*/Ott, ZIP 2009, 2173, 2175; *Reichert*, FS Hoffmann-Becking, 2013, 943, 947.

670 *Fleischer*, in BeckOGK/AktG, Stand: 01.06.2025, § 91 Rn. 76.

671 *Fleischer*, in BeckOGK/AktG, Stand: 01.06.2025, § 91 Rn. 76; *Harbarth*, ZHR 179 (2015), 136, 158; *Fleischer*, NZG 2014, 321, 326; *Verse*, ZHR 175 (2011), 401, 415; *Reichert/Ott*, ZIP 2009, 2173, 2176.

672 *Leinekugel*, in Oppenländer/Trölitzsch, PraxisHdB. der GmbH-Geschäftsführung, 4. Aufl. 2025, § 18 Rn. 30.

673 siehe auch *Fleischer*, in BeckOGK/AktG, Stand Stand: 01.06.2025, § 91 Rn. 75.

674 *Leinekugel*, in Oppenländer/Trölitzsch, PraxisHdB. der GmbH-Geschäftsführung, 4. Aufl. 2025, § 18 Rn. 32; *Simon/Merkelbach*, AG 2014, 318, 21.

675 *Leinekugel*, in Oppenländer/Trölitzsch, PraxisHdB. der GmbH-Geschäftsführung, 4. Aufl. 2025, § 18 Rn. 32; *Simon/Merkelbach*, AG 2014, 318, 21; siehe auch *Koch*, in Koch, AktG, 16. Aufl. 2022, § 76 Rn. 16b.

676 *Arnold*, ZGR 2014, 76, 81.

677 *Fleischer*, in BeckOGK/AktG, Stand: 01.06.2025, § 91 Rn. 71; *Mertens/Cahn*, in KK-AktG, 3. Aufl. 2010, § 91 Rn. 36; *Verse*, ZHR 175 (2011), 401, 406; *Reichert/Ott*, ZIP 2009, 2173, 2174; *Fleischer*, CCZ 2008, 1, 3; *Bürkle*, BB 2005, 565, 569.

gen.[678] Ihm kommt mithin bei der konkreten Einrichtung und Ausgestaltung die Safe-Harbor-Regelung der Business Judgement Rule i. S. d. § 93 Abs. 1 S. 2 AktG zugute.[679]

VI. Verhalten bei Verdachtsmomenten

Auch wenn die Integration von Compliance in die Unternehmenskultur ein erfolgsversprechender Weg zur Reduktion von Regelverstößen ist, ist sie kein Garant dafür, dass diese vollkommen verhindert werden. Liegt ein Verstoß vor, ist die Bandbreite der drohenden Auswirkungen auf das Unternehmen groß und kann bis hin zur Existenzgefährdung führen.

Neben den vorgenannten Pflichten, entstehen insbesondere auch Verhaltenspflichten bei Verdachtsmomenten und Verstößen.[680] Diese erfordern vor allem die Aufklärung und Abstellung von bekanntgewordenem Fehlverhalten.[681] Treten Verstöße oder Verdachtsmomente im Unternehmen auf, müssen unverzüglich Maßnahmen ergriffen werden, um das Schadensrisiko zu begrenzen.[682] Stellt sich bei einer Prüfung heraus, dass das implementierte System fehler- oder lückenhaft ist, muss der Vorstand die erforderlichen Maßnahmen zur Beseitigung der Lücke treffen oder anordnen.[683]

Bei Hinweisen auf Rechtsverstöße durch Mitarbeiter muss der Vorstand dementsprechend hinreichende Sachverhaltsermittlungen durchführen.[684] Die Entscheidung hinsichtlich des „Ob“ einer internen Untersuchung liegt

---

678 *Koch*, in Koch, AktG, 16. Aufl. 2022, § 76 Rn. 14; *Spindler*, in MüKo/AktG, 5. Aufl. 2019, § 91 Rn 66, 68; *Mertens/Cahn*, in KK-AktG, 3. Aufl. 2010, § 91 Rn. 36; *Merkt*, ZIP 2014, 1705, 1711; *Verse*, ZHR 175 (2011), 401, 407; *Reichert/Ott*, ZIP 2009, 2173, 2174.

679 *Fleischer*, in BeckOGK/AktG, Stand: 01.06.2025, § 91 Rn. 71; *Spindler*, in MüKo/AktG, 5. Aufl. 2019, § 91 Rn 66, 68; *Kremer/Klahold*, ZGR 2010, 113, 121; *Reichert/Ott*, ZIP 2009, 2173, 2174.

680 *Fleischer*, in BeckOGK/AktG, Stand: 01.06.2025, § 91 Rn. 72; *Fleischer*, NZG 2014, 321, 326; *Bürgers*, ZHR 179 (2015), 173, 176 ff.

681 *Fleischer*, in BeckOGK/AktG, Stand: 01.06.2025, § 91 Rn. 72; *Koch*, in Koch, AktG, 16. Aufl. 2022, § 76 Rn. 16; *Arnold*, ZGR 2014, 76, 81; *Fleischer*, NZG 2014, 321, 324; *Reichert*, FS Hoffmann-Becking, 2013, 943, 948 ff., 958 ff.; *Seibt/Cziupka*, DB 2014, 1598, 1599 f.; *Simon/Merkelbach*, AG 2014, 318, 319 f.

682 LG München I NZG 2014, 345, 348; *Koch*, in Koch, AktG, 16. Aufl. 2022, § 76 Rn. 16; *Fleischer*, NZG 2014, 321, 326; *Simon/Merkelbach*, AG 2014, 318, 319 f.

683 LG München I NZG 2014, 345; *Wiesner*, in MHdB GesR, 4. Aufl. 2015, § 25 Rn. 15; *Fleischer*, in BeckOGK/AktG, Stand: 01.06.2025, § 91 Rn. 72; *Simon/Merkelbach*, AG 2014, 318, 320; *Dengler*, WM 2014, 2032, 2036; *Winter*, FS Hüffer, 2010, 1103, 1107; *Reichert/Ott*, ZIP 2009, 2173, 2177.

684 *Potinecke/Block*, in Knierim/Rübenstahl/Tsambikakis, Internal Investigations, 2. Aufl. 2016, 2. Kap. Rn. 8; *Rieder/Menne*, CCZ 2018, 203, 207; *Reichert/Ott*, NZG 2014, 241, 246.

nur dann im Ermessen der Geschäftsleitung, wenn kein hinreichender Verdacht eines Compliance-Verstoßes vorliegt.[685] Dennoch muss die Geschäftsleitung in einem möglichen Rechtsstreit darlegen können, dass sie bei ihrer unternehmerischen Entscheidung gegen eine interne Untersuchung vernünftigerweise angenommen hat, auf der Grundlage angemessener Informationen zum Wohle der Gesellschaft zu handeln.[686] Um eine solche Entscheidung treffen zu können, ist die Entscheidungsgrundlage sorgfältig zu ermitteln.[687]

Die Privilegierung des Vorstands über die Business Judgement Rule nach §93 Abs. 1. S. 2 AktG – und damit die Vermeidung der möglichen persönlichen Haftung desselben – kann nur unter der Prämisse eingreifen, dass alle vorliegenden Informationen, auf deren Grundlage eine interne Untersuchung unterlassen wurde, ihren Eingang in eine vollumfängliche Abwägung gefunden haben.[688] Den Vorstand trifft die Darlegungs-und Beweislast dafür, dass die Voraussetzungen des §93 Abs. 1 S. 2 AktG vorliegen.[689] Es empfiehlt sich daher, wesentliche unternehmerische Entscheidungen, wie die zur Vornahme oder Nichtvornahme interner Untersuchungen, sorgfältig zu dokumentieren und diese Dokumentation aufzubewahren.[690] Die der Entscheidung des Vorstands zugrunde liegenden Überlegungen sollten dabei für Dritte nachvollziehbar gemacht werden.[691] Aus diesem Grund sollten zur Dokumentation des Entscheidungshergangs Stellungnahmen von Mitarbeitern und Gutachten sowie Vorschläge außenstehender Berater geordnet aufbewahrt werden.[692]

Die Entscheidung des Vorstands gegen die Durchführung einer internen Untersuchung muss etwa erkennen lassen, warum diese Handlungsmöglichkeit bewusst nicht verfolgt worden ist.[693] Daher ist der Vorstand angehalten, nicht nur eine ausreichende Informationsbasis zu schaffen, aufgrund derer er

---

685 *Hartwig*, in Moosmayer/Hartwig, Interne Untersuchungen, 2. Aufl. 2018, S. 9 Rn. 7.

686 *Fleischer*, in BeckOGK/AktG, Stand: 01.06.2025, §91 Rn. 72; *Koch*, in Koch, AktG, 16. Aufl. 2022, §76 Rn. 16c; *Poppe*, in Inderst/Bannenberg/Poppe, Compliance Aufbau – Management – Risikobereiche, 3. Aufl. 2017, S. 684 Rn. 27 f.

687 *Sieg/Zeidler*, in Hauschka/Moosmayer/Lösler, Corporate Compliance, 3. Aufl. 2016, §3 Rn. 21.

688 *Koch*, in Koch, AktG, 16. Aufl. 2022, §93 Rn. 20.

689 *Seyfarth*, in Seyfarth, Vorstandsrecht, 2016, §23 Rn. 42; *Mertens/Cahn*, in KK-AktG, 3. Aufl. 2009, Band 2/1, §93 Rn. 36.

690 *Mertens/Cahn*, in KK-AktG, 3. Aufl. 2009, Band 2/1, §93 Rn. 36; *Schubert*, CCZ 2011, 233, 235.

691 *Lüneborg*, in Hölters/Weber, AktG, 5. Aufl. 2025, §93 Rn. 34.

692 *Lüneborg*, in Hölters/Weber, AktG, 5. Aufl. 2025, §93 Rn. 34; *Spindler*, in MüKo/AktG, 5. Aufl. 2019, §93 Rn. 67.

693 *Lüneborg*, in Hölters/Weber, AktG, 5. Aufl. 2025, §93 Rn. 34; *Meckbach*, NZG 2015, 580, 582.

sich gegen eine interne Untersuchung im Unternehmen entscheidet, sondern seine Entscheidung auch sorgfältig darzulegen.[694] Ohne eine solche hinreichende Dokumentation besteht das Risiko, dass der Vorstand seine Entscheidungsfindung in einem etwaigen Prozess nicht darlegen und beweisen kann. Insoweit bestünde dann ein erhöhtes Risiko der Haftung für etwaige Schäden des Unternehmens.[695]

Mit einer nur partiellen oder unvollkommenen Sachverhaltsermittlung darf sich der Vorstand dementsprechend nicht begnügen. Es ist vielmehr eine umfassende Aufklärung des tatsächlichen Sachverhalts geboten.[696] Der Vorstand hat sicherzustellen, dass Verstöße gegen gesetzliche Vorschriften sofort abgestellt werden und sich gleiche oder gleichartige Verstöße in Zukunft nicht mehr ereignen können.[697]

Im Rahmen der Internal Investigations bedienen sich die Unternehmen einer Vielzahl von Untersuchungsmethoden, wie etwa E-Mail-Screening, Mitarbeiterbefragungen oder Unternehmensberichte.[698] Bei internen Untersuchungen spielt die E-Mail-Auswertung zu Beginn eine große Rolle. Dabei wird zunächst der relevante Personenkreis eingegrenzt, dessen E-Mails nach zuvor festgelegten Schlagworten durchsucht und ausgewertet. Die Auswertung wird dabei oft von mit dem Sachverhalt befassten Kanzleien übernommen. Hierbei wird sich insbesondere verschiedener Dienstleister bedient, die die sog. „eSearch" bzw. „eDiscovery" mithilfe ihrer Programme (wie zum Beispiel Relativity) durch Erfassung und Aufbereitung der Daten erleichtert. Basierend auf dem Ergebnis der Analyse werden Arbeitnehmer, von denen Hintergrundwissen erwartet wird, zu Befragungen eingeladen. Diese Gespräche werden ebenfalls regelmäßig von externen Rechtsanwälten durchgeführt. Mithilfe der Ergebnisse lässt sich dann eine Bewertung des Sachverhalts vornehmen und eine weitere Vorgehensweise erarbeiten.

Kommt es zu Verstößen oder Verdachtsmomenten und werden diese nicht durch den Vorstand verfolgt, ist dieser der Gesellschaft gegenüber unter Umständen schadensersatzpflichtig gem. § 93 Abs. 2 AktG. Anknüpfungspunkt für eine Haftung ist dabei nicht die zunächst unterlassene oder fehlerhafte Einrichtung einer Compliance-Maßnahme, sondern vielmehr das

694 *Poppe*, in Inderst/Bannenberg/Poppe, Compliance Aufbau – Management – Risikobereiche, 3. Aufl. 2017, S. 684 Rn. 27 f.

695 Vgl. *Poppe*, in Inderst/Bannenberg/Poppe, Compliance Aufbau – Management – Risikobereiche, 3. Aufl. 2017, S. 684 Rn. 27 f.

696 *Reichert/Ott*, ZIP 2009, 2173, 2176; *Wagner*, CCZ 2009, 8, 13; *Fleischer*, CCZ 2008, 1, 2.

697 *Ott/Lüneborg*, CCZ 2019, 71, 72.

698 vgl. *Krause-Ablaß*, BB 2018, 1323 ff.

Unterlassen der Modifizierung des Compliance-Systems im Wissen der Lückenhaftigkeit.[699]

VII. Delegation von Compliance-Pflichten

Die Wahrnehmung der Compliance-Pflicht ist eine der Kernaufgaben des Vorstands im Rahmen seiner Leitungsverantwortung gem. § 76 Abs. 1 AktG.[700] Im Rahmen der Gesamtverantwortung ist sie damit zwingend dem Gesamtvorstand zugewiesen.[701] Dieser muss alle grundlegenden Entscheidungen im Zusammenhang mit der Compliance-Organisation der Gesellschaft treffen und sich regelmäßig von deren Wirksamkeit überzeugen.[702] Das bedeutet jedoch nicht, dass konkret benannte Einzelpflichten horizontal auf ein Vorstandsmitglied oder vertikal auf nachgelagerte Unternehmensebenen delegiert werden können.[703]

Grundsätzlich kann die Verantwortung für die Compliance der Gesellschaft im Wege der Arbeitsteilung einem Vorstandsmitglied zugewiesen werden.[704] Dafür wird mehrheitlich eine förmliche Zuweisung durch Satzung, Geschäftsordnung oder Vorstandsbeschluss verlangt.[705] Die Aufgabe des zuständigen Vorstandsmitglieds beläuft sich sodann auf die Umsetzung der gemeinsam beschlossenen Compliance-Organisation sowie die Überwachung derselben.[706] Die anderen Vorstandsmitglieder haben dies entsprechend laufend zu beobachten und einzugreifen, sobald sich Defizite der Compliance-Organisation abzeichnen.[707] Auch eine vertikale Delegation auf nachgeordnete Ebenen ist grundsätzlich möglich und kann insbesondere in

699 vgl. LG München I NZG 2014, 345; *Simon/Merkelbach*, AG 2014, 318, 320.

700 *Koch*, in Koch, AktG, 16. Aufl. 2022, § 76 Rn. 12; *Fleischer*, in BeckOGK/AktG, Stand: 01.06.2025, § 91 Rn. 82; *ders.*, NZG 2014, 321, 323; *Arnold*, ZGR 2014, 76, 80; *Bicker*, AG 2012, 542, 544; *Spindler*, WM 2008, 905, 908.

701 LG München I NZG 2014, 345, 348; *Koch*, in Koch, AktG, 16. Aufl. 2022, § 76 Rn. 12; *Bürgers*, ZHR 179 (2015), 173, 179; *Fleischer*, NZG 2014, 321, 322.

702 *Bürgers*, ZHR 179 (2015), 173, 179; *Fleischer*, NZG 2014, 321, 323; *Merkt*, ZIP 2014, 1705, 1711; *Simon/Merkelbach*, AG 2014, 318, 320.

703 *Spindler*, in MüKo/AktG, 5. Aufl. 2019, § 91 Rn. 68; *Bürgers*, ZHR 179 (2015), 173, 179; *Fleischer*, NZG 2014, 321, 322, *Arnold*, ZGR 2014, 76, 80.

704 *Spindler*, in MüKo/AktG, 5. Aufl. 2019, § 91 Rn. 68; *Bürgers*, ZHR 179 (2015), 173, 179; *Fleischer*, NZG 2014, 321, 323; *ders.*, CCZ 2008, 1, 3; *Goette*, ZHR 175 (2011), 388, 394; *Hauschka*, NJW 2004, 257, 259.

705 *Fleischer*, in BeckOGK/AktG, Stand: 01.06.2025, § 91 Rn. 84; *ders.*, NZG 2014, 321, 323, *Nietsch*, ZIP 2013, 1449, 1454 f.

706 *Fleischer*, NZG 2014, 321, 323.

707 *Bürgers*, ZHR 179 (2015), 173, 181; *Fleischer*, NZG 2014, 321, 323, *Arnold*, ZGR 2014, 76, 80; *Goette*, ZHR 175 (2011), 388, 394.

größeren Unternehmen auch geboten sein.[708] Auch hier gilt jedoch, dass die letztendliche Verantwortung für die Erfüllung der Compliance-Pflicht nicht delegiert werden kann und immer beim Gesamtvorstand verbleibt.[709]

Formal sind an die Person, die mit der Compliance-Aufgabe betraut wird, klare Anforderungen zu stellen und eindeutige Zuständigkeiten festzuhalten.[710] Zudem ist vom Vorstand zunächst zu entscheiden, welche Aufgaben überhaupt delegiert werden können.[711] Weiterhin muss auch die Person, auf die delegiert wird, sorgfältig ausgesucht werden, da sonst eine Haftung wegen Auswahlverschuldens droht.[712] Die Person ist dann auch entsprechend in ihre Aufgaben einzuweisen. Zudem ist eine hinreichende Überwachung zu gewährleisten.[713]

Die letztendliche Organisations- und Überwachungsverantwortung verbleibt jedoch auch im Fall einer Delegation stets beim Gesamtvorstand.[714] Dieser muss sich regelmäßig und anlassbezogen über compliance-relevante Maßnahmen informieren lassen.[715] Ein unzuständiges Vorstandsmitglied kann sich nicht etwa damit exkulpieren, dass es nicht ressortverantwortlich sei.[716]

VIII. Pflichten des Aufsichtsrats

Den Aufsichtsrat trifft nach § 111 AktG die Pflicht zur Überwachung des Vorstands. Als Teil der vorbeugenden Überwachung statuiert § 90 AktG die Berichtspflicht des Vorstands und damit korrespondierend auch das Informationsrecht des Aufsichtsrats. In Bezug auf die Compliance-Organisation im Unternehmen, hat der Aufsichtsrat sich regelmäßig und anlassbezogen über compliance-relevante Sachverhalte und deren Beseitigung informieren

---

708 *Fleischer*, in MüKo/GmbHG, 4. Aufl. 2023, § 43 Rn. 195; *Leinekugel*, in Oppenländer/Trölitzsch, PraxisHdB. der GmbH-Geschäftsführung, 4. Aufl. 2025, § 18 Rn. 18; *Fleischer*, NZG 2014, 321, 323; Kort, GmbHR 2013, 566, 570 f.

709 *Koch*, in Koch, AktG, 16. Aufl. 2022, § 76 Rn. 12; *Fleischer*, in BeckOGK/AktG, Stand: 01.06.2025, § 91 Rn. 85.

710 Siehe auch *Fleischer*, in BeckOGK/AktG, Stand: 01.06.2025, § 91 Rn. 84.

711 *Vetter*, in Krieger/Schneider HdB Managerhaftung, 4. Aufl. 2023, § 4 Rn. 4.16 ff.; *Freund*, NZG 2021, 579, 583.

712 *Freund*, NZG 2021, 579, 583.

713 *Freund*, NZG 2021, 579, 583; *Seibt*, NZG 2015, 1097, 1100.

714 *Koch*, in Koch, AktG, 16. Aufl. 2022, § 76 Rn. 12; *Spindler*, in MüKo/AktG, 5. Aufl. 2019, § 91 Rn. 68; *Lüneborg*, in Hölters/Weber, AktG, 5. Aufl. 2025, § 93 Rn. 84; *Fleischer*, NZG 2014, 321, 323; *Merkt*, ZIP 2014, 1705.

715 LG München I, NZG 2014, 345, 348; *Koch*, in Koch, AktG, 16. Aufl. 2022, § 76 Rn. 16; *Rathgeber*, NZWiSt 2014, 183, 194.

716 LG München I NZG 2014, 345 ff.

zu lassen.[717] Der Vorstand hat dementsprechend die Pflicht, regelmäßig die entsprechenden Berichte an den Aufsichtsrat zu erstatten.[718]

Der Aufsichtsrat hat sich davon zu überzeugen, dass die Verdachtsfälle aufgeklärt und Verstöße nachhaltig abgestellt werden.[719] Dabei obliegt dem Vorstand zwar die Primärverantwortung für die Etablierung und Durchsetzung der Compliance.[720] Er ist auch für die Aufklärung von Verstößen seitens der Mitarbeiter zuständig (s. o. unter § 5 C.VI).[721] Die Aufgabe des Aufsichtsrats ist es indes, hierbei die Wahrnehmung der Compliance-Aufgaben durch den Vorstand zu überwachen.[722] Auf präventiver Seite hat der Aufsichtsrat sich vom Vorliegen angemessener Compliance-Strukturen zu überzeugen und die Funktionsfähigkeit und Effizienz des Compliance Programms zu prüfen.[723] Auf der reaktiven Seite hat er auch die effektive Durchsetzung der Compliance innerhalb des Unternehmens zu überwachen.[724] Bei Kenntnis von Umständen, welche auf das Vorliegen eines gravierenden oder systematisch relevanten Compliance-Vorfalls hindeuten, erstreckt sich die Überwachungspflicht des Aufsichtsrats sodann auf den gesamten reaktiven Bereich. Dies umfasst die ordnungsgemäße Aufklärung des Sachverhalts, die Ahndung etwaiger Verstöße sowie die Beseitigung möglicher Defizite im Compliance-Management der Gesellschaft. Bezugspunkte der Aufsichtsratsüberwachung sind hierbei die Lenkungsentscheidungen des Vorstands im Zusammenhang mit der Aufarbeitung des Compliance-Verstoßes.[725]

Teilweise obliegt dem Aufsichtsrat auch eine eigene Aufklärungsverantwortung. Diese Pflicht besteht in Abhängigkeit der möglichen Gefahr für die Gesellschaft sowie der Wahrscheinlichkeit ihrer Realisierung.[726] Dies gilt vornehmlich in Fällen, in denen eine Verantwortlichkeit des Vorstands oder eines seiner Mitglieder für den Compliance-Verstoß zu untersuchen ist.[727] Besteht ein konkreter Verdacht für ein Fehlverhalten des Vorstands, hat der

---

717 *Reichert/Ott*, NZG 2014, 241, 245.

718 *Reichert/Ott*, NZG 2014, 241, 245; *Winter*, FS Hüffer, 1103, 1116.

719 *Reichert/Ott*, NZG 2014, 241, 245.

720 *Koch*, in Koch, AktG, 16. Aufl. 2022, § 76 Rn. 12; *Hopt/Roth*, in GK-AktG 5. Aufl. 2018, § 111 Rn. 234; *Habersack*, AG 2014, 1, 4; *Reichert/Ott*, NZG 2014, 241, 242.

721 *Hopt/Roth*, in GK-AktG, 5. Aufl. 2018, § 111 Rn. 244.

722 *Hopt/Roth*, in GK-AktG, 5. Aufl. 2018, § 111 Rn. 234; *Habersack*, AG 2014, 1, 4; *Reichert/Ott*, NZG 2014, 241, 242.

723 *Koch*, in Koch, AktG, 16. Aufl. 2022, § 111 Rn. 4; *Habersack*, in MK-AktG, 5. Aufl. 2019, § 111 Rn. 20; *Hopt/Roth*, in GK-AktG, 5. Aufl. 2018, § 111 Rn. 199.

724 *Habersack*, in MK-AktG, 5. Aufl. 2019, § 111 Rn. 21; *Reichert/Ott*, NZG 2014, 241, 245; *Arnold/Geiger*, BB 2018, 2306, 2307.

725 vgl. auch *Spindler*, in BeckOKG/AktG, Stand 19.10.2020, § 111 Rn. 15 ff.

726 *Habbe*, CCZ 2019, 27, 29.

727 BGH AG 2007, 167 Rn 9; BGH NZG 2002, 195, 198; OLG Düsseldorf AG 2010, 126, 130; OLG Karlsruhe AG 2008, 900, 902.

Aufsichtsrat Ermittlungen einzuleiten.[728] Insbesondere Straftaten gilt es seitens des Aufsichtsrats aufzuklären.[729] Dies bezieht sich in zeitlicher Hinsicht nur auf die Amtstätigkeit des Vorstands.[730]

Angestellte kann der Aufsichtsrat nur dann in seine Ermittlungen mit einbeziehen, wenn das Fehlverhalten des Mitarbeiters ein solches Ausmaß angenommen hat, dass eine Überprüfung notwendig wird, die Aufschluss darüber gibt, ob der Vorstand seiner Überwachungs- und Anleitungspflicht nachgekommen ist.[731] Deuten Umstände auf das Vorliegen eines gravierenden oder systematisch relevanten Compliance-Vorfalls hin, stellt dies darüber hinaus regelmäßig einen sonstigen wichtigen Anlass i. S. d. § 90 Abs. 1 S. 3 AktG dar, über welchen der Vorstand den Vorsitzenden des Aufsichtsrats unverzüglich in Kenntnis zu setzen hat.[732]

Grundsätzlich kommt dem Aufsichtsrat kein Ermessensspielraum bei der Geltendmachung von Ersatzansprüchen der Gesellschaft gegen das Geschäftsführungsorgan zu.[733] Jedoch hat der Aufsichtsrat zu prüfen, ob Interessen der Gesellschaft, die gegen die Geltendmachung des als bestehend und durchsetzbar gedachten Anspruchs sprechen, den Verzicht auf die Anspruchsverfolgung rechtfertigen.[734] Daraus resultiert, dass es kein „Prozessieren um jeden Preis“ geben soll, sondern sich auf aussichtsreich durchsetzbare Ansprüche beschränkt wird.[735]

Der Aufsichtsrat hat nach herrschender Auffassung eine zweistufige Prüfung vorzunehmen: Auf der ersten Prüfstufe ist das Bestehen von Ersatzansprüchen und ihre Beitreibbarkeit zu untersuchen, auf der zweiten, ob ausnahmsweise Gegengründe bestehen, die zu einem Absehen von der Anspruchs-

---

728 *Hopt/Roth*, in GK-AktG, 5. Aufl. 2018, § 111 Rn. 206; *Reichert/Ott*, NZG 2014, 241, 245.

729 *Hopt/Roth*, in Hirte/Mülbert/Roth, GK-AktG, 5. Aufl. 2018, § 111 Rn. 208.

730 BGHZ 135, 244, 252; *Hopt/Roth*, GK-AktG, 5. Aufl. 2018, § 111 Rn. 235; *Reichert/Ott*, NZG 2014, 241, 248.

731 *Habersack*, in MK-AktG, 5. Aufl. 2019, § 111 Rn. 25; *Hopt/Roth*, in Hirte/Mülbert/Roth, GK-AktG, 5. Aufl. 2018, § 111 Rn. 213.

732 *Reichert/Ott*, NZG 2014, 241, 245.

733 BGH NJW 2018, 1301 Rn. 37; NJW 1997, 1926, 1928; *Spindler*, in BeckOGK/AktG, Stand: 01.06.2025, § 116 Rn. 62 ff.; *Habersack*, in MüKo/AktG, 5. Aufl. 2019, § 116 Rn. 44: *Groß-Bölting/Rabe*, in Hölters/Weber, AktG, 5. Aufl. 2025, § 111 Rn. 49; *Grigoleit/Tomasic*, in Grigoleit, AktG, 2. Aufl. 2020, § 111 Rn. 5 f.; *Drygala*, in Schmidt/Lutter, AktG, 5. Aufl. 2024, § 116 Rn. 11.

734 BGH NJW 2018, 1301 Rn. 37; NJW 1997, 1926, 1928; *Spindler*, in BeckOGK/AktG, Stand: 01.06.2025, § 116 Rn. 62 ff.; *Habersack*, in MüKo/AktG, 5. Aufl. 2019, § 116 Rn. 44; *Groß-Bölting/Rabe*, in Hölters/Weber, AktG, 5. Aufl. 2025, § 111 Rn. 49; *Grigoleit/Tomasic*, in Grigoleit, AktG, 2. Aufl. 2020, § 111 Rn. 5 f.; *Drygala*, in Schmidt/Lutter, AktG, 5. Aufl. 2024, § 116 Rn. 11.

735 *Drygala*, in Schmidt/Lutter, AktG, 5. Aufl. 2024, § 116 Rn. 10 ff.

verfolgung führen können.[736] Gegengründe können personalpolitische Erwägungen[737], Unternehmensreputation[738] sowie Betriebsfrieden[739] sein. Soziale Konsequenzen für Vorstandsmitglieder können allenfalls in Ausnahmefällen berücksichtigt werden.[740] Eine Mindermeinung verneint dem Aufsichtsrat bei der Geltendmachung von Schadensersatzansprüchen gänzlich einen Ermessensspielraum.[741]

IX. Rechtsfolgen schlechter Compliance

Während gute Compliance der Reputation der Gesellschaft dienen und zur Milderung von Sanktionen führen kann, kann sich die Kehrseite, namentlich mangelhafte Compliance, haftungsbegründend bzw. -verschärfend auswirken.

1. Folgen für den Vorstand

Insbesondere der Vorstand kann für die Folgen mangelhafter oder unterlassener Compliance haftbar gemacht werden. Nicht nur gegenüber der Gesellschaft können Ansprüche entstehen, vielmehr können auch Aktionäre und Dritte durch die Pflichtverletzung des Vorstands geschädigt werden.

a) Zivilrechtliche Haftung

Verletzt der Vorstand vorsätzlich oder fahrlässig seine Pflichten und entsteht der Gesellschaft daraus ein Schaden, ist er gem. § 93 Abs. 2 AktG zum Schadensersatz verpflichtet. Anknüpfungspunkt für eine Haftung ist dabei nicht die zunächst unterlassene oder fehlerhafte Einrichtung einer Compliance-Maßnahme, sondern vielmehr das Unterlassen der Modifizierung des Compliance-Systems im Wissen der Lückenhaftigkeit.[742] Die Frage nach

736 BGH NJW 2018, 1301 Rn. 37; NJW 1997, 1926, 1928; *Spindler*, in BeckOGK/AktG, Stand: 01.06.2025, § 116 Rn. 62 ff.; *Habersack*, in MüKo-AktG, 5. Aufl. 2019, § 116 Rn. 44; *Groß-Bölting/Rabe*, in Hölters/Weber, AktG, 5. Aufl. 2025, § 111 Rn. 49; *Grigoleit/Tomasic*, in Grigoleit, AktG, 2. Aufl. 2020, § 111 Rn. 5 f.; *Drygala*, in Schmidt/Lutter, AktG, 5. Aufl. 2024, § 116 Rn. 11.

737 BGH NJW 1997, 1926, 1928; *Habersack*, in MüKo/AktG, 5. Aufl. 2019, § 116 Rn. 42.

738 BGH NJW 1997, 1926, 1928; *Spindler*, in BeckOGK/AktG, Stand: 01.06.2025, § 116 Rn. 62 ff.; *Habersack*, in MüKo/AktG, 5. Aufl. 2019, § 111 Rn. 42.

739 BGH NJW 2018, 1301 Rn. 37; NJW 1997, 1926, 1928; *Spindler*, in BeckOGK/AktG, Stand: 01.06.2025, § 116 Rn. 62 ff.; *Habersack*, in MüKo-AktG, 5. Aufl. 2019, § 111 Rn. 42.

740 BGH NJW 1997, 1926, 1928.

741 *Koch*, in Koch, AktG, 16. Aufl. 2022, § 111 Rn. 11a m. w. N.

742 LG München I NZG 2014, 345; *Wiesner*, in MHdB GesR, 4. Aufl. 2015, § 25 Rn. 15; *Simon/Merkelbach*, AG 2014, 318, 320.

der gebotenen Compliance ist dabei aus einer ex-ante-Perspektive zu beurteilen.[743] Insbesondere kann der Vorstand auch in Gesamtschuld mit einem Arbeitnehmer haften, wenn dieser eine Rechtsverletzungen begangen hat und dem Vorstand Fehler in der Überwachung vorzuwerfen sind.[744] Dabei kann sich der Vorstand auch gem. § 93 Abs. 1 S. 2 AktG exkulpieren, wenn er im Sinne der Business Judgement Rule vernünftigerweise annehmen durfte, bei einer unternehmerischen Entscheidung auf der Grundlage angemessener Information zum Wohle der Gesellschaft zu handeln.

Schäden, die bei einer Pflichtverletzung auftreten können, sind insbesondere verhängte Bußgelder gegen die Gesellschaft, Schadensersatzansprüche von Geschäftspartnern und die Kosten interner Untersuchungen. Ist der Gesellschaft durch Pflichtverletzung des Vorstands ein Schaden entstanden, ist gem. § 249 BGB der Zustand wiederherzustellen, der bestehen würde, wenn der Umstand, der den Vorstand zum Ersatz verpflichtet, nicht eingetreten wäre.[745] Nach § 251 BGB setzt eine Entschädigung in Geld eine in Geld bewertbare Vermögenseinbuße voraus (Vermögensschaden). Es ist dabei unbeachtlich, ob sich der Wert der Aktien gemindert hat, da das Vermögen der AG und ihrer Aktionäre getrennt voneinander zu beurteilen sind.[746] Zu dem ersatzfähigen Schaden gehören grundsätzlich auch die Kosten, die zur Aufklärung der Pflichtverletzung aufgewandt werden mussten.[747]

i. Bußgeldregress

Umstritten ist jedoch, ob ein der Gesellschaft auferlegtes Bußgeld im Wege des Innenregresses vom Vorstand eingefordert werden kann. Dabei sind drei Ansichten voneinander abzugrenzen. Eine Meinung sieht vor, dass der Vorstand gem. § 93 Abs. 2 AktG in voller Höhe für die Geldbuße der Gesellschaft haftet, wenn der Schaden auf einer dem Vorstand vorwerfbaren Pflichtverletzung beruht.[748] Die Geldbuße stelle einen Vermögensschaden

743 Fleischer, in BeckOGK/AktG, Stand: 01.06.2025, § 91 Rn. 95; *ders.*, AG 2003, 291, 300.

744 *Spindler*, in MüKo/AktG, 5. Aufl. 2019, § 93 Rn. 165; *Bayer/Scholz*, ZGR 2016, 619, 622 f.

745 BGH WM 2011, 468; OLG Düsseldorf AG 1997, 231, 237; *Hopt/Roth*, in GK-AktG, 5. Aufl. 2014, § 93 Rn. 409; *Marsch-Barner*, ZHR 173 (2009), 723, 724; *Hoffmann*, NJW 2012, 1393.

746 BGH NJW 1977, 1283; *Hopt/Roth*, in GK-AktG, 5. Aufl. 2014, § 93 Rn. 412; *Mertens/Cahn*, in KK-AktG, 3. Aufl. 2010, § 93 Rn. 60.

747 *Spindler*, in MüKo/AktG, 5. Aufl. 2019, § 93 Rn. 193; *Lüneborg/Resch*, NZG 2018, 209, 213.

748 *Wilsing*, in Krieger/Schneider, HdB Mangerhaftung, 4. Aufl. 2023, § 31 Rn. 35.18 ff.; *Hauger/Palzer*, ZGR 2015, 33, 81; *Bayer/Scholz*, GmbHR 2015, 449, 450 ff.; *Fleischer*, DB 2014, 345; 347 f.; *ders.*, BB 2008, 1070, 1073; *Schöne/Petersen*, AG 2012, 700, 704 f.; *Werner*, CCZ 2010, 143, 145; *Zimmermann*, WM 2008, 433, 436 ff.

gem. § 249 BGB dar und sei entsprechend § 93 Abs. 2 AktG auch liquidationsfähig.[749] Vertreter dieser Ansicht sehen in der Haftungsbeschränkung in Anwendung des Arbeitnehmerprivilegs, wonach eine am Verschuldensgrad gemessene Abstufung der Haftung Anwendung findet, einen klaren Verstoß gegen die gefestigte Rechtsprechung,[750] die diese Anwendung Leitungsorganen einer Gesellschaft versagt.[751] Auch die bloße Deckelung des Bußgeldrahmens wird von dieser Ansicht abgelehnt. Begründet wird dies damit, dass es inkonsequent sei, in einem ersten Schritt eine allgemeine Zulässigkeit des Bußgeldregresses zu bejahen, weil das Ordnungswidrigkeitenrecht den zivilrechtlichen Schadensersatz nicht berühre, und im zweiten Schritt dann eine ordnungswidrigkeitsrechtliche Wertung zur Haftungsbegrenzung heranzuziehen.[752]

Eine andere Ansicht spricht sich generell gegen einen Regress aus, was insbesondere bei kartellrechtlichen Bußen gelten soll.[753] Das Hauptargument dieser Auffassung ist, dass der Bußgeldzweck vereitelt werde, wenn eine Sanktion, die eine Verhaltenssteuerung der juristischen Person bezwecken solle, an das Management weitergegeben werde.[754] Auch sei beispielsweise bei kartellrechtlichen Geldbußen der Bußgeldadressat konkret bestimmt, § 81 GWB, was einen Regress ausschließe.[755]

Die herrschende Meinung bejaht hingegen grundsätzlich die Regressfähigkeit von Geldbußen, will sie aber der Höhe nach beschränken.[756] Die grundsätzliche Rückgriffsmöglichkeit wird dabei auf die Rechtsprechung von RG[757] und BGH[758] in Fällen zivilrechtlicher Beraterhaftung gestützt.[759] Die

---

749 *Bayer/Scholz*, GmbHR 2015, 449, 454.

750 BGH WM 1975, 467; BGH NJW 2001, 3123.

751 Siehe *Wilsing*, in Krieger/Schneider, HdB Mangerhaftung, 4. Aufl. 2023, § 31 Rn. 35.18 ff.

752 Siehe *Wilsing*, in Krieger/Schneider, HdB Mangerhaftung, 4. Aufl. 2023, § 31 Rn. 35.18 ff.; *Fleischer*, DB 2014, 345, 349.

753 LAG Düsseldorf ZIP 2015, 829, 830 ff. (was inzwischen wegen vorrangiger Zuständigkeit der Kartellgerichte durch BAG BB 2017, 2877 aufgehoben wurde); *Baur/Holle*, ZIP 2018, 459, 462 ff.; *Bunte*, NJW 2018, 123 ff.; *Dreher*, VersR 2015, 781, 787 f.; *Lotze/Smolinski*, NZKart 2015, 254; *Horn*, ZIP 1997, 1129, 1136.

754 Siehe *Koch*, in Koch, AktG, 16. Aufl. 2022, § 93 Rn. 48; *Fleischer*, in BeckOGK, Stand: 01.06.2025, § 93 Rn. 258; *Thomas*, NZG 2015, 1409, 1410.

755 Siehe dazu *Spindler*, in MüKo/AktG, 5. Aufl. 2019, § 93 Rn. 194.

756 *Fleischer*, in BeckOGK, Stand: 01.06.2025, § 93 Rn. 258; *Koch*, in Koch, AktG, 16. Aufl. 2022, § 93 Rn. 48; *ders.*, AG 2014, 513; *ders.*, AG 2012, 429, 434 ff.; *Spindler*, in MüKo/AktG, 5. Aufl. 2019, § 93 Rn. 194; *ders.*, AG 2013, 889, 894 f.; *Seibt/Cziupka*, AG 2015, 93, 106 f.; *Habersack*, ZHR 177 (2013), 782, 801; *Thole*, ZHR 173 (2009), 504, 525 ff.

757 RGZ 169, 267.

758 BGHZ 23, 222; BGH NJW 1997, 518; BGH WM 2010, 993.

759 Siehe *Fleischer*, DB 2014, 345, 347 ff.

von der ersten dargestellten Meinung angeführten Bedenken hinsichtlich der entgegenstehenden Wertungen von Straf- und Ordnungswidrigkeitenrecht im Vergleich zum Zivilrecht wird entgegnet, dass die Rückgriffsmöglichkeit der Gesellschaft durch das Ordnungswidrigkeitenrecht nicht präjudiziert wird.[760] Nach der Differenzhypothese komme es durch Bußgelder zu einer Vermögensminderung bei der Gesellschaft, was nach zivilrechtlichen Grundsätzen einen Schaden gem. § 249 Abs. 1 BGB darstelle.[761] Der eigentliche generalpräventive Sanktionszweck sei mit Verhängung der Geldbuße bereits erreicht.[762] Danach stehen die allgemeinen Wertungen des Ordnungswidrigkeitenrechts einem zivilrechtlichen Rückgriff nicht prinzipiell entgegen.[763] Auch treffe das Argument nicht zu, der Bußgeldregress vereitele den Sanktionszweck, da der hoheitliche Sanktionszweck mit Bezahlung der Geldbuße erfüllt sei.[764] Die Beitreibung durch Regress bei den Vorstandsmitgliedern habe keine bußgeldrechtliche Relevanz und sei einzig nach zivilrechtlichen Maßstäben zu beurteilen.[765] Gestützt wird dies neben Berufung auf die vom BGH zur Beraterhaftung getroffenen Urteile auch darauf, dass nach höchstrichterlicher Rechtsprechung die Erstattung einer Geldbuße keine Strafvereitelung darstelle.[766] Hier wird angeführt, es sei in Bezug auf den Präventionscharakter nicht sinnvoll, wenn sich die Gesellschaft nicht bei den verantwortlichen Geschäftsleitern schadlos halten könne, da sonst die verhaltenssteuernde Wirkung des Regresses entfiele.[767] Diese sei umso größer, wenn eine Regressmöglichkeit bestehe.[768]

Weiterhin wird angeführt, der Zweck der Geldbuße sei die künftige Vermeidung von Rechtsverstößen. Der gesellschaftsrechtliche Regress führe erst recht zu einer abschreckenden Wirkung und halte Vorstandsmitglieder so zu größerer Sorgfalt an.[769] So werde der generalpräventive Zweck eher erreicht als ohne Rückgriffsmöglichkeit.[770] Die Unternehmen können sich darüber

---

760 BGHZ 23, 222, 224; *Fleischer*, DB 2014, 345, 350; *ders.*, BB 2008, 1070, 1073; *Zimmermann*, WM 2008, 433, 437.

761 *Bayer/Scholz*, GmbHR 2015, 449, 451; *Pant*, CCZ 2015, 242, 246.

762 *Fleischer*, DB 2014, 345, 350; *ders.*, BB 2008, 1070, 1073; *Zimmermann*, WM 2008, 434, 437.

763 *Fleischer*, in BeckOGK, Stand: 01.06.2025, § 93 Rn. 258 ff.

764 *R. Koch*, VerSR 2015, 655, 658; *Pant*, CCZ 2015, 242, 246; *Suchy*, NZG 2015, 591, 592.

765 *Fleischer*, in BeckOGK, Stand: 01.06.2025, § 93 Rn. 258 ff.; *Suchy*, NZG 2015, 591, 592.

766 BGHSt 37, 226; BGH NZG 2014, 1058 Rn. 12.

767 *Fleischer*, DB 2014, 345, 350; *ders.*, BB 2008, 1070, 1073; *Thole*, ZHR 173 (2009), 504, 532.

768 *Hauger/Palzer*, ZGR 2015, 33, 54.

769 *R. Koch*, VersR 2015, 655, 658; *Fleischer*, DB 2014, 345, 348; *ders.*, BB 2008, 1070, 1073; *Koch*, AG 2012, 429, 434 f.

770 *Fleischer*, in BeckOGK, Stand: 01.06.2025, § 93 Rn. 258.

hinaus nicht ohne Weiteres[771] schadlos halten, vielmehr können Vorstandsmitglieder gem. § 93 Abs. 1 S. 2 AktG nur dann in Anspruch genommen werden, wenn dessen Anspruchsvoraussetzungen vorliegen.

Nach herrschender Meinung soll die Geldbuße von der Gesellschaft aber nicht uneingeschränkt eingefordert werden können. Es soll auf Grundlage der Differenzhypothese nur der Ahndungsanteil entsprechend § 30 Abs. 2, 4 OWiG zurückverlangt werden können, nicht hingegen der Abschöpfungsteil i. S. d. §§ 17 Abs. 4, 30 Abs. 3 OWiG.[772] In Anbetracht der potenziellen Sanktionshöhe – vor allem bei Kartellbußen – erscheint dies auch sinnvoll, da eine natürliche Person dies oftmals kaum leisten können wird. Nimmt man mit der herrschenden Meinung an, dass auch bei Kartellgeldbußen ein Regress bei Vorstandsmitgliedern grundsätzlich möglich ist, muss dies gerade in Anbetracht der Höhe der möglichen Kartellgeldbußen auch für andere gegen Unternehmen gerichtete Bußgelder Geltung erlangen. Auch die Beschränkung des Regresses auf den Ahndungsteil der Geldbuße scheint gerechtfertigt.

ii. Haftung gegenüber Dritten und Aktionären

Der Vorstand haftet gem. § 93 Abs. 2 AktG gegenüber der Gesellschaft, den Aktionären steht unmittelbar hieraus kein Anspruch zu.[773] Die Mitgliedschaft des Aktionärs stellt ein absolutes Recht i. S. d. § 823 Abs. 1 BGB dar, wobei jedoch die bloße Wertminderung des Anteils nicht ersatzfähig ist.[774] Führt die mangelhafte Rechtskontrolle auch zu einer Verkehrspflichtverletzung, die zu einer Schädigung der Rechte Dritter geführt hat, kommt dementsprechend auch eine Schadensersatzhaftung gem. § 823 Abs. 1 BGB in Betracht.[775] Zu beachten ist jedoch, dass eine deliktische Außenhaftung, die auf einer unzureichenden Compliance-Organisation fußt, nicht in Betracht kommt.[776] Bei mangelhafter Aufsicht durch den Vorstand richtet sich der Anspruch nach § 831 BGB.[777] Weiterhin kommt grundsätzlich auch eine

771 So allerdings LAG Düsseldorf ZIP 2015, 829 ff.

772 *Fleischer*, in BeckOGK, Stand: 01.06.2025, § 93 Rn. 264; *Mertens/Cahn*, in KK-AktG, 3. Aufl. 2010, § 93 Rn. 56; *Fleischer*, DB 2014, 345, 348; *Thole*, ZHR 173 (2009), 504, 528; *Krause*, BB Special 8/2007, S. 2, 13.

773 *Spindler*, in MüKo/AktG, 5. Aufl. 2019, § 93 Rn. 336; *Mertens/Cahn*, in KK-AktG, 3. Aufl. 2010, § 93 Rn. 207.

774 *Spindler*, in MüKo/AktG, 5. Aufl. 2019, § 93 Rn. 336; *Hopt/Roth*, in GK-AktG, 5. Aufl. 2014, § 93 Rn. 626; *Schmidt*, JZ 1991, 157, 159.

775 *Bachmann/Kremer*, in Kremer u. a., Deutscher Corporate Governance Kodex, 8. Auflage 2021, GS 5 Rn. 38.

776 BGHZ 194, 26; BGH NZG 2014, 991; *Reichert/Lüneborg*, GmbHR 2018, 1141, 1147.

777 *Bachmann/Kremer*, in Kremer u. a., Deutscher Corporate Governance Kodex, 8. Auflage 2021, GS 5 Rn. 38; *Theusinger/Jung*, in MAH GmbHR, 5. Aufl. 2023, § 24 Rn. 23.

Haftung aus § 823 Abs. 2 BGB i. V. m. der Verletzung einer Schutzpflicht (zum Beispiel § 266 StGB), bei vorsätzlich sittenwidriger Schädigung aus § 826 BGB, in Betracht.[778] Ob eine Vorschrift dem Schutz der Aktionäre oder sonstiger Dritter dienen soll ist eine Wertungsfrage und muss anhand des Schutzzwecks bestimmt werden.[779] Verstößt jemand schuldhaft gegen ein Schutzgesetz ist er grundsätzlich auch jedem, dessen Schutz dieses dienen soll zum Ersatz des daraus entstehenden Schadens verpflichtet.[780] Ob ein Anspruch gegen ein Vorstandsmitglied besteht muss entsprechend im Einzelfall geprüft werden und soll hier nicht Teil der weiteren Bearbeitung sein.[781]

b) Straf- und ordnungsrechtliche Folgen

Werden Straftaten im Unternehmen bekannt und schreiten Vorstandsmitglieder nicht ein, kann dies wegen einer möglichen Garantenpflicht auch eine Unterlassungsstrafbarkeit aus dem zugrundeliegenden Delikt nach sich ziehen.[782] Im Innenverhältnis trifft die Geschäftsleitung nämlich grundsätzlich eine Garantenstellung zur Vermeidung der Straftaten von Unternehmensangehörigen.[783] Daneben kann sie selbst Täter im Sinne des StGB sein. In Betracht kommen dabei Straftaten wie Untreue gem. § 266 StGB, Betrug i. S. d. § 163 StGB, Vorteilsgewährung i. S. v. § 333 StGB sowie Bestechung gem. § 334 StGB. Daneben kommen auch Straftaten aus Steuer- und Umweltrecht in Betracht. Fehlt ein an die Risikoexposition der Gesellschaft angepasstes Compliance-System gänzlich oder verletzten Vorstandsmitglieder ihre Compliance-Pflichten anderweitig vorsätzlich oder fahrlässig, kann dies außerdem eine Aufsichtspflichtverletzung i. S. v. § 130 OWiG darstellen.[784] Diese zieht gem. §§ 14, 9 OWiG eine Geldbuße von bis zu 1 Mio. € nach sich.

2. Folgen für den Aufsichtsrat

Gem. § § 116 S. 1, 93 Abs. 2 AktG haftet der Aufsichtsrat gegenüber der Gesellschaft, wenn er pflichtwidrig handelt und der Gesellschaft hieraus ein

778 OLG Celle GmbHR 2006, 377, 387; OLG Frankfurt a. M. NJW-RR 2003, 1532, 1537; *Spindler*, in MüKo/AktG, 5. Aufl. 2019, § 93 Rn. 345, 350; *Moosmayer*, in Moosmayer, Compliance, 4. Aufl. 2021, § 2 Rn. 64.

779 BGHZ 19, 114, 126; BGH GRUR 1962, 159, 162; *Spindler*, in MüKo/AktG, 5. Aufl. 2019, § 93 Rn. 344.

780 RGZ 157, 213, 217.

781 Für Einzelheiten siehe *Spindler*, in MüKo/AktG, 5. Aufl. 2019, § 93 Rn. 332 ff. m. w. N.

782 *Fleischer*, in BeckOGK/AktG, Stand: 01.06.2025, § 91 Rn. 94; *Blassl*, ZIP 2020, 537 ff.; *Kremer/Klahold*, ZGR 2010, 113, 140; *Schneider*, NZG 2009, 1321, 1322.

783 BGH NJW 2009, 3173 Rn. 27.

784 *Fleischer*, in BeckOGK/AktG, Stand: 01.06.2025, § 91 Rn. 94; siehe auch *Moosmayer*, in Moosmayer, Compliance, 4. Aufl. 2021, § 2 Rn. 46 ff mit weiteren Beispielen.

Schaden entsteht. Liegt eine Pflichtverletzung des Vorstands sowie eine Pflichtverletzung des Aufsichtsrats durch mangelnde Überwachung vor, haften beide als Gesamtschuldner.[785] Da der Aufsichtsrat dazu verpflichtet ist, bei Hinweisen auf Fehlverhalten des Vorstands einzuschreiten und Ansprüche zu prüfen und durchzusetzen, kann er sich selbst dem Vorwurf der Untreue und einer zivilrechtlichen Haftung aussetzen, wenn er dem nicht nachkommt.[786] Hierbei kommt ähnlich wie beim Vorstand auch eine deliktische Haftung in Betracht. Für den Aufsichtsrat gelten hier sodann die Grundsätze der Teilnehmerhaftung gem. §§ 826, 830 BGB.[787]

3. Folgen für die Gesellschaft

Gem. § 31 BGB trifft die AG nur in Ausnahmefällen die deliktische Haftung, etwa dann, wenn sie eine Garantenstellung übernommen hat.[788] Da in Deutschland kein Unternehmensstrafrecht existiert, erfolgt die Inanspruchnahme einer Gesellschaft über das OWiG gem. § 30 Abs. 4 OWiG im Wege der Festsetzung einer Geldbuße, wenn die im Gesetz beschriebenen Organe des Unternehmens eine betriebsbezogene Straftat oder Ordnungswidrigkeit wie eine Verletzung der ihnen obliegenden Aufsichtspflicht nach § 130 OWiG begangen haben. Gem. § 30 Abs. 2 Nr. 1 OWiG kann die Geldbuße dabei bis zu 10 Mio. € betragen. Jedoch kann gem. § 30 Abs. 3 i. V. m. § 17 Abs. 4 OWiG auch ein höheres Strafmaß festgesetzt werden, wenn dies erforderlich ist, um den beim Unternehmen durch die Tat entstandenen wirtschaftlichen Vorteil abzuschöpfen.

Weiter müssen Unternehmen auch damit rechnen, dass die strafrechtlichen und bußgeldrechtlichen Regelungen des Verfalls gem. §§ 73 ff. StGB sowie § 29a OWiG zur Anwendung kommen. Dies kann auch bei an der Straftat nicht beteiligten Dritten Anwendung finden, wenn diese aus der Straftat oder Ordnungswidrigkeit etwas erlangt haben.[789] Beispielhaft seien hier die durch Korruptionsstraftaten erwirtschafteten Gewinne zu nennen, die für verfallen erklärt oder eingezogen werden, wie es in den Fällen Siemens und MAN in jeweils dreistelliger Millionenhöhe der Fall war.[790] Compliance-Verstöße können darüber hinaus auch vergaberechtliche Konsequenzen

785 *Spindler*, in MüKo/AktG, 5. Aufl. 2019, § 93 Rn. 164; *Habersack*, in MüKo/AktG, 5. Aufl. 2019, § 116 Rn. 78.

786 *Moosmayer*, in Moosmayer, Compliance, 4. Aufl. 2021, § 2 Rn. 65.

787 OLG Düsseldorf CCZ 2008, 231 m. Anm. Liese/Theusinger; OLG Karlsruhe AG 2008, 900.

788 BGH NJW 2021, 3439; BGH NJW 2019, 2164; *Bachmann/Kremer*, in Kremer u. a., Deutscher Corporate Governance Kodex, 8. Aufl. 2021, GS 5 Rn. 39.

789 *Moosmayer*, in Moosmayer, Compliance, 4. Aufl. 2021, § 2 Rn. 39.

790 *Minkoff*, Sanktionsbewährte Aufsichtspflichten im internationalen Konzern, 2016, Rn. 230 ff, 234 ff.

für die Gesellschaft haben. So sind Unternehmen zwingend von der Vergabe auszuschließen, wenn eine der Katalogstraftaten des § 123 GWB (etwa Korruptionsdelikte) aus dem Unternehmen heraus begangen wurde.

Zu denken ist außerdem auch an mögliche Reputationsschäden für die Gesellschaft und ihre Organe. Rechtsverstöße aus Unternehmen heraus werden oft in der Öffentlichkeit – sei es durch die Presse oder aber auch die sozialen Medien sowie vermehrt auch Podcast-Formate – ausführlich diskutiert. Zu nennen seien hier beispielhaft jüngst die Insolvenz von Wirecard und der sog. Diesel-Skandal. Mithin treffen die Folgen von Compliance-Verstößen auch die Gesellschaft selbst, sowohl in finanzieller Hinsicht als auch in Bezug auf ihre Reputation.

D. Zweck der Compliance

Grundsätzlich können der Compliance drei Zielrichtungen zugeschrieben werden. Zunächst dient Compliance der Einhaltung gesetzlicher Vorgaben durch die Mitglieder der Geschäftsleitung und damit der Rechtstreue des Unternehmens. In diesem Sinne zielt sie also auf eine Generalprävention ab.[791] Weiterhin ist Compliance auch ein Mittel zur Haftungsvermeidung.[792] Compliance-Maßnahmen können dazu beitragen, dass Schadensersatzansprüche – seien es Ansprüche Dritter gegenüber der Gesellschaft und deren Organmitgliedern im Wege der Außenhaftung oder auch Ansprüche der Gesellschaft gegenüber der Organmitglieder im Wege der Innenhaftung – vermieden werden.[793] Daneben kann die Einrichtung eines auf die Gesellschaft angepassten Compliance-Systems bei der Bemessung von Bußgeldern Berücksichtigung finden.[794] Dies liegt insbesondere im Interesse der Gesellschaft, der Organmitglieder und Mitarbeiter.[795]

Compliance dient außerdem auch der Reputation eines Unternehmens. Ist bekannt, dass ein Unternehmen Compliance-Maßnahmen etabliert und umsetzt, kann dies das Image aufbessern. So kommen Studien zu dem Ergebnis, dass die Einführung einer guten Compliance-Organisation bei börsen-

791 *Bachmann/Kremer*, in Kremer u. a., Deutscher Corporate Governance Kodex, 8. Aufl. 2021, GS 5 Rn. 22; *Thole*, ZHR 173 (2009), 504, 516.

792 *Bachmann/Kremer*, in Kremer u. a., Deutscher Corporate Governance Kodex, 8. Aufl. 2021, GS 5 Rn. 22.

793 *Theusinger/Jung*, in MAH GmbHR, 5. Aufl. 2023, § 24 Rn. 5; *Campos Nave/Zeller*, BB 2012, 131, 135.

794 BGH BeckRS 2017, 114578; dazu auch *Baur/Holle*, NZG 2018, 14.

795 *Bachmann/Kremer*, in Kremer u. a., Deutscher Corporate Governance Kodex, 8. Aufl. 2021, GS 5 Rn. 22.

notierten Unternehmen kurssteigernd wirken kann.[796] Andersherum können publik gewordene Compliance-Verstöße dem Unternehmen und den Unternehmensangehörigen große Schäden zufügen.[797] Bei richtiger Umsetzung kann Compliance somit zur Steigerung des Unternehmenswerts beitragen.[798]

E. Gesetzliche Verankerung

Compliance und die Pflicht zur Einrichtung einer Compliance-Organisation sind gesetzlich bisher nicht verankert. Es bestehen keine Regelungen, die die oben beschriebenen Pflichten explizit normieren. Die einzelnen Pflichten ergeben sich vielmehr aus verschiedenen Normen und der Rechtsprechung. Auch ohne eine zentrale Norm herrscht heute Einigkeit hinsichtlich der Pflicht zur Einrichtung eines Compliance-Systems, welches an die Gegebenheiten des jeweiligen Unternehmens angepasst und nicht standardisiert sein muss.[799] Dies findet sich insbesondere in zahlreichen – nicht verbindlichen – Empfehlungen von Verbänden und Vereinigungen wie u. a. die Leitlinien des Deutschen Instituts für Compliance.[800]

I. Gescheitertes Gesetzesvorhaben

In der 19. Legislaturperiode plante die große Koalition aus CDU und SPD die Einführung eines Verbandssanktionengesetzes. Die Bestrebungen des Gesetzgebers war dabei, im Rahmen der Einführung eines Sanktionsregimes für Unternehmen auch Rahmenbedingungen für interne Untersuchungen und Sanktionsmilderungen für den Fall einer eingerichteten Compliance-Organisation zu schaffen.

Im Koalitionsvertrag vom 12. März 2018 wurde festgehalten, dass ein Verbandssanktionengesetz zur Bekämpfung von Wirtschaftskriminalität und zur Anreizschaffung für die Aufklärung von Non-Compliance eingeführt werden soll. Der erste Referentenentwurf des Bundesministeriums der Justiz

796 Dazu *Weber/Lentfer/Köster*, ZCG 2007, 53.

797 *Bachmann/Kremer*, in Kremer u. a., Deutscher Corporate Governance Kodex, 8. Aufl. 2021, GS 5 Rn. 22; siehe etwa als Folge des Cum-Ex-Skandals *Votsmeier*, Handelsblatt erschienen am 28.11.2019, Artikel über Volker Römermann, abrufbar unter https://www.handelsblatt.com/finanzen/banken-versicherungen/banken/volker-roemermann-das-vertrauen-in-die-qualitaet-der-rechtsberatung-wird-beschaedigt-/25278578.html.

798 *Theusinger/Jung*, in MAH GmbHR, 5. Aufl. 2023, § 24 Rn. 6; siehe auch *Schorn*, in Hauschka/Moosmayer/Lösler, Corporate Compliance, 3. Aufl. 2016, § 13 Rn. 3 ff.

799 Siehe LG München I NZG 2014, 345 ff.

800 Sie hierzu https://www.dico-ev.de/publikationen/.

und für Verbraucherschutz (BMJV) erfolgte im August 2019. Dieser wurde überarbeitet und am 21. April 2020 in aktualisierter Fassung vorgestellt. Darauf folgte am 16. Juni 2020 dann der Regierungsentwurf „Entwurf eines Gesetzes zur Stärkung der Integrität in der Wirtschaft“ (VerSanG-E). Der Regierungsentwurf wurde am 21. Oktober 2020 mit Stellungnahme des Bundesrats und Gegenäußerung der Bundesregierung dem Bundestag zugeleitet. Anders als die SPD unterstütze die CDU das Gesetzesvorhaben am Ende der Legislaturperiode nicht mehr, wobei ausschlaggebend vor allem der geplante Umgang mit internen Untersuchungen gewesen sei.[801] Der Entwurf sah eine Trennung von Untersuchungsführer und Verteidiger des Unternehmens vor. Ergebnisse von internen Untersuchungen unterlägen damit nicht dem Privileg des § 97 StPO und könnten von der Staatsanwaltschaft für weitere Ermittlungsmaßnahmen beschlagnahmt werden. Hier befürchtete die CDU, dass der Gesetzesentwurf nicht den gewünschten Anreiz geschaffen hätte, Fehlverhalten aufzuklären, sondern Unternehmen künftig eher von Untersuchungen abgesehen hätten.

Mit dem Ende der 19. Legislaturperiode endete somit auch das Gesetzesvorhaben für ein Verbandssanktiongesetz. Neben diesem wurde auch die EU-Whistleblower-Richtlinie (Richtlinie (EU) 2019/1937) nicht mehr in deutsches Recht umgesetzt, was nun Aufgabe der in der 20. Legislaturperiode neu gebildeten Ampel-Koalition ist.

II. Status quo und Plan der Ampel-Koalition

Der Koalitionsvertrag vom 24. November 2021 zwischen SPD, Bündnis 90/ Die Grünen und FDP sieht nicht vor, dass das Verbandssanktionengesetz noch eingeführt wird. Vielmehr sollen Vorschriften betreffend Unternehmenssanktionen einschließlich der Sanktionshöhe überarbeitet werden.[802] Dies soll ehrliche Unternehmen vor rechtsuntreuen Mitbewerbern schützen und die Rechtssicherheit in Hinblick auf Compliance-Pflichten erhöhen.[803] Weiterhin plant die Koalition die Schaffung eines präzisen Rechtsrahmens für interne Untersuchungen.[804]

---

801 Siehe *Budras,* FAZ, Skandale ohne Folgen, erschienen am 9 Juni 2021, abrufbar unter https://www.faz.net/aktuell/wirtschaft/koalition-beerdigt-gesetz-zu-unternehmens-sanktionen-17381080.html.

802 Koalitionsvertrag vom 24. November 2021, S. 111, abrufbar unter https://www.bundesregierung.de/resource/blob/974430/1990812/04221173eef9a6720059cc353d759a2b/2021-12-10-koav2021-data.pdf?download=1, im Folgenden „Koalitionsvertrag“.

803 Koalitionsvertrag vom 24. November 2021, S. 111.

804 Koalitionsvertrag vom 24. November 2021, S. 111.

Hinsichtlich der EU-Whistleblower-Richtlinie sieht die Koalition eine rechtssichere und praktikable Umsetzung in deutsches Recht vor. Danach sollen Whistleblower effektiv vor rechtlichen Nachteilen geschützt werden.[805] Das Hinweisgebersystem soll nach Koalitionsvertrag so ausgestaltet sein, dass Mitarbeiter in Unternehmen die Möglichkeit erhalten, erhebliches unternehmerisches Fehlverhalten anonym zu melden, soweit deren Aufdeckung im öffentlichen Interesse liegt, wobei es unerheblich sein soll, ob sich die gemeldeten Verstöße gegen EU-Recht oder gegen innerstaatliche Verhaltensrichtlinien und Regeln richten.[806] Auch die Option von Beratungsangeboten und finanzieller Unterstützung von Whistleblowern bei ungerechtfertigten Repressalien des Arbeitgebers soll durch die Koalition geprüft werden.[807]

Im Folgenden wird zunächst kurz erläutert, welche neuralgischen Punkte die Einführung des VerSanG-E aus Sicht der vorherigen Regierung notwendig machten und inwiefern diese jetzt noch zutreffen (dazu § 5 E.II.1). Danach erfolgt eine kritische Betrachtung der inhaltlichen Umsetzung des VerSanG-E auch mit Blick auf eine mögliche Umsetzung durch die Ampel-Koalition (hierzu § 5 E.II.2 und § 5 E.II.3).

1. Grund für einen Gesetzesentwurf

De lege lata gibt es keine Möglichkeit zur Verfolgung von Straftaten, die aus Verbänden heraus begangen werden. Die einzige Möglichkeit der Ahndung besteht für die Behörden in der Verhängung einer Geldbuße nach dem Gesetz über Ordnungswidrigkeiten (OWiG). Damit kann der Wirtschaftskriminalität nicht angemessen entgegengetreten werden, obwohl der Schaden, der durch sie angerichtet wird, erheblich ist (dazu § 5 B). Durch die aktuell bestehenden Normstrukturen ist eine an die Gegebenheiten des Unternehmens angepasste Sanktion nicht möglich. Vielmehr besteht aktuell eine von der Unternehmensgröße unabhängige Sanktionshöchstgrenze von 10 Mio. €. Für kleine Unternehmen kann dies den finanziellen Ruin bedeuten, während große, finanzstarke Unternehmen davon kaum beeinträchtigt werden dürften.[808] Hier bedarf es indes angepassten Sanktionsrahmen, die sich beispielsweise am Umsatz des Unternehmens orientieren könnten.

Ein großer Unsicherheitsfaktor für Unternehmen ist weiterhin, ob und inwieweit sich Compliance-Bemühungen auf mögliche Sanktionen auswirken können. Sofern die Aufklärung von Verstößen lediglich zur Befeuerung von behördlichen Ermittlungen dienen, werden die zuständigen Geschäftsleiter

805 Koalitionsvertrag vom 24. November 2021, S. 111.
806 Koalitionsvertrag vom 24. November 2021, S. 111.
807 Koalitionsvertrag vom 24. November 2021, S. 111.
808 Siehe VerSanG-E vom 16.06.2020, S. 1.

wohl eher von solchen Maßnahmen Abstand nehmen oder gar versuchen, Verstöße zu verschleiern. Dies kann kaum im Interesse des Gesetzgebers sein. Vielmehr sollten Anreize geschaffen werden, die zur Ergreifung geeigneter Compliance-Maßnahmen und Aufklärung von Non-Compliance führen können. Dabei muss den Unternehmen von staatlicher Seite eine rechtssichere Möglichkeit geboten werden, Compliance umzusetzen. Kommt es zu einem Verstoß ist weiterhin unklar, ob und in welcher Höhe sich Sanktionen gegen das Unternehmen auf involvierte Mitglieder der Geschäftsleitung auswirken können. Ein möglicher Regress könnte dabei den generalpräventiven Zweck der Geldbuße unterstützen. Dabei muss dennoch darauf geachtet werden, dass es nicht zu einem einfachen Durchreichen der Sanktion kommt, insbesondere wenn das Unternehmen Haftungsadressat ist. Hier bietet sich primär eine an der Höhe der Geldbuße orientierte Begrenzung des Regresses an.

Dies wäre nicht nur für die Unternehmen von Vorteil. Auch die Arbeitnehmer eines Unternehmens können von festgelegten Strukturen profitieren. So könnten ihnen etwa bei Unterstützung der Aufklärungsbemühungen Amnestien zugesichert oder auch ein Anwalt zur Seite gestellt werden. Für die Aufklärung von Gesetzesverstößen und etwaigen Missständen im Unternehmen sind Mitarbeiter oftmals ausschlaggebend. Ihr Wissen über interne Vorgänge oder die eigene Involvierung in diese kann zum letztendlichen Erfolg der internen Untersuchung verhelfen. Dafür muss jedoch die Bereitschaft bestehen, sich an den Aufklärungsmaßnahmen im Rahmen von Mitarbeiterbefragungen zu beteiligen.

Weit überwiegend wird angenommen, dass Arbeitnehmer aufgrund ihrer arbeitsrechtlichen Stellung verpflichtet sind, an Befragungen teilzunehmen.[809] Diese Pflicht wird zum einen aus dem Weisungsrecht des Arbeitgebers gem. § 106 GewO abgeleitet und zum anderen unter Rückgriff auf die §§ 666, 675 BGB begründet.[810] Darüber hinaus hat der Arbeitnehmer nicht nur an den Befragungen teilzunehmen, sondern auch die gestellten Fragen, die in Verbindung zu seinem unmittelbaren Arbeitsbereich stehen, vollständig und wahrheitsgemäß zu beantworten.[811] Aus den Treue- und Nebenpflichten gem. §§ 611, 241 Abs. 2 BGB bzw. § 242 BGB ergibt sich diese Pflicht auch

809 BAG NZA 1996, 637, 638; BAG, NZA 1997, 41; *Krug/Skoupil*, NJW 2017, 2374, 2375; *Wastl/Litzka/Pusch*, NStZ 2009, 68, 70; *Wybitul*, BB 2009, 606, 610; *Dann/Schmidt*, NJW 2009, 1851, 1852; *Göpfert/Merten/Siegrist*, NJW 2008, 1703, 1705; *Rieble*, ZIP 2003, 1273, 1275 f.

810 Vgl. BAG; NZA 2002, 618, 620; *Wessing*, in Hauschka/Moosmayer/Lösler, Corporate Compliance, 3. Aufl. 2016, § 46 Rn. 42; *Krug/Skoupil*, NJW 2017, 2374, 2375; *Herrmann/Zeidler*, NZA 2017, 1499, 1501; *Kasiske*, NZWiSt 2014, 262, 263; *Lützeler/Müller-Sartori*, CCZ 2011, 19, 22.

811 BAG, NZA 1996, 637, 638; *Göpfert/Merten/Siegrist*, NJW 2008, 1703, 1705; *Herrmann/Zeidler*, NZA 2017, 1499, 1501.

für den mittelbaren Arbeitsbereich.[812] Allerdings gilt hier, dass eine Verhältnismäßigkeitsprüfung durchzuführen ist, bei der festzustellen ist, ob die Interessen des Arbeitgebers überwiegen oder den Arbeitnehmer übermäßig belasten.[813]

Insgesamt ist zu beachten, dass der Mitarbeiter seine Mitwirkung nicht vollständig verweigern darf, sondern gegebenenfalls nur die Beantwortung einzelner Fragen.[814] Die Pflicht besteht auch dann, wenn durch die Beantwortung der Fragen eine arbeits- oder sogar strafrechtliche Pflichtverletzung offengelegt wird.[815] Das in § 136 StPO verankerte Selbstbelastungsverbot („*nemo tenetur se ipsum accusare*") soll im privatrechtlichen Bereich gerade keine Anwendung finden, da es nur gegenüber staatlichen Stellen Geltung erlangt.[816] Das bedeutet jedoch nicht, dass Arbeitnehmer der oben genannten Pflicht immer auch nachkommen. Insbesondere die Angst vor zivil- und strafrechtlichen Folgen sorgt dafür, dass nicht immer umfassende oder wahrheitsgemäße Aussagen getroffen werden. Auch die Tatsache, dass ein Verwertungsverbot für solche Aussagen, die den Arbeitnehmer belasten, abgelehnt wird,[817] trägt hier nicht zur Besserung bei.

Mithin wären auch für Arbeitnehmer feste Regelungen wünschenswert, die den Ablauf und die Folgen von internen Untersuchungen besser einschätzbar machen und die Bereitschaft zur Kooperation erhöhen. Auch auf Seiten der Unternehmen sind rechtssichere Regelungen sinnvoll, die deutlich festlegen, inwiefern sich Compliance-Maßnahmen, sei es präventiv oder repressiv, auf mögliche Sanktionen auswirken. Vor allem der Umgang mit internen Untersuchungen bedarf klarer Vorgaben, denn diese würden die Anwendung vereinfachen und so sowohl auf Arbeitnehmer- als auch Arbeitgeberseite Anreize schaffen, interne Untersuchungen durchzuführen. Diese können in erheblichem Maße dazu beitragen, dass Verstöße aufgeklärt und Missstände beseitigt werden.

---

812 BAG NZA 1996, 637, 638; *Krug/Skoupil*, NJW 2017, 2374, 2375.

813 BAG, NZA 1996, 637, 639; *Mengel/Ulrich*, NZA 2006, 240, 243.

814 *Göpfert/Merten/Siegrist*, NJW 2008, 1703, 1706.

815 LAG Hamm, CCZ 2010, 237; *Habbe/Pelz*, BB 2020, 1226, 1230; *Krug/Skoupil*, NJW 2017, 2374, 2375; *Lützeler/Müller-Sartori*, CCZ 2011, 19; *Diller*, DB 2004, 313, 314; *Fritz/Nolden*, CCZ 2010, 170, 175 f.; *Theile/Gatter/Wiesenack*, ZStW 126 (2014) 803, 828.

816 BGHZ 41, 318, 323; LG Hamburg, NJW 2011, 942; LAG Hamm, BeckRS 2009, 74015; *Habbe/Pelz*, BB 2020, 1226, 1230; *Herrmann/Zeidler*, NZA 2017, 1499, 1501; *Bittmann/Molkenbur*, wistra 2009, 373, 376; *Lützeler/Müller-Sartori*, CCZ 2011, 19 ff.

817 *Wimmer*, in Leitner/Rosenau, Wirtschafts- und Steuerstrafrecht, 2. Aufl. 2022, § 152 StPO, Rn. 20 ff.; *Habbe/Pelz*, BB 2020, 1226, 1230.

2. Inhaltliche Umsetzung des Gesetzes

Die vorgenannten Gründe sprechen alle für einen gewissen Regelungsbedarf im Bereich der Compliance. Fraglich ist, inwiefern diese auch Einzug in den VerSanG-E gefunden haben und inhaltlich umgesetzt worden sind.

Gem. § 1 VerSanG-E sollte der Gesetzesentwurf die Grundlage zur Sanktionierung von Straftaten, durch die Pflichten, die den Verband treffen, verletzt worden sind oder durch die der Verband bereichert worden ist oder werden sollte, bilden. Das Gesetz richtete sich dabei ausschließlich an Verbände, deren Zweck auf einen wirtschaftlichen Geschäftsbetrieb gerichtet ist. Bei Begehung einer Ordnungswidrigkeit oder bei Vorliegen eines Verbands, dessen Zweck nicht auf einen wirtschaftlichen Geschäftsbetrieb gerichtet ist, sollte es weiterhin bei der Anwendung von § 30 OWiG bleiben.[818]

Gem. § 2 Abs. 1 Nr. 3 VerSanG-E sollte eine Verbandstat eine Straftat darstellen, durch die Pflichten, die den Verband treffen, verletzt worden sind oder durch die der Verband bereichert worden ist oder werden sollte. Darüber hinaus wurde auch eine Verbandsverantwortlichkeit gefordert, die gem. § 3 Abs. 1 VerSanG-E vorliegen sollte, wenn jemand als Leitungsperson dieses Verbandes eine Verbandstat begangen hat oder sonst in Wahrnehmung der Angelegenheiten des Verbandes eine Verbandstat begangen hat, wenn Leitungspersonen des Verbandes die Straftat durch angemessene Vorkehrungen zur Vermeidung von Verbandstaten wie insbesondere Organisation, Auswahl, Anleitung und Aufsicht hätten verhindern oder wesentlich erschweren können.

Die Rechtsfolge von Verbandstaten bildet laut VerSanG-E die Verbandssanktion. Gem. § 8 VerSanG-E sollte diese entweder im Wege einer Verbandsgeldsanktion (Nr. 1) oder einer Verwarnung mit Verbandsgeldsanktionsvorbehalt (Nr. 2) erfolgen. Der jeweilige Strafrahmen sollte sich dabei nach § 9 VerSanG-E bestimmen. Bei einer vorsätzlich begangenen Verbandstat beliefe sich dieser auf mindestens 1.000 € und maximal 10 Mio €. Wird die Verbandstat indes fahrlässig begangen, sollte der Sanktionsrahmen bei mindestens 500 € und maximal 5 Mio. € liegen. Abweichend davon wurde die Sanktionierung von Verbänden geregelt, die einen durchschnittlichen Jahresumsatz von mehr als 100 Mio. € aufweisen. Für diese sollte bei vorsätzlicher Begehung gelten, dass die Sanktionierung mindestens 10.000 €, höchstens aber 10 % des durchschnittlichen Jahresumsatzes betragen soll (bei fahrlässiger Begehung wird dies jeweils halbiert). Ist eine Tat zugleich Verbandstat und Ordnungswidrigkeit, sollte sich das Höchstmaß der Verbandsgeldsanktion nach dem für die Ordnungswidrigkeit angedrohten Höchstmaß der Geldbuße bestimmen, wenn dieses das ansonsten anwendbare Höchstmaß

818 VerSanG-E, S. 71.

übersteigt (§ 9 Abs. 3 VerSanG-E). Neben den Verbandsgeldsanktionen war auch eine Verwarnung durch das Gericht vorgesehen (§ 10 VerSanG-E). Dieser Verwarnung konnte ein Verbandsgeldsanktionsvorbehalt mit Auflagen und Weisungen beigefügt werden (§§ 12, 13 VerSanG-E). Außerdem sollte eine Verbandstat gem. § 14 VerSanG-E auch eine öffentliche Bekanntmachung der Verurteilung nach sich ziehen können. Diese sollte insbesondere dann in Betracht kommen, wenn es eine Vielzahl an Geschädigten gibt und diese deren Informationen dienen sollte. Eine Prangerwirkung sollte dabei laut VerSanG-E jedoch nicht entstehen.[819]

Besonders beachtenswert waren die Regelungen im Hinblick auf Compliance-Maßnahmen und deren Auswirkungen auf mögliche Verbandssanktionen. Wie bereits dargelegt, fehlt bisher ein Rechtsrahmen, der die unternehmenseigene Aufklärungsbemühung sowohl für das Unternehmen als auch seine Arbeitnehmer rechtssicher regelt. Die § 16–18 VerSanG-E sollten deshalb ein „gestuftes Anreizsystem"[820] für die betroffenen Verbände schaffen, Fehlverhalten im Verband aufzuklären. Die Aufklärungsleistung sollte sodann sanktionsmildernd vom Gericht berücksichtigt werden, wenn sie tatsächlich zur Aufklärung des Sachverhalts durch die Strafverfolgungsbehörden beiträgt.[821]

Liegt eine Verbandstat vor, sollte das befasste Gericht die Verbandssanktion mildern, wenn der Verband interne Untersuchungen i. S. v. § 16 VerSanG-E durchgeführt hat und die Nr. 1–5 des § 17 Abs. 1 VerSanG-E kumulativ erfüllt sind. Eine Milderung sollte gem. § 15 Abs. 3 Nr. 7 VerSanG-E außerdem in Betracht kommen, wenn der Verband im Nachgang zur Tat Compliance-Maßnahmen ergriffen hat, die zur Aufklärung beitragen sollen. Dabei sollte es sich insbesondere zugunsten des Verbands auswirken, wenn dieser die Tat freiwillig offenlegt.[822] Der Zweck des § 17 VerSanG-E lag dabei insbesondere in der dadurch entstehenden Rechtssicherheit für Unternehmen und ihre Berater. Weiterhin wurden die *fair trial*-Grundsätze gesetzlich verankert, die dem Schutz der Mitarbeiter dienen sollen.[823] Durch die Neuregelung sollte auch eine verbesserte Vorhersehbarkeit für die Unternehmen durch gesetzliche Festlegung der Sanktionsrahmenverschiebung entstehen.[824]

Voraussetzung für eine Milderung sollten gem. § 17 Abs. 1 VerSanG-E sein,
- dass das Unternehmen einen wesentlichen Beitrag zur Aufklärung der Verbandstat und Verbandsverantwortlichkeit leistet (Nr. 1),

819 VerSanG-E, S. 90.
820 VerSanG-E, S. 98.
821 VerSanG-E, S. 97.
822 VerSanG-E, S. 96.
823 VerSanG-E, S. 58.
824 VerSanG-E, S. 58.

- dass der beauftragte Dritte oder die für den beauftragten Dritten bei den verbandsinternen Untersuchungen handelnden Personen nicht Verteidiger des Verbandes oder eines Beschuldigten, dessen Verbandstat dem Sanktionsverfahren zugrunde liegt, sind (§ 17 Abs. 1 Nr. 2 VerSanG-E),
- dass der Verband oder der von ihm beauftragte Dritte ununterbrochen und uneingeschränkt mit den Verfolgungsbehörden zusammenarbeiten (§ 17 Abs. 1 Nr. 3 VerSanG-E),
- dass die Unternehmen den Verfolgungsbehörden nach Abschluss der internen Untersuchung das Ergebnis der Untersuchung einschließlich aller für die interne Untersuchung wesentlichen Dokumente, auf denen dieses Ergebnis beruht, sowie den Abschlussbericht zur Verfügung stellen, um eine weitere der kumulativ geforderten Voraussetzungen der Sanktionsmilderung zu erfüllen (§ 17 Abs. 1 Nr. 4 VerSanG-E),
- sowie die Beachtung des *fair trial*-Grundsatzes i. S. v. § 17 Abs. 1 Nr. 5 VerSanG-E (Hinweis der Befragten, dass ihre Auskünfte in einem Strafverfahren gegen sie verwendet werden können, das Einräumen des Rechts, einen Rechtsbeistand oder ein Mitglied des Betriebsrats hinzuzuziehen, sowie Hinweis hierauf und das Einräumen des Rechts, die Aussage zu verweigern, wenn der Befragte sich selbst oder Angehörige i. S. d. § 52 Abs. 1 StPO durch eine Aussage belasten würden, sowie der Hinweis hierauf).

Weiterhin sollte die Anwesenheit eines Rechtsanwalts oder Betriebsrats die dem Mitarbeiter gewährten Rechte im Interview effektiv absichern.[825] Außerdem sollte der Mitarbeiter auf die Selbstbelastungsfreiheit hingewiesen werden (§ 17 Abs. 1 Nr. 5 lit. c VerSanG-E), eine Befragung, die Zwang zur Selbstbelastung nutzt, sollte laut VerSanG-E nicht zu einer Milderung nach § 17 VerSanG-E führen können. Der Umfang der Milderung sollte sich nach § 18 VerSanG-E bestimmen. Das in § 9 Abs. 1–3 VerSanG-E vorgesehene Höchstmaß der Sanktion sollte danach um 50 % gemindert werden, wenn das Gericht die Verbandssanktion gem. § 17 Abs. 1 VErSanG-E mildert.

Treibender Faktor für den Entwurf eines Verbandssanktionengesetzes war mithin insbesondere die Schaffung eines rechtssicheren Rahmens für interne Untersuchungen. Ob und inwieweit die vorgenannten Regelungen diesem Anspruch gerecht werden können, wird im Folgenden dargelegt.

3. Kritische Würdigung

Der VerSanG-E ist kein Allheilmittel. Insbesondere die gewünschte Rechtssicherheit sowohl im Hinblick auf präventive Compliance-Maßnahmen als auch im Hinblick auf interne Untersuchungen bei Verdacht eines Compliance-Verstoßes bleibt aus.

---

825 VerSanG-E, S. 101.

a) Berücksichtigung von Compliance-Maßnahmen

Dem Grunde nach werden präventive Compliance-Maßnahmen vom VerSanG-E berücksichtigt, was begrüßenswert ist. So zum Beispiel unter § 35 Abs. 1 VerSanG-E bei der Frage, ob wegen Geringfügigkeit von einer Verfolgung abgesehen werden kann oder bei der Auswahl der Art der Sanktion (Sanktion oder Verwarnung mit Sanktionsvorbehalt) i. S. v. § 10 VerSanG-E. Umgekehrt könnten auch Defizite des CMS dem Unternehmen angelastet werden, wenn ordnungsgemäße Maßnahmen eine Verbandstat wesentlich erschwert oder verhindert hätten, § 15 Abs. 3 Nr. 6, 7 VerSanG-E. Diese Vorschriften würden dem entscheidenden Gericht jedoch ein Ermessen eröffnen und mithin nicht automatisch zur Sanktionsmilderung führen, sofern Compliance-Maßnahmen ergriffen wurden.

Die Einführung des VerSanG würde somit nicht grundsätzlich dazu führen, dass ein bestehendes Compliance-Programm die Strafe eines Unternehmens mildern kann. Vielmehr sollte es darauf ankommen, dass die Sorgfalt angewendet wurde, die von einem ordentlichen Angehörigen des jeweiligen Tätigkeitsbereichs verlangt werden kann.[826] Es ist generell verständlich, dass eine Blankett-Sanktionsmilderung durch Einführung eines standardisierten Compliance-Programms nicht sinnvoll ist. Jedoch fehlt es im VerSanG-E an konkreten Anforderungen, die Unternehmen erfüllen sollen. Auch die Fragen und Antworten-Liste des BMJV vom 16. Juni 2020[827] verzichtet auf die Konkretisierung der Compliance-Maßnahmen, die bei der Sanktionszumessung Berücksichtigung finden sollten. Rechtssicherheit bestünde hier für die betroffenen Unternehmen mithin nicht. Problematisch erscheint weiterhin, wann die Entscheidung für oder gegen eine Kooperation mit den Behörden vorliegen müsste. Nach § 17 Abs. 1 Nr. 3 VerSanG-E müsste der Verband zunächst ununterbrochen und uneingeschränkt mit den Behörden zusammenarbeiten. Der Zeitpunkt der Offenbarung von Ermittlungsergebnissen interner Untersuchungen sollte auch bei der Festlegung des Umfangs der Verbandssanktion berücksichtigt werden.[828] Jedoch ist zu beachten, dass interne Untersuchungen und die Ermittlungen der Behörden zeitlich auseinanderfallen können.

b) Kooperation mit den Behörden

Fraglich ist, ob in dieser – möglicherweise kurzen – Zeitspanne eine solche Entscheidung überhaupt getroffen werden kann. Wie unter § 5 C.VI erläutert, hat die Geschäftsführung bei Hinweisen auf Rechtsverstöße durch

826 Siehe VerSanG-E, S. 79.

827 Fragen und Antworten-Liste, abrufbar unter https://www.bmjv.de/SharedDocs/Downloads/DE/Themen/Nav_Themen/FAQ_Integritaet_Wirtschaft.html.

828 Siehe VerSanG-E, S. 100.

Mitarbeiter hinreichende Sachverhaltsermittlungen durchzuführen. Die konkrete Ausgestaltung liegt dabei im Ermessen der Geschäftsführung und ist mithin eine unternehmerische Entscheidung.[829] Hierbei muss die Entscheidung auf der Grundlage angemessener Informationen getroffen werden und zum Wohl der Gesellschaft erfolgen.[830] Bei der Entscheidung für oder gegen eine Kooperation mit den Verfolgungsbehörden müssen die Geschäftsleiter diese entsprechend auf Grundlage angemessener Informationen treffen, die so kurzfristig oft nicht eingeholt werden können.[831]

Grundsätzlich sollte laut VerSanG-E den Verband keine Pflicht zur Kooperation mit den Behörden treffen. Auch eine Anzeigepflicht für Straftaten, die im Unternehmen bekannt geworden sind, soll laut VerSanG-E nicht bestehen. Dort ist in § 33 Abs. 1 explizit geregelt, dass dem gesetzlichen Vertreter des Verbandes im Sanktionsverfahren ein Schweigerecht zustehen sollte. Weiterhin bestünde auch keine Obliegenheit zur frühzeitigen Offenbarung von internen Untersuchungen und den Untersuchungsergebnissen.[832] Wollte der Verband jedoch von einer Sanktionsmilderung profitieren, müsste er, sobald die Ermittlungsbehörden an ihn herantreten, „unverzüglich" mit ihnen kooperieren.[833]

Die Entscheidung für oder gegen eine Kooperation steht im Ermessen der Geschäftsführung. Demnach muss sie zunächst die angemessene Informationsgrundlage schaffen. Soll im Sinne der Business Judgement Rule gehandelt werden, muss die Entscheidung ausreichend begründet und dokumentiert werden.[834] Grundsätzlich dürfen dabei Kosten und Nutzen einer Kooperation berücksichtigt werden.[835] Droht zum Beispiel der Verlust der Kooperationsmöglichkeit, kann davon ausgegangen werden, dass von einer weiteren Informationsbeschaffung Abstand genommen werden kann.[836] Dabei ist dennoch jede mit angemessenem Aufwand erreichbare Quelle auszuschöpfen.[837] Weiterhin müssten für eine Entscheidung für oder gegen die Kooperation die Vor- und Nachteile abgewogen werden. Die Vorteile einer Kooperation sind dabei insbesondere die Sanktionsmilderung bei Einhalten der Vorgaben des VerSanG-E, eine mögliche Reputationssteigerung und weiterhin die Vermeidung publikumswirksamer Maßnahmen. Nachtei-

829 *Mertens/Cahn*, in KK-AktG, 3. Aufl. 2010, § 91 Rn. 37; *Wilsing/Goslar*, in Krieger/Schneider, Hdb. Managerhaftung, 3. Aufl. 2017, § 15 Rn. 15.15; *Reichert*, in FS Hoffmann-Becking, 2013, 943, 958.

830 *Nolte/Michaelis*, BB 2020, 1154, 1157; *Lutter*, ZIP 2007, 841, 842 ff.

831 *Lawall/Weitzell*, NZWiSt 2020, 209, 213.

832 VerSanG-E, S. 100.

833 Siehe VerSanG-E, S. 100.

834 *Kremer*, in FS Schneider, 2011, 701, 714.

835 *Nolte/Michaelis*, BB 2020, 1154, 1160.

836 *Nolte/Michaelis*, BB 2020, 1154, 1160.

837 *Nolte/Michaelis*, BB 2020, 1154, 1160.

le einer Kooperation könnten indes auch Reputationsrisiken durch erhöhte Aufmerksamkeit der Öffentlichkeit sein. Außerdem könnte eine Kooperation auch das Einfallstor für zivilrechtliche Schadensersatzforderungen beispielsweise durch Akteneinsicht Dritter sein.

Das Erfordernis der Unverzüglichkeit würde der Geschäftsführung eine Entscheidung abverlangen, die grundsätzlich unter Abwägung jedweden Für und Widers getroffen werden sollte und regelmäßig umfangreiche Recherchen erfordert. Würde der Verlust der Kooperationsmöglichkeit drohen, könnte dies zu Übersprunghandlungen führen, in denen eine dezidierte Auseinandersetzung mit der Thematik nicht mehr möglich wäre. Für die Geschäftsführung würden dadurch in zweierlei Hinsicht Haftungsrisiken entstehen: Einerseits könnte ihr eine Entscheidung, die nicht auf einer angemessenen Grundlage fußt, entgegengehalten werden, wenn sie zu einem Schaden der Gesellschaft führen würde. Andererseits könnte auch die Entscheidung für die Kooperation mit den Behörden dem Unternehmen mehr Schaden zufügen als das Unterlassen einer Kooperation. Die Geschäftsführung trifft grundsätzlich die Pflicht zur Schadensabwendung. Wenn etwa aufgrund der Beweislage der Nachweis eines Compliance-Verstoßes unwahrscheinlich ist, könnte in Hinblick auf die Schadensabwendungspflicht der Geschäftsführung eine Kooperation pflichtwidrig sein.[838] Auch dies leistet keinen Beitrag zur angestrebten Rechtssicherheit.

c) Regress bei Organmitgliedern

In Anknüpfung an die eben dargestellten Haftungsrisiken für die Geschäftsführung eines Verbands stellt sich insbesondere auch die Frage, inwiefern der Verband bei Verhängung einer Verbandssanktion Regress bei seinen Organmitgliedern nehmen könnte. Diese Frage ist in der Literatur bis dato hoch umstritten (siehe C.IX.1) und wird auch durch den VerSanG-E nicht beantwortet. Wenn man annimmt, ein Regress sei grundsätzlich möglich, so sollte dieser zumindest auch der Höhe nach begrenzt sein, um hier weiteren Unsicherheiten vorzubeugen.

d) fair trial-Grundsatz

Weiterhin sind die Anforderungen an ein faires Verfahren im Rahmen der Mitarbeiterbefragungen i. S. d. § 17 Abs. 1 Nr. 5 VerSanG-E grundsätzlich begrüßenswert. Fraglich erscheint jedoch die Voraussetzung des § 17 Abs. 1 Nr. 5 lit. c VerSanG-E, wonach die Sanktionsmilderung nur dann erteilt werden sollte, wenn Mitarbeitern im Rahmen der Befragungen ein Aussagever-

838 *Nolte/Michaelis*, BB 2020, 1154, 1161.

weigerungsrecht eingeräumt wird. Diese Voraussetzung vermag nicht zu überzeugen.

Kommt es zu Compliance-Verstößen im Unternehmen oder besteht zumindest der Verdacht, ist die Geschäftsführung verpflichtet diesen nachzugehen und Fehlverhalten abzustellen (siehe hierzu bereits§ 5 C.VI). Unverzichtbar für eine profunde Aufklärung ist hierbei regelmäßig das Wissen der (involvierten) Mitarbeiter. Die Geschäftsleitung ist mithin auf die Offenlegung konkreter Tatbeiträge der jeweilige Mitarbeiter angewiesen, um ihren gesellschaftsrechtlichen Pflichten (siehe § 5 C.V) zur Aufklärung und Behebung der Schwachstellen nachkommen zu können. Wird den Mitarbeitern indes ein Auskunftsverweigerungsrecht bei internen Untersuchungen eingeräumt. Erschwert dies nicht nur die Aufklärung, sondern auch die Verhinderung künftiger Compliance-Verstöße. Für die Gesellschaft ist es unerlässlich, über vollständige Informationen zu verfügen, einerseits um eigene Interessen und andererseits auch die Interessen Dritter zu schützen.

Die Wahrung der Rechte des Arbeitnehmers sind wichtig. Insbesondere ist zu erwarten, dass Mitarbeiter sich in Befragungen im Zweifel nicht oder nicht korrekt über Tathergänge äußern, wenn sie befürchten müssen, anschließend einer strafrechtlichen Verfolgung ausgesetzt zu sein. Dennoch erscheint ein Auskunftsverweigerungsrecht hier nicht als das richtige Mittel. Alternativ könnte man *de lege ferenda*, in Anlehnung an § 18 Abs. 3 des Kölner Entwurfs eines Verbandssanktionengesetzes (Kölner Entwurf)[839], die Mitarbeiter durch ein Beweisverwertungs- und Beschlagnahmeverbot schützen.

e) Beweisverwertungs- und Beschlagnahmeverbot

Der Regierungsentwurf sah hingegen vor, dass alle Unterlagen, die den internen Untersuchungen entstammen – und mithin auch die Protokolle der Mitarbeiterbefragungen, sofern hierfür ein Berufsgeheimnisträger beauftragt wurde – beschlagnahmt werden können. § 97 Abs. 1 Nr. 3, Abs. 2 Nr. 2 und § 160a Abs. 5 StPO-Reg-E bestätigen die Jones-Day-Entscheidung[840] des Bundesverfassungsgerichts (BVerfG) wonach keine verfassungsrechtlichen Bedenken dahingehend bestehen, dass das Beweiserhebungsverbot des § 160a StPO im Hinblick auf die Spezialregelung des § 97 StPO keine Anwendung findet. Darin sei eine vertretbare und nicht bloß willkürliche Ansicht zu erkennen. Auch die Auffassung, § 97 Abs. 1 Nr. 3 StPO begründe ebenso wie § 97 Abs. 1 Nr. 1 und Nr. 2 StPO ein Beschlagnahmeverbot nur im Rahmen eines Vertrauensverhältnisses zwischen Berufsträger und dem im konkreten Ermittlungsverfahren Beschuldigten, stelle keine Verletzung von Verfassungsrecht dar. Laut Regierungsentwurf soll Voraussetzung für

839 Abrufbar unter https://www.jstor.org/stable/26537384.
840 BVerfG, NStZ 2019, 159.

die Beschlagnahmefreiheit sein, dass die Gegenstände selbst dem geschützten Vertrauensverhältnis zwischen Beschuldigten und Berufsgeheimnisträger zugerechnet werden können.

Was hingegen konkret unter dieses Vertrauensverhältnis zu fassen ist, bleibt unklar. Der Begründung des Regierungsentwurfs ist nur zu entnehmen, dass ein solches bei Unterlagen besteht, die der Vorbereitung der Verteidigung dienen, aber auch bei Unterlagen, die ein Rechtsanwalt, Steuerberater oder Wirtschaftsprüfer vom Beschuldigten im Hinblick auf eine bestimmte Beratungstätigkeit übergeben werden.[841] Erhebliche Auswirkungen hätte dies insbesondere bei internen Untersuchungen. Hier wäre – vor Erlangung der Beschuldigtenstellung – ein Beschlagnahmeschutz nicht gewährleistet.

Auch dies könnte Verbände davon abhalten, eine Kooperation mit den Behörden i. S. v. § 17 VerSanG-E ins Auge zu fassen. Denn erfolgt keine Kooperation, müssen die Unterlagen der internen Untersuchungen zumindest nicht offengelegt werden.[842] Jedoch ist zu beachten, dass der Beschlagnahmeschutz auch dann nicht gelten soll. Für Unternehmen würde dies bedeuten, dass sie damit rechnen müssen, dass Unterlagen von den Behörden beschlagnahmt werden. Dies beschneidet nicht nur eine mögliche Verteidigung des Unternehmens im Sanktionsverfahren[843], sondern führt auch nicht zu einer Besserstellung bei Kooperation mit den Behörden. Solange hier für Unternehmen eine solche Unsicherheit herrscht, werden diese von einer Zusammenarbeit absehen.

f) Kritische Stellungnahmen

Insgesamt weist der VerSanG-E einige Schwächen auf, die auch von verschiedenen Verbänden, Stiftungen und Professoren hervorgehoben worden sind. Insgesamt lehnten von 62 Stellungnahmen 33 den Gesetzesentwurf im Ergebnis ab. Bemängelt werden insbesondere die fehlende Notwendigkeit eines Gesetzes zur Sanktionierung, da bereits genug andere Möglichkeiten der Bestrafung bestünden.[844] Zudem komme das Vorhaben mit Blick auf die

---

841 VerSanG-E, S. 137.

842 Siehe auch Stellungnahme der Bundesrechtsanwaltskammer zum VerSanG-E, S. 19, abrufbar unter https://www.brak.de/fileadmin/05_zur_rechtspolitik/stellungnahmen-pdf/stellungnahmen-deutschland/2020/juli/stellungnahme-der-brak-2020-33.pdf (im Folgenden Stellungnahme BRAK).

843 Siehe auch Stellungnahme BRAK, S. 19.

844 So etwa Stellungnahme Bundesverband mittelständische Wirtschaft – Unternehmerverband Deutschlands e. V. (BVMW), 20. April 2020, S. 1 (abrufbar unter: https://www.bvmw.de/de/presse/positionspapiere-und-stellungnahmen); Stellungnahme Handelsverband Deutschland (HDE), 28. Mai 2020, S. 3 (abrufbar unter: https://einzelhandel.de/images/attachments/article/12743/Stellungnahme%20zu%20dem%20Referentenentwurf%20eines%20Gesetzes%20zur%20Stärkung%20der%20Integri-

COVID-19-Pandemie und deren Auswirkungen zum falschen Zeitpunkt, da auch die Umsetzung der gesetzlichen Vorgaben die Unternehmen personell und finanziell belaste.[845] Weiterhin wird die Unbestimmtheit der Regelungen des Entwurfs beispielsweise hinsichtlich der internen Untersuchungen oder auch des Sanktionsrahmens kritisiert.[846]

35 der 62 Stellungnahmen kritisierten vor allem auch den umsatzbezogenen Sanktionsrahmen, der sich auf bis zu 10 Prozent des weltweiten Konzernumsatzes belaufen sollte. Die Durchbrechung des Trennungsprinzips missachte insbesondere die Leistungsfähigkeit des einzelnen, zu sanktionierenden Verbands.[847] Daneben wurden insbesondere die öffentliche Bekanntmachung nach § 14 VerSanG-E wegen ihrer potenziellen Prangerwirkung[848] sowie die Neuregelung des Beschlagnahmeverbots in § 97 Abs. 1 Nr. 3 StPO[849] kritisiert.[850]

F. Zwischenfazit

Die Entscheidung des Bundestags hinsichtlich des VerSanG-E steht seit Oktober 2020 aus und ist aufgrund der Ablehnung durch die CDU als vormaliger Koalitionspartner der SPD gescheitert. Insbesondere im Hinblick auf die Rechtssicherheit für die betroffenen Unternehmen und den Aufwand, den sie betreiben müssen, um den neuen Anforderungen gerecht werden zu können, ist diese Entwicklung begrüßenswert. Die oben genannten Kritikpunkte sowie die weitreichende Auseinandersetzung vieler Verbände mit dem Entwurf, zeigen die Mängel des VerSanG-E deutlich auf. Dies sollte auch Be-

---

tät%20in%20der%20Wirtschaft.pdf, im Folgenden: Stellungnahme HDE); Stellungnahme BRAK, S. 6.

845 So Stellungnahme vom Bundesverband der Deutschen Industrie e. V. (BDI) und Bundesvereinigung der Deutschen Arbeitgeberverbände (BDA) (abrufbar unter: https://bdi.eu/media/themenfelder/recht/downloads/20140131_BDI-BDA-Stellungnahme__Unternehmensstrafrecht.pdf).

846 So zum Beispiel Stellungnahme BRAK, S. 5 ff.

847 Stellungnahme Deutsches Institut für Compliance e. V. (DICO), S. 14 (abrufbar unter: https://www.dico-ev.de/wp-content/uploads/2020/06/DICO-Stellungnahme-Gesetz-zur-Staerkung-der-Integritaet-in-der-Wirtschaft.pdf, im Folgenden Stellungnahme DICO); Stellungnahme BRAK, S. 9.

848 So unter anderem Stellungnahme der Strafverteidigervereinigungen, 12. Juni 2020, S. 23 (abrufbar unter: https://kripoz.de/wp-content/uploads/2020/07/stellungnahme_OrgaBuero-Strafverteidiger_RegE_VerSanG.pdf); Stellungnahme HDE, S. 10.

849 Siehe beispielsweise Stellungnahme DICO, S. 21 ff.; Bundesverband Deutscher Stiftungen e. V. (BVDS), 12. Juni 2020, S. 5 (abrufbar unter: https://www.stiftungen.org/fileadmin/stiftungen_org/Verband/Wer_Wir_sind/Stellungnahmen/Stellungnahme-062020-Verbandssanktionsgesetz.pdf).

850 Für einen umfassenden Überblick siehe *von Busekist/Izrailevych*, CCZ 2021, 40 ff.

achtung finden, bevor neue Regelungen – auch abseits vom VerSanG-E – umgesetzt werden. Die Ampel-Koalition beabsichtigt nicht, den VerSanG-E wieder aufzunehmen. Die im Koalitionsvertrag angestrebten Änderungen im Bereich des Unternehmensrechts greifen in Anbetracht der vielen Unklarheiten für Unternehmen jedoch zu kurz.

Begrüßenswert ist, dass rechtssichere Regelungen in Hinblick auf Sanktionen und interne Untersuchungen geschaffen werden sollen. Wie jedoch unter § 5 E.II.1 gesehen, bedarf es sowohl für Unternehmen als auch deren Arbeitnehmern eines präziseren Rechtsrahmens. So besteht insbesondere Regelungsbedarf hinsichtlich der Berücksichtigung präventiver und auch repressiver Compliance-Maßnahmen durch die Unternehmen. Dabei muss deutlich werden, dass ein standardisiertes Compliance-Programm den Anforderungen an eine geeignete Compliance-Organisation nicht gerecht werden können. Indes sollten auf das Unternehmen, dessen Größe, Branche und Risikoexposition abgestimmte Compliance-Bemühungen in jedem Fall Berücksichtigung finden, wenn es etwa um die Verhängung von Geldbußen geht. Dies würde bei den Mitgliedern der Geschäftsleitung auch eine entsprechende Anreizwirkungen entfalten. Da zum Beispiel strafrechtliche Handlungen durch Mitarbeiter nie in Gänze verhindert werden können, muss den Unternehmen zumindest zugestanden werden, dass ihre Bemühungen – sofern sie entsprechend abgestimmt sind – auch Berücksichtigung finden. So sollte sich auch eine Kooperation mit Behörden positiv auswirken können, ohne dabei dem Unternehmen unrealistische Reaktionszeiten aufzubürden.

Wie bereits gesehen sollte auch die Möglichkeit des Regresses bei Vorstandsmitgliedern sowie die Höhe desselben diskutiert werden, um den Unternehmen hier die Möglichkeit zu eröffnen, entsprechend und richtig zu reagieren, sollte es zu Bußgeldern kommen. Auch die Bestrebungen zum *fair-trial*-Grundsatz sind grundsätzlich begrüßenswert, dürfen aber im Ergebnis nicht dazu führen, dass der betroffene Arbeitnehmer sich aufgrund eines Aussageverweigerungsrechts nicht mehr zur Sache äußert. Gerade die Arbeitnehmer können der Schlüssel zur Aufklärung eines Sachverhalts sein, sodass deren Aussagen von enormer Wichtigkeit für das Unternehmen sind. So können Sachverhalte aufgeklärt und Verstöße künftig vermieden werden. Statt eines Aussageverweigerungsrechts wäre hier über ein Beschlagnahme- und Beweisverwertungsverbot nachzudenken.

Trotz alledem soll hieraus keine Überregulierung folgen. Vielmehr erscheint es sinnvoll, den Unternehmen rechtssicher zuzugestehen, dass ihre Compliance-Bemühungen Berücksichtigung finden. Dabei sollten keine festen Regelungen getroffen werden, die keine Maßnahmen daneben ermöglichen, sondern die Unternehmen sollen anhand beispielhafter Maßgaben die für ihre individuelle Risikosituation angemessenen Maßnahmen wählen. Dies soll ihnen Compliance-Bemühungen erleichtern, aber auch Anreize schaffen, Compliance im Unternehmen zu etablieren. Dies kann wie bereits gesehen zum Beispiel durch die Möglichkeit von Sanktionsmilderungen umgesetzt werden.

Es bleibt somit abzuwarten, wie die Ampel-Koalition mit dem gescheiterten Gesetzesvorhaben und ihren eigenen Absichten für die 20. Legislaturperiode umgehen wird. Für die Unternehmen ist diese Entwicklung sehr wichtig, da eine nachhaltige Wertschöpfung im Unternehmen nur dann möglich ist, wenn auch das geltende Recht eingehalten und für dessen Einhaltung durch die Arbeitnehmer gesorgt wird. Diese Aufgabe kommt dabei insbesondere den Organen der Gesellschaft zu.

Schon jetzt treffen die Organe einer Gesellschaft umfangreiche Compliance-Pflichten, bei deren Verletzung auch eine Haftung nicht ausgeschlossen werden kann. Mit der Neueinführung verschiedener Compliance-Vorgaben, könnten die Anforderungen nochmals verschärft werden– zumindest, wenn man sich hierbei am bestehenden VerSanG-E orientiert. Unternehmen müssen sich deshalb im Klaren sein, dass eine gute Corporate Governance und damit auch eine gute Compliance, wie sie vom DCGK erwartet wird, untrennbar mit dem Unternehmenserfolg verbunden ist. Deshalb sollten ihr und allen ihren Bestandteilen – vor allem der Compliance – eine große Bedeutung zukommen, um potenzielle Risiken zu vermeiden. Dies gilt indes nicht nur für Adressaten des DCGK. Vielmehr müssen vor allem auch Familienunternehmen erkennen, dass ihr Unternehmenserfolg von geeigneten Governance-Maßnahmen abhängig ist. Welche Besonderheiten sich ergeben und mit welchen Mechanismen diesen begegnet werden kann, soll im Folgenden erläutert werden.

G. Compliance in Familienunternehmen

Auch in Familienunternehmen spielt Compliance eine wichtige Rolle. Im Folgenden sollen daher die Besonderheiten der Compliance in Familienunternehmen dargelegt werden. Viele der unter § 5 C dargestellten Rechte und Pflichten gelten entsprechend für Familienunternehmen in Form der GmbH. So tragen die Geschäftsführer gem. § 43 Abs. 1 GmbHG im Rahmen ihrer Legalitätspflicht die Verantwortung für die Einhaltung interner und externer Vorgaben. Die Organisationspflichten zur Vermeidung etwaiger Compliance-Verstöße ergeben sich aus den allgemeinen Pflichten des GmbH-Geschäftsführers gem. § 43 Abs. 1 GmbHG.[851] Dennoch lassen sich die Maß-

851 LG München I, 10.12.2013 – 5 HK O 1387/10, BB 2014, 850 Ls, NZG 2014, 345, 346; *Spindler*, in MüKo/AktG, 5. Aufl. 2019, § 91 Rn. 52; *Mertens/Cahn*, in KK-

gaben der AG nicht ohne weiteres auf die Familienunternehmen übertragen. Wegen der individuellen Ausgestaltung der einzelnen Familienunternehmen ist auch hinsichtlich der Compliance stets eine Einzelfallbetrachtung geboten.

I. Allgemein

Compliance bedeutet für Unternehmen die Sicherstellung der Einhaltung von Gesetzen und Geboten. In Anbetracht möglicher Folgen bei Nichteinhaltung gesetzlicher Vorgaben wie unter anderem möglicher Bußgelder gem. § 130 OWiG, lässt sich die Relevanz geeigneter Organisationsmaßnahmen nicht leugnen. Eine ausschließliche Konzentration auf große Konzerne, die der Überwachung durch den Kapitalmarkt unterliegen scheint hier nicht angebracht. Vielmehr trifft die Pflicht zur Einhaltung geltender Gesetze und unternehmensinterner Richtlinien auch Familienunternehmen und deren Geschäftsführer. Gerade diese sollten ob ihrer eigenen Verantwortlichkeit über § 43 GmbHG ein Interesse an der eigenen Einhaltung sowie der Einhaltung gesetzlicher Vorgaben durch Unternehmensangehörige haben. Umso überraschender ist die geringe Anzahl einschlägiger Literaturbeiträge in Bezug auf Compliance in Familienunternehmen. Zwar gibt es einige Studien verschiedener Unternehmensberatungen wie KPMG und Deloitte, jedoch verfolgen diese meistens unterschiedliche Ansätze, sodass eine Vergleichbarkeit nur schwer hergestellt werden kann. Die INTES-Studie „Haftung und Compliance in Familienunternehmen" ist zwar aus dem Jahr 2010, ihre Ergebnisse können jedoch auch heute noch als relevant eingestuft werden. Die Studie zeigte insbesondere, dass die jeweiligen Befugnisse der zuständigen Geschäftsführer in Bezug auf Compliance nicht in aller Deutlichkeit geregelt werden. So ergab die Befragung, dass die meisten Familienunternehmen die Rechte und Pflichten ihrer Geschäftsführer im Gesellschaftsvertrag geregelt haben, was je nach Alter desselben nicht dazu beiträgt, dass auch aktuelle Belange Berücksichtigung finden.[852] Zwar gaben 66 % der damals befragten Unternehmen an, Compliance sei generell relevant für Familienunternehmen, dennoch gaben auch 46 % an, dass es in ihren Unternehmen keine Compliance-Regelungen gäbe.[853] Weisen Unternehmen Compliance-Regeln auf, sind diese bei 60 % der Befragten auch schriftlich fixiert.[854] Das indes 40 % ihre Compliance-Regelungen lediglich mündlich kommunizieren scheint aufgrund der Komplexität der Anforderungen jedoch nicht

AktG, 3. Aufl. 2010, § 93 Rn. 71; *Bicker*, AG 2012, 542, 544; *Reichert/Ott*, NZG 2014, 241, 242; *Simon/Merkelbach*, AG 2014, 318, 319: *Fleischer*, AG 2003, 291, 300.

852 INTES-Studie „Haftung und Compliance in Familienunternehmen", 2010, S. 5.

853 INTES-Studie „Haftung und Compliance in Familienunternehmen", 2010, S. 6.

854 INTES-Studie „Haftung und Compliance in Familienunternehmen", 2010, S. 7.

angebracht.[855] Insbesondere vermittelt eine rein mündliche Kommunikation, die Regeln seien unverbindlich, was zur Folge hat, dass auch die Akzeptanz für aufgestellte Regeln sinkt.[856]

Familienunternehmen sind auf Flexibilität angewiesen. Dennoch bedeuten fehlenden Compliance-Regeln Haftungsrisiken insbesondere für die Geschäftsführung. Vor allem, weil – so die INTES-Studie von 2010 – in den befragten Familienunternehmen ohne Compliance-Regelungen immerhin über 60% auch nicht über eine D&O-Versicherung verfügen, die die Geschäftsführung oder auch Beiratsmitglieder und leitende Angestellte vor hohen Schadensersatzzahlungen bewahren können.[857] Zwar vertrauen Familienunternehmer auf ihre Angestellten, die oftmals auch Teil der Unternehmerfamilie sind, jedoch ist dieses Vertrauen auch hier nicht angebracht.[858] Insbesondere kann nicht davon ausgegangen werden, dass relevante Informationen ohne Einrichtung einer entsprechenden Organisationsstruktur auch an die Geschäftsführung übermittelt werden.

Zurückhaltung bei Compliance-Bemühungen können sich auch Familienunternehmen nicht leisten. Dies gilt insbesondere umso mehr, wenn Familienunternehmen im Ausland tätig werden. Anders als in Deutschland können etwa in Großbritannien Unternehmen, die dolos der Verpflichtung zur Etablierung von Compliance-Maßnahmen zur Verhinderung von Korruption nicht nachgekommen sind, nach dem UK Bribery Act haftbar gemacht werden. Verstößt ein Unternehmen mit Bezug zu den USA – sei es beispielsweise durch eine Tochtergesellschaft nach US-amerikanischem Recht in den USA oder durch Handlungen zur Korruptionsförderungen auf dem Territorium der USA – gegen den Foreign Corrupt Practices Act (FCPA) kann dies eine Geldstrafe von bis zu 2 Mio. US-Dollar nach sich ziehen. Natürliche Personen müssen darüber hinaus auch Haftstrafen befürchten. Risiken durch Korruption sind mithin auch in Familienunternehmen zwingend zu beachten.

Fraglich ist, welche Risiken Familienunternehmen immanent sind und inwieweit sich die Pflichten von Geschäftsführung, fakultativem Aufsichtsorgan und der Gesellschafter im Vergleich zur AG darstellen. Dazu im Folgenden.

---

855 INTES-Studie „Haftung und Compliance in Familienunternehmen“, 2010, S. 7.

856 INTES-Studie „Haftung und Compliance in Familienunternehmen“, 2010, S. 7; so auch *Campos Nave/Zeller*, BB 2021, 131, 133.

857 INTES-Studie „Haftung und Compliance in Familienunternehmen“, 2010, S. 14.

858 *Kleinle/Janßen/Parsow*, WPg 2017, 1008, 1010; *Campos Nave/Zeller*, BB 2021, 131.

II. Compliance-Risiko im Familienunternehmen

Grundsätzlich gilt für die Risikoerkennung und auch deren Bewertung dasselbe wie in Nicht-Familienunternehmen. Es gibt darüber hinaus jedoch besondere Herausforderungen, die genauso wie bei der Governance des Unternehmens aus der familiären Verbundenheit herrühren.

1. Allgemeine Compliance-Herausforderungen in Familienunternehmen

Spezifische Compliance-Risiken ergeben sich zunächst aus dem Zusammenspiel zwischen Business und Family Governance. Die beiden Sphären sind untrennbar miteinander verbunden und der Versuch, die Organisation der Familie und die Organisation des Unternehmens miteinander in Einklang zu bringen, kann mitunter erhebliches Konfliktpotenzial bergen.[859] Das Verhalten im Einklang mit der Business Governance kann der Family Governance widersprechen und auch umgekehrt.[860] Implikationen auf die Compliance hat dies vor allem dann, wenn Verhaltensstandards durch generell akzeptierte Verhaltensweisen innerhalb der Familie ausgehöhlt werden, etwa beim Bruch der Vertraulichkeitspflichten unter Berufung auf gegenseitiges Vertrauen.[861] Wichtig ist es daher, dass die Compliance im Einklang mit den Werten und Zielen der Inhaber ist.[862]

Die Wahrung der Vertraulichkeit kann hier als besonderes Compliance-Risiko qualifiziert werden.[863] Im Rahmen der Family Governance wird ein offener Umgang der Familienmitglieder untereinander gefördert, um das Vertrauen der Familie aufrechtzuerhalten (dazu bereits § 4 F.III). Die Business Governance erfordert mit Blick auf gesetzliche Vorgaben, dass einige Angelegenheiten durch Unternehmensorgane vertraulich behandelt werden. Dies wird von § 85 Abs. 1 GmbHG, der die Verletzung des Geheimhaltungsinteresses sanktioniert, vorausgesetzt. In Familienunternehmen kann die fehlende Weitergabe solcher Informationen von den anderen Familienmitgliedern jedoch als persönlicher Affront gewertet werden, wobei sich abermals das Konfliktpotenzial zeigt, welches aus der persönlichen Verbundenheit der Gesellschafter entspringt. Zur Vermeidung solcher Risiken, sollten die Busi-

859 *Windthorst*, in MHdB GesR Bd. 9, 6. Aufl. 2021, § 14 Rn. 64; *Foerster*, BB 2019, 1411.

860 *Windthorst*, in MHdB GesR Bd. 9, 6. Aufl. 2021, § 14 Rn. 104; *Uffmann*, ZIP 2015, 2441, 2442, 2444.

861 *Windthorst*, in MHdB GesR Bd. 9, 6. Aufl. 2021, § 14 Rn. 104.

862 So auch 4.1.3 GKFU.

863 *Windthorst*, in MHdB GesR Bd. 9, 6. Aufl. 2021, § 14 Rn. 65.

ness und die Family Governance strategisch aufeinander ausgerichtet sein und gleiche Ziele verfolgen.[864]

Weiterhin kann die Vorgabe, Compliance-Anforderungen nachzukommen, von Familienunternehmen auch als unerwünschter Eingriff von außen gewertet werden und somit zu einer gewissen Abwehrhaltung gegenüber Compliance führen.[865] Auch das über Jahre zwischen Geschäftsführung und Beschäftigten gewachsene Vertrauensverhältnis kann sich insoweit negativ auswirken, als das auf dass Regelbewusstsein und die Einhaltung der Vorgaben durch die Mitarbeiter schlichtweg vertraut wird, oder Verstöße hingenommen werden.[866] Grundstein für ein deutliches Bekenntnis zur Compliance ist die Compliance-Kultur und der aus ihr folgende „tone from the top“, der insbesondere in Familienunternehmen nicht zu vernachlässigen ist (dazu § 6 B. I. 1).

Hinsichtlich der Compliance-Organisation gilt es im Familienunternehmen zu beachten, dass in Unternehmensangelegenheiten den Regeln der Business Governance und bei Fragen der Familie, die der Family Governance befolgt werden sollten, wobei beide Systeme sich ergänzen sollten.[867] Dies sollte durch entsprechende Richtlinien auch festgehalten werden. Überprüft werden kann dies insbesondere auch durch einen Compliance-Beauftragten der zum einen die rechtlichen Vorgaben kennt und zum anderen nicht zwangsläufig in die Familienverhältnisse involviert ist. Den besonderen Risiken gilt es entsprechende Aufmerksamkeit zukommen zu lassen, um die Verwirklichung von Compliance-Verstößen nachhaltig zu vermeiden.

2. Abhängigkeit vom Typ des Familienunternehmens

Die Compliance-Risiken eines Familienunternehmens sind auch in Abhängigkeit des Typus des Familienunternehmens zu beurteilen. Wird das Unternehmen vom Familienoberhaupt als alleinigen Geschäftsführer geführt, kann die aufgezwungene Regeltreue als unerwünschte Einmischung in sein Unternehmen empfunden werden oder bei zu hohen Erwartungen an seine Mitarbeiter Regelverstöße begünstigen, die sodann verschleiert und gerade nicht aufgeklärt werden.[868] Dies gilt umso mehr, wenn interne Kontrollmechanismen mangels geeigneter Organisation und dem Einsatz enger Vertrau-

---

864 *Koeberle-Schmid/Witt/Fahrion*, in Koeberle-Schmid/Fahrion/Witt, Family Business Governance, 3. Aufl. 2018, S. 23; so auch 4.1.3 GKFU.
865 *Wilhelm*, CB 2013, 241.
866 *Windthorst*, in MHdB GesR Bd. 9, 6. Aufl. 2021, § 14 Rn. 67.
867 *Windthorst*, in MHdB GesR Bd. 9, 6. Aufl. 2021, § 14 Rn. 108.
868 *Windthorst*, in MHdB GesR Bd. 9, 6. Aufl. 2021, § 14 Rn. 112 f.

ter in Schlüsselpositionen (zum Beispiel der des Compliance-Beauftragten) fehlen.[869]

Bei Vetternkonsortien (siehe dazu § 3 C), steigt die Komplexität und damit auch das Konfliktpotenzial zwischen den Gesellschaftern.[870] Dies gilt vor allem dann, wenn keine einheitliche Strategie verfolgt wird und im Ergebnis kein einheitliches Compliance-Programm besteht.[871] Hier entstehen weiterhin auch Informationsasymmetrien zwischen den an der Geschäftsführung beteiligten Gesellschaftern und denjenigen, die es nicht sind (siehe dazu bereits § 4 F. I.3). In Familienunternehmen mit mehr als 30 Inhabern treten die typischen Compliance-Risiken auf, die auch aus anderen großen, nicht familienkontrollierten Unternehmen bekannt sind.[872]

III. Gesellschaftsrechtliche Implikationen

1. Geschäftsführung

Die Legalitätspflicht der Geschäftsführung folgt aus § 43 Abs. 1 GmbHG. Auch für Familienunternehmen gilt, dass der Geschäftsführer selbst rechtmäßig handeln muss und darüber hinaus im Rahmen einer Legalitätskontrollpflicht dafür Sorge zu tragen hat, dass auch unternehmensweit rechtliche Vorgaben eingehalten werden.[873] Zwar gibt es im GmbHG keine dem § 91 Abs. 2 AktG vergleichbare Norm zur Einrichtung eines Risikomanagementsystems, dennoch besteht nach ganz herrschender Meinung die Pflicht des Geschäftsführers, ein entsprechendes Risikomanagementsystem einzurichten.[874] Zurückhaltung ist jedoch insbesondere bei kleinen Gesellschaften geboten, die lediglich wenige Mitarbeiter beschäftigen und bei denen der Geschäftsführer das ganze Geschehen überblicken kann. Bei diesen ist kein institutionalisiertes Compliance-System zu fordern.[875] Dennoch muss auch hier eine der Risikoexposition der Gesellschaft angepasste Compliance An-

869 *Windthorst*, in MHdB GesR Bd. 9, 6. Aufl. 2021, § 14 Rn. 114.
870 *Uffmann*, ZIP 2015, 2441, 2442, 2444.
871 *Windthorst*, in MHdB GesR Bd. 9, 6. Aufl. 2021, § 14 Rn. 115.
872 *Windthorst*, in MHdB GesR Bd. 9, 6. Aufl. 2021, § 14 Rn. 117 ff.
873 *Fleischer*, in MüKo/GmbHG, 4. Aufl. 2023, § 43 Rn. 178; *Theusinger/Jung*, in MAH GmbH-Recht, 5. Aufl. 2023, § 24 Rn. 7; *Schauf*, BB 2017, 2883, 2884, *Volkmann*, GmbHR 2016, 1068, 1070.
874 *Kleindiek/Hommelhoff*, in Lutter/Hommelhoff, GmbHG, 21. Aufl. 2023, § 43 Rn. 31; *Ziemons*, in Michalski/Heidinger/Leible/J. Schmidt, 4. Aufl. 2023, § 43 Rn. 168–173a; *Beurskens*, in Noack/Servatius/Haas, GmbHG, 24. Aufl. 2025, § 43 Rn. 10; *Altmeppen*, in Altmeppen, GmbHG, 11. Aufl. 2023, § 43 Rn. 25.
875 *Fleischer*, in MüKo/GmbHG, 4. Aufl. 2023, § 43 Rn. 181; *Beurskens*, in Noack/Servatius/Haas, GmbHG, 24. Aufl. 2025, § 43 Rn. 10; *Kort*, GmbHR 2013, 566, 568; Goette, ZHR 175 (2011), 388, 396.

wendung finden, wobei es auch hier auf Größe, Branchenzugehörigkeit und Komplexität der Gesellschaft ankommt.[876]

Gem. § 37 GmbHG sind die Geschäftsführer gegenüber der Gesellschaft verpflichtet, sich an Beschränkungen zu halten, die ihnen entweder der Gesellschaftsvertrag oder aber die Weisung der Gesellschafter aufgeben. Hierbei ist jedoch zu differenzieren, da nicht jedes Handeln des Geschäftsführers der Weisung oder Zustimmungsvorbehalten unterliegt.[877] So gibt es auch Bereiche der ausschließlichen Zuständigkeit der Geschäftsführung. Hierzu zählt vor allem der Bereich Compliance, der von einer Einwirkung durch die Gesellschafter ausgeschlossen ist (weiter hierzu § 5 G.III.3).[878]

Kommt der Geschäftsführer schuldhaft seinen Compliance-Pflichten nicht nach und entsteht der Gesellschaft hierdurch ein Schaden, kann er sich gem. § 43 Abs. 2 GmbHG haftbar machen.[879] Dabei finden die Darlegungs- und Beweislastregeln des § 93 Abs. 2 S. 2 AktG entsprechende Anwendung.[880] Anknüpfungspunkte für eine Haftung sind eigenes rechtswidriges Handeln, nicht einzuschreiten, wenn Hinweise auf Fehlverhalten im Unternehmen vorliegen sowie fehlende organisatorische Vorkehrungen zur Prävention von Fehlverhalten.[881]

2. Aufsichtsrat und andere Überwachungsorgane

Die Aufgaben und Rechte, die einem Aufsichtsrat in einer GmbH zustehen, werden von § 52 Abs. 1 GmbHG für den fakultativen Aufsichtsrat und von § 1 Abs. 1 Nr. 3 S. 2 DrittelbG bzw. § 25 Abs. 1 S. 1 Nr. 2 MitbestG sowie § 18 Abs. 2 S. 3 KAGB für den obligatorischen Aufsichtsrat normiert. Diese verweisen auf die einschlägigen Vorschriften des AktG.

§ 46 Nr. 6 GmbHG weist der Gesellschafterversammlung die Überwachungskompetenz hinsichtlich der Geschäftsführung zu. Dennoch trifft auch den fakultativen oder obligatorischen Aufsichtsrat in entsprechender Anwendung des § 111 Abs. 1 AktG die Pflicht zur Überwachung der Geschäftsführung.[882] Diese Pflicht tritt jedoch konkurrierend neben die Kompetenz

---

876 *Fleischer*, in MüKo/GmbHG, 4. Aufl. 2023, § 43 Rn. 181; *Beurskens*, in Noack/Servatius/Haas, GmbHG, 24. Aufl. 2025, § 43 Rn. 10; *Kort*, GmbHR 2013, 566, 568.

877 *Stephan/Tieves*, in MüKo/GmbHG, 4. Aufl. 2023, § 37 Rn. 7..

878 *Stephan/Tieves*, in MüKo/GmbHG, 4. Aufl. 2023, § 37 Rn. 8.

879 *Schneider*, in Krieger/Schneider HdB Managerhaftung, 4. Aufl. 2023, § 2 Rn. 2.64; *Reichert/Lüneborg*, GmbHR 2018, 1141, 1148; *Kort*, GmbHR 2013, 566, 572.

880 *Altmeppen*, in Altmeppen, GmbHG, 11. Aufl. 2023, § 43 Rn. 110; *Fleischer*, in MüKo/GmbHG, 4. Aufl. 2023, § 43 Rn. 336.

881 *Reichert/Ulrich*, Beck'sches HdB GmbH, 6. Aufl. 2021, § 20 Rn. 51.

882 *Reichert/Ulrich*, Beck'sches HdB GmbH, 6. Aufl. 2021, § 20 Rn. 43; *Vetter*, GmbHR 2011, 449, 452.

der Gesellschafterversammlung.[883] Neben einer eigenen Compliance trifft den Aufsichtsrat auch die Pflicht zur Überprüfung des rechtmäßigen Verhaltens der Geschäftsführung in präventiver und repressiver Hinsicht.[884] Das Hauptinstrument hierfür ist die Beratung der Geschäftsführung.[885] Etwaige Zustimmungsvorbehalte, die dem Aufsichtsrat per Satzung zugesprochen werden können, werden vom Weisungsrecht der Gesellschafterversammlung überlagert.[886] Ein von der Gesellschafterversammlung erklärtes Einverständnis mit Compliance-Maßnahmen ist somit nicht von der Zustimmung des Aufsichtsrats abhängig.[887]

Hauptaufgabe des Aufsichtsrats ist es dennoch, fehlerhaftes Verhalten der Geschäftsführung abzuwenden.[888] Die Überwachungspflichten verdichten sich entsprechend, wenn Compliance-Fälle oder der Verdacht hierauf in der Gesellschaft zunehmen.[889] Das Mittel zur Überwachung sind dabei insbesondere Berichte der Geschäftsführung.[890] In der AG kann der Aufsichtsrat eigenständige interne Untersuchungen durchführen, insbesondere dann, wenn der Vorstand in einen Compliance-Vorfall verwickelt ist oder zu sein scheint (hierzu bereits unter § 5 C.VIII). Dies wird unter anderem auf seine Personalkompetenz und Regelverfolgungspflicht gestützt.[891] Anders als in der AG ist in der GmbH jedoch grundsätzlich die Gesellschafterversammlung mit der Personalkompetenz ausgestattet.[892] Deshalb obliegt ihr auch das Recht, über die Einleitung von internen Untersuchungen gegen die Geschäftsführung zu entscheiden.[893]

Auch kann der Aufsichtsrat in der GmbH nicht eigenständig über die Geltendmachung von Schadensersatzansprüchen gem. § 43 Abs. 2 GmbHG entscheiden. Die Grundsätze der ARAG/Garmenbeck-Rechtsprechung[894], wonach der Aufsichtsrat für die Geltendmachung der Schadensersatzansprüche der Gesellschaft gegenüber den Vorständen zuständig ist, finden hier keine

---

883 *Noack*, in Noack/Servatius/Haas, GmbHG, 24. Aufl. 2025, § 52 Rn. 102; *Liebscher*, in MüKo/GmbHG, 4. Aufl. 2023, § 46 Rn. 191.
884 *Reichert/Ulrich*, Beck'sches HdB GmbH, 6. Aufl. 2021, § 20 Rn. 44.
885 *Reichert/Ulrich*, Beck'sches HdB GmbH, 6. Aufl. 2021, § 20 Rn. 44.
886 *Reichert/Ulrich*, Beck'sches HdB GmbH, 6. Aufl. 2021, § 20 Rn. 45.
887 *Hommelhoff*, in Lutter/Hommelhoff, GmbHG, 21. Aufl. 2024, § 52 Rn. 51.
888 BGH NZG 2016, 703, 708; *Noack*, Noack/Servatius/Haas, GmbHG, 24. Aufl. 2025, § 52 Rn. 110.
889 *Reichert/Ulrich*, Beck'sches HdB GmbH, 6. Aufl. 2021, § 20 Rn. 46.
890 *Reichert/Ulrich*, Beck'sches HdB GmbH, 6. Aufl. 2021, § 20 Rn. 47.
891 BGH NJW 1997, 1926; BGH NZG 2018, 1301; *Reichert*, ZIP 2016, 1189.
892 *Reichert/Ulrich*, Beck'sches HdB GmbH, 6. Aufl. 2021, § 20 Rn. 48.
893 *Reichert/Lüneborg*, GmbHR 2018, 1141, 1148.
894 BGH NJW 1997, 1926.

Anwendung.[895] Dies obliegt gem. § 46 Nr. 8 GmbHG, sofern keine anderen Regelungen in der Satzung festgehalten wurden, der Gesellschafterversammlung.[896] Stellt der Aufsichtsrat im Rahmen seiner Überwachungsverantwortung eine Pflichtverletzung mit der Geschäftsführung fest, muss er dies der Gesellschafterversammlung vorlegen, die sodann über die mögliche Geltendmachung zu entscheiden hat.[897]

Analog den §§ 116 S. 1, 93 Abs. 2 AktG haften die Mitglieder des Aufsichtsrats der Gesellschaft bei Pflichtverletzungen. Anknüpfungspunkt sind dabei die eigene Compliance-Pflicht, sowie die Pflicht zur Überwachung der Compliance der Geschäftsführung.[898] Eine Pflichtverletzung ist vor allem dann anzunehmen, wenn der Aufsichtsrat die ihm zur Verfügung stehenden Überwachungsinstrumente nicht nutzt oder seiner Pflicht zur Vorlage bei der Gesellschafterversammlung nicht nachkommt.[899] Legt der Aufsichtsrat der Gesellschafterversammlung einen Sachverhalt zur Entscheidung vor und lehnt diese weitere Untersuchungen oder die Inanspruchnahme der Geschäftsführung ab, handelt der Aufsichtsrat nicht pflichtwidrig, wenn er keine weiteren Maßnahmen vornimmt.[900]

Familienunternehmen setzen teilweise auch freiwillige Aufsichtsorgane ein, die der Geschäftsführung beratend zur Seite stehen sollen, aber auch die Einhaltung der Compliance überwachen. Dabei ist der Beirat das am häufigsten eingesetzte Instrument (weiter zu den Aufgaben des Beirats unter § 6 B.III).[901]

3. Gesellschafter

Die Gesellschafter nehmen in der GmbH eine zentrale Rolle ein. Ihre Rechte und Pflichten bestimmen sich nach den §§ 46–51 GmbHG, sofern der Gesellschaftsvertrag keine anderweitigen Regelungen aufstellt (§ 45 GmbHG). Als oberstes Gesellschaftsorgan obliegt der Gesellschafterversammlung die Überwachung der Geschäftsführung. Gem. § 46 Nr. 6 GmbHG steht ihr, sofern nichts anderes im Gesellschaftsvertrag festgehalten wurde, das Recht zu, Maßregeln zur Prüfung und Überwachung der Geschäftsführung aufzu-

---

895 *Reichert/Ulrich*, Beck'sches HdB GmbH, 6. Aufl. 2021, § 20 Rn. 49; *Reichert/Lüneborg*, GmbHR 2018, 1141, 1148.

896 *Kleindiek*, FS Graf von Westphalen, 2010, 387, 389.

897 *Noack*, in Noack/Servatius/Haas, GmbHG, 24. Aufl. 2025, § 52 Rn. 75; *Spindler*, in MüKo/GmbHG, 4. Aufl. 2023, § 52 Rn. 327; *Vetter*, GmbHR 2011, 449, 458.

898 *Nietsch*, in Gehrlein/Born/Simon, GmbHG, 5. Aufl. 2020, Anh. 4 Rn. 39; *Reichert/Ulrich*, Beck'sches HdB GmbH, 6. Aufl. 2021, § 20 Rn. 56.

899 *Reichert/Ulrich*, Beck'sches HdB GmbH, 6. Aufl. 2021, § 20 Rn. 56.

900 *Reichert/Ulrich*, Beck'sches HdB GmbH, 6. Aufl. 2021, § 20 Rn. 56; *Kleindiek*, FS Graf von Westphalen, 2010, S. 387, 398 f.

901 INTES-Studie „Haftung und Compliance in Familienunternehmen", 2010, S. 9.

stellen. Anders als dem Aufsichtsrat, wird der Gesellschafterversammlung dadurch lediglich eine Kontrollbefugnis verliehen, nicht hingegen eine Aufsichtsobliegenheit oder Überwachungspflicht.[902]

Daraus folgt auch, dass die Gesellschaftsversammlung von einer Rechtmäßigkeitskontrolle des Geschäftsführerhandelns absehen kann, wenn sie dies einvernehmlich entscheidet.[903] Dies soll auch dann gelten, wenn der Verdacht besteht, dass die Geschäftsführer ihren Compliance-Pflichten nicht nachgekommen sind.[904] Die Pflicht zum Tätigwerden soll dann nur in Ausnahmefällen bestehen bleiben, etwa wenn der Verdacht besteht, dass gegen zwingende Gläubigerschutzvorschriften wie §§ 30 f., 43 Abs. 2 oder 64 GmbHG verstoßen wurde, ein existenzvernichtender Eingriff (§§ 826, 830 BGB) vorliegt oder sich eine Pflicht zum Tätigwerden aus anderen Normen außerhalb des GmbHG ergeben.[905] Ähnlich wie der Aufsichtsrat kann die Gesellschafterversammlung sich regelmäßig über Compliance-Vorgänge Bericht erstatten oder Auskünfte von Mitgliedern der Geschäftsführung oder Mitarbeitern zukommen lassen.[906] Weiterhin können auch Sonderprüfer bestellt werden, die unter Einhaltung der rechtlichen Rahmenbedingungen auch interne Untersuchungen einleiten können.[907] Beschlüsse hinsichtlich dieser Maßnahmen werden gem. § 47 Abs. 1 GmbHG mit einfacher Mehrheit der abgegebenen Stimmen gefasst, wobei betroffene Gesellschafts-Geschäftsführer vom Stimmrecht gem. § 47 Abs. 4 GmbHG ausgeschlossen sind.[908]

Die Einwirkungsmöglichkeit der Gesellschafter im Bereich der Compliance ist in weiten Teilen eingeschränkt, vor allem dann, wenn es um Interessen der Allgemeinheit oder Dritten wie Gläubigern geht.[909] Auch bei Ermessens-

---

902 *Bayer*, in Lutter/Hommelhoff, GmbHG, 21. Aufl. 2023, § 46 Rn. 30; *Hüffer/Schürnbrand*, in Habersack/Casper/Löbbe, GK GmbHG, 3. Aufl. 2020, § 46 Rn. 89; *Reichert/Ulrich*, Beck'sches HdB GmbH, 6. Aufl. 2021, § 20 Rn. 37.

903 *Reichert/Ulrich*, Beck'sches HdB GmbH, 6. Aufl. 2021, § 20 Rn. 38.

904 *Wilsing/Goslar*, in Krieger/Schneider, HdB Mangerhaftung, 4. Aufl. 2023, § 2 Rn. 2.48 ff.; *Reichert/Lüneborg*, GmbHR 2018, 1141, 1147; *Fuhrmann*, NZG 2016, 881, 884.

905 *Reichert/Ulrich*, Beck'sches HdB GmbH, 6. Aufl. 2021, § 20 Rn. 38; *Fuhrmann*, NZG 2016, 881, 884.

906 *Hüffer/Schürnbrand*, in Habersack/Casper/Löbbe, GK GmbHG, 3. Aufl. 2020, § 46 Rn. 89; *Liebscher*, in MüKo/GmbHG, 4. Aufl. 2023, § 46 Rn. 203.

907 *Potinecke/Block*, in Knierim/Rübenstahl/Tsambikakis, Internal Investigations, 2. Aufl. 2016, 2. Kap. Rn. 90; *Reichert/Lüneborg*, GmbHR 2018, 1141, 1147; *Fuhrmann*, NZG 2016, 881, 884.

908 *Liebscher*, in MüKo/GmbHG, 4. Aufl. 2023, § 46 Rn. 210; *Potinecke/Block*, in Knierim/Rübenstahl/Tsambikakis, Internal Investigations, 2. Aufl. 2016, 2. Kap. Rn. 92; *Fuhrmann*, NZG 2016, 881, 884.

909 *Kleindiek*, in Lutter/Hommelhoff, GmbHG, 21. Aufl. 2023, § 37 Rn. 18; *Beurskens*, in Noack/Servatius/Haas, GmbHG, 24. Aufl. 2025, § 37 Rn. 24; *Stephan/Tieves*, in

entscheidungen der Geschäftsführungen, die grundsätzlich der Einwirkung der Gesellschafter offen steht, endet die Möglichkeit Weisungen zu erteilen dort, wo die Vorkehrungen den Anforderungen des § 43 Abs. 2 GmbHG nicht mehr gerecht werden.[910] Die Einhaltung des Sorgfaltsmaßstabs steht nicht zur Disposition der Gesellschafter.[911] Zur Compliance gehört hierbei auch die Schaffung eines notwendigen organisatorischen Rahmens.[912] Im Ergebnis sind Weisungen im Bereich unentziehbarer Verantwortlichkeiten unzulässig und bedürfen keiner Beachtung durch die Geschäftsführung, sofern sie die ordnungsgemäße Erfüllung ihrer Pflichten hindern.[913]

Auf Compliance-Verstöße der Geschäftsführung kann die Gesellschafterversammlung in zweierlei Weise reagieren. Zunächst besteht die Möglichkeit den Geschäftsführer mittels Abberufungsrecht aus §§ 38 Abs. 1, 46 Nr. 5 GmbHG mit sofortiger Wirkung aus der Organstellung zu entfernen.[914] Eine Ausnahme hierzu besteht in der mitbestimmten GmbH, in welcher nach § 31 Abs. 1 MitbestG i. V. m. § 84 Abs. 3 AktG die Abberufung aus wichtigem Grund durch den Aufsichtsrat erfolgt. Bei einer GmbH, die nicht dem MitbestG unterliegt, kann bereits die Möglichkeit der Abberufung auch präventive Wirkung auf den Geschäftsführer haben.[915] Schreckt die mögliche Abberufung die Geschäftsführung nicht ab und kommt es dennoch zu einer Pflichtverletzung, kann dies eine Haftung gem. § 43 Abs. 2 GmbHG nach sich ziehen (siehe bereits § 5 G.III.1). Für die Geltendmachung eines Ersatzanspruches der Gesellschaft ist sodann – sofern die Satzung nicht ein anderes bestimmt – gem. § 46 Nr. 8 GmbHG die Gesellschafterversammlung und nicht der Aufsichtsrat zuständig. Dies kann vor allem darauf zurückgeführt werden, dass die Geltendmachung von Ersatzansprüchen dem konstruktiven Miteinander Schaden zufügen kann, was aber gerade in der GmbH von großer Bedeutung ist.[916] Deshalb erscheint es hier sinnvoll, vor allem auch mit Blick auf Familienunternehmen, die Gesellschafter mit der Geltendmachung zu betrauen, da sie auf das Fortbestehen der GmbH eher angewiesen sind

---

MüKo/GmbHG, 4. Aufl. 2023, § 37 Rn. 26; a. A.: *Reichert/Ulrich*, Beck'sches HdB GmbH, 6. Aufl. 2021, § 20 Rn. 34 f.

910 *Stephan/Tieves*, in MüKo/GmbHG, 4. Aufl. 2023, § 37 Rn. 26.

911 *Stephan/Tieves*, in MüKo/GmbHG, 4. Aufl. 2023, § 37 Rn. 26.

912 *Stephan/Tieves*, in MüKo/GmbHG, 4. Aufl. 2023, § 37 Rn. 28; *Fleischer*, in MüKo/GmbHG, 4. Aufl. 2023, § 43 Rn. 183 ff.; *Beurskens*, in Noack/Servatius/Haas, GmbHG, 24. Aufl. 2025, § 43 Rn. 10; *Kort*, GmbHR 2013, 566, 568.

913 BGH NJW 1960, 285, 289; BGH NJW 1994, 1801, 1802 f.; BGH WM 2009, 2321 Rn. 10; siehe auch Begr. RegE MoMIG, BT-Drs. 16/1640 S. 47; *Stephan/Tieves*, in MüKo/GmbHG, 4. Aufl. 2023, § 37 Rn. 36.

914 OLG Hamm BeckRS 2019, 14258.

915 *Reichert/Ulrich*, Beck'sches HdB GmbH, 6. Aufl. 2021, § 20 Rn. 40.

916 *Bayer*, in Lutter/Hommelhoff, GmbHG, 21. Aufl. 2023, § 46 Rn. 35; *Reichert/Ulrich*, Beck'sches HdB GmbH, 6. Aufl. 2021, § 20 Rn. 40.

als beispielsweise die Aktionäre einer AG und so eher gewillt sein werden, konstruktive Lösungen zu finden.

Auch bei der Entscheidung über die Geltendmachung der Ansprüche gegen die Geschäftsführung entscheidet die Gesellschafterversammlung mit einfacher Mehrheit der abgegebenen Stimmen, wobei der betroffene Gesellschafter kein Stimmrecht hat, § 47 Abs. 4 GmbHG.[917] Wichtig ist hierbei, dass der Gesellschafterbeschluss das vorgeworfene Verhalten und damit einhergehend die anspruchsbegründenden Tatsachen hinreichend genau umreißt, da ansonsten die Klage gegen den betroffenen Geschäftsführer als unbegründet zurückgewiesen werden kann.[918] Bei der Entscheidung über die Geltendmachung des Schadensersatzanspruches steht der Gesellschafterversammlung Ermessen zu, wobei die Grundsätze der ARAG/Garmenbeck-Rechtsprechung keine Anwendung finden sollen.[919] Dies ergibt sich für die GmbH argumentativ vielmehr aus § 43 Abs. 3 S. 2, 3 GmbHG, wonach grds. auf Ersatzansprüche verzichtet werden kann. Dies gilt dann, wenn sachliche und nachvollziehbare Gründe für das Absehen von der Geltendmachung vorliegen.[920]

Eine Haftung von Gesellschaftern kommt gem. § 43 Abs. 2 GmbHG in Betracht, wenn sie selbst an der Geschäftsführung beteiligt sind. In den übrigen Fällen scheidet eine Haftung nach § 43 Abs. 2 GmbHG für Gesellschafter aus.[921] Sofern durch die Weisung der Gesellschafter die Voraussetzungen des existenzvernichtenden Eingriffs nach § 826 BGB nicht erfüllt sind, kommt ein Haftungsdurchgriff hier nicht in Frage.[922] Die Rechte der Gesellschafterversammlung zur Überwachung der Geschäftsführung, Erteilung von Weisungen, Abberufung von Geschäftsführern sowie die Geltendmachung von Ersatzansprüchen der Gesellschaft aus §§ 37, 38, 46 Nr. 5, 6 und 8 GmbHG begründen keine zwingenden Pflichten sondern bestehen in deren Eigeninteresse, sodass auch eine mangelnde Ausübung dieser Rechte keine Haftung zur Folge haben kann.[923] Davon unberührt bleibt die mög-

917 *Hüffer/Schürnbrand*, in Habersack/Casper/Löbbe, GK GmbHG, 3. Aufl. 2020, § 46 Rn. 109; *Liebscher*, in MüKo/GmbHG, 4. Aufl. 2023, § 46 Rn. 261.

918 *Bayer*, in Lutter/Hommelhoff, GmbHG, 21. Aufl. 2023, § 46 Rn. 39 f.; *Noack*, in Noack/Servatius/Haas, GmbHG, 24. Aufl. 2025, § 46 Rn. 73.

919 *Bayer*, in Lutter/Hommelhoff, GmbHG, 21. Aufl. 2023, § 46 Rn. 39; *Reichert/Ulrich*, Beck'sches HdB GmbH, 6. Aufl. 2021, § 20 Rn. 42; *Reichert/Lüneborg*, GmbHR 2018, 1141, 1147.

920 *Liebscher*, in MüKo/GmbHG, 4. Aufl. 2023, § 46 Rn. 263 ff.

921 *Reichert/Ulrich*, Beck'sches HdB GmbH, 6. Aufl. 2021, § 20 Rn. 54; *Ulmer*, ZHR 148 (1984), 391, 418 f.

922 *Kleindiek*, in Lutter/Hommelhoff, GmbHG, 21. Aufl. 2023, § 43 Rn. 42; *Reichert/Ulrich*, Beck'sches HdB GmbH, 6. Aufl. 2021, § 20 Rn. 55.

923 *Hüffer/Schürnbrand*, in Habersack/Casper/Löbbe, GK GmbHG, 3. Aufl. 2020, § 46 Rn. 89; *Reichert/Lüneborg*, GmbHR 2018, 1141, 1149.

liche deliktsrechtliche Außenhaftung der Gesellschafter gem. §§ 823 Abs. 2 BGB i. V. m. einem Schutzgesetz, 826, 830 BGB sowie die strafrechtliche Verantwortlichkeit bei Mittäterschaft oder Beihilfe zu einer Straftat.[924]

4. Folgen für Familienunternehmen

Für die Geschäftsführer eines Familienunternehmens ist es vorteilhaft, dass sie die Compliance im Unternehmen selbst etablieren und organisieren können. Sie kennen das Unternehmen und insbesondere die anderen Gesellschafter und wissen, welche Schwachstellen existieren. Schwierigkeiten entstehen da, wo aus falsch verstandenem familiären Zusammenhalt Verdachtsmomenten nicht nachgegangen wird ein günstiger Ausgang vorausgesetzt wird. Besonders schwierig scheint dabei die Umsetzung von Compliance, wenn beispielsweise Whistleblowing bereits als Verrat angesehen wird.[925] Das gestaltet sich umso schwieriger, beachtet man, dass die am 16. Dezember 2019 in Kraft getretene Richtlinie (EU) 2019/1937 (Whistleblower-Richtlinie) für Unternehmen ab 50 Mitarbeitern ein Meldewesen vorsieht, das die Hinweisgeber vor Repressalien schützen soll.[926] Viele Familienunternehmen werden also auch hier Umsetzungsbedarf haben, da u. a. Art. 13 der Whistleblower-Richtlinie auch Sanktionen für den Fall vorsieht, dass Meldungen behindert, Repressalien gegen Hinweisgeber ergriffen werden oder die Vertraulichkeit der Identität der Hinweisgeber nicht gewahrt wird.

Neben den spezialgesetzlichen Vorgaben sehen auch die gesellschaftsrechtlichen Normen vor, dass die Geschäftsführer für die Einhaltung gesetzlicher Vorgaben zu sorgen haben. Auch hier gilt, dass Fehlverhalten nicht toleriert werden darf. Ein Interesse an der Vermeidung von Compliance-Verstößen sollte dabei nicht nur bei den Geschäftsführern vorhanden sein, sondern auch bei den Gesellschaftern. Diese sind mit ihrem eigenen Kapital an der Gesellschaft beteiligt und in direkter Weise abhängig vom Erfolg des Unternehmens. Dieser wird wiederum gefährdet, wenn einschlägige Normen – sei es aus dem Gesellschafts-, Ordnungswidrigkeiten- oder Strafrecht – nicht eingehalten werden. Deshalb erscheint auch die Überprüfung der Geschäftsführung durch Gesellschafterversammlung und Aufsichtsrat bzw. anderem Aufsichtsgremium grundsätzlich sinnvoll. Um hier jedoch Konflikte zu vermeiden, sollten eindeutige Zuständigkeiten, Prozesse und Regeln formuliert

---

924 *Lieder*, in Michalski/Heidinger/Leible/J. Schmidt, 4. Aufl. 2023, § 13 Rn. 32.

925 *Hofmann*, ZCG 2006, 121.

926 Die Richtlinie wurde bis zum Ende der 19. Legislaturperiode noch nicht in deutsches Recht umgesetzt. Ab dem 18. Dezember 2021 besteht daher eine unsichere Rechtslage im Hinblick auf den Schutz der Hinweisgeber. Angesichts dessen sollten Unternehmen ihre internen Meldestrukturen prüfen und anpassen, um vertrauliche und sichere Meldemöglichkeiten im Unternehmen zu gewährleisten.

werden. Dafür eignen sich insbesondere der Gesellschaftsvertrag oder auch die Familienverfassung (siehe dazu § 6 B).

Auch die Geltendmachung von Schadensersatzansprüchen gegen die Geschäftsführung durch die anderen Gesellschafter kann in Familienunternehmen sinnvoll sein. Dies muss jedoch nicht zwangsläufig durch die Gesellschafterversammlung vorgenommen werden. Die Satzung kann abweichend von § 46 Nr. 8 GmbHG auch festlegen, dass die Ersatzansprüche der Gesellschaft durch ein anderes Organ wie den fakultativen Aufsichtsrat geltend gemacht werden sollen. Das erscheint insbesondere da sinnvoll, wo ein Aufsichtsgremium sowohl aus Familien- als auch Nicht-Familienmitgliedern besteht, da hier die nötige Orientierung am Gesellschaftswohl sichergestellt werden kann. Die Familienmitglieder sind selbst am Fortbestand des Unternehmens interessiert und achten eher noch auf persönliche Belange ihres Geschäftsführers. Das kann wichtig sein, um eine angemessene Lösung sowohl für das Unternehmen als auch die Geschäftsführung zu finden. Die externen Mitglieder des Aufsichtsgremiums haben im Gegensatz hierzu keine familiäre Verbindung und fühlen sich persönlich dem Geschäftsführer gegenüber nicht verpflichtet. Sie können auf die Einhaltung notwendiger Rechtsnormen hinarbeiten und den Sachverhalt objektiv abwägen. Außerdem besteht hier die Möglichkeit, Spezialisten für Compliance in das Gremium aufzunehmen, die bereits präventiv auf Compliance im Unternehmen hinwirken können. Laut INTES-Studie setzen 2010 bereits jetzt 61 % der Familienunternehmen auf gemischt besetzte Aufsichtsgremien, was positiv zu bewerten ist.[927]

Mit Blick auf die Gesellschafterversammlung gilt aber Vorsicht. Die Gesellschafter sind wegen ihrer Treuepflicht dazu verpflichtet nur aus sachlich nachvollziehbaren Gründen von der Nachverfolgung abzusehen. Gründe wie Vertrauen in den Geschäftsführer oder andere sachfremde Interessen sind hier nicht angebracht. Die Gesellschafter müssen sich vor Augen führen, dass auch ihre berufliche und finanzielle Zukunft vom Erfolg des Familienunternehmens abhängt, und müssen wider möglicher Konflikte in der Familie eine Balance finden zwischen Einhaltung der eigenen Pflichten und Vermeidung von Streit im Gesellschafterkreis. Lösungsansätze für die Konfliktlage in Familienunternehmen werden unter § 6 näher dargelegt.

IV. Zwischenfazit

Auch in Familienunternehmen kann eine angemessene Compliance-Organisation dazu führen, dass Sanktionen gegen das Unternehmen sowie Schadensersatzansprüche gegen die Geschäftsführer gemindert werden. Es

927 INTES-Studie „Haftung und Compliance in Familienunternehmen", 2010, S. 10.

überrascht daher, dass nicht alle Familienunternehmen entsprechende Compliance-Maßnahmen zur Haftungsvermeidung und Reputationssicherung sowie -steigerung etablieren. Ähnlich wie bei der Corporate Governance ist bei der Compliance von Familienunternehmen stets das Unternehmen als solches individuell zu betrachten. Die präventiven Maßnahmen, die seitens der Geschäftsführung ergriffen werden, müssen insbesondere in das Risikoprofil der Gesellschaft passen und alle nötigen Aspekte umfassen. Familienunternehmen mit Auslandsbezug, die beispielsweise im Export tätig sind, müssen vor allem auf außenwirtschaftsrechtliche Vorgaben achten, produzierendes Gewerbe hingegen muss seinen Fokus auf Produktsicherheit und Arbeitsschutz legen. Darüber hinaus müssen alle Familienunternehmen die Gesetzgebung im Auge behalten – vor allem in Hinblick auf mögliche Bestrebungen des Gesetzgebers zur Einführung verbindlicher Vorgaben hinsichtlich der Compliance. Datenschutz-, steuer- und arbeitsrechtliche Vorgaben treffen wohl jedes dieser Unternehmen und bedürfen besonderer Aufmerksamkeit.

Welche Handlungsoptionen den Familienunternehmen sowohl in Bezug auf die Family Business Governance als auch die Unternehmenscompliance zur Verfügung stehen und welche Maßnahmen für sie sinnvoll sind, wird im Folgenden dargelegt.

§ 6 Handlungsoptionen

Die vorstehenden Ausführungen zeigen, dass die Herausforderungen von Unternehmen hinsichtlich Governance und Compliance in teilweise abgewandelter Form auch bei Familienunternehmen auftreten können. Hier stehen sich einerseits das Unternehmensinteresse und andererseits persönliche Belange der einzelnen Familienmitglieder gegenüber. Diese gilt es durch geeignete Maßnahmen miteinander in Einklang zu bringen, wofür unter anderem die Regelung des Interessenvorrangs – *family first* oder *business first*[928] – von Belang sein kann (dazu § 6 A).

Ein weiterer Faktor, der essenziell für den Unternehmenserfolg ist, ist die Compliance mit den bestehenden Gesetzen. Auch diese trifft wie unter § 5 G gesehen die Familienunternehmen ebenso wie alle anderen Unternehmen. Deshalb ist es unumstößlich, auch hier an das Familienunternehmen angepasste Mechanismen einzuführen, die vor Gesetzes- und anderen Compliance-Verstößen schützen können (dazu § 6 B).

A. Mechanismen der Governance

Der Erfolg eines Familienunternehmens hängt maßgeblich davon ab, dass Konflikte im Gesellschafterkreis und Konflikte mit eingesetzten Geschäftsführern und Aufsichtsgremien vermieden werden. Ziel der Family Business Governance muss es daher sein, den Bund zwischen Familie und Unternehmen durch konfliktpräventive Strukturen zu stabilisieren.[929] Streitigkeiten, die etwa durch opportunistisch agierende Mehrheitsgesellschafter ausgelöst werden, können zur Entfremdung der Gesellschafter führen.[930] Dies gilt es durch gezielte Maßnahmen zu vermeiden.

Dafür müssen sich Familienunternehmen mit ihrer eigenen Unternehmensrealität auseinandersetzen und geeignete Governance-Regelungen – sowohl hinsichtlich der Family Governance als auch hinsichtlich der Business Governance aufstellen. Hierzu bedarf es insbesondere der Festlegung einer eigenen Familienstrategie sowie eindeutiger Nachfolgeregelungen (dazu § 6 A.I). Die so entwickelten Grundsätze gilt es sodann entsprechend im Unternehmen zu implementieren. Dabei können die Familienunternehmen zumindest die Anwendung des GKFU in Erwägung ziehen. Vorzugswürdig sind indes eigenständig entwickelte Regelungen, die in entsprechender Weise im

928 *Kenyon-Rouvinez*, in Koeberle-Schmid/Fahrion/Witt, Family Business Governance, 3. Aufl. 2018, 459, 461; *Holler*, DStR 2019, 931.

929 *Uffmann*, ZIP 2015, 2441, 2442; *May/Koeberle-Schmid*, DB 2011, 486; *Kirchdörfer/Lorz*, FuS 2011, 97, 99.

930 *Holler*, DStR 2019, 931, 939; *Uffmann*, ZIP 2015, 2441, 2442; *Witt*, ZfB 2008, 1, 14.

Gesellschaftsvertrag, einer Familienverfassung oder in einem eigenen Familien-Kodex festgehalten werden können (dazu § 6 A.II). Zur Erfüllung und Überwachung der jeweiligen Governance-Aufgaben kann auch ein Beirat eingerichtet werden (dazu § 6 A.III).

I. Anforderungen an Corporate Governance in Familienunternehmen

Die Corporate Governance kann für Unternehmen eine große Herausforderung darstellen. Diese ist umso größer, wenn verschiedene Gesellschafter mit persönlichen Schwerpunkten im Unternehmen involviert sind. Vor allem in Familien treten häufig persönliche Konfliktursachen wie Eifersucht, Missgunst, Überforderung und Machtmissbrauch auf und können die Festlegung einer Unternehmensstrategie belasten.[931] Deshalb ist es wichtig, an dieser Stelle mit geeigneten Family Business Governance-Mechanismen anzusetzen. Der gesetzliche Rahmen, der für Familienunternehmen in der Rechtsform der GmbH Geltung erlangt, reicht hierfür jedoch noch nicht aus. Vielmehr müssen für das Familienunternehmen konkrete Regelungen zur Vermeidung persönlicher Konflikte und zum Ausgleich von Informations- und Einflussnahmeasymmetrien geschaffen werden.[932] Ähnlich wie bei der Etablierung einer Unternehmenscompliance sollten hierbei Faktoren wie die Größe des Unternehmens, die Anzahl der Gesellschafter, die Finanzierungsstruktur sowie individuelle Bedürfnisse berücksichtigt werden.[933]

Die Kriterien, die über die Einordnung eines Unternehmens als Familienunternehmen entscheiden können – Kapital, Führung und Wertekonsens – definieren gleichzeitig die drei großen Risikofelder, die für Familienunternehmen typisch sind.[934] Diese gilt es entsprechend im eigenen Unternehmen zu identifizieren und durch geeignete Vorkehrungen (siehe dazu § 6 A.II) zu vermeiden.

Mangels Zugangs zum Kapitalmarkt können bei Familienunternehmen liquide Mittel fehlen und Wachstumspotential gehemmt werden.[935] Der Bedarf kann so häufig nur mittels Kapitalerhöhung oder Gesellschafterdarlehen gedeckt werden,[936] wobei sich die starke Abhängigkeit von den jeweiligen Gesellschaftern offenbart. Diese Abhängigkeit wird noch mal deutlicher, wenn sich Gesellschafter dazu entscheiden, aus der Gesellschaft auszuscheiden.

931 Siehe zu den interfamiliären Konflikten auch *Kalss*, FS Binz, 2014, 342, 344 f.; *Priester*, FS Binz, 2014, 523, 525 f.

932 *Krause*, BB 2012, 714.

933 *Rohner*, in MAH Personengesellschaftsrecht, 3. Aufl. 2019, § 3 Rn. 41.

934 *Wieselhuber*, FS Zitzelsberger, 2015, 191, 194; *Freudenberg*, FS Binz, 2014, 215, 216.

935 *Wieselhuber*, FS Zitzelsberger, 2015, 191, 194; *Freudenberg*, FS Binz, 2014, 215, 217.

936 *Wieselhuber*, FS Zitzelsberger, 2015, 191, 194.

Dies führt – bei fehlender Regelung – einerseits zu Schwierigkeiten hinsichtlich des Austritts und andererseits zur Frage, wie mit den Anteilen des ausscheidenden Gesellschafters verfahren werden muss. Außerdem kann das gebundene Vermögen, mit Blick auf den finanziellen Erhalt des Familienunternehmens zu Risikoscheue und Investitionsschwäche führen.[937] Weiterhin können Konflikte bei der strategischen Ausrichtung des Unternehmens auftreten. Insbesondere der Ein- und Austritt von Gesellschaftern sowie die Akquisition und Fusion mit anderen Unternehmen sowie die Erweiterung des eigenen Geschäftsfelds bergen das Risiko von Uneinigkeiten zwischen den einzelnen Gesellschaftern.[938]

Dissens kann darüber hinaus im Bereich der Unternehmensführung bestehen. Problematisch ist dabei vor allem der Wunsch, möglichst lange die Führung des Unternehmens in Familienhand zu halten.[939] Dies kann unter anderem zu Problemen bei der Nachfolgegestaltung führen. Das trifft vor allem dort zu, wo keine einhelligen Regelungen zur Unternehmensnachfolge getroffen wurden oder gar Streit über die Nachfolge besteht. Das kann zum Beispiel der Fall sein, wenn zwei Familienstämme potenziell einen Nachfolger stellen können, hier jedoch keine Seite sich bereit erklärt, der anderen den Vortritt zu gewähren.[940] Weiterhin kann auch mangelndes Vertrauen in den ausgewählten Nachfolger – sei es durch die anderen Gesellschafter oder die Arbeitnehmer – die Zukunftsfähigkeit beeinträchtigen.[941] Es entstehen auch Konflikte bei mangelnder Eignung eines Nachfolgers, fehlender Sachlichkeit des scheidenden Unternehmensinhabers und damit emotional geprägten Entscheidungen.[942] Daneben können Probleme auftreten, wenn das Familienoberhaupt die Geschicke des Unternehmens führt, ohne andere miteinzubeziehen und ohne Bereitschaft, sich vor neutralem Sachverstand wie einem Gremium zu verantworten.[943] Die Spannungen können indes auch auftauchen, wenn ein familienfremder Geschäftsführer eingesetzt werden

937 *Freudenberg*, FS Binz, 2014, 215, 217.

938 *Wieselhuber*, FS Zitzelsberger, 2015, 191, 194; siehe auch *Priester*, FS Binz, 2014, 522, 525 f.

939 *Kellermanns/v. Schlippe*, in Koeberle-Schmid/Fahrion/Witt, Family Business Governance, 3. Aufl. 2018, S. 431; *Wieselhuber*, FS Zitzelsberger, 2015, 191, 197, *Freudenberg*, FS Binz, 2014, 215, 217.

940 *Kalss*, FS Binz, 2014, 343, 346; siehe auch *Hack/Meyer*, in Koeberle-Schmid/Fahrion/Witt, Family Business Governance, 3. Aufl. 2018, S. 68.

941 Vgl. auch *Kormann*, in Koeberle-Schmid/Fahrion/Witt, Family Business Governance, 3. Aufl. 2018, S. 47.

942 *Freudenberg*, FS Binz, 2014, 215, 217.

943 *Freudenberg*, FS Binz, 2014, 215, 217; *Kalss*, FS Binz, 2014, 343, 345; ähnlich *Wieselhuber*, FS Zitzelsberger, 2015, 191, 197 hinsichtlich des „*Nicht-loslassen-Könnens*“.

soll.[944] Insgesamt gilt es, das Übergreifen der Konflikte mit Bezug zur Führungsebene gezielt zu vermeiden.

Daneben treten Konflikte in Familienunternehmen auf, wenn kein Wertekonsens zwischen den Familienmitgliedern in Bezug auf ihr Unternehmen besteht oder dieser verloren geht,[945] denn der Verlust gemeinsamer Werte stellt eine konkrete Bedrohung für den Erfolg des Familienunternehmens dar.[946] Die Festlegung gemeinsamer Werte und Ziele schafft einen klar definierten Rahmen und kann so umgekehrt die größte Stärke des Unternehmens sein.[947] Denn gewachsene Werte und Traditionen schaffen auch Vertrauen bei Mitarbeitern und Geschäftspartnern in die Familienkultur.[948]

Aufgrund der soeben aufgezeigten Konflikte müssen Familienunternehmen eine eigene, auf ihre Risikosituation angepasste, Family Business Governance entwickeln (dazu § 6 A. I. 1). Hierfür ist auch entscheidend, dass Bereiche wie die Unternehmensnachfolge oder auch Anforderungen an Führungskräfte festgelegt werden (dazu § 6 A. I. 2). Ein erster Schritt ist hierbei immer die Analyse der eigenen Unternehmenssituation.

1. Entwicklung einer eigenen Family Business Governance

Fehlen neben dem Gesellschaftsvertrag Regelungen, die die Besonderheiten des Familienunternehmens aufgreifen, kann es zu schwerwiegenden Konfliktsituationen im Unternehmen kommen. Ausgangspunkt für die Entwicklung einer eigenen Family Business Governance ist daher der Gesellschaftsvertrag, der auf etwaige Regelungslücken überprüft und durch eine Familienverfassung, einen eigenen Kodex oder weiterführende Regeln im Gesellschaftsvertrag ergänzt werden muss. Dabei bedarf es einerseits Regelungen zur Family Governance und andererseits Regelungen zur Business Governance des Familienunternehmens. Diese lassen sich jedoch im Einzelnen nicht trennscharf auseinanderhalten, da sie ineinander übergreifen und Regelungen zu einem Aspekt auch den anderen betreffen können. So kann etwa die Regelung der Nachfolge oder die Anforderungen an den Geschäftsführer sowohl für die Unternehmensorganisation als auch die Familie relevant sein. Im Folgenden werden die Aspekte mithin für beide Bereiche gleichermaßen dargestellt.

---

944 *Freudenberg*, FS Binz, 2014, 215, 217; zum Prinzipal-Agenten-Konflikt bei Fremdmanager-Einsatz auch *May*, in Koeberle-Schmid/Fahrion/Witt, Family Business Governance, 3. Aufl. 2018, S. 425.

945 *Freudenberg*, FS Binz, 2014, 215, 217.

946 *Freudenberg*, FS Binz, 2014, 215, 217.

947 *Wieselhuber*, FS Zitzelsberger, 2015, 191, 197; *Freudenberg*, FS Binz, 2014, 215, 217.

948 *Freudenberg*, FS Binz, 2014, 215, 218.

Wesentlich für den Erfolg der Family Business Governance ist zuvörderst der Zusammenhalt der Gesellschafter des Familienunternehmens.[949] Weiterhin muss innerhalb des Unternehmens Transparenz hinsichtlich der Gleichbehandlung der Familiengesellschafter bestehen und Familie und Unternehmen strikt voneinander getrennt werden.[950] Hierfür ist auch die Frage nach „*family first*“ oder „*business first*“ relevant.[951] Entscheiden sich Familienunternehmen für den Vorrang des Familieninteresse vor dem Unternehmensinteresse, stellt das Unternehmen ein Mittel dar, die Familie zusammenzuhalten und Arbeitsplätze für Familienmitglieder zu schaffen.[952] Bei diesem Unternehmens-Typus ist die Geschäftsführung meist von Familienmitgliedern besetzt.[953] Diese Strategie birgt jedoch die Gefahr, dass das so geschaffene „Wir-Gefühl“[954] über die Zeit mit den Generationenwechseln verloren geht.[955] Denn damit steigt auch der Grad der Entfremdung der Familiengesellschafter sowie die Konfliktanfälligkeit.[956]

Familienunternehmen, die den Ansatz „*business first*“ verfolgen fokussieren sich vornehmlich auf den Unternehmenserfolg. Hier ist der Einsatz von Fremd-Geschäftsführern wahrscheinlicher, die Kompetenz steht über dem Familienzusammenhalt.[957] Dies wird teilweise als vorzugswürdig betrachtet.[958] Von Rechts wegen wird man von einem Vorrang des Unternehmensinteresses ausgehen können, was dem besonderen Unternehmenszweck der Familienunternehmen zu entnehmen ist.[959] Dieser ist auch für nachfolgende Generationen als Teil der Mitgliedschaft verbindlich.[960] Die Verpflichtung zur Wahrung des Gesellschaftszwecks bedarf keiner gesonderten Erklärung der Rechtsnachfolger oder einer Zielvereinbarung.[961] Sie ist vielmehr Folge der gesellschaftsrechtlichen Treuepflicht der Gesellschafter.[962] Diese ver-

949 *Koeberle-Schmid/Witt/Fahrion*, in Koeberle-Schmid/Fahrion/Witt, Family Business Governance, 3. Aufl. 2018, S. 28 f.; *Wieselhuber*, FS Zitzelsberger, 2015, 191, 197.
950 *Wieselhuber*, FS Zitzelsberger, 2015, 191, 197.
951 *Holler*, DStR 2019, 931, 939; *Wieselhuber*, FS Zitzelsberger, 2015, 191, 197.
952 *Kenyon-Rouvinez*, in Koeberle-Schmid/Fahrion/Witt, Family Business Governance, 3. Aufl. 2018, S. 100.
953 *Kenyon-Rouvinez*, in Koeberle-Schmid/Fahrion/Witt, Family Business Governance, 3. Aufl. 2018, S. 100.
954 *Holler*, DStR 2019, 931, 939.
955 *Holler*, DStR 2019, 931, 939.
956 *Holler*, DStR 2019, 931, 939; *ders.*, ZIP 2018, 553, 555 f.
957 *Kenyon-Rouvinez*, in Koeberle-Schmid/Fahrion/Witt, Family Business Governance, 3. Aufl. 2018, S. 100.
958 So etwa *Wieselhuber*, FS Zitzelsberger, 2015, 191, 197.
959 *Holler*, ZIP 2018, 553, 558; *ders.*, BB 2012, 719, 720.
960 *Holler*, DStR 2019, 931, 939.
961 Sie kann jedoch zur Konfliktvermeidung eingesetzt werden, dazu *Lange*, BB 2005, 2585, 2589.
962 *Holler*, DStR 2019, 931, 939.

pflichtet Gesellschafter dazu, den Gesellschaftszweck zu fördern und ihr Handeln an diesem auszurichten.[963] Dennoch können Familienunternehmen bei ihren Governance-Bestrebungen hier eigenständige Regeln aufstellen und auch dem Ansatz „*family first*“ in tatsächlicher Hinsicht folgen. In rechtlicher Hinsicht geht wie eben gesehen der Gesellschaftszweck dennoch vor, was indes nicht bedeutet, dass familienfremde Geschäftsführer eingesetzt oder familienimmanente Werte ausgeblendet werden müssen. All dies kann vielmehr im Rahmen eigener Regelungen festgelegt werden.

Eine gute und auf das Unternehmen abgestimmte Family Business Governance kann zum langfristigen Erfolg des Unternehmens auf wirtschaftlicher Ebene beitragen.[964] Fehlen entsprechende Regelungen, kann der Dissens im Gesellschafterkreis nicht nur Auswirkungen auf die Unternehmenskultur haben, vielmehr hat er auch Auswirkungen auf den Unternehmenserfolg, insbesondere die Führbarkeit des Unternehmens und die operative Effizienz.[965]

Doch ebenso wie bei anderen Unternehmen sind auch Familienunternehmen darauf angewiesen, nachhaltig Erträge und einen positiven Cash-Flow zu erzielen.[966] Dafür bedarf es einer hohen Wettbewerbsfähigkeit, einer starken Ertragskraft für nachhaltige finanzielle Stabilität und Investitionskraft sowie der Steigerung des Unternehmenswertes.[967] Um das Familienunternehmen zukunftsfähig machen zu können, bedarf es daher einer angepassten Business Governance, die diese Faktoren berücksichtigt. Die Überlebensfähigkeit des Familienunternehmens erfordert daher einerseits eine professionelle Führung und andererseits eine übergeordnete Unternehmensorganisation und -strategie. Dabei müssen effiziente Prozesse eingeführt werden, um den Änderungen des Marktes gerecht zu werden und Potenziale zu erkennen.

Weiterhin darf nicht vergessen werden, dass der Familienzusammenhalt auch die größte Chance des Familienunternehmens sein kann. Denn die Identifikation mit dem Unternehmen und der Rückhalt in der Familie heben das Familienunternehmen von anderen Unternehmensformen ab.[968] Der Zusammenhalt innerhalb der Inhaberfamilie kann zum einen durch ein erfolgreiches Unternehmen und zum anderen durch Vertrauen in eine fachlich

963 *Holler*, DStR 2019, 931, 939.

964 *Koeberle-Schmid/Witt/Fahrion*, in Koeberle-Schmid/Fahrion/Witt, Family Business Governance, 3. Aufl. 2018, S. 26 f.; *Holler*, ZIP 2018, 553, 554; *Uffmann*, ZIP 2015, 2441.

965 *Holler*, MAH GesR Bd. 7, 6. Aufl. 2020, § 75 Rn. 69; *Rohner*, in MAH Personengesellschaftsrecht, 3. Aufl. 2019, § 3 Rn. 44; *Wieselhuber*, FS Zitzelsberger, 2015, 191, 207.

966 *Wieselhuber*, FS Zitzelsberger, 2015, 191, 207.

967 *Wieselhuber*, FS Zitzelsberger, 2015, 191, 207.

968 Siehe auch *Freudenberg*, FS Binz 2014, 215, 221.

kompetente und integre Unternehmensführung gestärkt werden.[969] Welche Regelungen im Besonderen hierfür aufgestellt werden können, wird im Folgenden thematisiert.

2. Prävention durch Statuierung von Governance-Regelungen

Konflikten betreffend die Unternehmensführung, die Nachfolge, Gewinnverwendung und Strategie des Unternehmens kann durch die Statuierung präventiver Family Business Governance-Regelungen entgegengetreten werden. Im Familienunternehmen müssen die Business und Family Governance-Regelungen dafür ineinandergreifen.[970] Dazu müssen durch den Gesellschaftsvertrag oder einen eigenen Unternehmenskodex Ziele und Werte des Unternehmens definiert werden, die die Führung und Kontrolle des Unternehmens professionalisiert und sich so auch positiv auf die Unternehmensorganisation auswirken.[971] Daneben können Aspekte der Family Business Governance auch durch eine eigene Familienverfassung geregelt werden.[972] Zunächst sollen hierfür die einzelnen relevanten Aspekte dargelegt werden, die im Rahmen der Family Business Governance zu bedenken sind wie etwaige Nachfolgeregelungen oder Regelungen zum Kapitalerhalt. Die Darstellung hinsichtlich der rechtlichen Einbindung in das Familienunternehmen erfolgt sodann unter § 6 A.II.

a) Nachfolgeregelungen

Eines der Hauptprobleme, die Familienunternehmen im Vergleich zu anderen Unternehmensformen haben, ist die Frage der Nachfolge insbesondere bei Besetzung der Geschäftsführerposition, aber auch beim Tod eines Familiengesellschafters. Bezeichnend ist dabei insbesondere der Fortführungswille mit der Intention, das Unternehmen an die nächste Generation in der Familie weiterzugeben.[973] Die Nachfolge ist im Normalfall durch Bestimmungen im Gesellschaftsvertrag auf Familienmitglieder beschränkt; das Eindringen Dritter in das Familienunternehmen wird so verhindert (*closed-shop*-Strategie, siehe oben unter § 3 D).[974] Doch zu Konflikten kann es insbesondere auch dann kommen, wenn mangels eines geeigneten Nach-

---

969 *Freudenberg*, FS Binz 2014, 215, 221.

970 Siehe veranschaulichend *Rohner*, in MAH Personengesellschaftsrecht, 3. Aufl. 2019, § 3 Rn. 45; *May/Koeberle-Schmid*, DB 2011, 486.

971 *Rohner*, in MAH Personengesellschaftsrecht, 3. Aufl. 2019, § 3 Rn. 44; *Koeberle-Schmid/Witt/Fahrion*, ZCG 2010, 161, 62.

972 *May/Koeberle-Schmid*, DB 2011, 485, 486.

973 *Holler*, MAH GesR Bd. 7, 6. Aufl. 2020, § 75 Rn. 49; *Woywode/Keese/Tänzler*, ZGR 2012, 418, 425.

974 *Rohner*, in MAH Personengesellschaftsrecht, 3. Aufl. 2019, § 3 Rn. 82; *Holler*, DStR 2019, 931, 932; *Graf/Bisle*, DStR 2010, 2409, 2410; *Scherer*, BB 2010, 323.

folgers aus dem Familienkreis ein Fremdgeschäftsführer eingesetzt werden soll.[975]

i. Nachfolgeberechtigung

Auch die Nachfolgeberechtigung kann zu Konflikten unter den Familiengesellschaftern führen. Streit entsteht insbesondere darüber, ob Ehepartner, Lebensgefährten, leibliche oder adoptierte Abkömmlinge auch Teil des Familienunternehmens werden sollen. Zur Klärung dieses Konfliktthemas bedarf es einer eindeutigen Definition der Nachfolgeberechtigung, die sodann auch Auswirkungen auf Verfügungen von Todes wegen, aber auch die Anforderungen an die Person des Unternehmensnachfolgers hat.[976]

Einer besonderen Bedeutung kommt dabei auch die Einordnung der Familienmitglieder nach Stämmen zu. Unter Familienstamm wird dabei die verwandtschaftliche Zugehörigkeit zu einem der Gründungsgesellschafter verstanden.[977] Zu einem Stamm gehören somit in der Regel alle mit dem Stammbegründer in gerader Linie verwandten Gesellschafter.[978] Die Familienunternehmen treffen hierzu meist eigene Regelungen und halten in Nachfolgeklauseln die Stammeszugehörigkeit, aus der dann auch die Nachfolgeberechtigung folgt, fest. Unter Abkömmlingen können so die leiblichen Kinder, als auch Adoptivkinder, eheliche oder uneheliche Kinder verstanden werden. Klauseln hierzu sind indes nicht immer eindeutig und bedürfen daher oft der Auslegung.[979] Daher kommt auch den sog. Patchwork-Familien in Bezug auf Familienunternehmen eine praktische Bedeutung zu, da sie auch in diesem Rahmen zunehmend auftritt und zu erbschaftsrechtlichen Regelungslücken im Gesellschaftsvertrag führen kann.[980]

Um so entstehende Konflikte zu vermeiden, sollten der Gesellschaftsvertrag sowie mögliche weitere Regelwerke innerhalb des Familienunternehmens eindeutige Regelungen treffen, die auch durch Auslegung nicht zu unterschiedlichen Ergebnissen führen. Hierbei sollte die Nachfolgeberechtigung klar und deutlich definiert sein und alle Eventualitäten wie Sterbefälle, Scheidungen und Adoptionen in die Überlegungen miteinbezogen werden.

---

975 *Holler*, MAH GesR Bd. 7, 6. Aufl. 2020, § 75 Rn. 70; *Quack*, in Tröger/Wilhelmi, Rechtsfragen der Familiengesellschaften, 2006, S. 11, 15 und 18.

976 *Holler*, MAH GesR Bd. 7, 6. Aufl. 2020, § 75 Rn. 71; siehe auch *Kalss*, FS Binz 2014, 343, 353.

977 *Stengel*, in Beck'Sches Beck'sches HdB PersGes, 5. Aufl. 2020, § 17 Rn. 55.

978 *Götze*, in Münch. VertrHdB Bd. 1, 8. Aufl. 2018, III.10 § 4 Anm. 3.

979 Siehe auch *Holler*, in MAH GesR Bd. 7, 6. Aufl. 2020, § 75 Rn. 218.

980 *Westermann*, NZG 2015, 649 f.

ii. Dynamische Anpassung

Für die Planung der Nachfolge reicht es nicht aus, eine einmal getroffene Entscheidung und aufgestellte Regelung – sei es in Form von einer Familienverfassung, einem eigenen Governance-Kodex oder entsprechenden Regelungen im Gesellschaftsvertrag – über Jahre hinweg aufrecht zu erhalten. Vielmehr unterliegt auch die Regelung der Nachfolge einer gewissen Dynamik und bedarf Anpassungen an veränderte Umstände.[981] Denn die tatsächliche und rechtliche Aktualität muss sich auch hier abbilden lassen.[982] Auch dies kann für sich genommen zu Konflikten im Gesellschafterkreis führen, wenn etwa der Gesellschaftervertrag, Poolverträge oder die Familienverfassung angepasst werden müssen.[983] Der Streit hierum hat dabei immer auch einen Bezug zu den gesellschafterrechtlichen Treuepflichten, sodass auch hier eine Zustimmungspflicht erwachsen kann (siehe bereits oben unter § 6 A. I. 1). Um dem Effekt des „Nicht-loslassen-Könnens“[984] vorzugreifen, sollte das Ausscheiden der Geschäftsführer an Altersgrenzen gebunden werden.[985] So kann gewährleistet werden, dass auch die Faktoren, die sich im Unternehmen im Laufe der Zeit ändern, Berücksichtigung finden.

iii. Solidarität vor Eignung?

Die Nachfolge spielt vor allem auch bei der Besetzung der Geschäftsführung eine gewichtige Rolle. Einerseits kann eine tief empfundene Verbundenheit zu einem Familienmitglied dazu führen, dass jemand für die Position ausgewählt wird, der eigentlich nicht die nötigen Kompetenzen vorweisen kann. Andererseits kann sich die Unternehmensübergabe auch dann schwierig gestalten, wenn „ein gestandener Gründerchef“[986] das Unternehmen verlässt und der Nachfolger entweder ein Familienmitglied ist, welches vieles ändern möchte, oder aber ein Fremdgeschäftsführer angestellt wird, der ebenfalls andere Vorstellungen als der alte Geschäftsführer hat und insbesondere nicht zwangsläufig mit entsprechender Rücksicht auf die anderen Familienmitglieder agiert.

Wird die Geschäftsführer-Stelle im Familienunternehmen vakant, stellt sich die Frage nach der geeigneten Nachfolge. Freilich werden die Gesellschafter einen Geschäftsführer aus ihrer Mitte vorziehen. Dies kann als Qualifikationsanforderungen auch entsprechend festgehalten werden. Jedoch sollte dies nicht die einzige Anforderung an einen Nachfolger darstellen (siehe

---

981 *Holler*, MAH GesR Bd. 7, 6. Aufl. 2020, § 75 Rn. 70.
982 *Holler*, MAH GesR Bd. 7, 6. Aufl. 2020, § 75 Rn. 70.
983 *Holler*, MAH GesR Bd. 7, 6. Aufl. 2020, § 75 Rn. 70.
984 *Wieselhuber*, FS Zitzelsberger, 2015, 191, 197.
985 *Wieselhuber*, FS Zitzelsberger, 2015, 191, 197.
986 *Wieselhuber*, FS Zitzelsberger, 2015, 191, 202.

dazu § 6 A. I.2.b). Dies gilt so auch für andere Gremien wie den Aufsichts- oder Beirat.[987] Der „Solidarität vor Eignung“-Problematik kann durch entsprechende Governance-Regelungen begegnet werden. Hier können die Mindestvoraussetzungen hinsichtlich Ausbildung und Berufserfahrung, die ein Nachfolger mitbringen muss, klar definiert werden.[988]

Bei der Unternehmensnachfolge wird nicht bloß das Unternehmen übergeben. Mit ihm werden vielmehr Geschäftsbeziehungen zu Kunden und Lieferanten, Reputation und die Beziehungen zu den Mitarbeitern, insgesamt eine gewisse Unternehmenskultur vermacht.[989] Jedoch heißt Nachfolge im Unternehmen meistens auch Kulturwandel. Dieser muss zur Aufrechterhaltung der eben genannten Beziehungen behutsam und transparent vollzogen werden, sodass Geschäftspartner und Arbeitnehmer die Chance haben, diesen nachzuvollziehen.[990] In diesem Zusammenhang erscheint es sinnvoll, eine entsprechende Unternehmensstrategie für die kommenden Jahre mit dem alten Geschäftsführer auszuarbeiten und diese entsprechend transparent zu kommunizieren.[991] Dies macht es auch für den vormaligen Geschäftsführer leichter, das Unternehmen zu verlassen.

Dasselbe gilt bei Einsatz eines Fremdgeschäftsführers. Auch hier müssen neben entsprechender Eignung weitere Voraussetzungen erfüllt werden. Insbesondere sind emotionale und kulturelle Aspekte zu berücksichtigen.[992] Ein Fremd-Geschäftsführer wird vor allem bei Unternehmen in Betracht kommen, die über einen sehr heterogenen Gesellschafterkreis verfügen, der wiederum hauptsächlich Renditeziele verfolgt.[993] Die Kontrolle des Fremd-Geschäftsführers wird hier häufig von den Aufsichtsgremien übernommen, in dem idealerweise in solchen Konstellationen auch Familienmitglieder vertreten sein sollten.[994]

iv. Nachfolge in der GmbH

Neben den Anforderungen, die an die Nachfolge im Familienunternehmen zu stellen sind, ergeben sich auch aus der Rechtsform der GmbH Eigenheiten, die es bei der Ausgestaltung der Unternehmensnachfolge zu beachten

987 *Kalss*, FS Binz 2014, 343, 353.

988 *Holler*, MAH GesR Bd. 7, 6. Aufl. 2020, § 75 Rn. 209; *Woywode/Keese/Tänzler*, ZGR 2012, 418, 426; *Kalss*, FS Binz 2014, 343, 353.

989 *Wieselhuber*, FS Zitzelsberger, 2015, 191, 202.

990 *Wieselhuber*, FS Zitzelsberger, 2015, 191, 202.

991 *Wieselhuber*, FS Zitzelsberger, 2015, 191, 203.

992 *Wieselhuber*, FS Zitzelsberger, 2015, 191, 204.

993 *Wiedemann/Kögel*, Beirat und Aufsichtsrat in Familienunternehmen, 2. Aufl. 2020, § 2 Rn. 20.

994 *Wiedemann/Kögel*, Beirat und Aufsichtsrat in Familienunternehmen, 2. Aufl. 2020, § 2 Rn. 20.

gilt. Anders als in Personengesellschaften ist gem. § 15 Abs. 1 GmbHG der Geschäftsanteil an einer GmbH ohne weiteres vererblich. Dies kann auch nicht per Gesellschaftsvertrag oder sonstigen Beschluss ausgeschlossen werden.[995] Um zu verhindern, dass es zu einer Unternehmenszersplitterung durch Vererbung an familienfremde Dritte oder nicht genehme, weil etwa ungeeignete, Familienangehörige kommt, können im Gesellschaftsvertrag indes andere Regelungen getroffen werden. Zum einen besteht die Möglichkeit, mithilfe einer Abtretungsklausel die Erben dazu zu verpflichten, den oder die Geschäftsanteile an einen anderen Familienangehörigen, die GmbH selbst oder einen anderen Gesellschafter abzutreten.[996] Weiterhin besteht die Möglichkeit, im Gesellschaftsvertrag festzuhalten, dass der Geschäftsanteil mit Eintreten des Erbfalls, mit oder ohne Abfindung des Erben, eingezogen wird.[997] Dies kommt faktisch jedoch einem Ausschluss der Vererbbarkeit gleich.[998]

v. Zwischenfazit

Die Nachfolge stellt in Familienunternehmen mithin einen Aspekt dar, den es – am besten von Anfang an – zu regeln gilt. So können, wenn etwa eindeutige Klauseln im Gesellschaftsvertrag oder der Familienverfassung enthalten sind, Konflikte vermieden werden und das Unternehmen trotz Gesellschafter- oder Geschäftsführerwechsel erfolgreich weitergeführt werden.

b) Qualifikationsanforderungen

Wie oben unter § 6 A. I.2.a)iii gesehen, ist es für Familienunternehmen unerlässlich, eine qualifizierte Unternehmensleitung sicherzustellen. Neben den Anforderungen, die an die Unternehmensleitung zu stellen sind, sollten Familienunternehmen auch für andere Gesellschaftsorgane wie etwaige Aufsichtsgremien klare Qualifikationsanforderungen aufstellen. Je nach Aufgabe einer Position sollte ein Anforderungsprofil erstellt werden, das objektivierbar und somit überprüfbar bleibt.[999] Wird die Unternehmensführung lediglich durch Kapitalbesitz legitimiert, ist dies nicht zwangsläufig

995 *Weller/Reichert*, in MüKo/GmbHG, 5. Aufl. 2025, § 15 Rn. 441; *Löbbe*, in Habersack/Casper/Löbbe, GK GmbHG, 3. Aufl. 2019, § 15 Rn. 6; *Altmeppen*, in Altmeppen, GmbHG, 11. Aufl. 2023, § 15 Rn. 28; *Ebbing*, in Michalski/Heidinger/Leible/J. Schmidt, 4. Aufl. 2023, § 15 Rn. 6.

996 OLG Koblenz GmbHR 1995, 586, 587; *Weller/Reichert*, in MüKo/GmbHG, 5. Aufl. 2025, § 15 Rn. 455; *Ebbing*, in Michalski/Heidinger/Leible/J. Schmidt, 4. Aufl. 2023, § 15 Rn. 25.

997 *Weller/Reichert*, in MüKo/GmbHG, 5. Aufl. 2025, § 15 Rn. 460; *Ebbing*, in Michalski/Heidinger/Leible/J. Schmidt, 4. Aufl. 2023, § 15 Rn. 31.

998 Siehe *Graf/Bisle*, DStR 2010, 2409, 2411.

999 *Kalss*, FS Binz 2014, 343, 353.

erfolgsversprechend. Sie muss vielmehr insbesondere an Kompetenz gekoppelt sein.[1000] Denn aus Kunden- und Lieferantensicht ist es vor allem die Eignung, die auf ein erfolgreiches Unternehmen und somit eine langfristig funktionierende Partnerschaft schließen lässt.

Ziel einer guten Business Governance von Familienunternehmen ist eine professionelle Unternehmensführung und -kontrolle.[1001] Der Unternehmenswert soll über Generationen gesteigert und so die Überlebensfähigkeit des Familienunternehmens gesichert werden („*Professional Ownership*“).[1002] Deshalb sollten die Anforderungen, die an externe Geschäftsführer oder Gremienmitglieder zu stellen sind, dieselben sein, an denen auch Familienmitglieder gemessen werden.[1003] Diese können neben der fachlichen Qualifikation auch die Teamfähigkeit, die Anerkennung der Unternehmenskultur, die Hintanstellung eigener Interessen sowie Führungsqualitäten sein.[1004] Es bietet sich an, die Auswahl eines geeigneten Kandidaten anhand dieser Kriterien durch ein Gremium vornehmen zu lassen. Dieses kann die Qualifikationsanforderungen entsprechend prüfen und – je nach Zusammensetzung – eine unabhängige Entscheidung treffen, bei der emotionale Faktoren nicht im Vordergrund stehen. Hier erscheint es daher sinnvoll, beispielsweise einen Beirat mit externer Fachkompetenz zu besetzen, um eine neutrale Instanz zu schaffen, die zum Beispiel ein Vorschlagsrecht bei der Besetzung der Geschäftsführung innehat (dazu auch § 6 A.III).[1005]

c) Ausstiegsmöglichkeiten

Anders als bei einer börsennotierten AG, bei der die Aktien frei handelbar sind und ein Ausstieg aus dem Unternehmen jederzeit möglich ist, gestaltet sich der Ausstieg aus Familienunternehmen in anderen Rechtsformen schwieriger. Denn neben Herausforderungen, die sich unter anderem bei der Bewertung der Anteile eines Gesellschafters ergeben können, birgt ein Ausstieg immer auch erhebliches Konfliktpotenzial. Das gilt vor allem dann, wenn ein Gesellschafter entgegen seinem eigenen Willen aus der Gesellschaft ausscheiden soll oder aber die anderen Gesellschafter nicht wollen,

---

1000 *Wieselhuber*, FS Zitzelsberger, 2015, 191, 196.

1001 *Koeberle-Schmid/Witt/Fahrion*, in Koeberle-Schmid/Fahrion/Witt, Family Business Governance, 3. Aufl. 2018, S. 29.

1002 *Koeberle-Schmid/Witt/Fahrion*, in Koeberle-Schmid/Fahrion/Witt, Family Business Governance, 3. Aufl. 2018, S. 29.

1003 *Wieselhuber*, FS Zitzelsberger, 2015, 191, 197; *Freudenberg*, FS Binz, 2014, 215, 219.

1004 *Kalss*, FS Binz, 2014, 343, 353.

1005 *Scherer*, BB 2010, 323, 328; *Wieselhuber*, FS Zitzelsberger, 2015, 191, 198.

dass er das Unternehmen verlässt.[1006] Weiterhin ist das Ausscheiden aus einer GmbH wie unter § 4 F.II.2 dargestellt, nicht ohne weiteres möglich. Die Motive für den Ausstieg aus dem Familienunternehmen sind dabei vielfältig. So können etwa die Unzufriedenheit mit dem Verhalten der anderen Familienmitglieder oder der Organisation des Familienunternehmens ein Ausstiegsmotiv darstellen.[1007]

Bei der GmbH sind die Geschäftsanteile nach § 15 Abs. 1 GmbHG grundsätzlich frei übertragbar. Um zu vermeiden, dass familienfremde Dritte durch ihren Eintritt in die Gesellschaft den Fortbestand des Familiencharakters gefährden, wird diese Verfügungsfreiheit regelmäßig durch sog. Vinkulierungsklauseln eingeschränkt.[1008] Diese Möglichkeit sieht § 15 Abs. 5 GmbHG auch ausdrücklich vor. Hierdurch kann die Veräußerung von Geschäftsanteilen an die Zustimmung der übrigen Gesellschafter gebunden werden.[1009] Möglich ist hierbei auch die Maßgabe, dass eine zustimmungsfreie Übertragung auf bestimmte Personen, wie etwa Abkömmlinge oder Mitgesellschafter, erfolgen kann.[1010] Darüber hinaus kann die Veräußerung auch gänzlich ausgeschlossen werden, § 15 Abs. 5 GmbHG.[1011] Wird ein Geschäftsanteil entgegen den Bestimmungen der Vinkulierungsklausel übertragen, ist der Übertragungsakt schwebend unwirksam.[1012] Die Verweigerung der Zustimmung zu dem Geschäft macht es endgültig unwirksam, während die Zustimmung zurückwirkend ist.[1013] Ein Einstimmigkeitserfordernis erscheint an dieser Stelle nicht sinnvoll, da sonst ein einzelner Gesellschafter wichtige Übertragungen wie etwa die Aufnahme eines Familienfremden, der indes für die Stärkung der Liquidität sorgen kann, verhindern könnte.[1014] Hier können zusätzliche Pool-Vereinbarungen (dazu sogleich § 6 A. I.2.d)) getroffen werden, die beispielsweise eine Stimmbindung vorsehen.[1015] So sinnvoll Vinkulierungsklauseln sind, enthalten sie dennoch auch Konfliktpotenzial, wenn sie sich so auswirken, dass ein Ausstieg aus dem Familienunternehmen unmöglich gemacht wird. Daher sollten Familienunternehmen

---

1006 *Groß/Redlefsen/Witt*, in Koeberle-Schmid/Fahrion/Witt, Family Business Governance, 3. Aufl. 2018, S. 300.
1007 *Groß/Redlefsen/Witt*, in Koeberle-Schmid/Fahrion/Witt, Family Business Governance, 3. Aufl. 2018, S. 301.
1008 *Binz/Mayer*, NZG 2012, 201, 202; *Graf/Bisle*, DStR 2010, 2409, 2410; *Scherer*, BB 2010, 323.
1009 *Binz/Mayer*, NZG 2012, 201, 202; *Scherer*, BB 2010, 323.
1010 *Binz/Mayer*, NZG 2012, 201, 202; *Graf/Bisle*, DStR 2010, 2409, 2410.
1011 *Servatius*, in Noack/Servatius/Haas, GmbHG, 24. Aufl. 2025, § 15 Rn. 50; *Löbbe*, in Habersack/Casper/Löbbe, GK GmbHG, 3. Aufl. 2019, § 15 Rn. 264.
1012 *Binz/Mayer*, NZG 2012, 201, 202; *Graf/Bisle*, DStR 2010, 2409, 2410.
1013 *Binz/Mayer*, NZG 2012, 201, 202.
1014 *Scherer*, BB 2010, 323, 324; *Hennerkes*, NJW 1988, 2761, 2767.
1015 *Klein-Wiele*, NZG 2018, 1401, 1405; *Scherer*, BB 2010, 323, 324.

bei Einführung solcher Klauseln die Möglichkeit des Ausstiegs nicht ausschließen, sondern einen geordneten Ausstieg ermöglichen.

Um einem gravierenden Liquiditätsentzug bei Ausscheiden eines Gesellschafters vorzubeugen, können Abfindungsklauseln vereinbart werden. Denn ein unbeschränkter Abfindungsanspruch ist analog zu § 738 Abs. 1 S. 2 BGB auf die sofortige Zahlung einer Abfindung zum vollen wirtschaftlichen Wert im Moment des Ausscheidens gerichtet.[1016] Daher finden sich in der Praxis häufig Abfindungsklauseln, in denen einschränkende Regelungen zur Ermittlung des Werts des Abfindungsanspruchs und zur Art der Auszahlung getroffen werden.[1017] Dabei gibt es zahlreiche Gestaltungsmöglichkeiten. So kann die Abfindung zum Beispiel anhand des Buchwertverfahrens (dabei bemisst sich die Abfindung anhand der Buchwerte des Gesellschaftsvermögens) oder dem Cash-Flow des Familienunternehmens bestimmt werden.[1018] Weiterhin ist denkbar, die Abfindung auf eine bestimmte Quote des Verkehrswertes zu deckeln.[1019] Die Abfindungsklauseln unterliegen trotz gestalterischer Freiheit gewissen inhaltlichen Schranken. Wird beispielsweise ein Gesellschafter ohne wichtigen Grund ausgeschlossen, ist eine angemessene Abfindung zu zahlen.[1020] Weiterhin darf die Abfindungsbeschränkung nicht dazu führen, dass das Recht des Gesellschafters zum Ausscheiden aus der Gesellschaft wegen der niedrigen Abfindungshöhe faktisch vereitelt wird.[1021]

Aufgrund dessen stellen Ausstiegsregelungen eine Hilfestellung zur Konfliktvermeidung dar. Wird ein Austritt einvernehmlich herbeigeführt und die wirtschaftlichen Interessen sachgerecht ausgeglichen, lassen sich Eskalationen vermeiden.[1022] Hierzu sollten zum Beispiel der Abfindungspreis oder ein Aufgriffsrecht – also ein wechselseitiges Erwerbsrecht – festgehalten werden.[1023]

d) Abstimmungsmechanismen

Mithilfe von Stimmbindungsvereinbarungen können Gesellschafter dazu verpflichtet werden, ihr Stimmrecht in einer bestimmten Weise auszu-

1016 *Roth*, in Hopt, HGB, 44. Aufl. 2025, § 177 Rn. 3; *Graf/Bisle*, DStR 2010, 2409, 2411; *Scherer*, BB 2010, 323, 325.
1017 *Graf/Bisle*, DStR 2010, 2409, 2411; *Scherer*, BB 2010, 323, 325.
1018 *Graf/Bisle*, DStR 2010, 2409, 2411; *Scherer*, BB 2010, 323, 325; *Mecklenbrauck*, BB 2000, 2001 ff.
1019 *Graf/Bisle*, DStR 2010, 2409, 2411.
1020 BGH NJW 1973, 1606 f.
1021 BGH NJW 1973, 651; *Kersting*, in Noack/Servatius/Haas, GmbHG, 24. Aufl. 2025, § 34 Rn. 29 ff.; *Binz/Mayer*, NZG 2012, 201, 206; *Mecklenbrauck*, BB 2000, 2001 ff.
1022 *Kalss*, FS Binz, 2014, 343, 352.
1023 *Kalss*, FS Binz, 2014, 343, 353.

üben.[1024] Der Abschluss von solchen Vereinbarungen ist gesellschaftsrechtlich grundsätzlich zulässig und formlos möglich.[1025] Einen gesonderten Fall stellen dabei die Pool-Vereinbarungen dar, bei denen Stimmrechte gebündelt werden (beispielsweise bei Familienstämmen).[1026] Diese bezwecken, dass Interessen oder Vermögen der Poolmitglieder vergemeinschaftet werden.[1027] Dies soll ein einheitliches Verhalten gewährleisten und den Einfluss im Unternehmen sicherstellen.[1028] Die Poolvereinbarungen dienen dazu, dass die Mitglieder ihre Stimmrechte künftig einheitlich ausüben.[1029] Dies verhindert selbst im Fall auftretender Konflikte, etwa bei veränderten Lebensbedingungen einzelner Gesellschafter, dass Individualinteressen vor das Unternehmensinteresse gestellt werden, sodass sie auch ein Mittel der Streitprävention darstellen.[1030]

Bei Abschluss einer Poolvereinbarung verpflichten sich die einzelnen Poolmitglieder dazu, bei allen Gesellschafterbeschlüssen übereinstimmend abzustimmen.[1031] Die Art und Weise der Ausübung der Stimmrechte kann etwa in der Poolvereinbarung festgehalten werden.[1032] Dabei kann sich die Vereinbarung entweder auf alle Abstimmungen oder nur einzelne Sachverhalte wie die Bestellung des Geschäftsführers beziehen.[1033] Von zentraler Bedeutung sind die erforderlichen Beschlussmehrheiten. Diese können unabhängig von der gesellschaftsrechtlichen Beteiligung der Gesellschafter ausgestaltet werden und sollten in jedem Fall konkret und ausdrücklich geregelt sein.[1034] Da die Poolvereinbarungen einen schuldrechtlichen Charakter haben, entfaltet die Beschränkung der Stimmrechtsausübung ihre Wirkung lediglich im Innenverhältnis, im Außenverhältnis sind die Stimmrechte unbeschränkt.[1035] Gibt ein Gesellschafter entgegen der Poolvereinbarung eine Stimme ab, bleibt diese gleichwohl wirksam.[1036] Um der Poolvereinbarung dennoch zur

1024 *Graf/Bisle*, DStR 2010, 2409, 2411.

1025 So die h. M.: BGH DStR 201995, 1232; *Noack*, in Noack/Servatius/Haas, GmbHG, 24. Aufl. 2025, § 47 113 ff.; *Schaub*, DStR 2018, 871, 872; *Klein-Wiele*, NZG 2018, 1401, 1406; *Graf/Bisle*, DStR 2010, 2409, 2412.

1026 *Graf/Bisle*, DStR 2010, 2409, 2412.

1027 *Klein-Wiele*, NZG 2018, 1401; *Langenfeld*, ZEV 2010, 17.

1028 *Klein-Wiele*, NZG 2018, 1401; *Wachter*, DStR 2016, 114, 115.

1029 *Klein-Wiele*, NZG 2018, 1401, 1402.

1030 *Klein-Wiele*, NZG 2018, 1401, 1402.

1031 *Schaub*, DStR 2018, 871; *Klein-Wiele*, NZG 2018, 1401, 1403.

1032 *Fischer/Schmidt*, in BeckHdB GmbH, 6. Aufl. 2021, § 4 Rn. 118; *Schaub*, DStR 2018, 871, 872.

1033 *Schaub*, DStR 2018, 871, 872.

1034 BGH NZG 2009, 183; *Klein-Wiele*, NZG 2018, 1401, 1403.

1035 *Schaub*, DStR 2018, 871, 872; *Klein-Wiele*, NZG 2018, 1401, 1404.

1036 *Hüffer/Schürnbrand*, in Habersack/Casper/Löbbe, GK GmbHG, 3. Aufl. 2020, § 47 Rn. 83 ff.

Wirkung zu verhelfen, können in ihr Vertragsstrafen für die Verletzung der Stimmrechtsvereinbarung enthalten sein.[1037]

Mithilfe der Poolvereinbarungen können somit Abstimmungsmechanismen im Familienunternehmen geschaffen werden, die die Zersplitterung trotz Nachfolge und Ausscheiden von Gesellschaftern verhindert. Als Teil der Family Business Governance von Familienunternehmen tragen sie somit – bei richtigem Einsatz – zum Erhalt der Familienkultur und des Unternehmens bei.

e) Kapitalerhalt

Unter dem Aspekt des Kapitalerhalts und der Liquiditätssicherung bietet es sich außerdem an, umfassende Regelungen zur Gewinnverwendung im Gesellschaftsvertrag zu etablieren. Darin sollte einerseits geregelt sein, nach welchem Schlüssel die Gewinne auf die einzelnen Gesellschafter verteilt werden.[1038] Dieser Gewinnverteilungsschlüssel bemisst sich dabei in der Regel nach dem Verhältnis der Geschäftsanteile gem. § 29 Abs. 3 S. 1 GmbHG. Hiervon kann jedoch gem. § 29 Abs. 3 S. 2 GmbHG abgewichen werden.

Daneben ist es wegen des eingeschränkten Zugangs zum Kapitalmarkt wichtig, die Eigenkapitalquote des Familienunternehmens abzusichern und entsprechende Rücklagen zu bilden. Über diese kann im Einzelfall durch die Gesellschafterversammlung entschieden werden, jedoch können auch entsprechende Vorgaben im Gesellschaftsvertrag niedergelegt werden, die auch die Höhe der Rücklagenbildung vorgeben.[1039] Um hierbei zu verhindern, dass Minderheitsgesellschafter benachteiligt werden, können für die Ausschüttung und Thesaurierung der Gewinne Mindestquoten festgelegt werden.[1040] Dies kann der Gesellschaft helfen, eine Liquiditätsreserve aufzubauen und schützt Minderheitsgesellschafter, die eventuell auf die Einnahmen aus der Gesellschaft angewiesen sind.[1041]

Um hier Konflikten vorzubeugen, empfiehlt es sich ebenso wie bei den anderen eben behandelten Konfliktquellen, eindeutige Regelungen im Familienunternehmen aufzustellen. In welcher Art und Weise dies geschieht hängt jeweils vom Familienunternehmen selbst ab und soll Inhalt des nächsten Abschnitts sein.

1037 *Schaub*, DStR 2018, 871, 872; *Klein-Wiele*, NZG 2018, 1401, 1406.

1038 *Graf/Bisle*, DStR 2010, 2409, 2412; *Scherer*, BB 2010, 323, 327.

1039 *Graf/Bisle*, DStR 2010, 2409, 2412.

1040 *Graf/Bisle*, DStR 2010, 2409, 2412; *Scherer*, BB 2010, 323, 327.

1041 *Graf/Bisle*, DStR 2010, 2409, 2412; *Scherer*, BB 2010, 323, 327; *Westermann*, FS Hennerkes, 2009, 21, 22 f.

II. Einbindung in der Gesellschaft

Damit Konflikte in Familienunternehmen verhindert werden können, müssen zunächst Regeln beschlossen werden, die formuliert und sodann schriftlich fixiert werden.[1042] Diese Regelungen sollten einer sinnvollen und nachvollziehbaren Logik folgen, um den Gesellschaftern den Zugang hierzu zu erleichtern.[1043] So schafft man Regeln, die fest im Unternehmen implementiert sind und ihrerseits bereits konfliktpräventiv wirken können, zum Beispiel in Hinblick auf Qualifikationsanforderungen für Führungskräfte.[1044] Im besten Falle werden diese Regelungen bereits vor dem Entstehen von Konflikten aufgestellt, da hier im Vorfeld die Bereitschaft, sich Regeln beispielsweise hinsichtlich Abfindungen zu unterwerfen größer ist, als wenn ein Konflikt bereits besteht.[1045] Die Governance-Regelungen sollten einstimmig von allen Gesellschaftern angenommen werden und diese auch im gleichen Maße betreffen.[1046] Ähnlich wie bei Compliance-Regelungen, sollten auch die Governance-Regelungen im Laufe der Zeit überprüft und bei Bedarf angepasst werden.[1047]

1. Festlegen einer Familienstrategie

Neben der Unternehmensstrategie braucht ein Familienunternehmen auch eine Familien-strategie.[1048] Darunter verstehen etwa *v. Schlippe/Grothe/Rüsen* ein „*mittel- und langfristiges Zukunftsbild*“[1049]. *Megerle/Zenner* definieren die Familienstrategie indes wie folgt: „*Eine gute Familienstrategie baut auf den bestehenden Verhältnissen auf, bezieht alle Beteiligten in die Entwicklung mit ein, liefert Antworten auf alle Kernfragen, ist handlungsorientiert und konkret (was tun wir, wenn ...), wird in der Familie gelebt (Familienkonferenzen), passt sich regelmäßig an die dynamischen Entwicklungen der Familie an und gibt klare Orientierung.*“.[1050] Laut Holler soll die Familienstrategie dem „*Ziel einer konstruktiven Zusammenarbeit und Ergebniserzielung folgen*“.[1051] Dabei sollen Fairness und Wohlverhalten die

1042 *Rohner*, in MAH Personengesellschaftsrecht, 3. Aufl. 2019, § 3 Rn. 45; *Kalss*, FS Binz, 2014, 343, 348.
1043 *Kalss*, FS Binz, 2014, 343, 350.
1044 *Kalss*, FS Binz, 2014, 343, 348, 349; siehe auch *Lange*, BB 2005, 2585, 2589.
1045 So *Kalss*, FS Binz, 2014, 343, 348; siehe auch zur Familienstrategie *Neumueller*, Family Compliance, 2020, S. 55.
1046 *Lange*, BB 2005, 2585, 2589; *Kalss*, FS Binz, 2014, 343, 349.
1047 Vgl. *Kalss*, FS Binz, 2014, 343, 349.
1048 Insbesondere *Baus*, Die Familienstrategie, 5. Aufl. 2016.
1049 *V. Schlippe/Grothe/Rüsen*, Die beiden Seiten der Unternehmerfamilie, 2017, S. 30.
1050 *Megerle/Zenner*, ErbR 2016, 7, 9.
1051 *Holler*, ZIP 2018, 553, 556 in Anlehnung an *Baus*, Die Familienstrategie, 5. Aufl. 2016, S. 72.

Grundlage einer langfristigen Kooperation bilden und die Familienstrategie Strukturen schaffen, stabilisieren sowie Handlungsfähigkeit und Miteinander verbessern.[1052] Die Familienstrategie bildet den Grundstein für eigene Governance-Regelungen des Familienunternehmens, die in Form einer Familienverfassung, eines Kodex oder einzelner Regelungen im Gesellschaftsvertrag etabliert werden können.[1053] Auch sie sollte dynamisch an die jeweiligen Anforderungen des Unternehmens und der Familienmitglieder angepasst werden und so auch über Generationen hinweg als Orientierung dienen.[1054] Der Weg hin zu einer Familienstrategie und letztendlich einer eigenen Familienverfassung oder einem Familienkodex gliedert sich dabei in drei Schritte.

Zu Beginn erfolgt zunächst eine Bestandsaufnahme. Hierbei gilt es herauszufinden, welches Ziel die Familie verfolgt, welche gemeinsamen Werte sie teilen und wo Konfliktpotenzial liegt.[1055] Hierbei werden alle schriftlichen Dokumente, die Aufschluss über das Verhältnis der Familienmitglieder zueinander geben können, wie etwa der Gesellschaftsvertrag, Poolverträge, Erb- und Eheverträge, analysiert.[1056] Gerade fehlende Dokumente können hier auch Aufschluss über Konfliktpotenzial und organisatorische Defizite geben.[1057] Daneben können auch Organigramme des Familienunternehmens aufzeigen, welches Familienmitglied in welchem Unternehmensbereich eingesetzt wird.[1058]

1052 *Holler*, ZIP 2018, 553, 556; *Neumueller*, Family Compliance, 2020, S. 53; *Baus*, Die Familienstrategie, 5. Aufl. 2016, S. 72.

1053 *Neumueller*, Family Compliance, 2020, S. 54.

1054 *Megerle/Zenner*, ErbR 2016, 7, 9; *Neumueller*, Family Compliance, 2020, S. 54.

1055 *Neumueller*, Family Compliance, 2020, S. 56; *Hauck*, Die Familienstrategie, pFIFg, 01/2012, abrufbar unter https://www.zu.de/institute/fif/assets/pdf/pfifig/01_2012_pFIFig_Familienstrategie_FIF.pdf (im Folgenden: *Hauck*, Die Familienstrategie, pFIFg, 01/2012).

1056 *Neumueller*, Family Compliance, 2020, S. 56.

1057 *Baus*, Die Familienstrategie, 5. Aufl. 2016, S. 74.

1058 *Neumueller*, Family Compliance, 2020, S. 56.

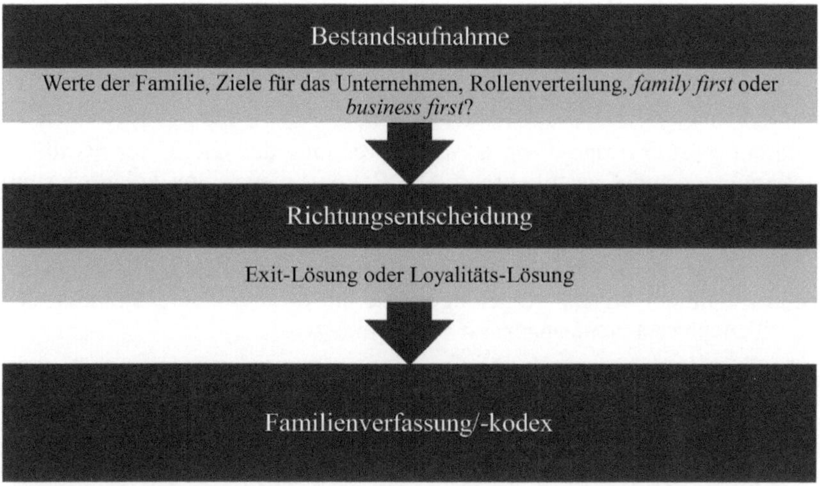

Abbildung 4, Quelle: Vgl. Baus, Die Familienstrategie, 5. Aufl. 2016, S. 75

Im Anschluss daran erfolgt die Richtungsentscheidung, die sich vornehmlich an den Ergebnissen der Bestandsaufnahme orientiert. Sind die Spannungen im Gesellschafterkreis bereits groß und Kooperationswillen und -fähigkeit der Familienmitglieder gering, so wird die Exit-Lösung anvisiert.[1059] Diese läuft auf eine teilweise oder vollständige Trennung von Familie und Unternehmen hinaus.[1060] Hierbei ändern sich die Eigentumsverhältnisse. Mögliche Szenarien sind der Verkauf des Unternehmens, die Überführung in eine Stiftung, ein Family-Buy-Out oder die sog. Thronfolger-Lösung, bei der alle Anteile an einen Nachfolger übertragen werden.[1061] Besteht hingegen unter den Familiengesellschaftern die Bereitschaft, das Unternehmen weiterhin gemeinsam zu führen, wird die Loyalitäts-Lösung gewählt. Deren Ziel ist es, auf den gemeinsamen Werten aufzubauen und mithilfe der Änderung von Führungsstrukturen diese Gemeinsamkeiten zu wahren, was im Ergebnis auch Ziel der Family Business Governance ist.[1062] Am Ende dieses Prozesses steht die Verschriftlichung dessen was gemeinsam für das Familienunternehmen erarbeitet wurde.[1063] Dies kann entweder in Form von Re-

1059 *Neumueller*, Family Compliance, 2020, S. 57.

1060 *Hauck*, Die Familienstrategie, pFIFg, 01/2012.

1061 *Neumueller*, Family Compliance, 2020, S. 59; *Hauck*, Die Familienstrategie, pFIFg, 01/2012.

1062 *Neumueller*, Family Compliance, 2020, S. 59; *Hauck*, *Baus*, Die Familienstrategie, 5. Aufl. 2016, S. 76; Die Familienstrategie, pFIFg, 01/2012.

1063 *Neumueller*, Family Compliance, 2020, S. 59; *Hauck*, Die Familienstrategie, pFIFg, 01/2012.

gelungen im Gesellschaftsvertrag oder durch eigene Familienverfassungen oder einen eigenen Familienkodex geschehen.

2. Anwendbarkeit des GKFU

Wie unter § 4 G.II dargelegt, ist die Anwendung des GKFU für Familienunternehmen nicht verpflichtend. Die Regeln, die in ihm enthalten sind, können vielmehr als Leitfaden für die Entwicklung eigener Governance-Regelungen dienen. Dabei reicht es nicht aus, die Vorschläge des GKFU ohne weiteres auf das in Frage stehende Familienunternehmen anzuwenden. Es bedarf vielmehr eigener Regelungen, die auf die besondere Situation des Familienunternehmens angepasst werden müssen.

3. Gesellschaftsvertrag

Gem. § 45 Abs. 1 GmbHG können die Rechte der Gesellschafter, vor allem auch in Bezug auf die Geschäftsführung, im Gesellschaftsvertrag festgehalten werden. Er unterliegt damit einer großen gestalterischen Freiheit und eignet sich somit auch für die Regelung der Family Business Governance.

a) Allgemeines zum Gesellschaftsvertrag

Der zwingende Inhalt des Gesellschaftsvertrags wird durch § 3 Abs. 1 GmbHG statuiert, der wiederum durch die §§ 4, 4a und 5 GmbHG konkretisiert wird. Anders als in der AG, in der formelle Satzungsstrenge herrscht, besteht für die GmbH eine weitgehende inhaltliche Gestaltungsfreiheit in Bezug auf den Gesellschaftsvertrag.[1064] Grenzen finden sich nur in zwingenden gesetzlichen Vorschriften wie beispielsweise §§ 134, 138 BGB. § 3 Abs. 2 GmbHG sieht die Möglichkeit vor, fakultative Bestimmungen in den Gesellschaftsvertrag aufzunehmen. Diese haben sodann Wirkung für und gegen die Gesellschaft und ihre künftigen Gesellschafter.[1065] Die formpflichtigen Bestimmungen betreffen dabei die Grundlagen der Gesellschaft und insbesondere die Beziehung zu den Gesellschaftern und die Rechtsstellung der Organe.[1066] Sie wirken auch für spätere Anteilsinhaber und Gläubiger.[1067] Schuldrechtliche Vereinbarungen neben dem Gesellschaftsvertrag zwischen einzelnen oder mehreren Gesellschaftern entfalten indes keine Wirkung für künftige Mitglieder.[1068]

1064 *Wicke*, in MüKo/GmbHG, 5. Aufl. 2025, § 3 Rn. 1.
1065 *Wicke*, in MüKo/GmbHG, 5. Aufl. 2025, § 3 Rn. 1.
1066 *Wicke*, in MüKo/GmbHG, 5. Aufl. 2025, § 3 Rn. 58; *Ulmer/Casper*, in Habersack/Casper/Löbbe, GK GmbHG, 3. Aufl. 2020, § 53 Rn. 8.
1067 *Wicke*, in MüKo/GmbHG, 5. Aufl. 2025, § 3 Rn. 58.
1068 OLG Dresden, GmbHR 1997, 746.

Neben der Verpflichtung zur Leistung der Einlagen können den Gesellschaftern auch andere Pflichten wie Handlungen oder Unterlassungen auferlegt werden, die durch Aufnahme in den Gesellschaftsvertrag Bestandteil der Mitgliedschaft werden.[1069] Insbesondere die Dienstleistungstätigkeit als Geschäftsführer kann über eine solche Handlungspflicht festgelegt werden, aber auch Beratungstätigkeiten oder Vermittlungsaktivitäten.[1070] Weitere Nebenpflichten können auch die unter § 6 A. I.2.d) beschriebenen Stimmbindungsvereinbarungen sein, sofern sie nicht auf schuldrechtlicher Basis außerhalb des Gesellschaftsvertrags getroffen werden.[1071] Sie müssen so konkret bestimmt sein, dass Gesellschafter das Ausmaß der Verpflichtung ohne Weiteres überschauen können.[1072] Dafür müssen Art und Umfang der Verpflichtungen fest vorgegeben werden.[1073]

Die Nebenverpflichtung geht grundsätzlich auf den Nachfolger des Gesellschafters mit Übergang der Geschäftsanteile über.[1074] Das gilt jedoch nur insoweit die Verpflichtung nicht höchstpersönlich ausgestaltet ist wie etwa bei Übernahme der Geschäftsführung.[1075] Das Erlöschen der Nebenverpflichtung für den Fall des Übergangs des Geschäftsanteils kann ebenfalls im Gesellschaftsvertrag festgehalten werden, wobei es sich dann regelmäßig um individualrechtliche Vereinbarungen handelt.[1076] Indes kann auch ein Fortwirken der Nebenverpflichtung im Gesellschaftsvertrag festgehalten werden.[1077]

1069 BGH NJW-RR 1993, 607; OLG Frankfurt a. M. GmbHR 1992, 665; *Wicke*, in MüKo/GmbHG, 5. Aufl. 2025, § 3 Rn. 66; siehe auch *K. Schmidt*, FS Immenga, 2004, 705, 709 ff.

1070 *Wicke*, in MüKo/GmbHG, 5. Aufl. 2025, § 3 Rn. 83; *Servatius*, in Noack/Servatius/Haas, GmbHG, 24. Aufl. 2025, § 3 Rn. 56.

1071 *Bayer*, in Lutter/Hommelhoff, GmbHG, 21. Aufl. 2023, § 47 Rn. 19; *Habersack*, ZHR 164 (2000), 1.

1072 BGH DB 1989, 221; *Schmidt*, in Michalski/Heidinger/Leible/J. Schmidt, 4. Aufl. 2023, § 3 Rn. 55.

1073 RGZ 87, 261, 265 f.; *Ulmer/Löbbe*, in Habersack/Casper/Löbbe, GK GmbHG, 3. Aufl. 2020, § 3 Rn. 80; *Servatius*, in Noack/Servatius/Haas, GmbHG, 24. Aufl. 2025, § 3 Rn. 50.

1074 RGZ 80, 175, 179; OLG Frankfurt a. M. NJW 1992, 1512; *Servatius*, in Noack/Servatius/Haas, GmbHG, 23. Aufl. 2022, § 3 Rn. 63.

1075 *Wicke*, in MüKo/GmbHG, 5. Aufl. 2025, § 3 Rn. 96; *Altmeppen*, in Altmeppen, GmbHG, 11. Aufl. 2023, § 3 Rn. 26; *Bayer*, in Lutter/Hommelhoff, GmbHG, 20. Aufl. 2020, § 3 Rn. 36.

1076 BGH NJW-RR 1993, 607; *Wicke*, in MüKo/GmbHG, 5. Aufl. 2025, § 3 Rn. 96.

1077 *Wicke*, in MüKo/GmbHG, 5. Aufl. 2025, § 3 Rn. 96; *Ulmer/Löbbe*, in Habersack/Casper/Löbbe, GK GmbHG, 3. Aufl. 2020, § 3 Rn. 102.

b) Der Gesellschaftsvertrag als Mittel der Family Business Governance

Die unter § 6 A. I.2 dargelegten Konfliktfelder sollten im Rahmen eigener Governance-Regelungen des Familienunternehmens berücksichtigt werden. Dies kann unter anderem durch gesellschaftsvertragliche Regelungen passieren. Der Gesellschaftsvertrag sollte den Vorrang des Unternehmensinteresses mit seinen Regelungen wahren.[1078] Er nimmt dabei eine wichtige Rolle für die Family Business Governance ein, da die Vorgaben rechtlich verbindlich sind und auch gegenüber Familienmitgliedern, der Geschäftsführung und Mitarbeitern durchgesetzt werden können.[1079]

Der Gesellschaftsvertrag soll zur Auflösung der Interessengegensätze zwischen den geschäftsführenden und den übrigen Gesellschaftern führen.[1080] Entsprechend den dargelegten Problembereichen können hier beispielsweise die Voraussetzungen der Mitwirkung am Unternehmen und dessen Geschäftsführung geregelt, oder bestimmte Geschäftsführungsmaßnahmen der Zustimmung durch die Gesellschafterversammlung unterworfen werden.[1081] Auch umfassende Informationsrechte, die der Information von nicht an der Geschäftsführung beteiligten Gesellschaftern dienen sollen, können aufgenommen werden.[1082] Weiterhin kann der Gesellschaftsvertrag auch dazu beitragen, dass der oft innerhalb der Gesellschafterversammlung vorherrschende Konflikt zwischen Mehr- und Minderheitengesellschaftern abgemildert und Patt-Situationen (etwa durch Poolvereinbarungen) vermieden werden.[1083]

Weiterhin können Regelungen betreffend den freiwillig eingerichteten Beirat, Regelungen der Nachfolge und die Begrenzung der Einflussnahmemöglichkeiten Dritter auf das Unternehmen im Gesellschaftsvertrag festgehalten werden. Sinnvoll erscheint zudem die Vereinbarung einer Schiedsklausel. Die Vorteile dieser liegen insbesondere darin, dass Rechtsstreitigkeiten nicht der Öffentlichkeit des ordentlichen Gerichtsverfahrens unterliegen. Außerdem kann das jeweils befasste Schiedsgericht mit entsprechend geeigneten Personen, die auch fachkundig sind, besetzt werden.[1084] Dagegen lässt sich jedoch vorbringen, dass die Kosten eines Schiedsverfahrens deutlich höher

1078 *Lange*, BB 2005, 2585, 2589.

1079 *Rohner*, in MAH Personengesellschaftsrecht, 3. Aufl. 2019, § 3 Rn. 66.

1080 *Rohner*, in MAH Personengesellschaftsrecht, 3. Aufl. 2019, § 3 Rn. 67; *Lange*, BB 2005, 2585, 2589.

1081 *Rohner*, in MAH Personengesellschaftsrecht, 3. Aufl. 2019, § 3 Rn. 68; *Lange*, BB 2005, 2585, 2589.

1082 *Rohner*, in MAH Personengesellschaftsrecht, 3. Aufl. 2019, § 3 Rn. 70.

1083 *Rohner*, in MAH Personengesellschaftsrecht, 3. Aufl. 2019, § 3 Rn. 73 f.; *Lange*, BB 2005, 2585, 2589.

1084 *Rohner*, in MAH Personengesellschaftsrecht, 3. Aufl. 2019, § 3 Rn. 87.

ausfallen können als bei ordentlichen Gerichtsverfahren.[1085] Haben die Beteiligten ein besonderes Geheimhaltungsinteresse oder handelt es sich um besonders komplexe Sachverhalte, scheint eine höhere Kostenbelastung indes gerechtfertigt.[1086]

Der Gesellschaftsvertrag stellt mithin grundsätzlich ein geeignetes Mittel zur Umsetzung der Family Business Governance in Familienunternehmen dar. Daneben ist auch die Einführung einer Familienverfassung möglich, insbesondere um eine Überfrachtung des Gesellschaftsvertrags zu vermeiden.

4. Familienverfassung

Da sich die Family Governance auf die Etablierung fairer Prozesse und den Zusammenhalt der Familie konzentrieren[1087], bedarf es zu deren Sicherstellung gesonderter Regelungen im Familienunternehmen. Neben dem Gesellschaftsvertrag empfiehlt sich daher die Niederlegung von Family Governance-Regelungen in einer Familienverfassung. Diese ist die schriftliche Fixierung der grundsätzlichen Überzeugungen und Prinzipien der Unternehmerfamilie und gilt als identitätsstiftendes Leitbild, welches mit Handlungsgrundsätzen die Beziehungen der Familienmitglieder und die Interaktion zwischen Unternehmen und Familie regelt.[1088] Sie wird abweichend auch als Familien-Kodex, Familien-Charta, Familien-Protokoll oder Familienleitbild bezeichnet.[1089]

a) Zweck einer Familienverfassung

Die Familienverfassung zielt darauf, den Einfluss der Unternehmerfamilie auf Familienunternehmen nachhaltig zu sichern, der zunehmenden Entfremdung der Gesellschafter vorzubeugen und damit dem möglichen Konfliktpotenzial innerhalb der Familie entgegenzuwirken.[1090] Sie tritt neben den Gesellschaftsvertrag um einerseits dessen Überfrachtung zu verhindern und andererseits, dass wesentliche Regelungen zu den Verhältnissen der Familie und ihrer Mitglieder untereinander sowie zu Werten und Leitbildern des

1085 *Rohner*, in MAH Personengesellschaftsrecht, 3. Aufl. 2019, § 3 Rn. 87.

1086 *Rohner*, in MAH Personengesellschaftsrecht, 3. Aufl. 2019, § 3 Rn. 87.

1087 So etwa *Reich/Bode*, ZIP 2017, 1798; *Mengers/Prigge*, Recht der Familiengesellschaften, 2017, 71, 80.

1088 *Ulrich/Speidel*, ZCG 2017, 197, 198; *Mengers/Prigge*, Recht der Familiengesellschaften, 2017, 71, 80.

1089 *Koeberle-Schmid/Witt/Fahrion*, in Koeberle-Schmid/Fahrion/Witt, Family Business Governance, 3. Aufl. 2018, S. 28; *Holler*, ZIP 2018, 553; *Kirchdörfer/Lorz*, FuS 2011, 97; *Mengers/Prigge*, Recht der Familiengesellschaften, 2017, 71, 80.

1090 *Holler*, ZIP 2018, 553, 561; Kalss, FS Binz, 2014, 344, 350.

Familienunternehmens öffentlich bekannt gemacht werden.[1091] Denn anders als der Gesellschaftsvertrag muss die Familienverfassung nicht im Handelsregister veröffentlich werden. Dieser ist gem. § 8 Abs. 1 Nr. 1 GmbHG bei der Anmeldung der Gesellschaft beizufügen und kann anschließend von jedermann eingesehen werden.

Die Familienverfassung dient der Schaffung eines gemeinsamen Wertekanons und Konsens für Unternehmen und Familie, der auch für die nachfolgenden Generationen noch Geltung erlangen soll.[1092] Außerdem dient sie der Stärkung der Familie durch einheitliche Ziele und wirkt somit präventiv Familienstreitigkeiten entgegen.[1093] Durch die Einbeziehung aller Familienmitglieder dient sie auch der Prävention von Willkür und Machtmissbrauch durch einzelne Gesellschafter.[1094] Weiterhin fördert sie professionelles Handeln und schafft Transparenz sowie Fairness für die Familienmitglieder.[1095] Dies führt einerseits zur Sicherung des Familienzusammenhalts und andererseits steigert es den ökonomischen Wert des Unternehmens.[1096] Denn eine gute Familienverfassung kann einen Mehrwert und Wettbewerbsvorteil schaffen und somit zur Sicherung des Fortbestands des Unternehmens beitragen.[1097]

b) Regelungsinhalte

Formell sollte die Familienverfassung zunächst über die Zielsetzung derselben informieren. Anschließend sollten die gemeinsamen Werte und Ziele des Familienunternehmens dargelegt werden. Weiterhin sollten Regelungen zu den verschiedenen Einzelheiten des Familienunternehmens wie Geschäftsführung, Aufsichtsgremium, Haftung, Vergütung und Gesellschafterversammlung sowie Themen rund um den potenziellen Familienrat oder das Konfliktmanagement enthalten sein.[1098] Regelungen betreffend die Business Governance des Familienunternehmens – also etwa das Aufsichtsgremium oder das Risikomanagement – können dabei auch Teil des Familienkodex

---

1091 *Reich/Bode*, DStR 2018, 305.

1092 *Reich/Bode*, DStR 2018, 305; *Ulrich/Speidel*, ZCG 2017, 197, 199.

1093 *Ulrich/Speidel*, ZCG 2017, 197, 199; *Uffmann*, ZIP 2015, 2441, 2448; *Lauk*, FS Binz, 2014, 398, 404.

1094 *Ulrich/Speidel*, ZCG 2017, 197, 199.

1095 *Koeberle-Schmid/Witt/Fahrion*, in Koeberle-Schmid/Fahrion/Witt, Family Business Governance, 3. Aufl. 2018, S. 478.

1096 *Koeberle-Schmid/Witt/Fahrion*, in Koeberle-Schmid/Fahrion/Witt, Family Business Governance, 3. Aufl. 2018, S. 478.

1097 *Rohner*, in MAH Personengesellschaftsrecht, 3. Aufl. 2019, § 3 Rn. 41; *May/Koeberle-Schmid*, DB 2011, 485.

1098 *Koeberle-Schmid/Witt/Fahrion*, in Koeberle-Schmid/Fahrion/Witt, Family Business Governance, 3. Aufl. 2018, S. 480; *Mengers/Prigge*, Recht der Familiengesellschaften, 2017, 71, 83.

(siehe § 6 A.II.5) oder des Gesellschaftsvertrags sein (§ 6 A.II.3). Weiter sollte der Gesellschaftsvertrag auch Bezug auf die Familienverfassung nehmen.[1099]

Hinsichtlich der materiellen Regelungsinhalte sei auf die Ausführungen unter § 6 A. I.2 verwiesen.

c) Rechtliche Qualität

Die rechtliche Qualität der Familienverfassung ist bis dato umstritten. Die Meinungen hierzu divergieren stark und reichen von der Ablehnung rechtlicher Verbindlichkeit bis hin zur Bejahung des Vertragscharakters der Familienverfassung.

Einerseits wird vertreten, die Familienverfassung sei im ersten Schritt nicht rechtlich bindend, einklagbar oder vollstreckbar.[1100] Die Erstellung einer Familienverfassung erfolge im Wege der freiwilligen Selbstverpflichtung.[1101] Sie könne daher als Absichtserklärung verstanden werden, die lediglich eine moralische, jedoch keine rechtliche Bindungswirkung aufweise.[1102] Aus ihr gingen zahlreiche Regelungen in Gesellschafts-, Erb- oder Eheverträgen hervor, was die einzelnen Regelungen rechtlich bindend und auch einklagbar mache.[1103] Weiterhin könne die Familienverfassung auch als Auslegungshilfe anderer Verträge dienen.[1104] Zu bedenken ist hierbei, dass Gesellschaftsverträge der GmbH nur einer rein objektiven Auslegung unterliegen. Entscheidend sind allein Wortlaut, Sinn und Zweck der Bestimmung, nicht aber die tatsächliche Übung oder ein hiervon abweichendes Verständnis.[1105] Außerhalb des Gesellschaftsvertrags liegende Umstände können nur Beachtung finden, wenn sie aus den Unterlagen, die zum Handelsregister eingereicht worden sind, ersichtlich oder allgemein bekannt sind.[1106] Sie können ansonsten bei der Auslegung nur herangezogen werden, wenn deren Kenntnis bei den Gesellschaftern und Organen vorausgesetzt werden kann.

1099 *Holler*, MHdB GesR Bd. 7, 6. Aufl. 2020, § 75 Rn. 198.

1100 *Rohner*, in MAH Personengesellschaftsrecht, 3. Aufl. 2019, § 3 Rn. 63; *Kalss*, FS Binz 2014, 344, 351.

1101 *Rohner*, in MAH Personengesellschaftsrecht, 3. Aufl. 2019, § 3 Rn. 63.

1102 *Koeberle-Schmid/Witt/Fahrion*, in Koeberle-Schmid/Fahrion/Witt, Family Business Governance, 3. Aufl. 2018, S. 479; *Ulrich/Speidel*, ZCG 2017, 197, 199; *Kirchdörfer/Lorz*, FuS 2011, 97, 101; *Koeberle-Schmid/Schween/May*, BB 2011, 2499, 2499, 2501; *Schulz/Werz*, ErbStB 2007, 310, 313.

1103 *Ulrich/Speidel*, ZCG 2017, 197, 199.

1104 *Ulrich/Speidel*, ZCG 2017, 197, 199.

1105 *Reich/Bode*, DStR 2018, 305, 307.

1106 Vgl. BGH DStR 1992, 652; *Bayer*, in Lutter/Hommelhoff, GmbHG, 21. Aufl. 2023, § 2 Rn. 19; *Schäfer*, in Henssler/Strohn, GesR, 6. Aufl. 2024, GmbHG § 2 Rn. 27; *Servatius*, in Noack/Servatius/Haas GmbHG, 24. Aufl. 2025, § 2 Rn. 26 f.

Die Familienverfassung kann mithin zur Auslegung des Gesellschaftsvertrags herangezogen werden, wenn sämtliche Gesellschafter Partei dieser sind und der Inhalt der Familienverfassung den Gesellschaftsorganen bekannt ist.

Dem wird damit begegnet, dass die Frage nach der rechtlichen Einordnung pauschal nicht beantwortet werden könne, da es die „eine" Familienverfassung nicht gäbe.[1107] Angesichts der großen Vielfalt verschiedener Familienverfassungen, die die Vielfalt der Familienunternehmen widerspiegelt, verbietet sich hier der pauschale Einwand, dass einer Familienverfassung keine Rechtswirkung zukomme.[1108] Problematisch ist insbesondere, dass die Familienverfassung laut der die Rechtswirkung ablehnenden Meinung, unverbindlich sein soll, und gleichzeitig der inhaltlichen Rahmengebung für andere Vertragsdokumente diene.[1109] Angesichts dessen wird dafür plädiert, die Familienverfassung als übergeordnete und rechtlich verbindliche Ordnung zu qualifizieren.[1110] Damit wären auch die Wertungen der Familienverfassung grundsätzlich bei sämtlichen Verträgen berücksichtigungsfähig.[1111]

Ausgangspunkt für die Frage, ob einer Familienverfassung rechtliche Wirkung zukommen soll, muss stets sein, ob die an der Familienverfassung beteiligten Personen einen Rechtsbindungswillen haben, was durch Auslegung zu ermitteln ist.[1112] Einigen sich die Familienmitglieder in der Familienverfassung schriftlich auf bestimmte Grundsätze und Werte, wird man in der Regel von einem solchen ausgehen müssen, da man diesen nur Geltung verschaffen kann, wenn sie auch verbindlich sind.[1113] Außerdem lässt auch die Bezeichnung des Dokuments als „Verfassung" auf eine Verbindlichkeit schließen. Diese legt die Grundordnung einer Gemeinschaft fest,[1114] sodass der Hinweis auf deren Unverbindlichkeit widersprüchlich wäre.[1115] Dennoch obliegt es selbstverständlich den Familienunternehmen selbst, über die Verbindlichkeit ihrer Familienverfassung zu entschieden. Daher empfiehlt es

1107 *Reich/Bode*, DStR 2018, 305, 307; *Fleischer*, ZIP 2016, 1509, 1515; *Uffmann*, ZIP 2015, 2441, 2448; *Hueck*, Die Familienverfassung, 2017, S. 78; *Fleischer*, Recht der Familiengesellschaften, 2017, 99, 115.

1108 *Reich/Bode*, DStR 2018, 305, 307; *Fleischer*, NZG 2017, 1201, 1209; *Uffmann*, ZIP 2015, 2441, 2448.

1109 *Uffmann*, ZIP 2015, 2441, 2448.

1110 *Kalss/Probst*, Familienunternehmen, 2013, S. 47 ff.

1111 *Kalss/Probst*, Familienunternehmen, 2013, S. 47 ff.

1112 *Reich/Bode*, DStR 2018, 305, 307.

1113 *Reich/Bode*, DStR 2018, 305, 307.

1114 Bedeutung des Wortes „Verfassung", Eintrag im Duden, abrufbar unter https://www.duden.de/rechtschreibung/Verfassung.

1115 *Holler*, MHdB GesR Bd. 7, 6. Aufl. 2020, § 75 Rn. 195; kritisch hierzu *Fleischer*, ZIP 2016, 1509, 1515.

sich, den potenziellen Verzicht auf die Verbindlichkeit der Familienverfassung in dieser ausdrücklich darzulegen.[1116] Dies empfiehlt auch 10.4 GKFU.

Gelangt man zu der Auffassung, dass die Familienverfassung rechtlich bindend sein soll, muss in einem weiteren Schritt festgelegt werden, welche Art von Vertrag eine solche Familienverfassung darstellt. In Betracht kommt die Einordnung der Familienverfassung als verbundener Vertrag[1117], Rahmenvertrag[1118] oder als Innen-GbR[1119]. Die Diskussion hierzu in der Literatur steckt noch in den Kinderschuhen, sodass weitere Entwicklungen abzuwarten bleiben.

Zum einen wird vertreten, die Familienverfassung könne als Rahmenvertrag eingeordnet werden, der lenkende und inhaltssetzende Funktion habe.[1120] Diese Gestaltungsform lässt zu, dass Leitlinien erarbeitet werden, mithilfe derer Inhalte, Verfahren und Form von später auszuarbeitenden Verträgen aufgesetzt werden können.[1121] Dies birgt indes die Gefahr, dass die Familienverfassung, würde man sie als Rahmenvertrag einordnen, zu unspezifisch und abstrakt bleibt und den Anforderungen des Familienunternehmens nicht gerecht wird. Weiterhin wäre der Abschluss eines Rahmenvertrags ebenso komplex wie das Aufstellen einer Familienverfassung, die von vorneherein rechtlich verbindlich ist. Das ist darauf zurückzuführen, dass auch zu überprüfen wäre, welchen Formerfordernissen der Rahmenvertrag entsprechen müsste, damit die daraus folgenden Einzelverträge später auch formell wirksam werden. Auch erscheint problematisch, dass Dritte an der Ausgestaltung des Rahmenvertrags mitwirken würden, die später keine Vertragspartei der Einzelverträge sind.

Zum anderen wird die Familienverfassung regelmäßig als Innen-GbR eingeordnet, auf die die §§ 705 ff. BGB entsprechend Anwendung finden.[1122] Diese zeichnet sich dadurch aus, dass mehrere Personen sich zur Verfolgung eines gemeinsamen Zwecks zusammenschließen und sich gegenseitig verpflichten, den gemeinsamen Zweck durch jeweilige Beiträge zu fördern.[1123] Der gemeinsame Zweck der Familiengesellschafter liegt dabei in der langfristig beabsichtigten Einflussnahme auf die Familiengesellschaft und der

---

1116 *Holler*, MHdB GesR Bd. 7, 6. Aufl. 2020, § 75 Rn. 196; *Wicke*, ZGR 2012, 450, 485.

1117 *Fleischer*, ZIP 2016, 1509, 1516.

1118 *Uffmann*, ZIP 2015, 2441, 2449.

1119 *Holler*, MHdB GesR Bd. 7, 6. Aufl. 2020, § 75 Rn. 198; *ders.*, ZIP 2018, 553, 561; *Reich/Bode*, DStR 2018, 305, 307.

1120 *Uffmann*, ZIP 2015, 2441, 2449.

1121 *Uffmann*, ZIP 2015, 2441, 2449.

1122 *Holler*, MHdB GesR Bd. 7, 6. Aufl. 2020, § 75 Rn. 198; *ders.*, ZIP 2018, 553, 561; *Reich/Bode*, DStR 2018, 305, 307.

1123 *Schäfer*, in MüKo/BGB, § 705, 9. Aufl. 2024, § 705 Rn. 1; *Reich/Bode*, DStR 2018, 305, 307.

Verfolgung der in der Familienverfassung niedergelegten Werte und Ziele.[1124] Weiterhin soll der Zusammenhalt gefördert und der zunehmenden Entfremdung entgegengewirkt werden, damit das Familienunternehmen auch in nachfolgenden Generationen aufrecht erhalten wird.[1125] Dies zu fördern stellt die Zweckförderungspflicht der beteiligten Familiengesellschafter dar.[1126] Wird die Familienverfassung als Innen-GbR eingeordnet, müssen Regelungen hinsichtlich der jederzeitigen Kündigungsmöglichkeit i. S. v. § 723 Abs. 1 BGB sowie der Beendigung der GbR durch Tod eines Mitglieds i. S. v. § 727 Abs. 1 BGB getroffen werden.[1127]

Der letztgenannten Ansicht ist zuzustimmen. Eine Einordnung der Familienverfassung als Rahmenvertrag scheidet aus den oben genannten Gründen aus. Sinnvoller erscheint, hier die rechtliche Verbindlichkeit im Rahmen der Innen-GbR herzustellen. Zentrales Regelungsanliegen ist der langfristige Erhalt des Familienunternehmens und die Förderung des Zusammenhalts, um der Entfremdung entgegenzuwirken, der als Zweck der Innen-GbR durch die Familiengesellschafter gefördert werden kann und soll. Verstößt ein Mitglied gegen seine Zweckförderungspflichten, kann dies einen Schadensersatzanspruch nach § 280 Abs. 1 BGB begründen, was eine entsprechende Durchsetzbarkeit der Familienverfassung schafft und als weiterer Grund für dessen Einordnung als Innen-GbR spricht. Im Ergebnis kommt es stets auf die konkreten Umstände des Einzelfalls an[1128], die im Zweifel durch Auslegung zu ermitteln sind.

d) Sprache und Prozess

Die Familienverfassung sollte in verständlicher Sprache ohne die Verwendung von Fachtermini verfasst sein.[1129] Mangels gesetzlicher Regelungen ist in Bezug auf Familienunternehmen die „klare, eindeutige und unmissverständliche Formulierung“[1130] von zentraler Bedeutung. Auch können so weitere Missverständnisse und Konflikte innerhalb der Familie vermieden werden, wenn die Formulierungen keiner weiteren Auslegung bedürfen.[1131]

1124 *Reich/Bode*, DStR 2018, 305, 307; *Holler*, ZIP 2018, 553, 561; zum gemeinsamen Zweck auch *Uffmann*, ZIP 2015, 2441, 2447.

1125 *Holler*, MHdB GesR Bd. 7, 6. Aufl. 2020, § 75 Rn. 198; *ders.*, ZIP 2018, 553, 561.

1126 *Reich/Bode*, DStR 2018, 305, 307.

1127 *Holler*, MHdB GesR Bd. 7, 6. Aufl. 2020, § 75 Rn. 201; *ders.*, ZIP 2018, 553, 561; *Reich/Bode*, DStR 2018, 305, 308 f.

1128 *Hueck*, Die Familienverfassung, 2017, S. 299.

1129 *Holler*, ZIP 2018, 553, 562; *Kirchdörfer/Breyer*, FuS Sonderheft 2014, 13, 17; *May/Koeberle-Schmid*, DB 2011, 485, 489 ff.

1130 *Holler*, ZIP 2018, 553, 562.

1131 *Holler*, ZIP 2018, 553, 562.

Weiterhin sollte die Familienverfassung gemeinsam erarbeitet und verabschiedet werden.[1132] Die gemeinsame Erarbeitung stärkt den Zusammenhalt der Familie und die Identifikation mit dem Familienunternehmen. Das wird insbesondere darauf zurückgeführt, dass die Familienmitglieder auf diese Art viel über das Unternehmen und die anderen Familienmitglieder lernen.[1133] Insbesondere Stärken und Schwächen werden aufgedeckt und können durch die anderen Mitglieder der Familie besser akzeptiert werden.[1134] Weiterhin steigert der Prozess der gemeinsamen Erarbeitung auch die Akzeptanz der aus der Familienverfassung abgeleiteten Rechte und Pflichten.[1135]

e) Adressaten

Um die Verbindlichkeit der Familienverfassung sicherzustellen, müssen alle Gesellschafter Partei derselben sein und diese einstimmig verabschieden.[1136] Um auch nachfolgende Generationen an sie zu binden, sollten entsprechende Vorkehrungen durch Vinkulierungsklauseln, Ausschluss von Gesellschaftern und Einziehung von Geschäftsanteilen (siehe dazu § 6 A. I.2) getroffen werden.[1137] Im Wege der Sonderrechtsnachfolge kann sodann bestimmt werden, dass ein Nachfolger automatisch Mitglied der Familienverfassung wird.[1138] Genauso können Regelungen aufgestellt werden, wonach Personen aus der Familienverfassung ausgeschlossen werden, die ihre Gesellschafterstellung innerhalb des Familienunternehmens verlieren.[1139]

f) Zwischenfazit

Die Familienverfassung stellt mithin neben dem Gesellschaftsvertrag ein geeignetes Instrument zur Konfliktvermeidung und Stärkung des Familienzusammenhalts dar. Sie kann die Beziehung der Gesellschafter zum Familienunternehmen strukturieren und stärken und ihnen Werte und Ziele in Bezug auf das Unternehmen vorgeben. Als solche ist sie also ein Instrument der Family Governance. Die Business Governance kann größtenteils im Ge-

---

1132 10.2 GKFU.
1133 *Rohner*, in MAH Personengesellschaftsrecht, 3. Aufl. 2019, § 3 Rn. 48; *Reich/Bode*, DStR 2018, 305, 309.
1134 *Koeberle-Schmid/Witt/Fahrion*, in Koeberle-Schmid/Fahrion/Witt, Family Business Governance, 3. Aufl. 2018, S. 478.
1135 *Koeberle-Schmid/Witt/Fahrion*, in Koeberle-Schmid/Fahrion/Witt, Family Business Governance, 3. Aufl. 2018, S. 478.
1136 *Reich/Bode*, DStR 2018, 305. 308.
1137 *Holler*, MHdB GesR Bd. 7, 6. Aufl. 2020, § 75 Rn. 201; *Reich/Bode*, DStR 2018, 305. 308.
1138 *Reich/Bode*, DStR 2018, 305. 308.
1139 *Reich/Bode*, DStR 2018, 305. 308.

sellschaftsvertrag geregelt werden.[1140] Daneben besteht auch die Möglichkeit der Erstellung eines Unternehmenskodex (siehe sogleich).

5. Unternehmenskodex

Die Familienverfassung und der Unternehmenskodex überschneiden sich in Teilen, können aber voneinander abgegrenzt werden. Während die Familienverfassung strategische und moralische Inhalte und insbesondere die Verhältnisse der Familie betrifft, legt der Kodex fest, auf welche Weise *(best practice)* das Familienunternehmen gesteuert werden soll.[1141] Terminologisch wird der Unternehmenskodex zwar häufig mit der Familienverfassung gleichgesetzt,[1142] er ist jedoch im Gegensatz zur Familienverfassung eher ein Mittel der Business Governance.[1143] Darüber hinaus unterscheiden sich auch die Adressatenkreise der beiden Instrumente. Die Familienverfassung richtet sich an die Familienmitglieder und ist in der Regel nicht öffentlich. Der Kodex ist hingegen nach außen gewandt und richtet sich auch an familienfremde Führungskräfte, Mitarbeiter, Kreditgeber und Geschäftspartner.[1144]

Zwar können einige Punkte der Business Governance auch im Gesellschaftsvertrag geregelt werden, jedoch kann auch ein Unternehmenskodex ergänzend hierzu aufgestellt werden.[1145] Dieser kann als Hilfestellung für Entscheidungssituationen dienen und Absichtserklärung etwa zur Einhaltung von Gesetzen und internen Leitlinien im Sinne einer Unternehmenscompliance und die Entwicklung einer Unternehmenskultur beinhalten.[1146] Insoweit gleicht ein Unternehmenskodex dem DCGK, mit dem Unterschied, dass er von der Gesellschaft selbst erarbeitet und auf diese angepasst wird.

a) Regelungsinhalt

Regelungsinhalt eines Unternehmenskodex können die Unternehmensziele, Managementprinzipien, Risikosteuerung, die Zusammenarbeit der Aufsichtsgremien, Transparenz und Fairness im Umgang mit Mitarbeitern und

1140 *Rohner*, in MAH Personengesellschaftsrecht, 3. Aufl. 2019, § 3 Rn. 53.

1141 *Stengel*, in Beck'sches Beck'sches HdB PersGes, 5. Aufl. 2019, § 17 Rn. 8; *Rohner*, in MAH Personengesellschaftsrecht, 3. Aufl. 2019, § 3 Rn. 54 f.

1142 So etwa vom GKFU.

1143 *Stengel*, in Beck'sches HdB PersGes, 5. Aufl. 2019, § 17 Rn. 8; *Rohner*, in MAH Personengesellschaftsrecht, 3. Aufl. 2020, § 3 Rn. 53.

1144 *Stengel*, in Beck'sches Beck'sches HdB PersGes, 5. Aufl. 2019, § 17 Rn. 8; *Rohner*, in MAH Personengesellschaftsrecht, 3. Aufl. 2020, § 3 Rn. 60; *Onstein*, Der Beirat einer mittelständischen GmbH als Instrument guter Unternehmensführung, 2010, S. 57.

1145 *Rohner*, in MAH Personengesellschaftsrecht, 3. Aufl. 2020, § 3 Rn. 53.

1146 *Lange*, DB 2010, 2589.

Vertragspartnern und die Wahrung der verschiedenen Interessen sein.[1147] Mithin lassen sich die Inhalte in entsprechender Weise aus dem DCGK hierauf übertragen.

b) Rechtliche Qualität

Anders als der DCGK, der über § 161 Abs. 1 AktG Rechtsverbindlichkeit zumindest dergestalt erlangt, dass Unternehmen verpflichtet sind Abweichungen vom Kodex zu erklären, ist der eigens geschaffene Unternehmenskodex rechtlich nicht verbindlich.[1148] Somit weicht er auch erheblich von der Familienverfassung ab, die nicht nur als Absichtserklärung verstanden werden kann.

c) Prozess

Ebenso wie bei der Familienverfassung empfiehlt sich auch für den Unternehmenskodex der gemeinsame Schaffensprozess durch Gesellschafter und Gesellschaftsorgane. Denn so entsteht eine weitgehende Akzeptanz der Inhalte des Kodex seitens der Beteiligten. Außerdem kann dies auch eine positive Außenwirkung und mithin einen Einfluss auf die Reputation des Unternehmens haben.

d) Adressaten

Das Unternehmen legt sich den Unternehmenskodex als Verhaltenskodex selbst auf. Dieser gibt der Geschäftsführung, den Gesellschaftern und Mitarbeitern sowie den Aufsichtsgremien vor, dass sie ihr Handeln am Gesetz sowie den gesellschaftlichen, kulturellen und sozialen Normen und Werten ausrichten sollen.[1149] Er schafft mithin eine Grundlage für die Zusammenarbeit im Unternehmen und kann auch in moralischer Hinsicht als Orientierungshilfe dienen.[1150] Dabei kann er als meist offengelegtes Dokument im Rahmen der Public Relations-Strategie auch den Stakeholdern des Unternehmens vermitteln, dass das Unternehmen ein vertrauenswürdiger Geschäftspartner ist.[1151]

1147 *Rohner*, in MAH Personengesellschaftsrecht, 3. Aufl. 2020, § 3 Rn. 62.

1148 So etwa auch *Rohner*, in MAH Personengesellschaftsrecht, 3. Aufl. 2020, § 3 Rn. 63.

1149 *Rohner*, in MAH Personengesellschaftsrecht, 3. Aufl. 2020, § 3 Rn. 59.

1150 *Rohner*, in MAH Personengesellschaftsrecht, 3. Aufl. 2020, § 3 Rn. 59.

1151 *Rohner*, in MAH Personengesellschaftsrecht, 3. Aufl. 2020, § 3 Rn. 60; *Onstein*, Der Beirat einer mittelständischen GmbH als Instrument guter Unternehmensführung, 2010, S. 57.

6. Zwischenfazit

Gesellschaftsvertrag, Familienverfassung und Unternehmenskodex sind mithin geeignete und erforderliche Mittel zur Regelung der Family Business Governance für Familienunternehmen. Sie können an die jeweiligen Bedürfnisse der Unternehmen angepasst und eigenständig entwickelt werden. Insbesondere in der GmbH gibt es hierbei zahlreiche Gestaltungsmöglichkeiten, sodass sich die Individualität der Familienunternehmen gut abbilden lässt. Die Family Business Governance kann so auch einen – zumindest in Teilen – verbindlichen Rahmen erhalten und auf diese Art und Weise zum Unternehmenserfolg beitragen. Ein weiteres Instrument guter Governance für Familienunternehmen kann außerdem der freiwillig eingerichtete Beirat sein. Zu diesem sogleich.

III. Einrichtung eines Beirats als Mittel guter Governance

In Familienunternehmen kann entweder neben einem bereits bestehenden Aufsichtsrat oder auch ohne diesen ein Beirat eingerichtet werden. Ein Beirat ist dabei ein Aufsichts- und Beratungsgremium, das der Geschäftsführung von den Gesellschaftern zur Seite gestellt wird, ohne dass dies einer gesetzlichen Grundlage bedarf.[1152] Lediglich in § 285 Nr. 9 HGB wird Bezug auf den Beirat genommen. Im Anhang des Jahresabschlusses der Kapitalgesellschaften sind danach auch Angaben u. a. zu den Bezügen und Krediten von Mitgliedern eines solchen zu machen.

Im Sinne der Nachhaltigkeit eines Unternehmens ohne verpflichtenden Aufsichtsrat wird die Einrichtung eines Beirats trotz fehlender gesetzlicher Implikation empfohlen.[1153] Namen gibt es für das Gremium viele. So wird es unter anderem auch als Verwaltungsrat, Familienrat, Gesellschafterausschuss oder Kuratorium bezeichnet.[1154] Die Namen, aber auch die Funktion und Besetzung können sich von Unternehmen zu Unternehmen unterscheiden. Der Beirat kann Kontroll-, Ausgleichs-, oder Informationsfunktionen einnehmen und stellt das Bindeglied zwischen den Gesellschaftern und der Unternehmensleitung dar.[1155] Grundsätzlich können zwar auch kleinere Unternehmen einen Beirat einrichten, bei weniger als 100 Mitarbeitern kann

1152 *Sanders*, NZG 2017, 965; *Sigle*, FS Hoffmann-Becking, 2013, 1147, 1152; *Reichert*, FS Meier-Reimer, 2010, 543.

1153 *Holler*, MHdB GesR Bd. 7, 6. Aufl. 2020, § 75 Rn. 21; *Reich/Bode*, ZIP 2017, 1798; *Erker*, DStR 2014, 105; *Lange*, GmbHR 2006, 897, 898.

1154 *Sanders*, NZG 2017, 961, 962; *Lauk*, FS Binz 2014, 398, 405; *Sigle*, FS Hoffmann-Becking, 2013, 1147, 1152; *Reichert*, in Lange/Leible, Governance in Familienunternehmen, 2010, 139.

1155 *Simon-Baumann*, ZCG 2015, 12, 13.

dies jedoch zu einer ausartenden Organisation und zu überhöhten Kosten führen.[1156]

Dass der Beirat in den deutschen Familienunternehmen längst nicht mehr wegzudenken ist, zeigt die neuste PricewaterhouseCoopers (PwC) Studie aus 2021 zum Beirat in Familienunternehmen.[1157] Laut Befragung von rund 250 Unternehmen verfügen inzwischen 83 % der Familienunternehmen über einen Beirat oder ein vergleichbares Kontrollgremium.[1158] Dieser Wert hat sich damit seit 2002 mehr als verdoppelt, wo gerade einmal 39 % der befragten Unternehmen einen Beirat eingerichtet hatten.[1159] Ein rechtlicher Ordnungsrahmen existiert jedoch nur in zwei Drittel der Familienunternehmen, wo etwa die rechtlichen Grundlagen der Beiratstätigkeit im Gesellschaftsvertrag oder in einer Beiratssatzung kodifiziert werden.[1160] Ein schriftliches und verbindliches Regelwerk empfiehlt sich jedoch, um den Erfolg der Beiratsarbeit zu sichern.[1161] Diesen bestätigen 83 % der befragten Familienunternehmen und 64 % sehen in der Arbeit des Beirats auch einen Beitrag zum Unternehmenserfolg.[1162] Ist der Beirat mit Bedacht besetzt worden kann er Konflikte mindern und die Streitigkeiten im Gesellschafterkreis ausgleichen.[1163] Er stellt damit ein Instrument der Family Business Governance dar.

Ebenso wie der Aufsichtsrat der AG oder der durch DrittelbG oder MitbestG in der GmbH einzurichtende Aufsichtsrat, ist der Beirat Organ der Gesellschaft. Er ist gesetzlich nicht vorgesehen, kann aber mitunter Auswirkungen auf die Kompetenzordnung eines Familienunternehmens haben, sodass sich insbesondere die Frage stellt, auf welche rechtliche Grundlage der Beirat zu stellen ist (dazu 1). Er kann in verschiedenen Formen und Typen auftreten (dazu 2). Bei der Etablierung eines Beirats im Familienunternehmen stellt sich stets die Frage, wie die Zusammensetzung ausgestaltet sein soll. Vor allem gilt es vorab zu klären, ob der Beirat komplett familienfremd besetzt sein oder auch aus Familienmitgliedern bestehen soll (dazu 3). Sodann gilt es festzulegen, welche konkreten Aufgaben und Befugnisse der Beirat im Familienunternehmen wahrnehmen soll (dazu 4). Dafür ist auch wichtig, die Anforderungen an die Beiratsmitglieder festzulegen, um so den Auswahlprozess zu vereinfachen und geeignete Kandidaten auszuwählen.

1156 *Woywode/Keese/Tänzler*, ZGR 2012, 418, 431; *Sigle*, FS Hoffmann-Becking, 2013, 1147, 1152.

1157 PwC-Studie Beirat im Familienunternehmen, 2021, abrufbar unter https://www.pwc.de/de/mittelstand/der-beirat-im-familienunternehmen.pdf (im Folgenden PwC-Studie 2021).

1158 PwC-Studie 2021, S. 7.

1159 PwC-Studie 2021, S. 7.

1160 PwC-Studie 2021, S. 8.

1161 PwC-Studie 2021, S. 8.

1162 PwC-Studie 2021, S. 8.

1163 *Sigle*, FS Hoffmann-Becking, 2013, 1147, 1153.

1. Rechtsgrundlagen des Beirats

Die Rechtsgrundlage für die Einrichtung eines Beirats kann entweder im Gesellschaftsvertrag oder in einer schuldrechtlichen Vereinbarung liegen. Der im Gesellschaftsvertrag verankerte Beirat ist als Organ der Gesellschaft einzuordnen.[1164] Wird ein Beirat ohne Grundlage im Gesellschaftsvertrag etwa aufgrund schuldrechtlicher Verträge etabliert, besteht diese Organstellung nicht.[1165] Seine Kompetenzen ergeben sich vielmehr aus individualvertraglichen Absprachen.[1166] Die Befugnisse des Beirats sind hier jedoch beschränkt und beziehen sich meist nur auf eine Beratungsfunktion des Beirats.[1167] Das folgt insbesondere daraus, dass dem Beirat keine organschaftlichen Kompetenzen übertragen werden können,[1168] sodass im Folgenden der Beirat als Organ der Gesellschaft Beachtung finden soll.

Wird dem Beirat die Überwachung der Geschäftsführung aufgetragen, handelt es sich um einen fakultativen Aufsichtsrat i. S. d. § 52 GmbHG.[1169] Um zu verhindern, dass sich etwa Größe und Zusammensetzung des Beirats nach den aktienrechtlichen Vorgaben richten, sollte der Gesellschaftsvertrag diesbezüglich modifiziert werden. Die Kompetenzen des Beirats bestimmen sich dann nach dem Gesellschaftsvertrag.[1170] Abseits der aktienrechtlichen Satzungsstrenge des § 23 Abs. 5 AktG genießen die Familienunternehmen hier einen weiten gestalterischen Spielraum.[1171] Diesen können sie nutzen, um den Beirat an die Bedürfnisse des Familienunternehmens anzupassen.[1172]

1164 *Noack*, in Noack/Servatius/Haas GmbHG, 24. Aufl. 2025, § 45 Rn. 19; *Mehringer/von Thunen*, DStR 2021, 116, 117; *Sanders*, NZG 2017, 961; *Bayer*, in Lange/Leible, Governance in Familienunternehmen, 2010, 155, 156.

1165 *Noack*, in Noack/Servatius/Haas GmbHG, 24. Aufl. 2025, § 45 Rn. 24; *Mehringer/von Thunen*, DStR 2021, 116, 117; *Bayer*, in Lange/Leible, Governance in Familienunternehmen, 2010, 155, 156.

1166 *Noack*, in Noack/Servatius/Haas GmbHG, 24. Aufl. 2025, § 45 Rn. 24; *Reichert*, in Lange/Leible, Governance in Familienunternehmen, 2010, 139, 143.

1167 *Wicke*, in Wicke, GmbHG, 5. Aufl. 2024, § 52 Rn. 22; *Bayer*, in Lange/Leible, Governance in Familienunternehmen, 2010, 155, 156.

1168 *Reichert*, in Lange/Leible, Governance in Familienunternehmen, 2010, 139, 143.

1169 *Altmeppen*, in Altmeppen, GmbHG, 11. Aufl. 2023, § 52 Rn. 2, 80; *Sanders*, NZG 2017, 961; *Lange*, GmbHR 2006, 897, 898; *Priester*, FS Binz, 2014, 523, 524; *Bayer*, in Lange/Leible, Governance in Familienunternehmen, 2010, 155, 156.

1170 *Noack*, in Noack/Servatius/Haas GmbHG, 24. Aufl. 2025, § 45 Rn. 19; *Sanders*, NZG, 2017, 961, 963; *Lange*, GmbHR 2006, 897, 898; *Priester*, FS Binz, 2014, 523, 524.

1171 *Priester*, FS Binz, 2014, 523; *Reichert*, in Lange/Leible, Governance in Familienunternehmen, 2010, 139, 142.

1172 *Lange*, GmbHR 2006, 897, 898.

Der Gesellschaftsvertrag sollte die grundlegenden Kompetenzen und Aufgaben des Beirats enthalten.[1173] Darunter fallen auch Bestimmungen hinsichtlich der Berufung und Abberufung der Mitglieder.[1174] Die Einzelheiten hierzu sollten, um den Gesellschaftsvertrag nicht zu überfrachten, einer gesonderten Geschäftsordnung überlassen werden.[1175] Hier kann insbesondere die innere Ordnung des Beirats geregelt werden.[1176] Die Ermächtigung zum Erlass der Geschäftsordnung gehört wiederum in den Gesellschaftsvertrag.[1177] Die inhaltliche Änderung bedarf sodann keiner Satzungsänderung, sondern lediglich eines Gesellschafterbeschlusses, der je nach Regelung im Gesellschaftsvertrag mehrheitlich getroffen werden muss.[1178] Dies ermöglicht der Gesellschafterversammlung, den Beirat im Laufe der Zeit ohne eine kostspielige Anpassung des Gesellschaftsvertrags an die Bedürfnisse des Unternehmens anzupassen.[1179]

Die Einrichtung des Beirats kann auch mithilfe eines Gesellschafterbeschlusses flexibel beschlossen werden. Dafür bedarf es einer Öffnungsklausel im Gesellschaftsvertrag, die auch ohne Satzungsänderung einen Beirat auf Abruf vorsehen kann.[1180] Die Gesellschafter können mittels einfachem, nicht notariell beurkundeten Mehrheitsbeschlusses ohne Eintragung in das Handelsregister einen Beirat einrichten, wenn die zugrunde liegende Öffnungsklausel satzungsmäßig und hinreichend bestimmt ist.[1181] Hinreichend bestimmt ist die Öffnungsklausel dann, wenn der Gesellschaftsvertrag die Grundsatzentscheidung über die Errichtung des Beirats sowie dessen Aufgabe enthält und in Grundzügen auch die weiteren Kompetenzen regelt, die gegebenenfalls übertragen werden sollen.[1182] Ist die Öffnungsklausel in diesem Sinne hinreichend bestimmt, wird der materielle Struktureingriff vorweggenommen und Bedenken hinsichtlich mangelnder Registerkontrolle hinfällig.[1183]

1173 *Altmeppen*, in Altmeppen, GmbHG, 11. Aufl. 2023, § 52 Rn. 82; *Lange*, GmbHR 2006, 897, 898; *Priester*, FS Binz, 2014, 523, 524.

1174 *Priester*, FS Binz, 2014, 523, 524.

1175 *Lange*, GmbHR 2006, 897, 898; *Priester*, FS Binz, 2014, 523, 524.

1176 *Priester*, FS Binz, 2014, 523, 524.

1177 *Priester*, FS Binz, 2014, 523, 524.

1178 *Lange*, GmbHR 2006, 897, 898; *Dauner-Lieb/Winnen*, FS Brambring, 2011, 45, 54.

1179 *Reichert*, in Lange/Leible, Governance in Familienunternehmen, 2010, 139, 143.

1180 *Noack*, in Noack/Servatius/Haas, GmbHG, 24. Aufl. 2025, § 53 Rn. 28 f.; *Mehringer/von Thunen*, DStR 2021, 116, 117.

1181 BGH DStR 2019, 1755; *Bayer/Selentin*, GmbHR 2020, 1, 2 ff.; *Stöber*, BB 2019, 2131.

1182 *Noack*, in Noack/Servatius/Haas, GmbHG, 24. Aufl. 2025, § 53 Rn. 29; *Mehringer/von Thunen*, DStR 2021, 116, 118.

1183 BGH DStR 2019, 1755, Rn. 64 f; *Priester*, NZG 2016, 774, 775.

Bei Etablierung eines Beirats ergeben sich dennoch Grenzen aus der Verbandssouveränität. Dazu sogleich unter 4.b).

2. Typen des Beirats

In der GmbH kann gem. § 52 GmbHG ein fakultativer Aufsichtsrat etabliert werden, dessen Aufgaben entweder durch den Gesellschaftsvertrag oder die Regelungen des AktG konkretisiert werden. Entscheidend für die Einordnung als Beirat ist indes nicht die Bezeichnung, sondern die Funktion.[1184] Wird der Beirat hauptsächlich zur Überwachung der Geschäftsführung eingesetzt, handelt es sich um einen fakultativen Aufsichtsrat.[1185] Dies gilt unabhängig davon, wie er benannt wird, da die Bildung des Beirats nicht in die Kompetenzordnung der übrigen Organe eingreifen darf.[1186] Sodann finden gem. § 52 Abs. 1 GmbHG auch die dort genannten Regelungen des AktG Anwendung.

Hinsichtlich ihrer Funktion können Beiräte mit Geschäftsführungsaufgaben, Überwachungsaufgaben, Beratungsaufgaben oder Schlichtungsaufgaben ausgestattet oder zur Wahrung von Anlegerinteressen oder Gläubigerinteressen eingesetzt werden.[1187] Insgesamt kann der Beirat somit als beratendes, überwachendes oder unternehmerisches Organ ausgestaltet sein. Dabei muss er nicht auf eine Funktion festgelegt werden, vielmehr kann es sich auch anbieten, dem Beirat mehrere Funktionen zuzuweisen. Der ausschließlich beratende Beirat hat keine weiterführenden eigenen Kompetenzen und wird auch als „Sparrings-Partner" bezeichnet.[1188] Dieser Typ des Beirats wird häufig langfristig eingebunden, um einer Betriebsblindheit vorzubeugen – eigene Entscheidungsbefugnisse sind hier nicht zweckmäßig und bleiben den Geschäftsführern und Gesellschaftern vorbehalten.[1189] Zugunsten des Beirats sollten jedoch gewisse Informationsrechte begründet werden – was

---

1184 *Sanders*, NZG 2017, 965; *Sigle*, FS Hoffmann-Becking, 2013, 1147, 1152; *Bayer*, in Lange/Leible, Governance in Familienunternehmen, 2010, 155, 156.

1185 *Altmeppen*, in Altmeppen, GmbHG, 11. Aufl. 2023, § 52 Rn. 2, 80; *Sanders*, NZG 2017, 961; *Lange*, GmbHR 2006, 897, 898; *Priester*, FS Binz, 2014, 523, 524; *Bayer*, in Lange/Leible, Governance in Familienunternehmen, 2010, 155, 156.

1186 *Sanders*, NZG 2017, 961; *Reich/Bode*, ZIP 2017, 1798, 1799; *Sigle*, FS Hoffmann-Becking, 2013, 1147, 1152.

1187 *Reichert*, in Lange/Leible, Governance in Familienunternehmen, 2010, 139, 140; *Bayer*, in Lange/Leible, Governance in Familienunternehmen, 2010, 155, 156.

1188 *Koeberle-Schmid*, in Koeberle-Schmid/Fahrion/Witt, Family Business Governance, 3. Aufl. 2018, S. 125; *Reich/Bode*, ZIP 2017, 1798, 1800; *Lange*, BB 2005, 2585, 2589; *Reichert*, in Lange/Leible, Governance in Familienunternehmen, 2010, 139, 147.

1189 *Reichert*, in Lange/Leible, Governance in Familienunternehmen, 2010, 139, 147.

indes auch für den überwachenden oder unternehmerischen Beirat gilt.[1190] Dies empfiehlt sich umso mehr bei Beiratsmitgliedern, die nicht Teil des Gesellschafterkreises sind.[1191] Denn die fundierte Beratung des Familienunternehmens setzt auch voraus, dass die notwendigen Informationen bereitgehalten werden.[1192] Hierfür kann der Gesellschaftsvertrag vorsehen, dass dem Beirat die gleichen Informationsrechte wie einem Gesellschafter zustehen sollen.[1193] Umgekehrt sollte die Geschäftsführung zur turnusmäßigen Berichterstattung verpflichtet werden.[1194]

Diese Informationsrechte ermöglichen auch entsprechende Kontrollrechte i. S. d. § 51a GmbHG und können dazu führen, dass dem Beirat neben seiner Beratungsfunktion auch eine Überwachungsfunktion zukommt.[1195] Hierfür muss der Beirat, anders als bei einer reinen Beratungsfunktion, explizit durch den Gesellschaftsvertrag zur Überwachung ermächtigt werden.[1196] Als Möglichkeiten zur Überwachung und Kontrolle werden regelmäßig neben Informationsrechten auch Einsichts- und Prüfrechte begründet.[1197] Weiterhin können auch Zustimmungserfordernisse etabliert werden (siehe dazu 4). Darüber hinaus gehören zur Kontrolle auch die ex-post-Betrachtung der Ertrags-, Finanz- und Investitionslage, die Prüfung des Lage- und Jahresberichts sowie die Überwachung des internen CMS.[1198]

Der Beirat kann neben der Beratungs- und Überwachungsfunktion auch Entscheidungsbefugnisse und klassische Gesellschafterrechte übertragen bekommen.[1199] Dabei können nur diejenigen Aufgaben per Gesellschaftsvertrag an den Beirat übertragen werden, die der Dispositionsbefugnis der Gesellschafterversammlung unterliegen und die nicht zwingend von der Geschäftsführung selbst ausgeführt werden müssen.[1200] Für die Geschäftsführung sind dies zwingend etwa die organschaftliche Vertretung der Ge-

---

1190 *Mehringer/von Thunen*, DStR 2021, 116, 119; *Reichert*, in Lange/Leible, Governance in Familienunternehmen, 2010, 139, 147.

1191 *Reichert*, in Lange/Leible, Governance in Familienunternehmen, 2010, 139, 147.

1192 *Mehringer/von Thunen*, DStR 2021, 116, 119.

1193 *Mehringer/von Thunen*, DStR 2021, 116, 119.

1194 *Mehringer/von Thunen*, DStR 2021, 116, 119.

1195 Vgl. *Gummert*, in MAH Personengesellschaftsrecht, 3. Aufl. 2019, § 11 Rn. 7, 55.; *Grunewald*, ZEV 2011, 283, 285.

1196 *Mehringer/von Thunen*, DStR 2021, 116, 120.

1197 *Lange*, GmbHR 2006, 897, 901; *Reichert*, in Lange/Leible, Governance in Familienunternehmen, 2010, 139, 148.

1198 *Reich/Bode*, ZIP 2017, 1798, 1800.

1199 *Altmeppen*, in Altmeppen, GmbHG, 11. Aufl. 2023, § 52 Rn. 86; *Lange*, GmbHR 2006, 897, 901; *Reichert*, in Lange/Leible, Governance in Familienunternehmen, 2010, 139, 149; vgl. auch *Noack*, in Noack/Servatius/Haas GmbHG, 24. Aufl. 2025, § 45 Rn. 19.

1200 *Lutter*, in Lutter/Hommelhoff, GmbHG, 21. Aufl. 2023, § 52 Rn. 178; *Lange*, GmbHR 2006, 897, 899.

sellschaft, die Pflicht zur Buchführung und Aufstellung des Jahresabschlusses (§§ 41, 42a GmbHG), die Anmeldepflichten gegenüber Handelsregister und die Einhaltung der Vorschriften über die Erhaltung des Stammkapitals (§§ 30 f. GmbHG) sowie die Pflichten bei Insolvenz (bei § 64 GmbHG).[1201] Der Gesellschafterversammlung sind Satzungsänderungen[1202] und strukturändernde Grundlagenbeschlüsse (wie Umwandlung und Verschmelzung), die eine 3/4-Mehrheit der Gesellschafter erfordern, zwingend vorbehalten.[1203] Die von § 46 GmbHG aufgeführten Fälle unterliegen indes der Disposition der Gesellschafter.[1204] Daher kann vor allem dem Beirat die Feststellung des Jahresabschlusses und die Entscheidung über die Gewinnverwendung überlassen werden.[1205] Dies kann technisch auch mittels eines Zustimmungserfordernisses des Beirats erreicht werden.[1206] Hierdurch kann sichergestellt werden, dass bei Feststellung des Jahresabschlusses eine hinreichend von Expertise getragene Kontrolle stattfindet.[1207] Weiterhin kann dem Beirat zum Beispiel die Kompetenz zur Berufung der Geschäftsführung übertragen werden.[1208] Wenn die Beiratsmitglieder auch in das operative Tagesgeschäft eingebunden werden sollen, muss vorher geklärt werden, ob diese über die notwendige Zeit und den Willen verfügen, sich hier umfassend einzubringen.[1209]

3. Organisation und Zusammensetzung des Beirats

a) Größe des Beirats

Der freiwillig eingerichtete Beirat kann in seiner Größe je nach Unternehmensgröße, Gesellschafterstruktur und zu übernehmender Aufgabe variieren.[1210] Aussagen in der Literatur hierzu reichen von nicht mehr als drei bis

---

1201 *Lutter*, in Lutter/Hommelhoff, GmbHG, 21. Aufl. 2023, § 52 Rn. 178.

1202 BGHZ 43, 264.

1203 *Lutter*, in Lutter/Hommelhoff, GmbHG, 21. Aufl. 2023, § 52 Rn. 178; *Sanders*, NZG 2017, 963; *Spindler/Kepper*, DStR 2005, 1738, 1742.

1204 *Lutter*, in Lutter/Hommelhoff, GmbHG, 21. Aufl. 2023, § 52 Rn. 178; *Schmidt/Bochmann*, in Scholz, GmbHG, 13. Aufl. 2024, § 46 Rn. 3.

1205 OLG Düsseldorf GmbHR 1983, 124, 125; *Lutter*, in Lutter/Hommelhoff, GmbHG, 21. Aufl. 2023, § 52 Rn. 178.

1206 *Reichert*, in Lange/Leible, Governance in Familienunternehmen, 2010, 139, 149.

1207 *Lange*, GmbHR 2006, 897, 901; *Reichert*, in Lange/Leible, Governance in Familienunternehmen, 2010, 139, 149.

1208 *Rohner*, in MAH Personengesellschaftsrecht, 3. Aufl. 2019, § 3 Rn. 80; *Reich/Bode*, ZIP 2017, 1798, 1800.

1209 *Spindler/Kepper*, DStR 2005, 1775, 1776; *Reichert*, in Lange/Leible, Governance in Familienunternehmen, 2010, 139, 149.

1210 *Reich/Bode*, ZIP 2017, 1798, 1802; *Woywode/Keese/Tänzler*, ZGR 2012, 418, 432.

fünf[1211] hin zu fünf bis sieben[1212] oder gar 12[1213] Mitgliedern. Empfehlenswert erscheint in jedem Fall eine ungerade Anzahl an Mitgliedern, um Pattsituationen zu vermeiden.[1214] Die letztendliche Entscheidung hierzu obliegt dem Familienunternehmen und seinen Gesellschaftern und muss je nach Einzelfall getroffen werden.[1215]

b) Bestellung und Abberufung

Die Beiratsmitglieder sind weiterhin durch einen Beschluss der Gesellschafter zu bestellen, was im Gesellschaftsvertrag auch abweichend geregelt sein kann.[1216] So kann die Bestellung bestimmten Gesellschaftern oder in Nachfolgesituationen dem Beirat selbst übertragen sein.[1217] Bei Beiräten mit Überwachungsfunktion sollten die Geschäftsführer keine Beiratsmitglieder bestellen können, da dies dem allgemeinen Grundsatz des Körperschaftsrechts zugegen liefe, wonach „der Kontrollierte seinen Kontrolleur nicht wählen darf"[1218].[1219]

Die Gesellschafter können durch den Gesellschaftsvertrag oder im Bestellungsbeschluss die Dauer der Amtszeit der Beiratsmitglieder festlegen.[1220] Ist nichts anderes geregelt, läuft die Amtszeit bis zum Zeitpunkt des Widerrufs der Bestellung.[1221] Zulässig ist es auch, die Mitgliedschaft an eine

---

1211 *Lauk*, FS Binz, 2014, 398, 405; vgl. auch *Woywode/Keese/Tänzler*, ZGR 2012, 418, 432, die auf eine Empfehlung zur Mindestgröße von drei Mitgliedern hinweisen.

1212 *Reich/Bode*, ZIP 2017, 1798, 1802.

1213 *Reichert*, in Lange/Leible, Governance in Familienunternehmen, 2010, 139, 145.

1214 *Spindler*, in MüKo/GmbHG, 4. Aufl. 2023, § 52 Rn. 786; *Giedinghagen,* in Michalski/Heidinger/Leible/J. Schmidt, GmbHG, 4. Aufl. 2023, § 52 Rn. 408; *Woywode/Keese/Tänzler*, ZGR 2012, 418, 432; *Sigle*, FS Hoffmann-Becking, 2013, 1147, 1159.

1215 *Spindler*, in MüKo/GmbHG, 4. Aufl. 2023, § 53 Rn. 786; *Giedinghagen,* in Michalski/Heidinger/Leible/J. Schmidt, GmbHG, 4. Aufl. 2023, § 52 Rn. 408; *Reichert*, in Lange/Leible, Governance in Familienunternehmen, 2010, 139, 145.

1216 *Spindler*, in MüKo/GmbHG, 4. Aufl. 2023, § 53 Rn. 787 f.; *Giedinghagen,* in Michalski/Heidinger/Leible/J. Schmidt, GmbHG, 4. Aufl. 2023, § 52 Rn. 409.

1217 *Spindler*, in MüKo/GmbHG, 4. Aufl. 2023, § 52 Rn. 787 f.; *Giedinghagen,* in Michalski/Heidinger/Leible/J. Schmidt, GmbHG, 4. Aufl. 2023, § 52 Rn. 409.

1218 *Spindler*, in MüKo/GmbHG, 4. Aufl. 2023, § 53 Rn. 788.

1219 *Lutter*, in Lutter/Hommelhoff, GmbHG, 21. Aufl. 2023 § 52 Rn. 175; *Spindler*, in MüKo/GmbHG, 4. Aufl. 2023, § 52 Rn. 788; aA. *Giedinghagen,* in Michalski/Heidinger/Leible/J. Schmidt, GmbHG, 4. Aufl. 2023, § 52 Rn. 409.

1220 *Altmeppen*, in Altmeppen, GmbHG, 11. Aufl. 2023, § 52 Rn. 854; *Lutter*, in Lutter/Hommelhoff, GmbHG, 21. Aufl. 2023, § 52 Rn. 175; *Spindler*, in MüKo/GmbHG, 4. Aufl. 2023, § 52 Rn. 796.

1221 OLG Düsseldorf BB 1982, 1574; *Spindler*, in MüKo/GmbHG, 4. Aufl. 2023, § 52 Rn. 796; *Giedinghagen,* in Michalski/Heidinger/Leible/J. Schmidt, GmbHG, 4. Aufl. 2023, § 52 Rn. 410.

bestimmte Altersgrenze zu binden.[1222] Bei Beiräten, die teilweise Geschäftsführungsaufgaben wahrnehmen, stellt sich zur Vorbeugung von Machtmissbrauch die Frage nach einer Amtszeitbegrenzung.[1223] Eine Obergrenze ist anders als in der AG nach § 84 Abs. 1 S. 1 AktG in der GmbH nicht vorgesehen. Jedoch nehmen die Beiratsmitglieder in solchen Funktionen erheblichen Einfluss auf die Gesellschaft, der mitunter auch schädlich sein kann.[1224] Eine dem § 84 Abs. 1 S. 1 AktG nachgebildete Amtszeitbegrenzung kann dazu beitragen, dass nach einem gewissen Zeitraum überprüft wird, ob das jeweilige Mitglied sich hier bewährt.[1225]

Die Ausgestaltung der Abberufung kann seitens der Gesellschafter ebenfalls frei gestaltet werden, sodass diese auch ohne wichtigen Grund erfolgen kann.[1226] Bei Vorliegen eines wichtigen Grunds kann das Beiratsmitglied auch dann von der Gesellschafterversammlung mit einer qualifizierten Mehrheit abberufen werden, wenn diese nicht zur Bestellung berufen ist und das zur Bestellung befugte Organ dies ablehnt.[1227] Der Gesellschaftsvertrag sollte darüber hinaus, um Rechtsunsicherheiten zu vermeiden, eine Regelung über das Mehrheitserfordernis bei Abberufung enthalten.[1228] Weiterhin kann das Beiratsmitglied selbst sein Amt jederzeit mit sofortiger Wirkung niederlegen.[1229]

c) *Innere Ordnung*

Die grundlegenden Bestimmungen über den Beirat sowie dessen Aufgaben sollten Teil des Gesellschaftsvertrags sein (siehe dazu bereits 1). Darüber hinaus kann der Beirat sich – sofern der Gesellschaftsvertrag hier nicht die Zuständigkeit der Gesellschafter bestimmt – aufgrund seiner Selbstorganisationsautonomie eine Geschäftsordnung geben, die etwa die Einberufung des Beirats, den Vorsitz und die Beschlussfassung regelt.[1230] Hinsichtlich der Beschlussfassung kann die Geschäftsordnung beliebige Mehrheitserforder-

---

1222 *Spindler*, in MüKo/GmbHG, 4. Aufl. 2023, § 52 Rn. 796.

1223 *Spindler*, in MüKo/GmbHG, 4. Aufl. 2023, § 52 Rn. 820.

1224 *Spindler*, in MüKo/GmbHG, 4. Aufl. 2023, § 52 Rn. 820.

1225 *Spindler*, in MüKo/GmbHG, 4. Aufl. 2023, § 52 Rn. 820; *Priester*, FS Binz, 2014, 523, 533.

1226 *Lutter*, in Lutter/Hommelhoff, GmbHG, 21. Aufl. 2023, § 52 Rn. 177; *Spindler*, in MüKo/GmbHG, 4. Aufl. 2023, § 52 Rn. 797.

1227 *Lutter*, in Lutter/Hommelhoff, GmbHG, 21. Aufl. 2023, § 52 Rn. 177; *Giedinghagen*, in Michalski/Heidinger/Leible/J. Schmidt, GmbHG, 4. Aufl. 2023, § 52 Rn. 411; *Diekmann*, in MHdB GesR Bd. 3, 5. Aufl. 2018, § 49 Rn. 12; *Priester*, FS Binz, 2014, 523, 533.

1228 *Spindler*, in MüKo/GmbHG, 4. Aufl. 2023, § 52 Rn. 798.

1229 *Spindler*, in MüKo/GmbHG, 4. Aufl. 2023, § 52 Rn. 799.

1230 *Lutter*, in Lutter/Hommelhoff, GmbHG, 21. Aufl. 2023, § 52 Rn. 174; *Spindler*, in MüKo/GmbHG, 4. Aufl. 2023, § 52 Rn. 829; *Erker*, DStR 2014, 105, 109; *Priester*,

nisse aufstellen.[1231] Unterbleibt eine Regelung hierzu, entschiedet der Beirat mit einfacher Stimmmehrheit, also der Mehrheit der erschienenen Mitglieder.[1232]

d) *Anforderungen an die Beiratsmitglieder*

Die Anforderungen, die an die Beiratsmitglieder zu stellen sind, werden durch ihre Aufgaben definiert.[1233] Soll der Beirat zuvörderst als Aufsichtsgremium fungieren, sollten dessen Mitglieder vor allem die Fähigkeit besitzen, das Handeln der Geschäftsführung beurteilen zu können.[1234] Abgesehen von der fachlichen Eignung eines Beiratsmitglieds, kommt es im Familienunternehmen entscheidend darauf an, dass es über Familienkompetenz verfügt.[1235] Es sollte mithin die neuralgischen Punkte von Familienunternehmen kennen und verstehen und im Falle einer Unternehmenskrise zur Stabilisierung beitragen.[1236] Hat der Beirat vornehmlich beratende Funktion, sollten seine Mitglieder über kaufmännische Erfahrung sowie die entsprechenden Branchenkenntnisse verfügen.[1237] Wird der Beirat darüber hinaus auch mit Aufgaben der Geschäftsführung betraut, sollten die Mitglieder über Managerqualitäten wie Durchsetzungsvermögen und Einfühlungsvermögen in einzelne Gesellschaftergruppen verfügen, die bestenfalls durch eigene unternehmerische Erfolge belegt werden können.[1238] Auswahlkriterien sind somit vor allem die fachliche und soziale Kompetenz sowie die Fähigkeit, für Ausgleich zu sorgen, wenn eine konfliktpräventive Rolle eingenommen wird.[1239] Unentbehrlich ist stets unternehmerisches Denken gepaart mit einschlägigem Fachwissen.[1240]

FS Binz, 2014, 523, 533; *Reichert*, in Lange/Leible, Governance in Familienunternehmen, 2010, 139, 152.

1231 *Spindler*, in MüKo/GmbHG, 4. Aufl. 2023, § 52 Rn. 830; *Erker*, DStR 2014, 105, 109; *Priester*, FS Binz, 2014, 523, 533.

1232 *Spindler*, in MüKo/GmbHG, 4. Aufl. 2023, § 52 Rn. 830; *Giedinghagen*, in Michalski/Heidinger/Leible/J. Schmidt, GmbHG, 4. Aufl. 2023, § 52 Rn. 425; *Priester*, FS Binz, 2014, 523, 533.

1233 *Spindler*, in MüKo/GmbHG, 4. Aufl. 2023, § 52 Rn. 790; *Erker*, DStR 2014, 105, 106; *Priester*, FS Binz, 2014, 523,532.

1234 *Priester*, FS Binz, 2014, 523,532.

1235 *Simon-Baumann*, ZCG 2015, 12, 13; *Priester*, FS Binz, 2014, 523,532.

1236 *Simon-Baumann*, ZCG 2015, 12, 13.

1237 *Spindler*, in MüKo/GmbHG, 4. Aufl. 2023, § 52 Rn. 790; *Priester*, FS Binz, 2014, 523,532.

1238 *Spindler*, in MüKo/GmbHG, 4. Aufl. 2023, § 52 Rn. 790; *Minrath*, BB 1991, 1201, 1208.

1239 *Erker*, DStR 2014, 105, 106; *Priester*, FS Binz, 2014, 523,532.

1240 *Spindler*, in MüKo/GmbHG, 4. Aufl. 2023, § 52 Rn. 790.

Bei der Besetzung des Beirats stellt sich für Familienunternehmen ferner die Frage, ob und inwieweit Familienmitglieder oder außenstehende Dritte Mitglieder des Beirats werden sollen. Mittlerweile sind 81 % der Beiräte in Familienunternehmen mit Gesellschaftern oder Familienmitglieder besetzt.[1241] Gleichsam ist auch die Anzahl der Fremdmanager als Geschäftsführer auf über 85 % gestiegen.[1242] Als Korrektiv für eine mit Fremdmanagern besetzte Geschäftsführung, bietet sich ein Beirat an, der aus Familienmitgliedern besteht, was der zunehmenden Entfremdung der Familie vom Unternehmen vorbeugt.[1243] Sonst empfiehlt es sich, auch oder ausschließlich familienfremde Mitglieder einzusetzen.[1244] Die externe Besetzung eines Beirats kann dazu führen, dass seine Entscheidungen auf breitere Akzeptanz im Familienunternehmen stoßen.[1245] Insbesondere können so Diskussionen auf die Sachebene verlagert und frei von emotionalen Konflikten innerhalb der Familie geführt werden.[1246] Auch der nötige Sachverstand kann so in das Unternehmen eingebracht werden, da nicht alle Familienmitglieder immer über die nötigen Kompetenzen hinsichtlich Unternehmensstrategie oder Investitionsentscheidungen verfügen werden.[1247] Jedenfalls sollte jedoch ein Mitglied der Familie oder ein enger Vertrauter Mitglied des Beirats sein, welches ein hohes Maß an Vertrauen durch die Familienmitglieder genießt und den Familienunternehmern auf Augenhöhe begegnen kann.[1248] Eine Besetzung durch Gesellschafter bietet sich hingegen dann an, wenn die Zahl derselben stark gestiegen ist, da die Präsenz in der Gesellschafterversammlung dann meist abnimmt.[1249] Ein solcher Beirat dient dann der Interessenvertretung der Gesellschafter.[1250]

Wird eine Mischform gewählt, bei der sowohl Gesellschafter als auch gesellschaftsfremde Dritte eingesetzt werden, kann sich dies vorteilhaft auswirken. Die familienfremden Beiratsmitglieder können neutralen Sachverstand einbringen, während die Familienmitglieder die Sicht der Familie in den Beiratssitzungen einbringen können.[1251] So werden einerseits Entscheidungen kritisch hinterfragt und die Diskussion rund um die Unternehmensstrategie objektiviert, während die Ziele und Werte der Familie gewahrt wer-

1241 PwC-Studie 2021, S. 14.
1242 PwC-Studie 2021, S. 14.
1243 *Reich/Bode*, ZIP 2017, 1798, 1801; *Erker*, DStR 2014, 105, 106.
1244 *Reich/Bode*, ZIP 2017, 1798, 1801; *Erker*, DStR 2014, 105, 106.
1245 *Kalss*, FS Binz, 2014, 343, 357; *Priester*, FS Binz, 2014, 523, 530.
1246 *Kalss*, FS Binz, 2014, 343, 357; *Lauk*, FS Binz, 2014, 398, 405.
1247 *Erker*, DStR 2014, 105, 106; *Lauk*, FS Binz, 2014, 398, 405.
1248 *Spindler*, in MüKo/GmbHG, 4. Aufl. 2023, § 52 Rn. 790; *Sigle*, FS Hoffmann-Becking, 2013, 1147, 1159.
1249 *Priester*, FS Binz, 2014, 523, 530.
1250 *Priester*, FS Binz, 2014, 523, 530.
1251 *Priester*, FS Binz, 2014, 523, 531.

den.[1252] Die Beiratsmitglieder können sich dann gegenseitig ergänzen und zu einem bestmöglichen Ergebnis für die Familie beitragen.

4. Aufgaben und Befugnisse des Beirats

Die Aufgaben und Befugnisse des Beirats variieren je nach Familienunternehmen und orientieren sich im Besonderen an der festgelegten Funktion des Beirats. Das Spektrum reicht von der einfachen Beratung der Geschäftsführung über die Vermittlung zwischen Gesellschaftern und der Geschäftsführung sowie hin zur Kontrolle derselben.[1253] Wurde im Familienunternehmen eine Fremdgeschäftsführung eingesetzt, kann der Beirat dazu dienen, diesen kritisch zu begleiten und dem entstehenden Prinzipal-Agenten-Konflikt vorbeugen.[1254] Auch bei der Unternehmensnachfolge kann der Beirat eine gewichtige Rolle einnehmen und diese helfend sowie gestaltend begleiten.[1255] Er kann etwa der ausscheidenden Generation sowie den Nachfolgern beratend zur Seite stehen, oder diese überwachen.[1256]

Weiterhin kann der Beirat beratend als Instrument der Selbstkontrolle, welches außerhalb der eigentlichen Geschäftsführung agiert, auftreten. Die Umsetzung gelingt etwa über die Rechtfertigung von geplanten oder bereits durchgeführten Maßnahmen gegenüber dem Beirat.[1257] Dieser bringt außerdem externen Sachverstand ein, wodurch im Zweifel ausgeglichen werden kann, dass spezielle Expertise, wie sie vielleicht bei großen Dax 30-Unternehmen zu finden ist, im Familienunternehmen fehlt.[1258] Er trägt somit auch zur strategischen Unternehmensplanung bei.[1259] Im Vordergrund der Beratung durch den Beirat sollte die strategische Beratung der Geschäftsführung stehen. Ziel derselben ist die positive Beeinflussung der künftigen Geschäftspolitik unter Beachtung der Werte der Familie.[1260] Dabei sollte unter anderem geprüft werden, inwiefern die Unternehmensstrategie mit der Strategie der Familie übereinstimmt.[1261]

1252 *Reich/Bode*, ZIP 2017, 1798, 1801.

1253 *Woywode/Keese/Tänzler*, ZGR 2012, 418, 431.

1254 *Lange*, GmbHR 2006, 897, 900; *Reichert*, in Lange/Leible, Governance in Familienunternehmen, 2010, 139, 141.

1255 *Woywode/Keese/Tänzler*, ZGR 2012, 418, 432; *Reichert*, in Lange/Leible, Governance in Familienunternehmen, 2010, 139, 141.

1256 *Reichert*, in Lange/Leible, Governance in Familienunternehmen, 2010, 139, 141.

1257 *Reichert*, in Lange/Leible, Governance in Familienunternehmen, 2010, 139, 142.

1258 *Reich/Bode*, ZIP 2017, 1798, 1800; *Woywode/Keese/Tänzler*, ZGR 2012, 418, 432; *Reichert*, in Lange/Leible, Governance in Familienunternehmen, 2010, 139, 142.

1259 *Woywode/Keese/Tänzler*, ZGR 2012, 418, 432.

1260 *Reich/Bode*, ZIP 2017, 1798, 1800.

1261 *Reich/Bode*, ZIP 2017, 1798, 1800.

Hinsichtlich wichtiger Maßnahmen wie den Entscheidungen zur Unternehmensstrategie oder Finanzierungsentscheidungen können dem Beirat durch die Gesellschafterversammlung Zustimmungsbefugnisse erteilt werden, vergleichbar der Vorschrift des § 111 Abs. 4 S. 2 AktG.[1262] Die Ausgestaltung der Zustimmungskataloge sollte dabei nicht statisch sein und enumerativ alle Befugnisse auflisten.[1263] Vielmehr muss hier die Möglichkeit der Anpassung an die jeweiligen Gegebenheiten möglich sein.[1264] Konfliktpräventive Wirkung können dabei sogenannte Stichentscheide (*Deadlock-Entscheidungen*)[1265] bei Pattsituationen haben.[1266] Bei Gesellschafterbeschlüssen, die für die Gesellschaft von wichtiger Bedeutung sind kann so eine Einigung herbeigeführt werden.[1267] Weiter können die Zustimmungserfordernisse auch an verschiedene Ereignisse wie Überschreiten eines bestimmten Werts des vorzunehmenden Geschäfts oder Nichteinhaltung finanzieller Kennzahlen gekoppelt sein.[1268]

Eine wichtige Aufgabe, die der Beirat im Familienunternehmen übernimmt, ist die Konfliktprävention.[1269] Mithilfe seiner Objektivität kann er dazu beitragen, dass Entscheidungen im Unternehmen auf eine professionelle Ebene gestellt und nicht von Konflikten im Familienumfeld oder emotionalen Beweggründen gelenkt werden. Dies sichert insbesondere auch die Qualität und die Objektivität der Unternehmensführung.[1270] Ein guter Beirat vermittelt zwischen Unternehmens- und Familieninteresse, indem er objektiv auf das Geschehen blickt und durch die Anregung zur Kursänderung zur Konfliktvermeidung beiträgt.[1271]

Der Beirat kann neben seiner konfliktpräventiven Aufgabe auch zur Konfliktlösung beitragen, indem ihm durch den Gesellschaftsvertrag Aufgaben eines Schlichters übertragen werden.[1272] Dabei ist jedoch fraglich, inwieweit sich der Beirat als unabhängiger Mediator eignet, wenn er sich als Gesell-

---

1262 *Mehringer/von Thunen*, DStR 2021, 116, 121; *Reich/Bode*, ZIP 2017, 1798, 1800; *Lange*, GmbHR 2006, 897, 900; *Priester*, FS Binz, 2014, 523, 527.

1263 *Reich/Bode*, ZIP 2017, 1798, 1800; *Lange*, GmbHR 2006, 897, 900; *Priester*, FS Binz, 2014, 523, 527.

1264 *Lange*, GmbHR 2006, 897, 900; *Priester*, FS Binz, 2014, 523, 527.

1265 *Mehringer/von Thunen*, DStR 2021, 116, 122.

1266 *Mehringer/von Thunen*, DStR 2021, 116, 122; *Priester*, FS Binz, 2014, 523, 528.

1267 *Priester*, FS Binz, 2014, 523, 528.

1268 *Mehringer/von Thunen*, DStR 2021, 116, 121; siehe zur Gewinnverwendung auch *Priester*, FS Binz, 2014, 523, 527.

1269 *Sanders*, NZG 2017, 961, 965; *Priester*, FS Binz, 2014, 523, 527.

1270 Kapitel 3 GKFU, S. 19.

1271 *Spindler*, in MüKo/GmbHG, 4. Aufl. 2023, § 52 Rn. 777; *Sanders*, NZG 2017, 961, 965; *Erker*, DStR 2014, 105.

1272 *Erker*, DStR 2014, 105, 106; *Priester*, FS Binz, 2014, 523, 528.

schaftsorgan von den Interessen der Gesellschafter zu leiten lassen hat.[1273] Gerade wenn der Beirat mit externen Mitgliedern besetzt ist, scheint dies indes unproblematisch, da hier die sachliche Lösungsfindung wohl möglich sein wird.[1274] Der Beirat sollte indes nicht als Schiedsrichter i. S. v. §§ 1025 ff. ZPO bestimmt werden, da er den Anforderungen hieran – wie etwa ausgewiesene juristische Expertise – nicht gerecht werden kann.[1275]

a) Anpassung an die Situation der Gesellschaft

Die Situation des Familienunternehmens bestimmt dabei auch die konkrete Ausgestaltung der Aufgaben des Beirats.[1276] Je nach Phase, in der sich das Familienunternehmen befindet, sollten die Aufgaben und die Besetzung des Beirats angepasst werden.[1277] Was in einer Generation erfolgsversprechend ist, muss es in der nächsten nicht mehr sein.[1278]

In der Phase der Geschäftsexpansion kann der Beirat mit seiner Fachkunde, seinen Erfahrungen und seinem Netzwerk unterstützen.[1279] Wird der Gesellschafterkreis erweitert – etwa beim Übergang auf die nachfolgende Generation – kann er Repräsentant der nicht an der Geschäftsführung beteiligten Gesellschafter sein oder als Informationskanal dienen.[1280] Leiten familienfremde Manager das Familienunternehmen, dient der Beirat vornehmlich der Milderung des Prinzipal-Agenten-Konflikts und der Beratung der Fremdgeschäftsführung im Interesse der Familienmitglieder.[1281] Auch bei der Nachfolge in der Geschäftsführung kann er etwa die neue Geschäftsführung bestellen oder den Prozess zur Findung eines neuen Geschäftsführers unterstützen und neue Geschäftsführer beraten.[1282]

Gerät das Familienunternehmen in eine Situation, in der der Geschäftsführer ausfällt oder ein Geschäftsführer sich als unfähig erweist, kann der

1273 *Erker*, DStR 2014, 105, 106; *Wicke*, ZGR 2012, 450, 469.

1274 *Reich/Bode*, ZIP 2017, 1798, 1800; *Erker*, DStR 2014, 105, 106; *Priester*, FS Binz, 2014, 523, 529.

1275 *Priester*, FS Binz, 2014, 523, 530.

1276 *Mehringer/von Thunen*, DStR 2021, 116, *Simon-Baumann*, ZCG 2015, 12, 13.

1277 Mehringer/von Thunen, DStR 2021, 116, Simon-Baumann, ZCG 2015, 12, 13; *Woywode/Keese/Tänzler*, ZGR 2012, 418, 431; *Sigle*, FS Hoffmann-Becking, 2013, 1147, 1153.

1278 *Sigle*, FS Hoffmann-Becking, 2013, 1147, 1153.

1279 *Mehringer/von Thunen*, DStR 2021, 116; *Spindler/Kepper*, DStR 2005, 1738, 1739; *Bollacher*, DStR 2019, 2321, 2322.

1280 *Mehringer/von Thunen*, DStR 2021, 116; *Sanders*, NZG 2017, 961. 967.

1281 Arbeitskreis „Wertorientierte Führung in mittelständischen Unternehmen“ der Schmalenbach-Gesellschaft für Betriebswirtschaft e. V., BB 2017, 235, 238.

1282 *Mehringer/von Thunen*, DStR 2021, 116, 117.

Beirat temporär die Geschäftsführungsaufgaben übernehmen.[1283] Gleiches gilt, wenn sich das Familienunternehmen in einer kritischen wirtschaftlichen Lage befindet. Hier kann der Beirat einerseits seine Expertise einbringen und andererseits durch die Übernahme von bestimmten Geschäftsführungsaufgaben aushelfen.[1284]

b) Grenzen der Kompetenzübertragung

Rechtliche Grenzen zur Errichtung eines Beirats ergeben sich aus dem Prinzip der Verbandssouveränität. Danach muss den Gesellschaftern stets die Rechtsmacht verbleiben, den Beirat abzuschaffen, dessen Kompetenzen zu beschneiden oder seine Entscheidungen wieder aufzuheben.[1285] Mithin können dem Beirat grundsätzlich alle Rechte übertragen werden, die nicht zwingend einem anderen Gesellschaftsorgan zugewiesen werden.[1286] Einzelne Rechte der Gesellschafterversammlung wie die Geschäftsführerbestellung oder die Feststellung des Jahresabschlusses sowie Mitwirkungsrechte bei der Geschäftsführung können mithin übertragen werden.[1287]

In Bezug auf die Geschäftsführung sind die Befugnis zur organschaftlichen Vertretung der Gesellschaft (§ 35 GmbHG), die Pflicht zur Erhaltung der Kapitalgrundlage (§§ 30, 33 GmbHG), Insolvenzantrags- und Massesicherungspflicht (§ 64 GmbHG) sowie die Anmeldung von Eintragungen zum Handelsregister nach § 78 GmbHG und die Pflicht zur ordnungsgemäßen Buchführung gem. §§ 41 ff. GmbHG unabdingbar und könne nicht auf den Beirat übertragen werden.[1288] Soweit dieser Kernbereich durch die Aufgabenübertragung nicht tangiert wird, kann der Beirat die laufende Geschäftsführung in eigener Verantwortung wahrnehmen.[1289]

Das Recht der Gesellschafter, eigenständig über den Gesellschaftsvertrag (§ 53 GmbHG) und sämtliche Strukturänderungen wie Umwandlungen oder die Auflösung der Gesellschaft (§ 60 Abs. 1 Nr. 2 GmbHG) zu bestimmen,

---

1283 *Mehringer/von Thunen*, DStR 2021, 116, 117; *Sanders*, NZG 2017, 961. 966; *Sigle*, FS Hoffmann-Becking, 2013, 1147, 1157.

1284 *Mehringer/von Thunen*, DStR 2021, 116, 117; *Sigle*, FS Hoffmann-Becking, 2013, 1147, 1157 f.

1285 *Lutter*, in Lutter/Hommelhoff, GmbHG, 21. Aufl. 2023, § 52 Rn. 178; *Schmidt/Bochmann*, in Scholz, GmbHG, 13. Aufl. 2024, § 45 Rn. 10; *Reich/Bode*, ZIP 2017, 1798, 1799; *Sanders*, NZG 2017, 961, 963; *Lange*, GmbHR 2006, 897, 899.

1286 *Giedinghagen,* in Michalski/Heidinger/Leible/J. Schmidt, GmbHG, 4. Aufl. 2023, § 52 Rn. 417.

1287 *Giedinghagen,* in Michalski/Heidinger/Leible/J. Schmidt, GmbHG, 4. Aufl. 2023, § 52 Rn. 417.

1288 *Spindler*, in MüKo/GmbHG, 4. Aufl. 2023, § 52 Rn. 803; *Giedinghagen,* in Michalski/Heidinger/Leible/J. Schmidt, GmbHG, 4. Aufl. 2023, § 52 Rn. 419.

1289 *Spindler*, in MüKo/GmbHG, 4. Aufl. 2023, § 52 Rn. 803.

kann nicht übertragen werden.[1290] Auch das Recht, die Gesellschafterversammlung einzuberufen, an dieser teilzunehmen oder sich zu äußern zählt zum Kernbereich der Mitgliedschaft und kann entsprechend nicht auf Beiratsmitglieder übertragen werden.[1291] Nicht entziehbar sind weiterhin die individuellen Mitwirkungsrechte der einzelnen Gesellschafter wie das Auskunfts- und Anfechtungsrecht, die Gesellschafterklage und Minderheitsrechte wie etwa § 50 GmbHG.[1292] Diese Rechte können dem Beirat jedoch zusätzlich eingeräumt werden.[1293]

IV. Zwischenfazit

Familienunternehmen stehen vor anderen Governance-Herausforderungen als etwa börsennotierte Aktiengesellschaften, die sich nicht in Familienhand befinden. Das Risiko entsteht hier nicht durch die Trennung von wirtschaftlichem Risiko und Entscheidungsmacht, sondern vielmehr durch Konflikte zwischen Mehrheits- und Minderheitsgesellschaftern. Dass einzelne Familienmitglieder einerseits ihre Anteilsmehrheit oder Geschäftsführungsmacht zu Lasten der anderen ausnutzen und Minderheitsgesellschafter andererseits Individual- und Vetorechte nutzen, um sie gegen die Gesellschaftermehrheit einzusetzen, birgt erhebliches Konfliktpotenzial. Dieses wird verstärkt durch Vinkulierungsklauseln, die eine Bewertung der Anteile und einen Ausstieg erschweren oder gar unmöglich machen. Weiterhin führt die persönliche Verbundenheit zum Unternehmen dazu, dass vermehrt emotional agiert wird und Konflikte deutlich schwerwiegender ausfallen können. Dies kann zur Folge haben, dass das Unternehmen ineffizient geführt wird und Streitigkeiten auf Ebene der Gesellschaft (zu deren Lasten) ausgetragen werden.

Um dies zu verhindern und die Funktionsfähigkeit des Familienunternehmens aufrecht zu erhalten, müssen entsprechende Regelungen eingeführt werden, die alle konfliktträchtigen Aspekte in sich aufnehmen und zu deren Lösung beitragen können. Insbesondere geeignete Nachfolgeregelungen, Bestimmungen zu den Anforderungen an die Geschäftsführung, Ausstiegsmöglichkeiten, Abstimmungsmechanismen sowie dem Kapitalerhalt müssen

---

1290 BGHZ 43, 261, 264; *Lutter*, in Lutter/Hommelhoff, GmbHG, 21. Aufl. 2023, § 52 Rn. 178; *Spindler*, in MüKo/GmbHG, 4. Aufl. 2023, § 52 Rn. 804.

1291 Sander, NZG 2017, 961 963.

1292 *Lutter*, in Lutter/Hommelhoff, GmbHG, 21. Aufl. 2023, § 52 Rn. 178; *Spindler*, in MüKo/GmbHG, 4. Aufl. 2023, § 52 Rn. 805; *Giedinghagen,* in Michalski/Heidinger/Leible/J. Schmidt, GmbHG, 4. Aufl. 2023, § 52 Rn. 418.

1293 BGH GmbHR 1992, 365; *Lutter*, in Lutter/Hommelhoff, GmbHG, 21. Aufl. 2023, § 52 Rn. 178; *Giedinghagen,* in Michalski/Heidinger/Leible/J. Schmidt, GmbHG, 4. Aufl. 2023, § 52 Rn. 418.

von vorneherein schriftlich fixiert werden. Grundsätzlich können Familienunternehmen dies im Rahmen ihres Gesellschaftsvertrags tun. Da dies aber zu einer Überfrachtung desselben führen würde, empfiehlt es sich, eine eigene Familienverfassung aufzustellen, in der die wichtigsten Aspekte der Family Governance niedergelegt werden. Der Prozess sollte dabei von der gesamten am Unternehmen beteiligten Familie ausgehen, da so die Akzeptanz für die aufgestellten Regelungen steigt und ihrerseits zur Vermeidung von Konflikten bei etwaiger Unzufriedenheit mit bestimmten Regelungen beiträgt. Regelungen zur Business Governance können in einem gesonderten Kodex festgehalten werden, der ähnlich wie der DCGK aufgebaut sein kann und aus Transparenzgründen auch beispielsweise auf der Unternehmenswebsite veröffentlicht werden sollte. Hier können auch ESG-Kriterien wie Nachhaltigkeit und soziale Gerechtigkeit Einzug halten. Dies kann positive Auswirkungen auf die Unternehmensreputation bei Kunden, Lieferanten und sonstigen Dritten haben.

Ein weiteres Instrument der Family Business Governance ist die Einrichtung eines Beirats. Die Individualität der Familienunternehmen setzt sich auch bei der Einrichtung und Ausgestaltung des Beirats fort. Sie können selbst entscheiden, ob sie einen Beirat, etwa zusätzlich zu einem bereits bestehenden Aufsichtsgremium oder unabhängig hiervon, einrichten wollen und durch Regelungen im Gesellschaftsvertrag dessen Kompetenzen festlegen. Auch die jeweiligen Anforderungen, die an die Beiratsmitglieder zu stellen sind, sowie Größe und Aufgabenspektrum werden individuell festgelegt. Die Aufgaben des Beirats variieren deswegen von Unternehmen zu Unternehmen. Was den Beiräten meist jedoch gleichermaßen zugrunde liegt, ist der Wunsch der Familienunternehmen, für geeignete Governance-Strukturen zu sorgen und Kompetenz, Kontrolle und Beratung in das Unternehmen einzubringen. Im Ergebnis soll dies zur Konfliktprävention beitragen. Bei der Einrichtung eines Beirats sollte deswegen darauf geachtet werden, dass dessen Kompetenzen klar umrissen sind und es nicht zu Auslegungsfragen kommt. Damit sich der Beirat im Konfliktfall behaupten kann, sollte er mit dem nötigen Sachverstand, aber auch den nötigen Befugnissen ausgestattet sein.

Die potenziellen Konflikte in den Familienunternehmen sind immer auch abhängig von der konkreten Situation, in der sich das Unternehmen befindet. So können sich Konflikte vor allem im Gesellschafterkreis, aber auch zwischen den Gesellschaftern und der Geschäftsführung abspielen. Dies gilt umso mehr, wenn die Geschäftsführung durch familienfremde Dritte besetzt wird und es zu Informationsasymmetrien zwischen den Familienmitgliedern und ihrem Management kommt. Hier kann der Beirat ansetzten und zwischen den einzelnen Interessengruppen vermitteln, oder Handlungen der Geschäftsführung überwachen, um sicherzustellen, dass neben dem Unternehmensinteresse auch das Familieninteresse ausreichend Berücksichtigung findet.

Dem Beirat wird deshalb das Potenzial zugesprochen, einen Beitrag zur Lösung der unter § 4 F dargelegten Konflikte und spezifischen Probleme, welches Familienunternehmen in Hinblick auf ihre Family Business Governance haben, leisten zu können. Er kann, wie von Kapitel 3 des GKFU dargelegt, die Qualität der Unternehmensführung durch familienunabhängigen Sachverstand sichern. Deshalb empfiehlt es sich, neben Familienmitgliedern immer auch familienfremde Dritte in den Beirat zu berufen, die von außen auf das Unternehmen blicken und nicht emotional involviert sind. Anders als börsennotierten Aktiengesellschaften fehlt den Familienunternehmen ansonsten die externe Kontrolle des Kapitalmarkts, die dazu führt, dass Entscheidungen mit Unternehmensbezug der Rechtfertigung gegenüber Dritten bedürfen. Wird eine Kontrollinstanz etabliert, die kritisch einzelne Vorgänge prüft, führt dies für sich genommen bereits dazu, dass Entscheidungen nicht nur in Abhängigkeit emotionaler Befindlichkeiten getroffen werden. Müssen Entscheidungen nämlich gegenüber anderen erklärt werden, zwingt das schon im Voraus zur kritischen Reflexion.

Das Risiko, dass emotional aufgeladene Konflikte im Gesellschafterkreis zu irrationalen Entscheidungen in Bezug auf das Familienunternehmen und seine Geschäfte führen, kann durch den Einsatz eines freiwillig etablierten Beirats reduziert werden. Der gute Beirat stellt dabei auch einen Vermittler zwischen Familien- und Unternehmensinteresse dar, der dabei hilft, Konflikte zu vermeiden oder zu reduzieren und zur Professionalisierung des Unternehmens beiträgt. Wirkungsvoll wird der Beirat insbesondere dann, wenn er sich an die Gegebenheiten des Familienunternehmens anpasst und sich in den verschiedenen Phasen des Unternehmens den geänderten Anforderungen anpasst. Nur so können Effizienz und Effektivität des Beirats langfristig sichergestellt werden.

Die Herausforderung der Family Business Governance besteht im Ausgleich des Unternehmensinteresses mit dem Wohl der Familie. Hierfür gibt es keine einheitlichen Vorgaben oder Universallösungen. Die notwendigen Governance-Maßnahmen sind vielmehr auf die individuellen Anforderungen der jeweiligen Familienunternehmen und ihrer Mitglieder abzustimmen. Die Family Governance, die den Zusammenhalt der Familie sichern und faire Prozesse schaffen soll und die Business Governance, die organisatorischen Rahmenbedingungen schaffen soll, greifen dabei wechselseitig ineinander und schaffen so einen Ausgleich zwischen beiden Interessen.

B. Compliance-Mechanismen in Familienunternehmen

Die Pflicht, sich an geltende Gesetze zu halten trifft Familienunternehmen genauso wie jedes andere Unternehmen. Die rechtlichen Anforderungen steigen mit zunehmender Regulierung in allen Bereichen. Risiken können sich etwa im Bereich Einkauf bei Begünstigung von Lieferanten oder beim Einsatz von Fremdpersonal und der damit verbundenen Gefahr, dass Sozialabgaben und Steuern nicht oder nicht in der geforderten Art und Weise bezahlt werden, ergeben. Dies bestätigt auch die Studie „Compliance im Mittelstand" des Center for Business Compliance & Integrity (CBCI) aus dem Jahr 2014, die sich unter anderem auch mit Familienunternehmen beschäftigt hat. Dort wurden als compliance-relevante Tätigkeitsbereiche in Unternehmen vor allem der Einkauf (laut 73 % der Befragten) und der Vertrieb (so 68 % der Befragten) als anfällig für Compliance-Verstöße eingestuft.[1294] Auch das Verhalten der Mitarbeiter etwa bei der Annahme von Geschenken, Sponsoringaktivitäten und Bewirtungen auf Dienstreisen kann erhebliche Risiken für Gesetzesverstöße bergen.[1295]

Je nach Branche, in der das Unternehmen tätig ist, müssen gesonderte Vorkehrungen zum Beispiel hinsichtlich des Umweltschutzes oder der Produktsicherheit getroffen werden. Dem stimmen viele Unternehmen auch zu. 48 % der vom CBCI befragten Unternehmen halten Umweltschutz für relevant, 38 % die Produktqualität und die potenzielle Produkthaftung.[1296] Vor allem die Vermeidung von Bestechung und Bestechlichkeit sowie Wettbewerbsdelikte, Außenwirtschaftsrecht und Datenschutz im Bereich der Compliance erlangen im Mittelstand Geltung.[1297] Darüber hinaus hielten 65 % der befragten Unternehmen Arbeitsstandards im Unternehmen sowie 38 % die Produkthaftung für relevant.[1298]

Um dem zu begegnen, müssen die Familienunternehmen sich mit den jeweiligen Risikofeldern auseinandersetzen und sich individuelle Strategien zur Einhaltung gesetzlicher Vorgaben überlegen. Das Ziel der Compliance-Maßnahmen ist stets die nachhaltige Existenzsicherung des Unternehmens, was wiederum notwendig für alle anderen unternehmerischen Ziele

1294 Center for Business Compliance and Integrity, Studie Compliance im Mittelstand, 2014, S. 27, abrufbar unter https://www.htwg-konstanz.de/fileadmin/pub/ou/kicg/Publikationen/CBCI_Studie_Compliance_im_Mittelstand.pdf (im Folgenden: CBCI, Studie Compliance im Mittelstand, 2014).

1295 CBCI, Studie Compliance im Mittelstand, 2014, S. 26: 14 % der befragten Unternehmen sagen, dass Mitarbeiter trotz eingeführter Vorkehrungen immer noch Wege finden, um Wertgrenzen für Geschenke zu umgehen.

1296 CBCI, Studie Compliance im Mittelstand, 2014, S. 25.

1297 CBCI, Studie Compliance im Mittelstand, 2014, S. 25.

1298 CBCI, Studie Compliance im Mittelstand, 2014, S. 25.

ist.[1299] Die Compliance ist also zentral für den Unternehmenserfolg und darf daher nicht vernachlässigt werden.

Wie diese Compliance-Maßnahmen im besonderen Umfeld des Familienunternehmens umgesetzt werden können, ist nicht pauschal zu beantworten. Das Familienunternehmen sollte aber gewisse Anforderungen an seine Compliance stellen und diese umsetzen (dazu § 6 B.I). Es gibt weiterhin Leitlinien, an denen man sich orientieren kann, die auch das Vertrauen in das Unternehmen stärken können (dazu § 6 B.II). Der oben beschriebene Beirat kann ebenfalls in die Unternehmenscompliance eingebunden werden (dazu § 6 B.III). Weiterhin müssen auch die besonderen Regelungen des Familienunternehmens, die beispielsweise in der Familienverfassung niedergelegt werden, hinreichend beachtet werden, um den Zusammenhalt der Familie zu stärken und aufrechtzuerhalten (Family Compliance, dazu § 6 B.IV).

I. Anforderung an Compliance in Familienunternehmen

Die gesetzlichen Anforderungen an Compliance in Familienunternehmen sind im Ergebnis dieselben, wie sie auch für alle anderen Unternehmen gleicher Rechtsform gelten (siehe dazu § 5 C). Da sich abweichend von den für die Aktiengesellschaft vorgesehenen Regelungen keine Pflicht zur Erklärung über Abweichungen vom DCGK ergibt, müssen Familienunternehmen sich nicht rechtfertigen, wenn sie die vom DCGK verlangten Ansätze der Corporate Compliance nicht umsetzen. Kommt es jedoch zu Verstößen gegen geltendes Recht, wird sich auch hier die Geschäftsführung rechtfertigen und mit Sanktionen rechnen müssen.

Mithin sind zunächst die für das Unternehmen relevanten Risiken zu identifizieren. Sodann muss für die verbindliche Anerkennung der Compliance-Regelungen ein geeigneter Ordnungsrahmen geschaffen werden, der auch die Folgen für Zuwiderhandeln definiert. Diese können von Abmahnungen über Versetzungen bis hin zur Kündigung, Strafanzeige und Geltendmachung von Schadensersatzansprüchen reichen.[1300] Es müssen darüber hinaus geeignete Maßnahmen getroffen werden, um etwaige Verstöße zu erkennen und aufzuklären. Spätestens mit Umsetzung der Richtlinie (EU) 2019/1937 des Europäischen Parlaments und des Europäischen Rates vom 23. Oktober 2019 zum Schutz von Personen, die Verstöße gegen das Unionsrecht melden (Hinweisgeber-Richtlinie)[1301] müssen alle Unternehmen mit über 50 Mitarbeitern – und somit auch Familienunternehmen – Kanäle für die gefahrlose

---

1299 *Poll/Köhler/Scheithauer*, FS Zitzelsberger, 2015, 57, 82 f.

1300 *Lauk*, FS Binz, 2014, 398, 403.

1301 Hinweisgeber-Richtlinie, abrufbar unter https://eur-lex.europa.eu/legal-content/DE/TXT/?uri=CELEX%3A32019L1937.

Meldung von Missständen einrichten. Die Geschäftsführung hat in Hinblick auf die Einrichtung von Hinweisgeber-Systemen dann kein Ermessen mehr, sondern ist verpflichtet, dieses einzurichten und für dessen Funktionalität zu sorgen. Das Argument, dass solche Instrumente Unruhe schaffen und mithin für die Unternehmenscompliance in Familienunternehmen kontraproduktiv wären, verfängt nun,[1302] da auch Familienunternehmen bewusst sein muss, dass es trotz aller Maßnahmen immer auch zu Verstößen kommen kann und diese nur aufgeklärt werden können, wenn Mitarbeiter ohne Sorge vor Repressalien – sei es durch die Belegschaft oder die Vorgesetzten – haben zu müssen diese auch kommunizieren können. Zu beachten ist darüber hinaus, dass auch die Werte und Strategie der Unternehmerfamilie konsistent mit den Compliance-Zielen sein müssen.[1303] Gemeinsame Ziele sind dabei die Unternehmensreputation, die Nachhaltigkeit und Zuverlässigkeit des Handelns und weiterhin die Einhaltung von ethischen, sozialen und ökologischen Standards.[1304]

Das Compliance Management in Familienunternehmen kann und darf dennoch von dem in börsennotierten Unternehmen abweichen; das vollständige Ausbleiben von Compliance-Maßnahmen ist jedoch nicht vertretbar.[1305] Dennoch ergeben sich Besonderheiten in Bezug auf die Anforderungen an Compliance in Familienunternehmen. Von herausragender Bedeutung ist dabei vor allem die Compliance-Kultur mit einem entsprechenden „tone from the top“ (sogleich unter § 6 B. I. 1). Weiterhin spielen auch die entsprechende Kommunikation im Unternehmen und entsprechende Mitarbeiter-Schulungen eine große Rolle bei der Einhaltung gesetzlicher Vorgaben (dazu § 6 B. I. 2). Mangelt es der Geschäftsführung an den für die Erfüllung der Compliance-Aufgabe geforderten rechtlichen Kenntnissen, kann die Funktion auch an einen Compliance-Officer delegiert werden (dazu § 6 B. I. 3) – immer unter der Prämisse, dass die letztendliche Verantwortung trotz Delegation bei der Geschäftsführung verbleibt (dazu bereits § 5 C. VII). Weiterhin kann auch ein Kontrollgremium zur Überwachung der Einhaltung der Compliance-Vorgaben herangezogen werden (dazu § 6 B. I. 4 und § 6 B. III).

1. Compliance-Kultur und tone from the top

Für Familienunternehmen ist mithin auch die Auseinandersetzung mit geltenden Regelungen und möglichen Maßnahmen zur Prävention von Verstößen relevant. Es ist von besonderer Wichtigkeit, dass eine von der Geschäftsführung vorgegebene Compliance-Kultur etabliert wird, da das

1302 Entgegen *Lauk*, FS Binz 2014, 398, 404.
1303 *Windthorst*, in MHdB GesR Bd. 9, 6. Aufl. 2021, § 14 Rn. 55.
1304 *Windthorst*, in MHdB GesR Bd. 9, 6. Aufl. 2021, § 14 Rn. 55.
1305 *Poll/Köhler/Scheithauer*, FS Zitzelsberger, 2015, 57, 88.

Compliance-System nur funktioniert, wenn es auch von den Mitarbeitern gelebt wird.[1306] Dazu gehört ein gemeinsames Verständnis von Compliance und das Bekenntnis zur Beachtung der aufgestellten Regeln.[1307] In Familienunternehmen wird die Compliance-Kultur in erheblichem Maße von den Werten der Unternehmerfamilie beeinflusst.[1308] Da die Entscheidungskompetenz häufig in einer Person gebündelt zusammenläuft, kommt der Figur des Ehrbaren Kaufmanns und den damit verbundenen Eigenschaften wie Gesetzestreue, Fairness und Werteverbundenheit ein hoher Stellenwert zu.[1309]

Die Geschäftsführung hat bei der Implementierung der Compliance-Kultur und deren Durchsetzung die Hauptverantwortung. Das folgt insbesondere aus der sich aus § 43 GmbHG ergebenen Legalitätspflicht, die sie rechtlich verpflichtet, Gesetze einzuhalten und für deren Einhaltung durch die anderen Unternehmensbeteiligten zu sorgen. Die Geschäftsführung trägt dabei auch die Gesamtverantwortung zur Schaffung der Compliance-Organisation und zur Überwachung der Wirksamkeit derselben (dazu bereits § 5 C).[1310] Ausschlaggebend für die Einhaltung der Compliance-Maßnahmen und die Compliance-Kultur ist der entsprechende „tone from the top".[1311]

Die Geschäftsführung trifft dabei eine Vorbildfunktion für die anderen Unternehmensangehörigen und prägt durch ihr Verhalten die Kultur maßgeblich.[1312] Die Glaubwürdigkeit des Compliance-Managements kann demnach nur erreicht werden, wenn sie zur „Chefsache" erklärt wird.[1313] Die Geschäftsführung muss sich darüber im Klaren sein, dass sich der „tone from the top" nicht nur unverbindlich auf den Führungsstil auswirkt, sondern

---

1306 *Windthorst*, in MHdB GesR Bd. 9, 6. Aufl. 2021, § 14 Rn. 48; *Fleischer*, in MüKo/GmbHG, 4. Aufl. 2023, § 43 Rn. 190; *Fissenwert*, NZG 2015, 1009, 1010.

1307 *Windthorst*, in MHdB GesR Bd. 9, 6. Aufl. 2021, § 14 Rn. 48.

1308 *Windthorst*, in MHdB GesR Bd. 9, 6. Aufl. 2021, § 14 Rn. 51; außerdem zur Unternehmens-Kultur in Familienunternehmen *Koeberle-Schmid/Witt/Fahrion*, in Koeberle-Schmid/Fahrion/Witt, Family Business Governance, 3. Aufl. 2018, S. 37.

1309 *Windthorst*, in MHdB GesR Bd. 9, 6. Aufl. 2021, § 14 Rn. 51; *Potinecke/Koblitzek*, CB 2016, 376, 377 f.; *Dürr*, FS Binz, 2014, S. 166 ff.; *v. Metzler*, FS Binz, 2014, S. 458 ff.

1310 LG München I NZG 2014, 345, 346 ff.

1311 Zu Familienunternehmen siehe *Poll/Köhler/Scheithauer*, FS Zitzelsberger, 2015, 57, 90; allgemein siehe *Fleischer*, in BeckOGK/AktG, Stand: 01.06.2025, § 91 Rn. 76; *Koch*, in Koch, AktG, 16. Aufl. 2022, § 76 Rn. 18; *Theusinger/Jung*, in MAH GmbHR, 5. Aufl. 2023, § 24 Rn. 51; *Schulz*, BB 2017, 1475, 1480; *Harbarth*, ZHR 179 (2015), 136, 158; *Schürrle/Olbers*, CCZ 2010, 102; *Reichert*/Ott, ZIP 2009, 2173, 2175; *Reichert*, FS Hoffmann-Becking, 2013, 943, 947.

1312 *Windthorst*, in MHdB GesR Bd. 9, 6. Aufl. 2021, § 14 Rn. 50; *Poll/Köhler/Scheithauer*, FS Zitzelsberger, 2015, 57, 91.

1313 *Fleischer*, in MüKo/GmbHG, 4. Aufl. 2023, § 43 Rn. 191; *Poll/Köhler/Scheithauer*, FS Zitzelsberger, 2015, 57, 91.

auch Teil der eigentlichen Organpflichten wird.[1314] Um die unternehmensweite Etablierung der Compliance-Kultur sicherzustellen, sollte sich der „tone from the top" in einem „tone from the middle" fortsetzen.[1315] Nachhaltigen Erfolg kann man dabei nur erzielen, wenn es nicht beim einmaligen Bekenntnis bleibt, sondern das Bekenntnis fortlaufend bekräftigt und in den entscheidenden Situationen auch gelebt wird.[1316]

In Familienunternehmen kann dem „tone from the top" mitunter mehr Glaubwürdigkeit verliehen werden, da der Geschäftsführer ein eigenes Interesse am Unternehmenserfolg hat.[1317] Über die Regelung des § 130 Abs. 1 OWiG kommt selbst in der GmbH die Haftung mit dem eigenen Vermögen in Betracht, was dies wohl unterstreicht. Die Einordnung des Geschäftsführers als Ehrbaren Kaufmann kann somit auch das Handeln der nachgeordneten Ebenen positiv beeinflussen.[1318]

2. Kommunikation & Schulungen

Ein weiterer wichtiger Baustein für die Compliance im Familienunternehmen ist die entsprechende Kommunikation sowie die Schulung der Mitarbeiter. Damit diese hinreichend für die Verhaltensrichtlinien sensibilisiert sind, muss es hierzu auch eine entsprechende Kommunikation seitens der Geschäftsführung geben.[1319] Diese muss umfassend, verständlich, praxisnah, glaubwürdig und konsistent erfolgen.[1320] Im Mittelpunkt der Compliance-Kommunikation steht die Information über die konkrete Compliance-Organisation des Familienunternehmens, die deutlich hervorhebt, welche Verhaltensweisen nicht geduldet werden und welche Folgen Verstöße nach sich ziehen.[1321] Sie dient als solche insbesondere der Compliance-Prävention und kann auch aufzeigen, welche Maßnahmen zur Schadensbeseitigung vorgenommen werden.[1322] Dabei kann sie mündlich oder schriftlich erfol-

1314 *Fleischer*, in MüKo/GmbHG, 4. Aufl. 2034, § 43 Rn. 191.

1315 *Fleischer*, in MüKo/GmbHG, 4. Aufl. 2034, § 43 Rn. 191; *Moosmayer*, in Moosmayer, Compliance, 4. Aufl. 2021, § 4 Rn. 144 ff.; *Wendt*, in Hauschka/Moosmayer/Lösler, Corporate Compliance, 3. Aufl. 2016, § 9 Rn. 1.

1316 *Fleischer*, in MüKo/GmbHG, 4. Aufl. 2023, § 43 Rn. 191; *Harbarth*, ZHR 179 (2015), 136, 158.

1317 *Poll/Köhler/Scheithauer*, FS Zitzelsberger, 2015, 57, 92.

1318 *Poll/Köhler/Scheithauer*, FS Zitzelsberger, 2015, 57, 93.

1319 *Fleischer*, in MüKo/GmbHG, 4. Aufl. 2025, § 43 Rn. 191; *Theusinger/Jung*, in MAH GmbH-Recht, 5. Aufl. 2023, § 24 Rn. 57; *Poll/Köhler/Scheithauer*, FS Zitzelsberger, 2015, 57, 93.

1320 *Theusinger/Jung*, in MAH GmbH-Recht, 5. Aufl. 2023, § 24 Rn. 57; *Windthorst*, in MHdB GesR Bd. 9, 6. Aufl. 2021, § 14 Rn. 82.

1321 *Theusinger/Jung*, in MAH GmbH-Recht, 5. Aufl. 2023, § 24 Rn. 57; *Windthorst*, in MHdB GesR Bd. 9, 6. Aufl. 2021, § 14 Rn. 80.

1322 *Windthorst*, in MHdB GesR Bd. 9, 6. Aufl. 2021, § 14 Rn. 81.

gen und etwa im unternehmenseigenen Intranet, einem Mission Statement oder einem direkten Anschreiben der Geschäftsführung an die Mitarbeiter veröffentlicht werden.[1323]

Kommunikation funktioniert dabei in zwei Richtungen. Nicht nur von oben müssen die entsprechenden Vorgaben deutlich gemacht werden, Verstöße und Verbesserungsvorschläge sollten seitens der Mitarbeiter ebenso kommuniziert werden („speak-up procedures").[1324] Dafür bietet sich etwa eine Whistleblower-Hotline oder andere Reporting-Stellen an, wie sie mit Umsetzung der Hinweisgeber-Richtlinie sowieso Pflicht werden. Weiter können und sollten vor allem neue Mitarbeiter, Vertreter oder Personen mit besonderer Risikoexposition obligatorisch hinsichtlich Compliance-Risiken und unternehmensinterner Maßnahmen geschult werden. Das Training sollte dabei auf die jeweilige Risikoexposition der jeweiligen Abteilung abgestimmt werden.[1325] Die Trainings können etwas als Seminare oder aber als E-Learnings stattfinden.[1326]

Im Familienunternehmen kommen dabei auch den Handlungen und Aussagen der Geschäftsführung Erheblichkeit zu, sodass vor allem diese ihre Aussagen so wählen sollte, dass sie ebenfalls mit den festgelegten Compliance-Anforderungen konform sind.[1327] Konflikte zwischen einzelnen Familienstämmen können die Kommunikation nachteilig beeinflussen und behindern – insbesondere dann, wenn Compliance-Risiken von den einzelnen Familienmitgliedern unterschiedlich bewertet werden.[1328] Dies kann die Effizienz und Glaubwürdigkeit der Compliance-Organisation massiv schädigen.[1329] Die Compliance-Kommunikation sollte daher mit der Familie abgestimmt sein und mit der Unternehmenskommunikation gleichlaufen.[1330]

3. Delegation auf einen Compliance Officer

Die Delegation von Compliance-Pflichten auf einen Compliance Officer ist grundsätzlich möglich (siehe oben unter § 5 C.VII). Trotzdem übernimmt in Familienunternehmen häufig der Geschäftsführer die Aufgabe

---

1323 *Fleischer*, in MüKo/GmbHG, 4. Aufl. 2023, § 43 Rn. 191; *Matthey*, in Hauschka/Moosmayer/Lösler, Corporate Compliance, 3. Aufl. 2016, § 26 Rn. 54; *Poll/Köhler/Scheithauer*, FS Zitzelsberger, 2015, 57, 93.

1324 *Theusinger/Jung*, in MAH GmbH-Recht, 5. Aufl. 2023, § 24 Rn. 57; siehe etwa auch Empfehlung A.2 DCGK.

1325 *Theusinger/Jung*, in MAH GmbH-Recht, 5. Aufl. 2023, § 24 Rn. 58.

1326 *Theusinger/Jung*, in MAH GmbH-Recht, 5. Aufl. 2023, § 24 Rn. 58; *Poll/Köhler/Scheithauer*, FS Zitzelsberger, 2015, 57, 93.

1327 *Windthorst*, in MHdB GesR Bd. 9, 6. Aufl. 2021, § 14 Rn. 83.

1328 *Windthorst*, in MHdB GesR Bd. 9, 6. Aufl. 2021, § 14 Rn. 84.

1329 *Windthorst*, in MHdB GesR Bd. 9, 6. Aufl. 2021, § 14 Rn. 84.

1330 *Windthorst*, in MHdB GesR Bd. 9, 6. Aufl. 2021, § 14 Rn. 85.

des Compliance Officers. Dieser behält aufgrund seiner Funktion automatisch den Überblick über das Unternehmen und muss nicht über komplexe Berichtsstrukturen sicherstellen, dass er informiert wird.[1331] Im Familienunternehmen kann die Delegation jedoch auch erforderlich sein. Das gilt insbesondere dann, wenn die Geschäftsführung nicht über die notwendigen Rechtskenntnisse zur selbstständigen Ausübung der Aufgabe des Compliance Officers verfügt und keine Sensibilität für die unternehmensspezifischen Compliance-Risiken hat.[1332] Ansonsten ist die Gefahr „gutwilliger" Compliance-Verstöße erhöht.[1333] Deswegen sollte im Zweifelsfalle immer externer Rat eingeholt oder ein Compliance Officer eingesetzt werden. Dazu kommt, dass durch eine externe Kontrolle auch größere Unabhängigkeit gewährleistet wird.[1334] Auch die Größe des Familienunternehmens kann hierbei eine Rolle spielen, da bei Erreichen einer gewissen Größe eine Delegation erforderlich wird.[1335]

4. Kontrollgremium

Als Kontrollgremium kann im Familienunternehmen der Beirat dienen. Dazu sogleich unter § 6 B.III.

II. Leitlinien und Standards

Familienunternehmen können bei der Einführung ihrer Compliance-Organisation auch auf Leitlinien und internationale Standards zurückgreifen. Bei Einhaltung der Vorgaben dieser Normen kann das CMS auch zertifiziert werden, was die Transparenz der Unternehmenscompliance sowie das Ansehen des Unternehmens steigern kann. Außerdem können sie helfen, die entscheidenden Compliance-Maßnahmen zu erkennen und im eigenen Unternehmen umzusetzen. Da sie dabei flexibel auf die jeweilige Unternehmenssituation anwendbar sind, dienen sie auch als Orientierungshilfe für Familienunternehmen.

1. IDW PS 980

Der IDW-Prüfstandard 980 (IDW PS 980) vom 11. März 2011 umfasst die Grundsätze der ordnungsgemäßen Ausgestaltung und Prüfung von CMS. Im

1331 *Poll/Köhler/Scheithauer*, FS Zitzelsberger, 2015, 57, 94.

1332 *Kleinle/Janßen/Parsow*, WPg 2017, 1008, 1010; *Poll/Köhler/Scheithauer*, FS Zitzelsberger, 2015, 57, 95.

1333 *Hauschka*, NJW 2004, 257, 260; *Poll/Köhler/Scheithauer*, FS Zitzelsberger, 2015, 57, 95.

1334 *Windthorst*, in MHdB GesR Bd. 9, 6. Aufl. 2021, § 14 Rn. 88.

1335 *Poll/Köhler/Scheithauer*, FS Zitzelsberger, 2015, 57, 92.

Oktober 2021 wurde seitens des IDW ein neuer Entwurf vorgestellt, zu dem bis zum 31. Mai 2022 Stellung genommen werden kann. Eine Überarbeitung der Fassung von 2011 war laut IDW nötig geworden, da die fortschreitenden Entwicklungen im Compliance-Bereich ausreichend Berücksichtigung finden sollten. Darunter fallen einerseits Entwicklungen in der Praxis der Einrichtung von CMS sowie die zwischenzeitliche Rechtsprechung zur Compliance.[1336] Er soll Leitungsorganen von Unternehmen helfen, die ermessenfehlerfreie Ausübung ihrer Organisationspflichten nachzuweisen.[1337] Rechtsgleiche Wirkung entfaltet er jedoch nicht, vielmehr kann bei Einhaltung der niedergelegten Standards ein positives Testat durch den Wirtschaftsprüfer erteilt werden.[1338] Laut IDW PS 980 umfasst ein CMS sieben Grundelemente:

Der IDW PS 980 weist der Compliance-Kultur eine wichtige Funktion zu. Sie stellt die Grundlage für Angemessenheit und Wirksamkeit des CMS dar und wird vor allem durch die Einstellung und das Verhalten der Geschäftsführung (tone from the top) geprägt und beeinflusst maßgeblich die Einstellung der Mitarbeiter zum Thema Compliance.[1339] Die Compliance-Ziele sollen auf den allgemeinen Unternehmenszielen aufbauen und aus der Unternehmensstrategie und den für das Unternehmen bedeutsamen Regeln abgeleitet werden.[1340] Dabei sollen auch die einzelnen Regelungsbereiche des CMS festgelegt werden, was wiederum Grundlage für die Ermittlung und Beurteilung der Compliance-Risiken ist.[1341] Die Compliance-Ziele sollen widerspruchsfrei, verständlich und präzise sein frühzeitig in Geschäftsprozesse integriert werden, etwa durch Einführung eines Code of Conduct.[1342]

1336 IDW Entwurf einer Neufassung des IDW Prüfstandards vom 28. Oktober 2021, S. 1 (im Folgenden: IDW EPS 980 n. F.).

1337 IDW EPS 980 n.F, S. 4.

1338 *Fleischer*, in MüKo/GmbHG, 4. Aufl. 2023, § 43 Rn. 194; *ders.*, NZG 2014, 321, 326.

1339 IDW EPS 980 n.F, Tz. 27, S. 8, siehe dazu auch § 6 B. I. 1.

1340 IDW EPS 980 n.F, Tz. 27, S. 9.

1341 IDW EPS 980 n.F, Tz. 27, S. 9.

1342 *Kleinle/Janßen/Parsow*, WPg 2017, 1008, 1011; siehe auch IDW EPS 980 n.F, Tz. 24, S. 8.

Abbildung 5, Elemente eines CMS, Quelle: IDW PS 980

Hinsichtlich der identifizierten Compliance-Risiken soll ein Verfahren zur Identifikation und Bewertung von Risiken eingeführt werden.[1343] Die Steuerung der Risiken zielt darauf ab, Risiken zu vermeiden und zu mindern. Bei der Bewertung der Risiken sollten einerseits die Eintrittswahrscheinlichkeit und andererseits die möglichen Folgen Berücksichtigung finden.[1344] In der Praxis geschieht dies häufig mithilfe von Workshops, in denen die Lage des Unternehmens beurteilt wird und anhand der Ergebnisse etwa neue Richtlinien oder Verhaltensstandards im Unternehmen implementiert werden.

Als Reaktion auf die identifizierten Risiken soll dann laut IDW PS 980 ein entsprechendes Compliance-Programm mit Verhaltensgrundsätzen und -regeln eingerichtet werden, die auf Vermeidung der Risiken ausgerichtet sind und auch festlegen, welche Maßnahmen im Falle eines Verstoßes vorzunehmen sind.[1345] Im Rahmen der Compliance-Organisation sollen dann die Verantwortlichkeiten und Rollen innerhalb des Unternehmens festgehalten

1343 IDW EPS 980 n.F, Tz. 27, S. 9.
1344 *Kleinle/Janßen/Parsow*, WPg 2017, 1008, 1011.
1345 IDW EPS 980 n.F, Tz. 27, S. 9.

werden.[1346] Diese werden klar abgegrenzt, entsprechend kommuniziert und dokumentiert.[1347] Für die jeweiligen Rollen innerhalb der Compliance-Organisation müssen die Aufgabenträger über die erforderlichen Voraussetzungen verfügen.[1348]

Die Sensibilisierung der Mitarbeiter für die im Unternehmen vorherrschende Compliance-Kultur, das Compliance-Programm sowie die Organisation erfolgt durch eine entsprechende Compliance-Kommunikation.[1349] Der IDW PS 980 sieht dabei auch vor, dass den Mitarbeitern die Möglichkeit gegeben wird, Hinweise auf mögliche oder festgestellte Verstöße an eine zuständige Stelle zu berichten, was insoweit auch Anforderung der Hinweisgeber-Richtlinie ist und von den Unternehmen unabhängig vom IDW PS 980 beachtet werden muss.[1350]

Der IDW PS 980 fordert als letzten Aspekt eines CMS die Überwachung und Verbesserung der Compliance. Die Angemessenheit und Wirksamkeit des Systems müssen in geeigneter Weise überwacht und ggf. nachjustiert werden.[1351] Dafür ist auch eine ausreichende Dokumentation des CMS notwendig.[1352] Die zuständigen Aufgabenträger sorgen für die Durchsetzung des CMS und müssen festgestellte Mängel beseitigen.[1353] Auch hier gilt die letztendliche Gesamtverantwortung der Geschäftsführung, die sich aufgrund ihrer Leitungsverantwortung der Compliance nicht entziehen kann.

Will ein Familienunternehmer seiner Compliance-Verantwortung im ausreichenden Maße nachkommen, kann er sich für die Implementierung seines CMS am IDW PS 980 orientieren oder diesen in Gänze umsetzen, was auch eine Prüfung durch den Wirtschaftsprüfer mit positivem Testat zur Folge haben kann.[1354] Dieses kann im Rahmen der zivilprozessualen Beweiswürdigung und auch der organschaftlichen Verschuldensprüfung für die Einhaltung der Organisationspflichten sprechen.[1355] Deswegen sollte die Geschäftsführung das CMS des Familienunternehmens überprüfen und gegebenenfalls ausarbeiten. In Hinblick auf die Compliance-Organisation gilt, dass der Aufgabenträger die entscheidenden fachlichen Voraussetzungen für die Rolle haben muss. Entscheidet sich der Geschäftsführer für die eigen-

1346 IDW EPS 980 n.F, Tz. 27, S. 9.
1347 IDW EPS 980 n.F, Tz. 27, S. 9.
1348 IDW EPS 980 n.F, Tz. 27, S. 9.
1349 IDW EPS 980 n.F, Tz. 27, S. 9; siehe bereits oben § 6 B. I. 2.
1350 Zur Möglichkeit der Meldung von Hinweisen IDW EPS 980 n.F, Tz. 27, S. 9.
1351 IDW EPS 980 n.F, Tz. 27, S. 9.
1352 IDW EPS 980 n.F, Tz. 27, S. 9.
1353 IDW EPS 980 n.F, Tz. 27, S. 9.
1354 *Fleischer*, in MüKo/GmbHG, 4. Aufl. 2023, § 43 Rn. 194.
1355 *Fleischer*, in MüKo/GmbHG, 4. Aufl. 2023, § 43 Rn. 194; *Merkt*, DB 2014, 2331, 2335 f.

ständige Übernahme der Compliance-Aufgabe im Unternehmen, muss er sicherstellen, dass er über ausreichend Kenntnisse der einschlägigen Vorgaben verfügt oder sich diese aneignet. Entscheidet er sich indes zur Übertragung der Aufgabe auf einen designierten Compliance-Beauftragten, muss er sicherstellen, dass dieser in persönlicher und sachlicher Hinsicht über die erforderlichen Fähigkeiten verfügt und dies laufend überwachen, um bei Verdacht auf Fehlverhalten einschreiten zu können.

2. ISO 19600 & ISO 37301

Die Ausgestaltung und der Einsatz eines CMS sind in der ISO 19600 festgehalten, welche von der International Organization for Standardization (ISO) 2014 erlassen wurde und international als Standard anerkannt ist. Die ISO 19600 hat als Typ-B-Norm keinen normativen, sondern rein empfehlenden Charakter, sodass Verstöße auch keine Sanktionen nach sich ziehen.[1356] Der Nachweis der Einhaltung der ISO 19600 kann jedoch positive Auswirkungen auf potenzielle Sanktionen und die Reputation eines Unternehmens haben.[1357]

Im April 2021 wurde ISO 37301 als Typ-A-Norm eingeführt, die als solche für die Implementierung und die Zertifizierung geeignet ist und insofern auch klare Verpflichtungen für Unternehmen enthält, die eine Zertifizierung anstreben. Inhaltliche Anpassungen im Vergleich zur ISO 19600 gibt es kaum. Die Norm gilt dabei für alle Unternehmen gleich welcher Größe, welchen Typus oder Art der Geschäftstätigkeit,[1358] sodass auch Familienunternehmen ihn anwenden können. Sie enthält Vorgaben und Richtlinien zur Implementierung, Entwicklung, Bewertung, Aufrechterhaltung und zur Verbesserung eines effektiven und effizienten CMS. Ziel eines CMS sollen danach die Integrität des Unternehmens, Kultur, Konformität mit dem Compliance Management System, Steigerung des Unternehmenswertes und der Reputation sowie ethische Verhaltensweisen sein.[1359] Der Kern des CMS sind die Unternehmensführung, -leitung und -kultur.[1360] Davon ausgehend verläuft die Implementierung eines CMS zirkulär. Zunächst wird ein CMS entwickelt und implementiert. Die eingeführte Organisation muss aufrechterhalten und dazu fortlaufend bewertet und verbessert werden.

1356 *Windthorst*, in MHdB GesR Bd. 9, 6. Aufl. 2021, § 14 Rn. 45.
1357 *Windthorst*, in MHdB GesR Bd. 9, 6. Aufl. 2021, § 14 Rn. 45.
1358 ISO 37301, S. 1.
1359 ISO 37301 Abbildung 1, S. vii.
1360 ISO 37301, Abbildung 1, S. vii.

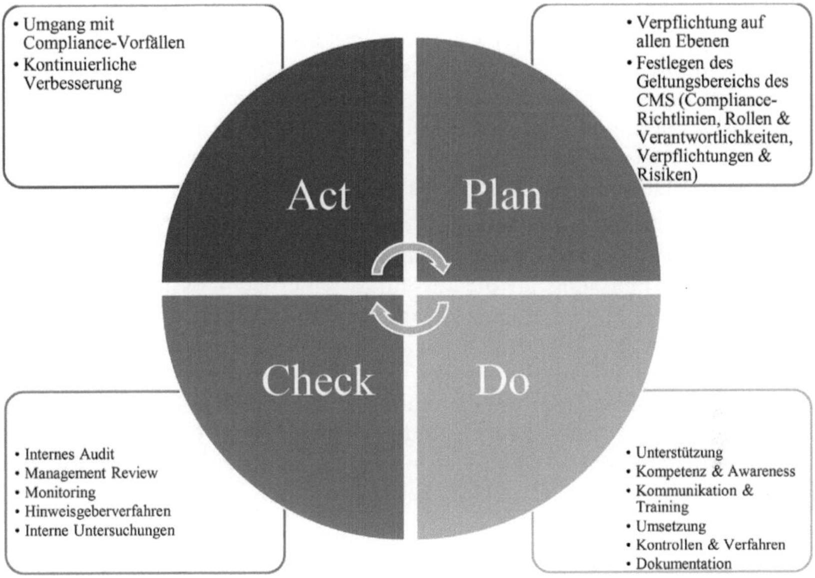

Abbildung 6, Plan-Do-Check-Act-Zyklus der ISO 37031, Quelle: ISO 37301, Abbildung 1, S. vii

Die in ISO 37301 aufgeführten Anforderungen an das CMS eines Unternehmens sind zwar weiterhin freiwilliger Natur, können dem Unternehmen jedoch helfen, da sie flexibel auf das Unternehmen und seine Risikosituation angepasst werden können. Der Standard berücksichtigt die individuellen Bedürfnisse von Familienunternehmen dadurch, dass Größe, Struktur, Natur und Komplexität der Unternehmensorganisation bei der Festlegung des Compliance-Programms, der Zuweisung von Verantwortlichkeiten und Ressourcen sowie dem Umfang der Informationsbeschaffung und Dokumentation Beachtung finden sollen.[1361] Im Zentrum steht dabei ein risikobasierter Ansatz, wobei auch auf ISO 31000 verwiesen werden kann, die die Standards der Best Practice für das Risk Management statuiert.[1362]

Der Compliance-Kultur wird dabei genauso wie beim IDW PS 980 ein hoher Stellenwert eingeräumt.[1363] Sie muss auf allen Ebenen des Unternehmens kommuniziert werden, wobei den Organen des Unternehmens die Pflicht zukommt, die Relevanz rechtlicher und moralischer Standards her-

1361 Zu ISO 19600 auch *Fissenwert*, NZG 2015, 1009, 1010.

1362 Siehe *Fissenwert*, NZG 2015, 1009, 1012.

1363 ISO 37301, S. 7, S. 33; *Windthorst*, in MHdB GesR Bd. 9, 6. Aufl. 2021, § 14 Rn. 47 f.; *Fissenwert*, NZG 2015, 1009, 1011.

vorzuheben und durch ihr eigenes Verhalten zu unterstreichen (tone from the top, siehe oben unter § 6 B. I. 1).[1364] Erforderlich hierfür ist ein nachhaltiges Commitment der Organe, also das unmissverständliche Bekenntnis zur Einhaltung der Compliance.[1365] Es muss deutlich werden, dass Compliance-Verstöße nicht geduldet werden und Sanktionen nach sich ziehen können.[1366] Diese Kultur kann durch die entsprechende Kommunikation sowie Schulungen etabliert und aufrechterhalten werden.[1367]

Für Familienunternehmen kann die Orientierung an ISO 37301 vorteilhaft sein. Einerseits erlaubt die Norm – trotz Benennung als Standard – die unkomplizierte Anpassung an die jeweilige Unternehmenssituation. Somit kann die Individualität des Unternehmens in entsprechender Weise Einzug in das CMS finden. Weiterhin kann das Familienunternehmen sein CMS auch zertifizieren lassen, was für die Gesellschafter, die Arbeitnehmer und sonstige Stakeholder Transparenz und Vertrauen schafft und darüber hinaus auch der Reputation des Familienunternehmens dient. Die Zertifizierung hilft außerdem bei der Vergabe von Aufträgen und kann ggf. von Gerichten bei der Prüfung von Vorfällen berücksichtigt werden.

3. GKFU

Auch der GKFU gibt in 4.1.3 GKFU vor, dass die Unternehmensführung im Sinne eines ehrbaren Kaufmannes handeln und für die Einhaltung rechtlicher Rahmenbedingungen sorgen soll und im Zuge dessen ein angemessenes Risikomanagement einzurichten hat. Dieses soll mit den Werten und Zielen der Inhaber übereinstimmen. Weitere Ausführungen zu den Anforderungen an Compliance in Familienunternehmen finden sich im GKFU nicht.

Mithin können Familienunternehmen sich hierzu hauptsächlich am IDW PS 980 und an ISO 37301 orientieren. Diese stellen hinreichend deutlich dar, wie sich ein CMS zusammensetzt und welche einzelnen Punkte bei der Einrichtung, Überwachung und Nachjustierung zu beachten sind, ohne dabei einschränkende Vorgaben zu machen. Damit ist es den Unternehmen möglich, die für sie geeignete Strategie anhand ihrer eigenen Risikosituation aufzustellen und in einem angepassten CMS umzusetzen. Dies hat darüber hinaus auch positive Auswirkungen auf die Reputation des Unternehmens und kann zumindest als Indiz für die Erfüllung der Organisationspflichten der Geschäftsführung herangezogen werden. Auch wenn der IDW PS 980 und die ISO 37301 als Standards bezeichnet werden, setzen sie kein starres CMS voraus, das für alle Unternehmen gleichermaßen Geltung erlangen

1364 ISO 37301, S. 7.
1365 ISO 37301, S. 7; zu ISO 19600 auch *Fissenwert*, NZG 2015, 1009, 1011.
1366 ISO 37301, S. 7; zu ISO 19600 auch *Fissenwert*, NZG 2015, 1009, 1011.
1367 ISO 37301, S. 26.

soll. Vielmehr können die Unternehmen sich zunächst aussuchen, ob die Standards überhaupt angewendet werden sollen. Wenn sie sich dafür entscheiden, richten sich die einzelnen Maßnahmen nach den individuellen Gegebenheiten des Unternehmens. Dies erlaubt eine maßgeschneiderte Lösung für die Unternehmen und ist deshalb als attraktive Lösung für Familienunternehmen zu bewerten.

III. Der Beirat und Compliance

Im übergeordneten Rahmen der Family Business Governance spielt der Beirat eine wichtige Rolle. Dasselbe kann für die Compliance des Familienunternehmens gelten. Die Rechte und Pflichten des hier betrachteten, organschaftlichen Beirates richten sich nach den Regelungen des Gesellschaftsvertrags. Insbesondere bei der Überwachung der Geschäftsführung kommt ihm daher auch Verantwortung im Bereich der Compliance zu.

1. Pflichten der Beiratsmitglieder

Der Beirat und seine Mitglieder haben sich sowohl an gesetzliche Vorgaben als auch an die Regelungen des Gesellschaftsvertrags zu halten. Aufgrund ihrer organschaftlichen Beziehung zur Gesellschaft sind sie Treuepflichten gegenüber dieser unterworfen.[1368] In diesem Sinne müssen sie die Gesellschaftsinteressen wahrnehmen und die Sorgfalt eines gewissenhaften und ordentlichen Beiratsmitglieds entsprechend dem § 116 AktG anwenden.[1369] Die jeweiligen Anforderungen an die einzuhaltende Sorgfalt richten sich in erster Linie nach den Kompetenzen, mit denen der Beirat ausgestattet ist. Diese können entweder weitestgehend von denen des gesetzlich vorgeschriebenen Aufsichtsrats abweichen oder ihnen angepasst werden.[1370] Insbesondere finden über § 52 Abs. 1 GmbHG und in diesem Rahmen – sofern dieser nicht abbedungen wurde – die Vorschriften des AktG über den Aufsichtsrat entsprechende Anwendung. Wird dieser ausgeschlossen, kann das Familienunternehmen auch eigene Anforderungen aufstellen.

1368 *Altmeppen*, in Altmeppen, GmbHG, 11. Aufl. 2023, § 52 Rn. 94; *Spindler*, in MüKo/GmbHG, 4. Aufl. 2023, § 52 Rn. 822; *Giedinghagen*, in Michalski/Heidinger/Leible/J. Schmidt, GmbHG, 4. Aufl. 2023, § 52 Rn. 4; *Reichert*, in Reichert, GmbH & Co. KG, 9. Aufl. 2024, § 19 Rn. 130.

1369 *Lutter*, in Lutter/Hommelhoff, GmbHG, 21. Aufl. 2023, § 52 Rn. 183; *Spindler*, in MüKo/GmbHG, 4. Aufl. 2023, § 52 Rn. 822; *Giedinghagen*, in Michalski/Heidinger/Leible/J. Schmidt, GmbHG, 4. Aufl. 2023, § 52 Rn. 414.

1370 *Spindler*, in MüKo/GmbHG, 4. Aufl. 2023, § 52 Rn. 822; *Schnorbus/Ganzer*, BB 2017, 1795, 1797 ff.; *Gräwe/Stütze*, GmbHR 2012, 877, 880 ff.

Ein rein beratend tätiger Beirat unterliegt weniger strengen Anforderungen als ein überwachender oder mit Geschäftsführungsaufgaben ausgestatteter Beirat.[1371] Dennoch muss auch bei einem Beirat mit Beratungsfunktion beachtet werden, dass seine Ratschläge sich erheblich auf die Unternehmenspraxis auswirken können. Er muss daher vor der Beratung abwägen, welches Vorgehen im Interesse der Gesellschaft ist.[1372] Dabei darf er die Geschäftsführung nicht dazu veranlassen, eine für die Gesellschaft nachteilige Entscheidung zu treffen.[1373] Wenn der Beirat im Familienunternehmen als Berater der Geschäftsführung eingesetzt wird, genießt er ein großes Vertrauen, sodass auch davon ausgegangen werden kann, dass die Geschäftsführung etwaige Ratschläge umsetzt. Insoweit übernimmt er eine Mitverantwortung.[1374]

Ist der Beirat zur Überwachung berufen und somit Kontrollorgan des Familienunternehmens, muss er die Handlungen der Geschäftsführung sowohl präventiv als auch repressiv kontrollieren.[1375] Darunter fällt einerseits die Verhinderung künftigen pflichtwidrigen Verhaltens und andererseits die Aufklärung vergangenen pflichtwidrigen Verhaltens mit entsprechenden Konsequenzen.[1376] Dies umfasst die Rechtmäßigkeit, Ordnungsmäßigkeit, Zweckmäßigkeit und Wirtschaftlichkeit der Unternehmensführung.[1377]

Konkret können die Prüfung eines ordnungsgemäß strukturierten Compliance-Systems,[1378]

die Verfolgung konkreter Hinweise auf (drohende) Pflichtverletzungen der Geschäftsführung,[1379] die Verfolgung von Hinweisen auf mögliches Fehlverhalten leitender Angestellter,[1380] die Überprüfung der Qualität der Unternehmenskultur[1381] und die Informationen über die Spendenpraxis und in diesem Zusammenhang ungewöhnliche Einzelspenden der Gesellschaft[1382] Teil des Aufgabenspektrums des Beirats sein. Für die Compliance des Familienunternehmens bedeutet dies, dass der Beirat ähnlich oder gleich dem Aufsichtsrat in der AG eingesetzt werden kann, um für die Einhaltung recht-

1371 *Schnorbus/Ganzer*, BB 2017, 1795, 1796; *Wälzholz*, DStR 2003, 511, 515; *Huber*, GmbHR 2004, 772, 776.

1372 *Schnorbus/Ganzer*, BB 2017, 1795, 1798.

1373 BGH AG 2016, 501; OLG Düsseldorf WM 2008, 1829, 1830; *Schnorbus/Ganzer*, BB 2017, 1795, 1798.

1374 *Schnorbus/Ganzer*, BB 2017, 1795, 1798; *Höhn*, GmbHR 1994, 604, 606.

1375 BGH NJW-RR 2007, 1483, 1486; OLG Hamm, BeckRS 2008, 6654.

1376 BGH NJW 1991, 1830, 1831; BGH AG 2016, 501; OLG Frankfurt G 2011, 462, 46.

1377 BGH NJW 1991, 1830, 1831; BGH NZG 2006, 712, 715.

1378 *Reich/Bode*, ZIP 2017, 1798, 1800; *Habersack*, AG 2014, 1, 3 ff.

1379 *Schnorbus/Ganzer*, BB 2017, 1795, 1798.

1380 BGH AG 2016, 501, 502.

1381 *Schnorbus/Ganzer*, BB 2017, 1795, 1798; *Götz*, AG 1995, 337, 350.

1382 *Hopt/Roth*, in GK-AktG, 5. Aufl. 2018, § 116 Rn. 162.

licher Vorgaben im Unternehmen zu sorgen. Um dieser Pflicht entsprechend nachkommen zu können, sollte ein dem § 90 AktG vergleichbares Berichtssystem eingerichtet werden. Die Geschäftsführung hat ihren Berichtspflichten in entsprechender Weise nachzukommen, was wiederum durch den Beirat zu überwachen ist.[1383] Dieser muss weiterhin die Berichte sorgfältig prüfen und die darin enthaltenen Informationen plausibilisieren.[1384]

Der Umgang mit Rechtsverstößen verlangt eine besondere Sensibilität der Beiratsmitglieder. Diese müssen sich einerseits selbst an die geltenden Vorgaben halten und andererseits gegen Compliance-Verstöße der Geschäftsführung einschreiten und sicherstellen, dass die Geschäftsführung Fehlverhalten von untergeordneten Ebenen verhindert oder abstellt.[1385] Auf Fehlverhalten der Geschäftsführung selbst, sollte der Beirat in entsprechender Weise reagieren.

2. Fehlverhalten der Geschäftsführung

Das Aufgabenspektrum des Beirats richtet sich auch in Bezug auf Fehlverhalten der Geschäftsführung nach den ihm auferlegten Rechten & Pflichten. Sofern er entsprechende Befugnisse hat, kann der Beirat auf Compliance-Verstöße der Geschäftsführungen mit der Abberufung, der Kündigung oder der Verfolgung von Ansprüchen der Gesellschaft gegen den Geschäftsführer reagieren.

Die Befugnis zur Bestellung und Abberufung von Geschäftsführern i. S. d. § 46 Nr. 5 GmbHG kann entsprechend § 45 Abs. 2 GmbHG auch auf den Beirat delegiert werden.[1386] Gem. § 38 Abs. 1 GmbHG ist dies jederzeit möglich, wobei der Gesellschaftsvertrag gem. § 38 Abs. 2 S. 1 GmbHG vorsehen kann, dass die Möglichkeit des Widerrufs der Bestellung auf Fälle beschränkt wird, in denen ein wichtiger Grund denselben notwendig machen. In Familienunternehmen wird sich eine solche Regelung anbieten, da der Geschäftsführer häufig auch Familienmitglied sein wird und eine Abberufung in einem solchen Fall zu erheblichen Konflikten führen könnte. Anders sieht dies wiederum in Familienunternehmen mit Fremdgeschäftsführern aus, hier wird man eher die Möglichkeit aufrechterhalten wollen, nicht nur bei schwerwiegenden Verfehlungen des Fremdgeschäftsführers auf seine Abberufung hinwirken zu können. Bestehen ernsthafte Zweifel an der Eignung des Mitglieds

1383 *Schnorbus/Ganzer*, BB 2017, 1795, 1798; *Hüffer*, NZG 2007, 47, 49; *Blassl,* WM 2017, 992, 995.

1384 *Schnorbus/Ganzer*, BB 2017, 1795, 1798; *Lutter*, AG 2006, 517, 519.

1385 BGH NJW 1997, 1926; *Schnorbus/Ganzer*, BB 2017, 1795, 1800; *Reichert/Ott*, NZG 2014, 241, 245 ff.; *Blassl*, WM 2017, 992, 995.

1386 *Spindler*, in MüKo/GmbHG, 4. Aufl. 2023, § 52 Rn. 804; *Giedinghagen,* in Michalski/Heidinger/Leible/J. Schmidt, GmbHG, 4. Aufl. 2023, § 52 Rn. 417.

der Geschäftsführung, beispielsweise aufgrund von wesentlichen Kompetenzverletzungen oder Gesetzesverstößen, ist der mit Personalkompetenz ausgestattete Beirat dazu verpflichtet, dieses abzuberufen.[1387] Wird ein Geschäftsführungsmitglied abberufen, muss auch der Anstellungsvertrag gem. § 626 Abs. 1 BGB gekündigt werden, da ansonsten weiterhin die Zahlung der Vergütung seitens der Gesellschaft zu leisten wäre.[1388]

Weiterhin kann dem Beirat die Verfolgung von Ansprüchen der Gesellschaft gegenüber dem Geschäftsführer aufgegeben werden. Im Rahmen seiner laufenden Überwachung erhält der Beirat Kenntnis von Unregelmäßigkeiten und potenziell haftungsauslösenden Umständen. Dem Verdacht auf Verstöße hat er sodann nachzugehen und den Sachverhalt aufzuklären.

Entsprechend den Möglichkeiten des Aufsichtsrats, trifft den Beirat dann eine eigene Aufklärungsverantwortung. Dies gilt vornehmlich in Fällen, in denen eine Verantwortlichkeit der Geschäftsführung für den Compliance-Verstoß zu untersuchen ist.[1389] Besteht ein konkreter Verdacht für ein Fehlverhalten der Geschäftsführung, hat der Beirat Ermittlungen einzuleiten.[1390] Insbesondere Straftaten gilt es sodann aufzuklären.[1391] Angestellte kann der Beirat nur dann in seine Ermittlungen mit einbeziehen, wenn das Fehlverhalten des Mitarbeiters ein solches Ausmaß angenommen hat, dass eine Überprüfung notwendig wird, die Aufschluss darüber gibt, ob die Geschäftsführung ihrer Überwachungs- und Anleitungspflicht nachgekommen ist.[1392] Ergibt seine Untersuchung, dass tatsächlich Schadensersatzansprüche der Gesellschaft gegenüber dem Geschäftsführer bestehen und sind diese auch durchsetzbar, ist der Beirat grundsätzlich verpflichtet, diese auch geltend zu machen.[1393] Davon ist lediglich dann abzusehen, wenn überwiegende Gründe des Unternehmenswohls gegen eine Geltendmachung sprechen.[1394] Die Rechtsprechung geht davon aus, dass die Entscheidung des Beirats hinsichtlich der Geltendmachung voll überprüfbar ist.[1395] Dem ist indes zu entgegnen, dass eine solche Entscheidung viele Erwägungsgründe beinhaltet und nicht immer eindeutig getroffen werden kann. In Familienunternehmen, in denen ein Familienmitglied die Geschäftsführung übernommen hat, darf

1387 OLG Hamburg BeckRS 2016, 3152; OLG Düsseldorf, BeckRS 2012, 8418.

1388 vgl. OLG München WM 2006, 526, 529; *Schnorbus/Ganzer*, BB 2017, 1795, 1803.

1389 BGH AG 2007, 167 Rn. 9; BGH NZG 2002, 195, 198; OLG Düsseldorf AG 2010, 126, 130; OLG Karlsruhe AG 2008, 900, 902.

1390 *Hirte/Mülbert/Roth*, in GK-AktG, 5. Aufl. 2018, § 111 Rn. 206; *Reichert/Ott*, NZG 2014, 241, 245.

1391 *Hirte/Mülbert/Roth*, in GK-AktG, 5. Aufl. 2018, § 111 Rn. 208.

1392 *Hirte/Mülbert/Roth*, in GK-AktG, 5. Aufl. 2018, § 111 Rn. 213; *Habersack*, in MüKo/AktG, 5. Aufl. 2019, § 111 Rn. 25.

1393 BGH NJW 1997, 1926; *Schnorbus/Ganzer*, BB 2017, 1795, 1803.

1394 *Schnorbus/Ganzer*, WM 2015, 1832, 1840 f.

1395 BGH NJW 1997, 1926; OLG Frankfurt AG 2011, 462, 464.

es selbstverständlich ebenso wenig zu Verstößen kommen wie in fremdgeführten Unternehmen. Weiter sollten diese Verstöße auch verfolgt werden. Dennoch ist immer zu bedenken, dass verschiedene Interessen zu berücksichtigen sind und die Entscheidung zur Verfolgung von Ersatzansprüchen komplex ist. In Familienunternehmen kann dabei nicht nur ein möglicher Ersatzanspruch Einfluss auf das Unternehmenswohl haben. Auch die möglicherweise entstehenden Konflikte innerhalb der Familie oder der mögliche Verlust des Familienoberhaupts als Geschäftsführer, auf den sowohl Mitarbeiter als auch Geschäftspartner vertrauen, können sich nachteilig auf das Wohl des Unternehmens auswirken. Wegen der Komplexität der Entscheidung, den zu berücksichtigenden Interessen sowie den potenziellen Folgen, die eine solche Geltendmachung nach sich ziehen kann, sollte demnach dem Beirat hierbei unternehmerisches Ermessen zugestanden werden.[1396] Auch hier kann es sinnvoll sein, wie unter § 6 A.III.3.d) dargelegt, einen Beirat mit externen Nicht-Familienmitgliedern zu besetzen, um Konflikte und Voreingenommenheit zu vermeiden.

Die Beiratsmitglieder tragen so einen Teil zur Compliance des Familienunternehmens bei. Sie sind wie bereits gesehen aber auch selbst zur Einhaltung ihrer (gesetzlichen) Pflichten angehalten. Kommt es zu Fehlverhalten auf Ebene des Beirats kann sonst die Haftung desselben drohen.

3. Haftung des Beirats

Mit den organschaftlichen Rechten und Pflichten des Beirats geht bei Verletzung derselben auch eine entsprechende Haftung einher.

a) Rechtsgrundlage

Die Rechtsgrundlage für die Haftung eines freiwillig eingerichteten Beirats ist umstritten. Diese kann auf drei unterschiedliche Anspruchsgrundlagen gestützt werden. Einerseits kann sie aus den §§ 280 ff. BGB wegen der Verletzung vertraglicher Pflichten folgen. Weiterhin kommt sie bei Beiratsmitgliedern in Betracht, die gleichzeitig auch Gesellschafter sind, bei Verletzung ihrer gesellschaftsvertraglichen Pflichten. Außerdem kann die Haftung bei organschaftlichem Beirat auch analog aus §§ 116, 93 AktG, §§ 43, 52 GmbHG folgen.[1397] Hierbei wird vertreten, die Rechtsanalogie könne nur

1396 So auch *Schnorbus/Ganzer*, BB 2017, 1795, 1803; WM 2015, 1832, 1840 f. entgegen BGH NJW 1997, 1926; OLG Frankfurt AG 2011, 462, 464.

1397 *Reichert/Ulrich*, in Reichert, GmbH & Co. KG, 9. Aufl. 2024, § 19 Rn. 139; *Spindler*, in MüKo/GmbHG, 4. Aufl. 2023, § 52 Rn. 823; *Giedinghagen,* in Michalski/Heidinger/Leible/J. Schmidt, GmbHG, 4. Aufl. 2023, § 52 Rn. 422; *Schnorbus/Ganzer*, BB 2017, 1795; *Bayer*, Lange/Leible, Governance in Familienunternehmen, 2010, 155, 161.

für den Beirat einer Publikumsgesellschaft Anwendung finden. Dieser habe eine besondere Funktion, sodass eine dem Aufsichtsrat der AG nachgebildeten Haftung nur hier zur Anwendung kommen könne.[1398] In Anbetracht der Aufgaben, die ein organschaftlicher Beirat auch in anderen Gesellschaften übernimmt, kann dem indes nicht gefolgt werden. Insbesondere kann ihm auch außerhalb der Publikumsgesellschaft einem dem Aufsichtsrat der AG nachgebildete Überwachungsaufgabe zukommen.[1399] Dies gilt auch, wenn der Beirat konkurrierend neben einem fakultativen Aufsichtsrat tätig wird.[1400] Eine Haftung kommt weiterhin auch aus vertraglichen oder deliktischen Ansprüchen in Betracht.[1401] Im Gegenzug zum organschaftlichen Beirat, haftet der schuldrechtliche Beirat nur wegen Vertragsverletzung.[1402]

b) Pflichtverletzung

Die Voraussetzung für die Haftung von Beiratsmitgliedern ist zunächst die Pflichtverletzung. Entsprechend den §§ 116 S. 1, 93 Abs. 1 S. 1 AktG ist eine solche dann anzunehmen, wenn ein Beiratsmitglied seine Sorgfaltspflichten verletzt hat.[1403] Aufgrund ihrer Organstellung sind die Mitglieder des Beirats der Gesellschaft gegenüber gewissen Treuepflichten unterworfen.[1404] Die übertragenen Aufgaben sind entsprechend mit der Sorgfalt eines ordentlichen und gewissenhaften Beiratsmitglieds auszuführen.[1405] Die jeweiligen Anforderungen an die Sorgfaltspflichten sind an die Kompetenzen des Beirats gekoppelt.[1406] Mithin lässt sich auch nicht pauschal bestimmen, wann eine Pflichtverletzung anzunehmen ist. Dafür ist vielmehr der Pflichtenkreis

1398 *Mutter*, in MHdB GesR Bd. 2, 6. Aufl. 2024, § 8 Rn. 87, 94; *Rinze*, NJW 1992, 2790, 2792 f.

1399 So auch *Reichert/Ulrich*, in Reichert, GmbH & Co. KG, 9. Aufl. 2024, § 19 Rn. 140; *Spindler*, in MüKo/GmbHG, 4. Aufl. 2023, § 52 Rn. 823; *Giedinghagen,* in Michalski/Heidinger/Leible/J. Schmidt, GmbHG, 4. Aufl. 2023, § 52 Rn. 422.

1400 *Altmeppen*, in Altmeppen, GmbHG, 11. Aufl. 2023, § 52 Rn. 84; *Wicke*, in Wicke, GmbHG, 5. Aufl. 2024, § 52 Rn. 23; *Giedinghagen,* in Michalski/Heidinger/Leible/J. Schmidt, GmbHG, 4. Aufl. 2023, § 52 Rn. 422.

1401 *Reichert/Ulrich*, in Reichert, GmbH & Co. KG, 9. Aufl. 2024, § 19 Rn. 141.

1402 *Spindler*, in MüKo/GmbHG, 4. Aufl. 2239, § 52 Rn. 823; *Diekmann*, in MHdB GesR Bd. 3, 5. Aufl. 2018, § 49 Rn. 28.

1403 *Reichert/Ulrich*, in Reichert, GmbH & Co. KG, 9. Aufl. 2024, § 19 Rn. 142.

1404 *Altmeppen*, in Altmeppen, GmbHG, 11. Aufl. 2023, § 52 Rn. 93; *Spindler*, in MüKo/GmbHG, 4. Aufl. 2023, § 52 Rn. 822.

1405 *Altmeppen*, in Altmeppen, GmbHG, 11. Aufl. 2023, § 52 Rn. 93; *Spindler*, in MüKo/GmbHG, 4. Aufl. 2023, § 52 Rn. 822; *Giedinghagen,* in Michalski/Heidinger/Leible/J. Schmidt, GmbHG, 4. Aufl. 2023, § 52 Rn. 422.

1406 *Spindler,* in MüKo/GmbHG, 4. Aufl. 2023, § 52 Rn. 822; *Schnorbus/Ganzer*, BB 2017, 1795, 1796.

des Beirats zu berücksichtigen.[1407] Typische Maßstäbe, an denen sich Beiratsmitglieder zu orientieren haben, sind dabei die Beachtung des Gesellschaftsinteresses, die Wahrung von Minderheitsinteressen, die gesellschaftliche Treue sowie die Verschwiegenheit.[1408]

Kann der Beirat aufgrund seiner Kompetenzen auch unternehmerische Entscheidungen treffen, gelangt auch die Business Judgement Rule des § 93 Abs. 1 S. 2 AktG zur Anwendung (siehe grundlegend dazu bereits § 5 C.V, § 5 C.VI und § 5 C.IX).[1409] Durfte das Beiratsmitglied vernünftigerweise annehmen, bei einer unternehmerischen Entscheidung auf der Grundlage angemessener Informationen zum Wohle der Gesellschaft zu handeln, wird danach zu seinen Gunsten unwiderlegbar vermutet, dass bereits objektiv keine Pflichtverletzung vorliegt.[1410] Unternehmerische Entscheidungen in diesem Sinne, die wegen ihrer Zukunftsbezogenheit eine prognostische Beurteilung erforderlich machen,[1411] können beispielsweise vorliegen, wenn Beschlüsse des Beirats in Personalfragen getroffen werden.[1412] Hinsichtlich der Überwachungsfunktion des Beirats besteht ein solcher Entscheidungsspielraum nur bei präventiver Überwachung der Geschäftsführung, nicht indes bei der Kontrolle von bereits abgeschlossenen Sachverhalten.[1413]

Weiterhin muss er zur Anwendbarkeit der Business Judgement Rule auf der Grundlage angemessener Informationen handeln. Dabei sind jedoch nicht alle erdenklichen Informationsquellen auszuschöpfen.[1414] Vielmehr muss die Entscheidung mithin auf einer möglichst breiten sowie sorgfältig ermittelten Grundlage fußen, die den Beirat zu einer sachgerechten Risikoeinschätzung ermächtigt.[1415] Die Informationsbeschaffung ist dabei immer auch in ein Verhältnis von Kosten und Nutzen zu setzen und hängt auch von der Art und Bedeutung der Entscheidung des Beiratsmitglieds sowie

---

1407 *Reichert/Ulrich*, in Reichert, GmbH & Co. KG, 9. Aufl. 2024, § 19 Rn. 142; *Spindler*, in MüKo/GmbHG, 4. Aufl. 2023, § 52 Rn. 822.

1408 *Reichert/Ulrich*, in Reichert, GmbH & Co. KG, 9. Aufl. 2024, § 19 Rn. 142; *Spindler*, in MüKo/GmbHG, 4. Aufl. 2023, § 52 Rn. 824.

1409 *Reichert/Ulrich*, in Reichert, GmbH & Co. KG, 9. Aufl. 2024, § 19 Rn. 143; *Spindler*, in MüKo/GmbHG, 4. Aufl. 2023, § 52 Rn. 823; *Schnorbus/Ganzer*, BB 2017, 1795, 1797; *Bayer*, FS Schneider, 2011, S. 75, 83.

1410 *Reichert/Ulrich*, in Reichert, GmbH & Co. KG, 9. Aufl. 2024, § 19 Rn. 143.

1411 *Spindler*, in MüKo/AktG, 5. Aufl. 2019, § 93 Rn. 48 ff.; *Reichert/Ulrich*, in Reichert, GmbH & Co. KG, 9. Aufl. 2024, § 19 Rn. 143.

1412 OLG Düsseldorf GmbHR 2012, 1363, 1365.

1413 BGHZ 135, 244, 245 f.; *Hüffer*, NZG 2007, 47, 48.

1414 *Mertens/Cahn*, in KK-AktG, 3. Aufl. 2010, § 93 Rn. 33; *Fleischer*, NJW 2009, 2337, 2339.

1415 BGH NZG 2008, 751, 752; *Fleischer*, in BeckOGK, AktG, Stand: 01.06.2025, § 93 Rn. 92; *Lutter*, ZIP 2007, 841, 844.

den konkreten Möglichkeiten der Informationsbeschaffung ab.[1416] Ähnlich wie die Mitglieder des Aufsichtsrats, werden die Mitglieder des Beirats ihr Amt meist als Nebenamt ausüben, was bei diesen Bemühungen ebenfalls berücksichtigt werden sollte.

Darüber hinaus muss der Beirat zum Zeitpunkt seiner Entscheidung vernünftigerweise annehmen, zum Wohle der Gesellschaft zu handeln. Dies ist nicht der Fall, wenn er in unvertretbarer Weise unternehmerische Risiken eingeht oder sich bei seiner Entscheidung von sachfremden Einflüssen leiten lässt.[1417] Dies ist etwa der Fall, wenn es zu Interessenkollisionen kommt, das Beiratsmitglied also zu seinem eigenen oder dem Wohl einer ihm nahestehenden Person agiert.[1418] Das Beiratsmitglied trägt für das Vorliegen der Voraussetzungen des § 93 Abs. 1 S. 2 AktG die Darlegungs- und Beweislast (hierzu schon § 5 C.VI). Sind die Beiratsmitglieder an Weisungen der Gesellschafter gebunden, sind sie von der Haftung befreit, sofern die Weisung rechtmäßig erteilt wurde.[1419] Bestehen Zweifel an der Vereinbarkeit der Weisung mit dem Unternehmensinteresse, müssen diese Zweifel gegenüber dem Weisungsberechtigten dargelegt werden.[1420]

c) *Reduzierung des Haftungsrisikos*

Die Beiratsmitglieder haben bei der Ausführung ihres Amtes die Sorgfalt eines ordentlichen und gewissenhaften Geschäftsleiters anzuwenden. § 52 Abs. 1 GmbHG sieht vor, dass für einen statutarisch eingerichteten Aufsichtsrat der GmbH Haftungserleichterungen vorgesehen werden können und die Regelungen der §§ 116, 93 AktG nicht zwingend angewendet werden müssen.[1421] Aufgrund der vielfältigen Gestaltungsmöglichkeiten kann das Haftungsrisiko des Beirats mithin reduziert werden. Dabei kommt § 708 BGB für den organschaftlichen Beirat nicht zur Anwendung.[1422] Denkbar ist dennoch die Herabsetzung des Verschuldensmaßstabs auf die Sorgfalt i. S. v. § 277 BGB, wonach die Haftung für einfache Fahrlässigkeit ausgeschlossen

---

1416 *Fleischer*, in BeckOGK, AktG, Stand: 01.06.2025, § 93 Rn. 92; *Mertens/Cahn*, in KK-AktG, 3. Aufl. 2010, § 93 Rn. 33; *Lutter*, ZIP 2007, 841, 844.

1417 BGHZ 135, 244, 253; *Reichert/Ulrich*, in Reichert, GmbH & Co. KG, 9. Aufl. 2024, § 19 Rn. 143; *Mertens/Cahn*, in KK-AktG, 3. Aufl. 2010, § 93 Rn. 23 ff.

1418 BT-Drs. 15/5092, S. 11.

1419 *Altmeppen*, in Altmeppen, GmbHG, 11. Aufl. 2023, § 52 Rn. 94; *Spindler*, in MüKo/GmbHG, 4. Aufl. 2023, § 52 Rn. 823; *Schnorbus/Ganzer*, BB 2017, 1795, 1805.

1420 *Reichert/Ulrich*, in Reichert, GmbH & Co. KG, 9. Aufl. 2024, § 19 Rn. 144; *Spindler*, in MüKo/GmbHG, 4. Aufl. 2023, § 52 Rn. 823.

1421 *Reichert/Ulrich*, in Reichert, GmbH & Co. KG, 9. Aufl. 2024, § 19 Rn. 154.

1422 *Reichert/Ulrich*, in Reichert, GmbH & Co. KG, 9. Aufl. 2024, § 19 Rn. 148; *Spindler*, in MüKo/GmbHG, 4. Aufl. 2023, § 52 Rn. 823; *Bayer*, Lange/Leible, Governance in Familienunternehmen, 2010, 155, 162.

werden kann.[1423] Grundsätzlich besteht auch die Möglichkeit, die Haftung für grob fahrlässiges Verhalten auszuschließen (vgl. § 276 Abs. 3 BGB).[1424] Zunehmend werden für Beiratsmitglieder sog. D&O-Versicherungen abgeschlossen, wonach Vermögensschäden abgedeckt werden sollen, die die versicherten Beiratsmitglieder der Gesellschaft oder außenstehenden Dritten zufügen.[1425]

Lediglich vorsätzliches Verhalten der Beiratsmitglieder kann nicht ausgeschlossen werden.[1426] Mit den weitreichenden Rechten und Pflichten, die ein organschaftlicher Beirat im Unternehmen übernimmt, kann eine vorsätzliche Verletzung dieser nicht mit Haftungsbefreiung versehen werden.[1427] Dies wäre außerdem kein versicherbares Risiko, für das eine etwaige D&O-Versicherung aufkäme. Insbesondere dann nicht, wenn diese einen sog. „Wissentlichkeitsausschluss" vereinbart hätte.[1428] Dieser geht über den Ausschluss vorsätzlicher Schadensverursachungen vom Versicherungsschutz hinaus und verlangt, dass der Versicherte sich sowohl der verletzen Pflicht als solcher sowie deren Verletzung im Zeitpunkt der Tat bewusst ist, dabei jedoch fest darauf vertraut, durch sein Handeln die Gesellschaft nicht zu schädigen.[1429]

4. Zwischenfazit

Der Beirat kann im Familienunternehmen auch eingesetzt werden, um zur Umsetzung der Compliance beizutragen. Im Wege der Beratung kann er sogar bei deren Implementierung aushelfen und der Geschäftsführung etwa mit vorhandenem Spezialwissen beiseite stehen. Eine seiner Pflichten als organschaftlicher Beirat ist zudem die Überwachung der Geschäftsführung. Dies kann so weit gehen, dass bei dem Verdacht auf Fehlverhalten, Sachverhalte auch untersucht und aufgeklärt werden müssen. Er nimmt also keine lediglich passive Rolle ein, sondern kann ebenso wie bei der Family Business Governance aktiv an der Compliance-Ausgestaltung mitwirken. Hinzu kommt, dass seine vielfältigen Rechte und Pflichten bei Verletzung

1423 *Spindler*, in MüKo/GmbHG, 4. Aufl. 2023, § 52 Rn. 823; *Schnorbus/Ganzer*, BB 2017, 1795, 1805; *Vetter*, GmbHR 2012, 181, 186; *Lange*, GmbHR 2006, 897, 903.

1424 *Reichert/Ulrich*, in Reichert, GmbH & Co. KG, 9. Aufl. 2024, § 19 Rn. 144; *Spindler*, in MüKo/GmbHG, 4. Aufl. 2023, § 52 Rn. 823; *Schnorbus/Ganzer*, BB 2017, 1795, 1805.

1425 *Reichert/Ulrich*, in Reichert, GmbH & Co. KG, 9. Aufl. 2024, § 19 Rn. 154; *Huber*, GmbHR 2004, 772, 777.

1426 *Reichert/Ulrich*, in Reichert, GmbH & Co. KG, 9. Aufl. 2024, § 19 Rn. 144; *Spindler*, in MüKo/GmbHG, 4. Aufl. 2023, § 52 Rn. 823; *Schnorbus/Ganzer*, BB 2017, 1795, 1805.

1427 *Schnorbus/Ganzer*, BB 2017, 1795, 1806.

1428 *Paefgen*, in Habersack/Casper/Löbbe, GK GmbHG, 3. Aufl. 2020, § 43 Rn. 432.

1429 *Lange*, ZIP 2003, 466; *ders.*, DStR 2002, 1674, 1676; *Vorrath*, VW 2006, 151.

derselben auch mit einem Haftungsrisiko einhergehen. Dieses kann zwar durch entsprechende Regelungen im Gesellschaftsvertrag oder auch mithilfe einer D&O-Versicherung abgemildert werden, ist aber nie vollständig auszuschließen. Insbesondere kann sich der Beirat ebenso wie andere Organe der Gesellschaft nicht darauf verlassen, dass etwa vorsätzliches Handeln gedeckt wird. Für Familienunternehmen bedeutet dies, sie sollten die Aufgaben des Beirats entsprechend formulieren und die Beiratsmitglieder auch in Hinblick auf ihre Kenntnisse im Bereich Compliance auswählen. Dabei sollte sich das Unternehmen der Risiken bewusst werden, die die Mitglieder dadurch eingehen können und ihnen durch Regelung zur Haftungsreduzierung die Arbeit erleichtern.

IV. Family Compliance

Familienunternehmen haben neben der Corporate Compliance – also der Einhaltung von Gesetzen – auch dafür Sorge zu tragen, dass die das Verhalten der Familienmitglieder und deren Zusammenspiel betreffenden Regeln eingehalten werden. Da diese rechtlich nur bedingte Geltung erlangen, bzw. der Verstoß gegen sie nicht zwangsläufig zur Sanktionierung führt, bedarf es der sog. Family Compliance. Im Gegensatz zur Corporate Compliance betrifft diese nicht die für das Unternehmen relevanten Normen, sondern die Durchsetzung von Regeln für das Verhalten der Familie.[1430] Die von der Family Governance in der Familienverfassung vorgegebenen Regelungen geben den Rahmen für das Verhalten der Familienmitglieder vor (siehe dazu bereits § 6 A.II.4). Fraglich ist, inwieweit die Vorgaben für die Familienmitglieder Bindungswirkung entfalten und wie diese durchgesetzt werden können.

Wenn alle Familienmitglieder in den Entwicklungsprozess der Familienverfassung eingebunden sind, erhöht dies auch deren Akzeptanz für die dort aufgestellten Vorgaben. Jedoch führt auch dies nicht zu einer rechtlichen Verbindlichkeit. Insbesondere die Sanktionierung gestaltet sich hierbei schwierig.[1431] Das liegt insbesondere daran, dass es schon keine zuständige Stelle wie etwa einen „Family Compliance Officer" gibt. Der faktische Druck, der bei Nicht-Einhalten der in der Familienverfassung aufgestellten Regelungen entsteht, ist vielmehr der Verlust von Zuneigung und Reputation und die Ausgrenzung aus dem familiären Verbund.[1432] Dies kann zu erheblichen Konflikten führen, die sich auch auf das Unternehmen auswirken können und somit auch auf dessen Erfolg.

1430 *Windthorst*, in MHdB GesR Bd. 9, 6. Aufl. 2021, § 14 Rn. 6; *Ebner/Schmidt*, CB 2019, 470, 472 f.

1431 *Windthorst*, in MHdB GesR Bd. 9, 6. Aufl. 2021, § 14 Rn. 8.

1432 *Windthorst*, in MHdB GesR Bd. 9, 6. Aufl. 2021, § 14 Rn. 8.

Insbesondere führt ein fortwährender Regelbruch einzelner Familienmitglieder zu Frustration. Denn das Verfassen und Etablieren einer eigenen Familienverfassung kostet Zeit und Geld. Hält sich eines der Mitglieder nicht an die aufgestellten Regelungen, verstößt es gleichzeitig gegen das Selbstverständnis der Unternehmerfamilie, den gemeinsamen Konsens hinsichtlich Grund- und Wertehaltung. Dies führt zum Vertrauensbruch und dem Wunsch nach Konsequenzen, die nicht bloß auf emotionaler Ebene erfolgen, sondern sich in tatsächlicher Hinsicht auswirken. Dass es zu einem Regelbruch kommen kann, wird oft während des Erstellungsprozesses nicht beachtet. Hierbei arbeiten die Familienmitglieder zusammen an einer gemeinsamen Strategie und vertrauen gegenseitig darauf, dass diese auch eingehalten wird.[1433] Präventive Maßnahmen und etwaige Sanktionen werden indes nur selten bedacht.[1434]

Daher erscheint es als angemessen, ebenso wie für das Unternehmen präventive und repressive Maßnahmen festzulegen, die einerseits vermeiden sollen, dass Familienmitglieder gegen die Familienverfassung verstoßen und andererseits festhalten, welche Reaktion auf Fehlverhalten erfolgen soll. Der Begriff der Compliance, der im Kern als Regeltreue zu begreifen ist, sollte den Familienunternehmen auch in Bezug auf ihre eigenen Regelungen nicht unbekannt sein. Anlehnend an dieses Begriffsverständnis, kann man die Family Compliance auch definieren, als „*Bereitschaft zur Einhaltung eines freiwilligen Kodex, den sich eine Unternehmerfamilie gegeben hat*"[1435]. Rüsen formuliert daher in Folge fünf Handlungsschritte, die Familienunternehmen festhalten und vornehmen können, wenn es zu einem Verstoß gegen die Familienverfassung kommt:[1436] Zunächst sollen Regelbrüche offen angesprochen werden, damit es nicht zu einer Tabuisierung kommt und diese nicht still geduldet werden. Im Nachgang soll der Sachverhalt in einer dafür festgelegten Form aufgeklärt werden. Die soll etwaige Regelungslücken oder Unklarheiten ausräumen und eventuell zur Anpassung der Verfassung führen. Im Anschluss daran soll es bei wissentlich und beabsichtigt begangenen Verstößen zu einer Verwarnung kommen, um den Delinquenten an das Regelwerk zu erinnern und zu verdeutlichen, dass dieses ernst genommen werden soll. Dies soll auch ermöglichen, an den „Familientisch" zurückzukehren, wenn es danach nicht zu weiteren Verstößen kommt. Kommt es zu wiederholten Regelbrüchen soll es zu Konsequenzen wie temporären Ausschlüssen auf der Gemeinschaft und den damit verbundenen Gemeinschaftsaktivitäten oder dem Entzug des Mitspracherechts in Bezug auf Belange der

1433 *Rüsen*, FuS 2017, 120, 121.
1434 *Rüsen*, FuS 2017, 120, 121.
1435 *Rüsen*, FuS 2017, 120, 122.
1436 Siehe zu diesem Handlungsrahmen *Rüsen*, FuS 2017, 120, 122 ff.

Unternehmerfamilie kommen. Der letzte Handlungsschritt soll sodann die Versöhnung und Reintegration sein.

Dieser Handlungsrahmen scheint insoweit sinnvoll, sollte aber nach der hier vertretenen Ansicht an einzelnen Stellen erweitert werden. Es ist bewusst, dass das Familienunternehmen ein einzigartiges Konstrukt – ein Unternehmen sui generis – ist und hier auch andere Regeln gelten müssen, die immer im Blick haben, dass die Gesellschafter familiär verbundene sind und anders als etwa Aktionäre einer nicht-familiengeführten AG sich nicht ohne weiteres ihrer Anteile entledigen können und sollen. Dennoch erscheint es sinnvoll, sowohl auf präventiver als auch auf repressiver Seite zu ergänzen.

1. Family Compliance Officer

Denkbar wäre deswegen hier zur Verstärkung der Regelungen der Familienverfassung eine unabhängige Kontrollstelle einzuführen, die das Verhalten der Familienmitglieder auf Konformität mit der Familienverfassung überprüft, aber auch präventiv zur Stärkung der familiären Bande und der Identifikation der einzelnen Familienmitglieder mit ihrem Unternehmen beiträgt.

Ein solcher *Family Compliance Officer* könnte dabei dem Kreis des Beirats angehören und sollte idealerweise kein Mitglied der Familie sein, um weitere Interessenkonflikte zu vermeiden. Dennoch sollte er mit allen Belangen der Familie bekannt sein und das nötige Vertrauen der Mitglieder besitzen, um hier eine Kontrolle zu ermöglichen. Da es hierbei vornehmlich um emotionale Konflikte gehen wird, ist ein behutsamer Umgang vonnöten. Denkbar wäre hier auch die Aufnahme entsprechender Verfahrensregelungen in die Familienverfassung, was wiederum die Akzeptanz für die zuständige Stelle deutlich erhöhen würde. Hier sollten die konkreten Aufgaben, Anforderungen und Rechte eines solchen *Family Compliance Officers* klar umrissen sein.

Die Stelle des *Family Compliance Officers* könnte darüber hinaus auch von jemandem übernommen werden, der der Familie ansonsten nahesteht, wie etwa der Anwalt der Unternehmerfamilie. Seine Vorgehensweise sollte vorab eindeutig festgelegt werden, um den Prozess von Emotionen zu lösen und zu formalisieren. Denkbare Instrumente sind Befragungen mit dem betroffenen Familienmitglied, die angelehnt an die internen Untersuchungen im Unternehmen zunächst auch der Geheimhaltung unterliegen sollten, damit das Familienmitglied offen sprechen kann. Aber es sollten nicht nur Vorgehensweisen etabliert werden, die repressiv vorgenommen werden, wenn es bereits zu einem Verstoß gekommen ist. Vielmehr sollten Maßnahmen zur Prävention ähnlich der Corporate Compliance getroffen werden.

So können regelmäßige Gespräche mit den Familienmitgliedern Konflikte bereits in der Entstehung hindern. Auch könnten Maßnahmen wie gemeinsame Aktivitäten (*Family Activity*) in Betracht gezogen werden, um den Familienzusammenhalt präventiv zu stärken.[1437] Diese sind so auch bereits in 9.3 GKFU angelegt. Auch Maßnahmen der Family Education bei denen etwa wirtschaftswissenschaftliche Grundlagen vermittelt werden sollen, können helfen, die Familienmitglieder zu verantwortungsvollen Gesellschaftern auszubilden. Dies kann einerseits Nachfolgeproblemen vorbeugen und führt andererseits auch dazu, dass alle Mitglieder auf einem Wissensstand sind, was das Misstrauen in die Arbeit der anderen reduziert.[1438] Dies macht deutlich, dass bei Besetzung der Stelle des *Family Compliance Officers* auch dessen Eignung von Belang ist. So sollte sichergestellt sein, dass hier ausreichend wirtschaftswissenschaftliches Wissen und unternehmerische Fähigkeiten vorhanden sind, damit dieses Wissen auch entsprechend vermittelt werden kann. Hier könnte man sich etwa an den Anforderungen eines durchschnittlichen Aufsichtsratsmitglieds orientieren, welches seinerseits über die nötigen Kenntnisse verfügen sollte, um einerseits beratend und andererseits überwachend tätig zu werden.

Der *Family Compliance Officer* sollte dabei nicht den Compliance Officer ersetzen, der für die Einhaltung der gesetzlichen Vorgaben im Unternehmen zuständig ist. Er agiert auf einer gänzlich anderen Ebene und befasst sich ausschließlich mit den Belangen der Familie. Dafür sollte er einerseits präventiv Konflikten entgegenwirken, indem er für die Einhaltung der Verhaltensregeln sorgt und andererseits bei Verstößen gegen diese auch entsprechend tätig werden. Maßnahmen, die er anwenden kann, wenn es zu einem Verstoß kam, könnten etwa Gespräche mit den Betroffenen als neutraler Vermittler oder auch eine Sanktionierung des betroffenen Familienmitglieds sein.

2. Sanktionen

Mögliche Sanktionen gestalten sich indes schwierig. Ein Ausschluss aus dem Unternehmen ist aus den unter § 4 F.II.2 genannten Gründen nicht ohne weiteres möglich und verfehlt wohl auch den Zweck der Family Compliance. Diese soll nicht dazu führen, dass die Familie weiter auseinanderrückt und es keine Möglichkeiten für eine geordnete Rückkehr an den Familientisch gibt. Vielmehr sollten die in der Befragung gewonnenen Ergebnisse als Basis für weiterführende Gespräche mit der Familie genutzt werden. Wenn jedoch auch der temporäre Entzug von Mitspracherechten oder Ausschluss aus der Gemeinschaft nicht ausreicht, kann auch darüber nachgedacht wer-

1437 Siehe auch *Rohner*, in MAH Personengesellschaftsrecht, 3. Aufl. 2019, § 3 Rn. 101.
1438 *Rohner*, in MAH Personengesellschaftsrecht, 3. Aufl. 2019, § 3 Rn. 102.

den, der Familienverfassung auf andere Weise zur Wirksamkeit zu verhelfen.

Wie bereits unter § 6 A.II.4.c) dargelegt, entfaltet die Familienverfassung nach der hier vertretenen Ansicht auch Rechtswirkung. Damit kann sie sich im Einzelfall auch auf Inhalt und Umfang der gesellschafterlichen Treuepflicht der einzelnen Familiengesellschafter auswirken.[1439] Dies gilt umso mehr, wenn einerseits in der Familienverfassung der Vorrang des Gesellschaftsinteresses am Bestand über Generationen und Erhalt des Unternehmens festgelegt ist und andererseits ein Familiengesellschafter gegen zuvor mit den anderen Gesellschaftern festgelegte und einvernehmlich verabschiedete Regelungen verstößt.[1440] Ein solcher Verstoß gegen die gesellschafterliche Treuepflicht kann Handlungs- und Unterlassungspflichten sowie Schadensersatzpflichten und in schwerwiegenden Fällen den Gesellschafterausschluss nach sich ziehen.[1441]

Selbst wenn man davon ausgehen will, dass die Familienverfassung lediglich der Vorbereitung der Ausarbeitung von rechtlich verbindlichen gesellschaftsrechtlichen Regelungen dienen soll, kann diese auch als Sonderverbindung i. S. v. § 311 Abs. 2 Nr. 3 BGB qualifiziert werden und Schutz- sowie Treuepflichten aus § 242 BGB begründen.[1442] Verletzt ein Familiengesellschafter seine Verpflichtung nach Maßgabe der Familienverfassung, Rücksicht auf das Unternehmen und die anderen Gesellschafter zu nehmen, kann dies einen Schadensersatzanspruch gem. §§ 280 Abs. 1, 241 Abs. 2, 311 Abs. 2 Nr. 3 BGB begründen.[1443]

Eine weitere Möglichkeit, der Familienverfassung entsprechenden Nachdruck zu verleihen, ist die Vereinbarung einer Vertragsstrafe für den Fall, dass Verhaltenspflichten nicht eingehalten werden. Grundsätzlich kann gem. § 339 BGB eine aufschiebend bedingte Geldzahlung in Form einer Vertragsstrafe für den Fall vereinbart werden, dass der Schuldner seine Verbindlichkeit nicht oder nicht in gehöriger Weise erfüllt. Diese dient einerseits als Druckmittel zur Erfüllung der Verpflichtungen und Verhinderung künftiger Pflichtverletzungen[1444] und kann andererseits auch die Schadenersatzforde-

---

1439 *Holler*, in MHdB GesR Bd. 7, 6. Aufl. 2020, § 75 Rn. 208; *ders.*, ZIP 2018, 553, 561 f.; *Reich/Bode*, DStR 2018, 305, 307; *Prütting/Schirrmacher*, ZGR 2017, 829, 849 ff.; *Fleischer*, ZIP 2016, 1509, 1518 f.

1440 *Holler*, in MHdB GesR Bd. 7, 6. Aufl. 2020, § 75 Rn. 208, 367.

1441 *Holler*, in MHdB GesR Bd. 7, 6. Aufl. 2020, § 75 Rn. 209; *ders.*, ZIP 2018, 553, 562.

1442 Holler, in MHdB GesR Bd. 7, 6. Aufl. 2020, § 75 Rn. 210; ders., ZIP 2018, 553, 561 f; Fleischer, ZIP 2016, 1509, 1515 f.

1443 *Holler*, in MHdB GesR Bd. 7, 6. Aufl. 2020, § 75 Rn. 210; *ders.*, ZIP 2018, 553, 561 f; *Fleischer*, ZIP 2016, 1509, 1515 f.

1444 BGH NJW 2000, 2106, 2107; OLG Frankfurt MDR 1985, 934; *Gottwald*, in MüKo/BGB, 9. Aufl. 2022, Vorbemerkung § 339 Rn. 6.

rungen erleichtern, indem ein beweisfreier Mindestersatz garantiert wird.[1445] Dies kann auch für immaterielle Schäden über den § 253 BGB hinaus gelten.[1446] Die Vertragsstrafe muss dabei vertraglich vereinbart werden[1447] und der Sicherung einer anderen, bestehenden Hauptverbindlichkeit dienen.[1448] Der Höhe nach muss sie nicht zwangsläufig vorher konkretisiert werden, dies kann zu einem späteren Zeitpunkt oder auch durch einen Dritten (§ 317 BGB) erfolgen.[1449] Mit Nichtunternehmern kann eine solche Vertragsstrafe wegen § 309 Abs. 6 BGB nicht im Rahmen allgemeiner Vertragsbedingungen vereinbart werden. Da indes bei Arbeitsverträgen – selbst wenn es sich dabei um Formular-Arbeitsverträge handelt[1450] – eine Vertragsstrafe grundsätzlich möglich ist,[1451] kann sich auch für die Bewertung entsprechender Regelungen in der Familienverfassung, für den Fall dass etwa Verhaltensvorgaben nicht eingehalten werden, nichts anderes ergeben. Insoweit muss die Privatautonomie als Ausdruck der allgemeinen Handlungsfreiheit des Art. 2 Abs. 1 GG gewahrt werden und den Parteien zugestehen, solche individuellen Vereinbarungen zu treffen. Haben sich die Parteien – vorliegend die Familiengesellschafter – darauf geeinigt, Verhalten, welches gegen die Maßgaben der Familienverfassung verstößt, mit einer Vertragsstrafe zu ahnden, so steht ihnen diese Vereinbarung frei. Mit der Umsetzung kann sodann der *Family Compliance Officer* beauftragt werden, der damit die Möglichkeit hätte, für die konkrete Umsetzung der freiwillig auferlegten Regelungen zu sorgen.

Unabhängig davon, ob man eine Einordnung der Familienverfassung als Sonderverbindung i. S. v. § 311 Abs. 2 Nr. 3 BGB vornehmen will, oder aber grundlegend Vertragsstrafen vereinbart, besteht eine Möglichkeit zur Sanktionierung von Fehlverhalten der Familienmitglieder. Hierbei könnte man die Zuständigkeit für die Verfolgung etwaiger Ansprüche ebenfalls auf einen *Family Compliance Officer* delegieren. Damit wäre ihm auch ein ausreichendes Durchgreifen in verschiedenen Eskalationsstufen möglich. So könnte er zunächst, wenn es nur darum geht, eine entsprechende Kultur und Awareness für die Verhaltenspflichten bei den Familiengesellschaftern zu etablieren, für entsprechende gemeinsame Aktivitäten und Schulungen etc. sorgen und dazu beitragen, dass das Gemeinschaftsgefühl und die Verbundenheit der Familiengesellschafter zum Unternehmen gestärkt werden. Bei

1445 BGH NJW 2000, 2106, 2107; BGH NJW 1995, 2788, 2790; *Gottwald*, in MüKo/BGB, 9. Aufl. 2022, Vorbemerkung § 339 Rn. 6.

1446 *Gottwald*, in MüKo/BGB, 9. Aufl. 2022, Vorbemerkung § 339 Rn. 6.

1447 BGH GRUR 2010, 355 Rn. 17; BGH ZIP 2006, 1777, 1778; *Gottwald*, in MüKo/BGB, 9. Aufl. 2022, § 339 Rn. 4.

1448 *Gottwald*, in MüKo/BGB, 9. Aufl. 2022, § 339 Rn. 14.

1449 *Gottwald*, in MüKo/BGB, 9. Aufl. 2022, § 339 Rn. 28.

1450 BAG NZA 2004, 727, 728; BAG, NZA 2005, 1053, 1054 f.

1451 *Gottwald*, in MüKo/BGB, 9. Aufl. 2022, Vorbemerkung § 339 Rn. 19; *Müller-Glöge*, in ErfK Arbeitsrecht, 25. Aufl. 2025, § 339 Rn. 11 ff.

entstehenden Konflikten könnte er zu deren Schlichtung mittels Gesprächen mit den Betroffenen und eventuellen Vermittlungsversuchen beistehen. Eskaliert ein Konflikt oder wird ein schwerwiegender Verstoß gegen die in der Familienverfassung verankerten Grundregeln offensichtlich, hätte er mit der Möglichkeit der Geltendmachung von Schadenersatzansprüchen auch entsprechende Mittel, um gegen diese vorzugehen und somit auch präventiv andere Familiengesellschafter von ähnlichen Verstößen abzuhalten.

Dennoch sollte hier nicht vergessen werden, dass dabei immer an die mögliche Reintegration des regelbrüchigen Familienmitglieds zu denken ist. Ein Family Compliance Officer, dem dies klar ist, kann entscheidend zur Einhaltung der familieneigenen Regelungen beitragen.

V. Zwischenfazit

Wie die Family Business Governance muss auch die Compliance in Familienunternehmen flexibel sein und sich an individuelle Gegebenheiten anpassen. Kleinere Unternehmen können auch mit wenigen Maßnahmen auskommen, solange alle Risiken abgedeckt sind. Unterbleiben jegliche Compliance-Maßnahmen, entstehen blinde Flecken. Dies führt zu unkalkulierbaren Risiken und kann im schlimmsten Falle eine Existenzgefährdung darstellen. Dennoch gilt für Familienunternehmen immer, dass eine „*one-size-fits-it-all*"-Lösung nicht zum gewünschten Erfolg führen wird. Den Besonderheiten des jeweiligen Unternehmens muss auch durch die Compliance-Organisation Rechnung getragen werden. Dabei sollten vor allem die Risiken, die durch die persönliche Komponente – die familiäre Verbundenheit der Gesellschafter – entsteht, berücksichtigt werden. Ob eine Compliance-Organisation eingeführt wird, steht dabei nicht zur Debatte, vielmehr entscheidet die Geschäftsführung darüber, wie sie ausgestaltet sein soll.

Faktoren, die in die Überlegungen mit einbezogen werden können, sind dabei die Größe des Unternehmens, die Branche, die Risikoexposition einzelner Bereiche wie etwa Einkauf und Vertrieb und die vorhandenen Rechtskenntnisse innerhalb der Geschäftsführung. Dabei darf falscher Stolz oder die Sorge vor einem Eingriff von außen nicht dazu führen, dass ein unkundiger Geschäftsführer diese Aufgaben in Personalunion ausführt. An dieser Stelle greift auch der Beirat als Instrument der Überwachung und Beratung der Geschäftsführung ein. Er kann entweder selbst Compliance-Aufgaben übertragen bekommen, oder überwachen, dass diese entsprechend ausgeführt werden. Dabei können etwaige Zustimmungsvorbehalte und Entscheidungsbefugnisse neben die Überwachungsaufgabe treten, die sicherstellen können, dass Compliance in hinreichendem Maße umgesetzt wird. Dem Beirat kommt daher eine entscheidende Rolle im Rahmen der Compliance in Familienunternehmen zu.

Daneben ist zu bedenken, dass auch die eigenen Regeln der Familie, die sich zumeist in der Familienverfassung finden, keine zahnlosen Papiertiger seien sollten. Auch sie bedürfen der entsprechenden Umsetzung und geeigneten Durchsetzung, wenn es zur Regelvergessenheit kommen sollte. Hierbei empfiehlt sich neben konkreten Verfahrensregeln in der Familienverfassung selbst auch die Einrichtung einer unabhängigen Stelle zur Überwachung und Durchsetzung der selbstauferlegten Regeln. Diese Aufgabe könnte durch einen Family Compliance Officer übernommen werden, der sowohl das Unternehmen als auch dessen Mitglieder und Grund- und Werthaltung kennt und dabei unabhängig genug ist, sich nicht von Sentimentalitäten leiten zu lassen.

§ 7 Schlussbetrachtung

Bereits zu Beginn dieser Bearbeitung stand fest: Familienunternehmen sind nicht gleichzusetzen mit nicht-familiengeführten Unternehmen. Ziel war es daher, einerseits Unterschiede herauszuarbeiten, die sich hieraus ergeben und andererseits auch auf den gesetzlichen Regelungen und Best-Practice-Ansätzen, etwa für die AG, aufbauend eigene Handlungsoptionen herauszuarbeiten, die Familienunternehmen im Rahmen ihrer eigenen Corporate Governance und Compliance beachten können.

Dafür war es zunächst wichtig zu verstehen, wie Familienunternehmen funktionieren und sich von anderen Unternehmen abheben. Die Ausarbeitung hat gezeigt, dass Familienunternehmen in allen Größen und Rechtsformen auftreten und sich im Hinblick auf ihre Eigentümerstruktur und ihre Strategie unterscheiden und dies maßgeblich mit dem Lebenszyklus zusammenhängt, in dem sie sich befinden. Obwohl sie sich besonders auch durch ihre Einzigartigkeit auszeichnen, gibt es einige Charakteristika, die ihnen gemein sind. Ausschlaggebend für die Einordnung eines Unternehmens als Familienunternehmen ist die Kontrolle durch eine Unternehmerfamilie und ihre Mitglieder.

Hierbei bietet die enge familiäre Verbindung sowohl Vorteile als auch Raum für Konflikte. Die familiäre Verbundenheit, gemeinsame Werte und Ziele und das gemeinsame Interesse am Fortbestand des Unternehmens können das Familienunternehmen voranbringen und sich auf dessen Erfolg unmittelbar positiv auswirken. Kommt es jedoch zu Konflikten innerhalb der Familie, kann dies ebenfalls direkten Einfluss auf das Unternehmen haben und schlimmstenfalls zu dessen Scheitern führen, wenn relevante Entscheidungsprozesse behindert und notwendige Maßnahmen nicht ergriffen werden. Eine positive Auswirkung können daher die Einfluss- und Gestaltungsmöglichkeiten haben, die in einem Familienunternehmen in der Rechtsform der GmbH zur Verfügung stehen. Hier können korrespondierend zur hohen Gestaltungsfreiheit Klauseln zur Haftungsbeschränkung, Anteilsvinkulierung, Stimmrechtspools und Nachfolge etabliert werden. Dabei trägt der Gesellschaftsvertrag durch eine entsprechende Gestaltung den Besonderheiten der jeweiligen Gesellschaft und der dahinterstehenden Familie Rechnung und kann so zur Konfliktvermeidung beitragen. Auch steht es der Unternehmerfamilie frei, einen Beirat in der Gesellschaft einzurichten, der die Geschäftsführung und Gesellschafter unterstützt.

Die Vorgaben, die hinsichtlich Corporate Governance und Compliance etwa vom DCGK gemacht werden und über § 161 AktG auch Verbindlichkeit entfalten, sind nicht ohne weiteres auf die GmbH anwendbar. Zwar weichen die Bedürfnisse von Familienunternehmen hinsichtlich dessen von denen anderer Unternehmen ab und sind individuell zu bewerten, dennoch ist die Etablierung von Maßnahmen zur Konfliktvermeidung und -lösung unerlässlich.

Individualität: In Bezug auf Familienunternehmen verbieten sich jegliche one-size-fits-it-all-Lösungen.

Das wichtigste Ziel von Corporate Governance ist die Förderung des Unternehmenserfolges und die Optimierung der Unternehmenskontrolle und -führung. Besondere Beachtung finden dabei die Aspekte nachhaltiger und rechtmäßiger Wertschöpfung sowie das Interesse von Aktionären, Mitarbeitern und anderen Stakeholdern. Hierbei gilt, dass Aktivitäten des Unternehmens und seiner Leitung und Überwachung für die jeweiligen Stakeholder transparent gestaltet werden sollen, um Vertrauen in das Unternehmen herzustellen und zu festigen. Diese Betrachtungsweise ist für börsennotierte Aktiengesellschaften ohne Familienbezug sicher ausreichend. Sie trägt indes den Besonderheiten der Familienunternehmen nicht ausreichend Rechnung. Denn, während in Aktiengesellschaften der Prinzipal-Agenten-Konflikt die Erreichung des Ziels der Corporate Governance aufgrund von Informationsasymmetrien und unterschiedlichen Interessen erschwert, ergeben sich die Interessenkonflikte in Familienunternehmen (vor allem bei solchen ohne Fremdgeschäftsführer) aus den verschiedenen Interessen der Gesellschafter oder des Familienoberhaupts und den persönlichen Konflikten.

Der DCGK steht börsennotierten Unternehmen als Leitfaden guter Unternehmensführung zur Verfügung. Dessen allgemeingültige Aussagen lassen sich zwar teilweise auch auf Familienunternehmen anwenden. Die Vielzahl seiner Regelungen richtet sich jedoch an kapitalmarktorientierte Unternehmen und sind nicht ohne weiteres übertragbar. Dies gilt umso mehr, wenn die entsprechenden Regelungen einen Bezug zur Rechtsform aufweisen. Doch auch wenn die Herausforderungen in Familienunternehmen andere sind als in kapitalmarktorientieren Unternehmen, ergibt sich ein besonderes Spannungsfeld aus der Ausgestaltung des Familienunternehmens an sich, welches die unternehmerische Tätigkeit und Familie miteinander verbindet. Typische Konfliktfelder, die sich hieraus ergeben sind unter anderem die Unternehmensnachfolge, die Mitarbeit im Unternehmen, die Vergütung und Kompetenzen aktiver Gesellschafter, die Gremienbesetzung sowie die Unternehmensstrategie und Gewinnausschüttungen. Diese müssen gesondert in die Bemühungen zur Corporate Governance einfließen. In diesem Bewusstsein wird in Familienunternehmen der Faktor Familie als gleichwertiger Teil in die Überlegungen zur Förderung des Unternehmenserfolges und der Optimierung der Unternehmensführung und -kontrolle mit einbezogen.

Als Hilfestellung kann den Familienunternehmen der GKFU dienen, der als Leitfaden zwar keine verbindlichen Vorgaben macht, sondern den Familienunternehmen Empfehlungen hinsichtlich der Anpassung ihrer Family Business Governance an ihre Bedürfnisse gibt. Der GKFU selbst kann zwar kritisch betrachtet werden, dennoch kann sein Inhalt durchaus wertvoll für die betroffenen Unternehmen sein, um eine Idee davon zu bekommen, was für eine geeignete Family Business Governance vonnöten ist. So befasst sich der GKFU unter anderem mit dem Selbstverständnis der Familienmitglieder, die sich zum verantwortungsvollen Umgang mit ihrer Rolle als Inhaber eines Familienunternehmens bekennen und geeignete Governance-Mechanismen etablieren sollen. Auch die mögliche Ausgestaltung der Inhaberrechte und -pflichten, etwa in Hinblick auf die Delegation von Befugnissen an ein Aufsichtsgremium und die bestehende Letztverantwortung werden thematisiert. Ein solches soll laut Empfehlung des GKFU auch eingerichtet werden, wenn keine gesetzliche Verpflichtung hierzu besteht. Neben diesen und weiteren Empfehlungen zur Business Governance, enthält der GKFU auch Empfehlungen zur Family Governance, deren Ziel laut GFKU die Stärkung und Festigung des Zusammengehörigkeitsgefühls der Mitglieder sowie die Identifikation mit dem Unternehmen sowie die Vermeidung von Konflikten sein soll. Die einzelnen Aspekte der Family Governance sollen die Familienunternehmen in einem eigenen Kodex – einer Familienverfassung – festhalten und erarbeiten. Dabei soll vor allem festgelegt werden, wer Teil der Familie ist, welches Verhalten zum Beispiel in der Öffentlichkeit und auch gegenüber dem Unternehmen und seiner Gesellschafter von den Mitgliedern verlangt wird.

Dennoch lässt auch er in Teilen noch Raum für Verbesserungen; so fehlen im GKFU Regelungen zur ESG, die vor allem im Hinblick auf die zunehmende Regulierung in diesem Bereich – man siehe etwa das Lieferkettensorgfaltspflichtengesetz – und die zunehmende Befassung mit dem Thema in der Öffentlichkeit auch zunehmend Bedeutung für Familienunternehmen haben. Diese haben vor allem in der Region, in der sie ihren Firmensitz haben, und für ihre Mitarbeiter eine Vorbildfunktion und sollten dieser auch nachkommen. Weiter steht es nach dem GKFU den Inhabern frei, festzulegen, inwieweit das Unternehmensinteresse Vorrang vor den Interessen der Inhaberfamilie haben soll. Hierbei sei jedoch anzumerken, dass die beiden Interessen bestenfalls in Einklang stehen, da sonst zweifelhaft erscheint, dass sich das Unternehmen auch in Zukunft noch erfolgreich am Markt behaupten kann. Die beiden Interessen miteinander in Einklang zu bringen ist eine der Kernaufgaben der Family Business Governance.

Faktor Familie: Eine Business Governance reicht in Familienunternehmen nicht aus. Die Ergänzung um den Faktor der Family Governance und damit die Beachtung, der sich aus der Familienbezogenheit ergebenden, nicht notwendigerweise wirtschaftlichen, Konflikte ist unerlässlich.

Ähnlich wie der DCGK verlangt auch der GKFU von seinen Adressaten ein ethisch fundiertes und eigenverantwortliches Verhalten im Sinne des Leitbilds des ehrbaren Kaufmanns. Außerdem sollen auch in Familienunternehmen die jeweiligen Organe für die Einhaltung gesetzlicher Bestimmungen und unternehmensinterner Richtlinien Sorge tragen und ein angemessenes Risikomanagement einrichten. Die Compliance-Pflicht der Organe des Familienunternehmens steht indes nicht zur Disposition. Die Geschäftsführer tragen gem. § 43 Abs. 1 GmbHG im Rahmen ihrer Legalitätspflicht die Verantwortung für die Einhaltung interner und externer Vorgaben und auch die Organisationspflichten zur Vermeidung etwaiger Compliance-Verstöße ergeben sich aus den allgemeinen Pflichten des GmbH-Geschäftsführers, der im Zweifel bei mangelhafter Überwachung der Mitarbeiter auch für deren Fehlverhalten einzustehen hat. Daraus folgt, dass diese auch nicht aus falsch verstandener Treue delinquentes Verhalten hinnehmen oder gar fördern dürfen.

Die spezifischen Compliance-Risiken im Familienunternehmen ergeben sich unter anderem aus dem Zusammenspiel zwischen Business und Family Governance. Die beiden Sphären sind untrennbar miteinander verbunden und der Versuch, die Organisation der Familie und die Organisation des Unternehmens miteinander in Einklang zu bringen, kann erhebliches Konfliktpotenzial bergen. Dies wirkt sich insbesondere dann auf die Compliance aus, wenn von allgemeinen gesetzlichen Verhaltensstandards durch generell akzeptierte Verhaltensweisen innerhalb der Familie abgewichen wird. Beispielhaft sei hier der Bruch der Vertraulichkeitspflichten unter Berufung auf gegenseitiges Vertrauen zu nennen. Dabei gilt immer auch zu beachten, dass nicht ohne weiteres auf das regelkonforme Verhalten aller Beteiligten – seien es Mitarbeiter oder Gesellschafter – vertraut werden kann und es vermieden werden muss, dass Fehlverhalten ohne Konsequenzen hingenommen wird. Grundstein für ein deutliches Bekenntnis zur Compliance ist die Compliance-Kultur, die in Familienunternehmen von herausragender Bedeutung ist, weil die Eigentümer hier eine Vorbildfunktion einnehmen. Das Unternehmen ist oft über Jahre gewachsen und die Mitarbeiter mit ihm. Sie sehen den Erfolg des Unternehmens vor allem im Handeln der Geschäftsführung und verlassen sich darauf, dass diese das Richtige tun wird – unabhängig davon ob dies auch aus rechtlicher Hinsicht so zu werten ist.

Diese Vorbildfunktion sowie ihre weitreichende Regelungsfreiheit sollten Familienunternehmen sich zu Nutze machen. Aus ihr folgt eine ausreichende Flexibilität, mithilfe derer eine Umsetzung der Compliance im Ergebnis vereinfacht werden kann. Dabei gilt stets, auch die immer komplexer werdenden Regularien, die etwa aus dem neuen LkSG oder der Whistleblower-Richtlinie folgen können, zu kennen und im Unternehmen umzusetzen – im Zweifel durch Unterstützung eines geeigneten Beirats oder Compliance Officers.

Klares Bekenntnis: Familienunternehmer müssen sich zu ihren Compliance-Pflichten bekennen und diese effektiv im Unternehmen umsetzen. Ein entsprechender „tone-from-the-top" ist hierbei auf Grund der Vorbildfunktion des Unternehmers ein Mittel zum Erfolg.

Es hat sich gezeigt, dass wie bei jedem anderen Unternehmen der Mensch das größte Risiko für Familienunternehmen darstellt. Dies gilt sowohl in Hinblick auf die Compliance als auch bezogen auf die Governance des Unternehmens. Doch auf der anderen Seite darf nicht vergessen werden, dass in ihm auch das größte Potenzial für den Unternehmenserfolg liegt. Wenn Familienunternehmen Potenzial und Risiken miteinander in Einklang bringen, können sie in entsprechender Weise profitieren.

Bei der Betrachtung der einzelnen Risikofelder konnten so verschiedene Ansätze herausgefiltert werden, mithilfe derer die Corporate Governance und Compliance in Familienunternehmen gelingen kann. Hierbei lassen sich insgesamt zehn Handlungsempfehlungen festhalten.

In Bezug auf die Family Business Governance:

1. Entwicklung einer eigenen Family Business Governance nach Analyse der individuellen Unternehmens- und Risikosituation.
2. Prävention typischer Konflikte durch Statuierung von eigenen Governance-Regeln basierend auf der vorangegangenen Analyse.
3. Beschluss, Formulierung und schriftliche Fixierung der entwickelten Regeln im Rahmen einer Familienverfassung, die gleichsam durch alle Familiengesellschafter geschaffen wird und auf diese Weise ihre Daseinsberechtigung erhält.
4. Einrichtung eines unterstützenden Beirats, der je nach Bedarf aus Familien- oder Nicht-Familienmitgliedern bestehen kann und über entsprechende unternehmerische Expertise verfügen sollte.
5. Organisation des Beirats anhand seiner Aufgaben und Befugnisse, wobei Grenzen konkret formuliert sein sollten.

Hinsichtlich der Compliance in Familienunternehmen:

6. Das vollständige Ausbleiben von Compliance-Maßnahmen ist nicht vertretbar.
7. Compliance-Kultur und „tone-from-the-top" sind essenziell für die Compliance in Familienunternehmen.
8. Leitlinien und Standards (IDW PS 980, ISO 19600 & ISO 37301) können als Orientierungshilfe herangezogen werden.
9. Ein Beirat kann und sollte die Geschäftsführung bei ihren Compliance-Bemühungen unterstützen.

10. Im Rahmen der Family Compliance kann ein Family Compliance Officer zum Einsatz kommen, der für die Einhaltung der interfamiliären Verhaltensregeln Sorge trägt.

Literaturverzeichnis

Autor/en und/oder Herausgeber	**Werk**
Kommentare	
Altmeppen, Holger	Kommentar zum GmbHG, 11. Auflage 2023, München
Bork, Reinhard/Schäfer, Carsten	Kommentar zum GmbHG, 4. Auflage 2019, Köln
Bürgers, Tobias/ Lieder, Jan	Kommentar zum AktG, 6. Auflage 2024, München
Fleischer, Holger/Goette, Wulf	Münchner Kommentar zum GmbHG, Band 1 (§§ 1–34), 5. Auflage 2025, München
Fleischer, Holger/Goette, Wulf	Münchner Kommentar zum GmbHG, Band 2 (§§ 35–52), 4. Auflage 2023, München
Gehrlein, Markus/Born, Manfred/Simon, Stefan	Kommentar zum GmbHG, 5. Auflage 2020, Köln
Grigoleit, Hans Christoph	Kommentar zum AktG, 2. Auflage 2020, München
Habersack, Mathias/ Casper, Matthias/Löbbe, Marc	GmbHG Großkommentar, Band 1 (§§ 1–28), 3. Auflage 2019, Tübingen
Habersack, Mathias/ Casper, Matthias/Löbbe, Marc	GmbHG Großkommentar, Band 2 (§§ 29–52), 3. Auflage 2020, Tübingen
Henssler, Martin	beck-online Großkommentar zum AktG, Stand: 01.06.2025
Henssler, Martin/Strohn, Lutz	Kommentar Gesellschaftsrecht, 6. Auflage 2024, München
Hirte, Heribert/Mülbert, Peter/Roth, Markus	Aktiengesetz Großkommentar, 5. Auflage 2018, Berlin
Hölters, Wolfgang/Weber, Markus	Kommentar zum Aktiengesetz, 5. Auflage 2025, München
Hopt, Klaus	Kommentar zum HGB, 44. Auflage 2025, München
Koch, Jens	Kommentar zum Aktiengesetz, 16. Auflage 2022, München

Autor/en und/oder Herausgeber	**Werk**
Leitner, Werner/Rosenau, Henning	Wirtschafts- und Steuerstrafrecht, Baden-Baden, 2. Auflage 2022
Lutter, Marcus/Hommelhoff, Peter	Kommentar zum GmbHG, 21. Auflage 2023, Köln
Michalski, Lutz/Heidinger, Andreas/Leible, Stefan/Schmidt, Jessica	Kommentar zum GmbHG, 4. Auflage 2023, München
Mitsch, Wolfgang	Karlsruher Kommentar zum OWiG, 6. Auflage 2025, München
Müller-Glöge, Rudi/Preis, Ulrich/Schmidt, Ingrid	Erfurter Kommentar zum Arbeitsrecht, 25. Auflage 2025, München
Noack, Ulrich/Servatius, Wolfgang/Haas, Ulrich	Kommentar zum GmbHG, 24. Auflage 2025, München
Säcker, Franz/Rixecker, Roland/Oetker, Hartmut/Limperg, Bettina	Münchner Kommentar zum BGB, 9. Auflage 2022, München
Schmidt, Karsten/Lutter, Marcus	Kommentar zum AktG, 5. Auflage 2024, Köln
Scholz, Franz	Kommentar zum GmbHG, 13. Auflage 2024, Köln
Wicke, Hartmut	Kommentar zum GmbHG, 5. Auflage 2024, München
Zöllner, Wolfgang/Noack, Ulrich	Kölner Kommentar zum AktG, 3. Auflage 2010, Köln

Handbücher

Alber, Matthias/Arendt, Hendrik/Faber, Stephan	Beck'sches Steuer- und Bilanzrechtslexikon, München 2025
Bewley, Truman Fassett	Hart, Oliver/Holmström,Bengt, in Advances in Economic Theory, 1989
Binz, Mark/Sorg, Martin	Die GmbH & Co. KG, 12. Auflage 2018, München
Bochmann, Christian/Scheller, Johannes/Prütting, Jens	Münchener Handbuch des Gesellschaftsrechts, Band 9, 6. Auflage 2021, München

Autor/en und/oder Herausgeber	**Werk**
Böcking, Hans-Joachim/ Gros, Marius/Oser, Peter/ Scheffler, Eberhard/Thormann, Bettina	Beck'sches Handbuch der Rechnungslegung, Stand: März 2022, München
Böhm, Nicolas/Burmeister, Frank	Münchener Vertragshandbuch, Band 1: Gesellschaftsrecht, 8. Auflage 2020, München
Born, Manfred/ Ghassemi-Tabar, Nima/Gehle, Burkhard	Münchener Handbuch des Gesellschaftsrechts, Band 7, 6. Auflage 2020, München
Bürgers, Tobias/Fett, Torsten	Die Kommanditgesellschaft auf Aktien, 3. Auflage 2022, München
Dauses, Manfred/Ludwigs, Markus	Handbuch des EU-Wirtschaftsrechts, Stand: Mai 2025, München
Ellenberger, Jürgen/Bunte, Hermann-Josef	Bankrechts-Handbuch, 6. Auflage 2022, München
Grützner, Thomas/Jakob, Alexander	Compliance von A-Z, 2. Auflage 2015, München
Gummert, Hans	Münchner Anwaltshandbuch Personengesellschaftsrecht, 3. Auflage 2019, München
Gummert, Hans/Weipert, Lutz	Münchener Handbuch des Gesellschaftsrechts, Band 2, 6. Auflage 2024, München
Hauschka, Christoph/ Moosmayer, Klaus/Lösler, Thomas	Corporate Compliance, 3. Auflage 2016, München
Hoffmann-Becking, Michael	Münchener Handbuch des Gesellschaftsrechts, Band 4, 6. Auflage 2024, München
Hommelhoff, Peter/Hopt, Klaus/v. Werder, Axel	Handbuch Corporate Governance, 2. Auflage 2009, Köln
Hopt, Peter/Binder, Jens-Hinrich/Böcking, Hans-Joachim	Handbuch Corporate Governance von Banken und Versicherungen, 2. Auflage 2020, München
Habersack, Matthias/Mülbert, Peter/Schlitt, Michael	Unternehmensfinanzierung am Kapitalmarkt, 5. Auflage 2025, Köln
Inderst, Cornelia/Bannenberg, Britta/Poppe, Sina	Compliance Aufbau – Management – Risikobereiche, 3. Auflage 2017, Heidelberg

Autor/en und/oder Herausgeber	**Werk**
Knierim, Thomas/Rübenstahl, Markus/Tsambikakis, Michael	Internal Investigations 2. Auflage 2016, Heidelberg
Krieger, Gerd/Schneider, Uwe	Handbuch Managerhaftung, 4. Auflage 2023, Köln
Marsch-Barner, Reinhard/Schäfer, Frank	Handbuch börsennotierte AG, 6. Auflage 2025, Köln
Moosmayer, Klaus	Compliance, 4. Auflage 2021, München
Moosmayer, Klaus/Hartwig, Niels	Interne Untersuchungen, 2. Auflage 2018, München
Oppenländer, Frank/Trölitzsch, Thomas	Praxishandbuch der GmbH-Geschäftsführung, 4. Auflage 2025, München
Priester, Hans-Joachim/Mayer, Dieter/Wicke, Hartmut	Münchener Handbuch des Gesellschaftsrechts, Band 3, 5. Auflage 2018, München
Prinz, Ulrich/Kahle, Holger	Beck'sches Handbuch der Personengesellschaften, 5. Auflage 2020, München
Prinz, Ulrich/Winkeljohann, Norbert	Beck'sches Handbuch der GmbH, 6. Auflage 2021, München
Reichert, Jochem	GmbH & Co. KG, 9. Auflage 2024, München
Römermann, Volker	Münchner Anwaltshandbuch GmbH-Recht, 5. Auflage 2023, München
Scherer, Stefan	Unternehmensnachfolge, 6. Auflage 2020, München 2020
Schüppen, Matthias/Schaub, Bernhard	Münchener Anwaltshandbuch Aktienrecht, 4. Auflage 2024, München
Seyfarth, Georg	Handbuch Vorstandsrecht, Köln 2016

Monografien

Altmeppen, Holger/Fitz, Hanns/Honsell, Heinrich	Festschrift für Günther H. Roth zum 70. Geburtstag, München 2011
Arnold, Arnd	Die GmbH & Co. KGaA (Rechtsfragen der Handelsgesellschaften), Köln 2001

Autor/en und/oder Herausgeber	**Werk**
Bachmann, Gregor	Compliance – Rechtsgrundlagen und offene Fragen, in: Gesellschaftsrechtliche Vereinigung (Hrsg.), Gesellschaftsrecht in der Diskussion 2007 – Jahrestagung der gesellschaftsrechtlichen Vereinigung (VGR), 2008, 65–101
Baus, Kirsten	Die Familienstrategie Wie Familien ihr Unternehmen über Generationen sichern, 5. Auflage 2016, Wiesbaden
Burgard, Ulrich/Hadding, Walther/Mülbert, Peter O./Nietsch, Michael/Welter, Reinhard	Festschrift für Uwe H. Schneider, Köln 2011
Dauner-Lieb, Barbara/Freudenberg, Götz/Werner, Götz/Jahn, Joachim	Familienunternehmen im Fokus von Wirtschaft und Wissenschaft, Festschrift für Mark K. Binz, München 2014
Fuchs, Andreas/Schwintowski/Zimmer, Daniel	Wirtschafts- und Privatrecht im Spannungsfeld von Privatautonomie, Wettbewerb und Regulierung: Festschrift für Ulrich Immenga zum 70. Geburtstag, München 2004
Genzow, Christian/Grunewald, Barbara/Schulte-Nölke, Hans	Zwischen Vertragsfreiheit und Verbraucherschutz. Festschrift für Friedrich Graf von Westphalen, Köln 2010
Grundmann, Stefan/Haar, Brigitte/Merkt, Hanno	Festschrift für Klaus J. Hopt zum 70. Geburtstag, Berlin 2010
Grunewald, Barbara/Westermann, Harm Peter	Festschrift für Georg Maier-Reimer zum 70. Geburtstag, München, 2010
Hausch, Kerstin	Corporate Governance im deutschen Mittelstand, Wiesbaden 2004
Habersack, Mathias/Hommelhoff, Peter/Hüffer, Uwe/Schmidt, Karsten	Festschrift für Peter Ulmer zum 70. Geburtstag, Berlin 2003
Hommelhoff, Peter/Schmidt-Diemitz, Rolf/Sigle, Axel	Familiengesellschaften: Festschrift für Walter Sigle zum 70. Geburtstag, Köln 2000

Autor/en und/oder Herausgeber	**Werk**
Hueck, Tobias	Die Familienverfassung – Rechtliche Konturen eines Instruments der Governance in Familienunternehmen, Tübingen 2017
Jaskiewicz, Peter	Performance-Studie börsennotierter Familienunternehmen in Deutschland, Frankreich und Spanien, 2006, Lohmar
Kindler, Peter/Koch, Jens/Ulmer, Peter/Winter, Martin	Festschrift für Uwe Hüffer zum 70. Geburtstag, München 2010
Kirchdörfer, Rainer/Lorz, Rainer/Jescke, Dieter	Planung, Finanzierung und Kontrolle im Familienunternehmen – Festschrift für Prof. Dr. Brun-Hagen Hennerkes, München 2000
Kirchdörfer, Rainer/Lorz, Rainer/Wiedemann, Andreas/Kögel, Rainer/Frohnmayer, Thomas	Familienunternehmen in Recht, Wirtschaft, Politik und Gesellschaft Festschrift für Prof. Dr. Brun-Hagen Hennerkes, München 2009
Klein, Sabine	Familienunternehmen: Theoretische und empirische Grundlagen, 3. Auflage 2010, Lohmar
Koeberle-Schmid, Alexander/Witt, Peter/Fahrion, Hans-Jürgen	Family Business Governance, 3. Auflage 2018, Berlin
Konnertz-Häußler, Christine	Corporate Governance als Problemlösungsstrategie bei der GmbH, Magdeburg 2010
Kormann, Hermut	Governance des Familienunternehmens, Wiesbaden 2017
Kremer, Thomas/Bachmann, Gregor/Lutter, Marcus/von Werder, Axel	Deutscher Corporate Governance Kodex, 8. Auflage 2021, München
Krieger, Gerd/Lutter, Marcus/Schmidt, Karsten	Festschrift für Michael Hoffmann-Becking, München 2013
Lange, Knut Werner/Leible, Stefan	Governance in Familienunternehmen, Jena 2010
Lieb, Manfred/Noack/Ulrich/Westermann, Harm Peter	Festschrift für Wolfgang Zöllner, 1998, Köln

Autor/en und/oder Herausgeber	**Werk**
May, Gerd	Erfolgsmodell Familienunternehmen, Hamburg 2012
Minkoff, Andreas	Sanktionsbewehrte Aufsichtspflichten im internationalen Konzern, Heidelberg 2016
Neumueller, Marco Henry	Family Compliance: Der erfolgreiche Umgang mit einer Familienverfassung, Göttingen 2020
Onstein, Jost	Der Beirat einer mittelständischen GmbH als Instrument guter Unternehmensführung, Frankfurt a. M. 2010
Pfeiffer, Gerd	Festschrift für Heinz Rowedder zum 75. Geburtstag, München 1994
Plate, Markus/Groth, Torsten/Ackermann, Volker/v. Schlippe, Arist	Große Deutsche Familienunternehmen: Generationenfolge, Familienstrategie und Unternehmensentwicklung, Göttingen 2011
Schild, Claus/Schmidt, Eckehard/Zitzelsberger, Stephan	Festschrift für Siegfried Zitzelsberger, Baden-Baden 2015
Schmidt, Timo	Corporate Governance, Controlling und Unternehmenserfolg, Frankfurt 2010
Sudhoff, Heinrich	Familienunternehmen, 2. Auflage 205, München
Tröger, Tobias/Wilhelmi, Rüdiger	Rechtsfragen der Familiengesellschaften – Symposion aus Anlass der Emeritierung von Prof. Dr. Harm Peter Westermann, Heidelberg 2006
Vogt, Hans-Ueli/Fleischer, Holger/Kalss, Susanne	Recht der Familiengesellschaften, Siebtes Deutsch-österreichisch-schweizerisches Symposium, Zürich 12.-13. Mai 2016, Frankfurt a. M. 2017
von der Crone, Hans-Caspar/Forstmoser, Peter/ Weber, Rolf H./Zäch, Roger	Festschrift für Dieter Zobl zum 60. Geburtstag, Zürich 2004
von der Schlippe, Arist/ Rüsen, Tom	Die beiden Seiten der Unternehmerfamilie, Göttingen 2017
Westermann, Harm-Peter/ Mock, Klaus	Festschrift für Gerold Bezzenberger zum 70. Geburtstag, Berlin 2000

Autor/en und/oder Herausgeber	Werk
Wiedemann, Andreas/Kögel, Rainer	Beirat und Aufsichtsrat in Familienunternehmen, 2. Auflage 2020, München
Zöllner, Christine	Interne Corporate Governance, Wiesbaden 2007

Aufsätze

Aichberger, Thomas/Schwartz, Tobias	"Tax Compliance – Der Vorstand im Fokus? (Teil II)", DStR 2015, 1758–1765
Anderson, Ronald/Reeb, David	„Founding family ownership and firm performance: Evidence from the S&P 500", Journal of Finance 2003, Vol. 58 No. 3, 1301–1328
Arbeitskreis „Wertorientierte Führung in mittelständischen Unternehmen" der Schma-lenbach-Gesellschaft für Betriebswirtschaft e. V.	„Brauchen Mittelständler einen freiwilligen Beirat oder Aufsichtsrat? Vor- und Nachteile", BB 2017, 235–242
Arnold, Michael	"Verantwortung und Zusammenwirken des Vorstands und Aufsichtsrats bei Compliance-Untersuchungen", ZGR 2014, 76–106
Arnold, Michael/Geiger, Jan-David	„Haftung für Compliance-Verstöße im Konzern", BB 2018, 2306–2312
Arnold, Michael/Rudzio, Moritz	„Die Pflicht des Vorstands der Aktiengesellschaft zur Einrichtung und Ausgestaltung einer Compliance- Organisation", KSzW 2016, 231–240
Astrachan, Joseph H./Klein, Sabine B./X. Smyrnios, Kosmas	„The F-PEC Scale of Family Influence: A Proposal for Solving the Family Business Definition Problem1.", Family Business Review 2002, Vol. 15 No. 1, 45–58
Bachmann, Gregor	„Der Deutsche Corporate Governance Kodex Rechtswirkungen und Haftungsrisiken, Wertpapiermitteilungen", WM 2002, 2137–2143
Balke, Michaela/Klein, Karen	„Vorstandshaftung für fehlerhafte Ausrichtung der Compliance-Organisation", ZIP 2017, 2038–2046
Baums, Theodor	„Corporate Governance in Germany: The Role of the Banks" The American Journal of Comparative Law 1992, Vol. 40 No. 2, 503–526

Autor/en und/oder Herausgeber	**Werk**
Baur, Alexander/Holle, Philipp	„Compliance-Defense bei der Bußgeldbemessung und ihre Einpassung in das gesellschaftsrechtliche Pflichtenprogramm", NZG 2018, 14–19
	„Bußgeldregress im Kapitalgesellschaftsrecht nach der (Nicht-)Entscheidung des BAG", ZIP 2018, 459–467
Bayer, Walter/Hoffmann, Thomas/Schmidt, Jessica	„Satzungskomplexität und Mustersatzung – Eine Untersuchung vor dem Hintergrund des Regierungsentwurfs zum MoMiG", GmbHR 2007, 953–958
Bayer, Walter/Scholz, Philipp	„Zulässigkeit und Grenzen des Kartellbußgeldregresses",GmbHR 2015, 449–456
	„Zur Bewährung der bürgerlich-rechtlichen Institute der „gestörten Gesamtschuld" und „beschränkten Gesamtwirkung" vor der aktienrechtlichen Dogmatik", ZGR 2016, 619–643
Bayer, Walter/Selentin, Philipp	„Treuwidrige Berufung auf die Legitimationswirkung der Gesellschafterliste und Ausnutzung einer Öffnungsklausel zur Bestellung eines Aufsichtsrates", GmbHR 2020, 1–8
Behling, Thorsten	„Die datenschutzrechtliche Compliance-Verantwortung der Geschäftsleitung"; ZIP 2017, 697–706
Behme, Caspar	„Die Vergütung der Mitglieder von Vorstand und Aufsichtsrat – gesellschaftsrechtliche Rahmenbedingungen und Haftungsrisiken", BB 2019, 451–457
Berg, Cai	„Korruption in Unternehmen und Risikomanagement nach § 91 Abs. 2 AktG", AG 2007, 271–278
Berg, Stefan/Stöcker, Matthias	„Anwendungs- und Haftungsfragen zum Deutschen Corporate Governance Kodex", WM 2002, 1569–1582
Bergmoser, Ulrich/Theusinger, Ingo/Gushurst, Klaus-Peter	„Corporate Compliance – Grundlagen und Umsetzung", BB Special 5/2008, 1–11
Berliner Initiativkreis German Code of Corporate Governance	„German Code of Corporate Governance", DB 2000, 1573–1581

Autor/en und/oder Herausgeber	**Werk**
Bernhardt, Wolfgang	“Sechs Jahre Deutscher Corporate Governance Kodex – Eine Erfolgsgeschichte?”, .BB 2008, 1686–1692
Bicker, Eicke	„Compliance – organisatorische Umsetzung im Konzern“, AG 2012, 542–552
Binz, Mark/Mayer, Gerd	„Anteilsvinkulierung bei Familienunternehmen“, NZG 2012, 201–240
Bittmann, Folker/Molkenbur, Josef	„Private Ermittlungen, arbeitsrechtliche Aussagepflicht und strafprozessuales Schweigerecht”, wistra 2009, 373–379
Blassl, Johannes	„Compliance-Aufgaben des Aufsichtsrats – Ein Beitrag zur akzessorischen Legalitätskontrolle durch den Aufsichtsrat –”, WM 2017, 992–998
	„Straftatverhinderungspflichten von Vorgesetzten”, ZIP 2020, 537–543
Bollacher, Philipp	„„„Plötzlich Unternehmer“ – Der Beirat als effiziente Unterstützung der Geschäftsführung”, DStR 2019, 2321–2324
Bunte, Hermann-Josef	„Regress gegen Mitarbeiter bei kartellrechtlichen Unternehmensgeldbußen”, NJW 2018, 123–126
Brugger, Fabian	„Deutscher Corporate Governance Kodex und Organhaftung“, NZG 2020, 281–285
Bürgers, Tobias	„Compliance in Aktiengesellschaften“, ZHR 179 (2015), 173–207
Bürkle, Jürgen	„Corporate Compliance – Pflicht oder Kür für den Vorstand der AG?“, BB 2005, 565–570
	„Corporate Compliance als Standard guter Unternehmensführung des Deutschen Corporate Governance Kodex“, 2007, 1797–1801
	„Compliance als Aufgabe des Vorstands der AG – Die Sicht des LG München I“, CCZ 2015, 52–55
	„Die Bußgeldrelevanz des Compliance-Managements“, BB 2018, 525–529
Campos Nove, José/Zeller, Jan	„Corporate Compliance in mittelständischen Unternehmen“, BB 2012, 131–135

Autor/en und/oder Herausgeber	**Werk**
Dann, Matthias/Schmidt, Kerstin	„Im Würgegriff der SEC? – Mitarbeiterbefragungen und die Selbstbelastungsfreiheit“, NJW 2009, 1851,1855
Dengler, Vanessa	„Die MaRisk-Anforderungen und ihre Auswirkungen auf die Vorstandshaftung”, WM 2014, 2032–2040
Diller, Martin	„Der Arbeitnehmer als Informant, Handlanger und Zeuge im Prozess des Arbeitgebers gegen Dritte“, DB 2004, 313–319
Dreher, Meinrad	„Versicherungsschutz für die Verletzung von Kartellrecht oder von Unternehmensinnenrecht in der D&O-Versicherung und Ausschluss vorsätzlicher oder wissentlicher Pflichtverletzungen“, VersR 2015, 781–794
Drobetz, Wolfgang/Schillhofer, Andreas/Zimmermann, Heinz	„Corporate Governance and Expected Stock Returns: Evidence from Germany”, European Financial Management, 2004, Vol. 10 No. 2, 267–293
Easterbrok, Frank/Fischel, Daniel	„Voting in Corporate Law”, Journal of Law and Economics 1983, Vol. 26, Issue 2, 385–427,
Ebert, Sabine	„Folgepflicht und Haftung des GmbH-Geschäftsführers beim Erhalt und bei der Ausführung von Weisungen“, GmbHR 2004, 444–449
Ebner, Stephan/Schmidt, Alexander	„Familienunternehmen und Corporate Compliance“; CB 2019, 470–474
Engert, Andreas	„Hedgefonds als aktivistische Aktionäre”, ZIP 2006, 2105–2113
Erker, Martin	„Beiräte – Der institutionalisierte Einfluss Dritter Konfliktvermeidung in Familienunternehmen“, DStR 2014, 105–110
Ettinger, Jochen/ Grützediek, Elke	„Haftungsrisiken im Zusammenhang mit der Abgabe der Entsprechenserklärung gemäß § 161 AktG“, AG 2003, 353–367
Eufinger, Alexander	„Verbandsgeldbuße nach § 30 OWiG und Compliance”, ZIP 2018, 615–620

Autor/en und/oder Herausgeber	**Werk**
Fama, Eugene	„Agency Problems and the Theory of the Firm", Journal of Political Economy 1980, Vol. 88, No. 2, 288–307
Fett, Torsten/Stütz, Dominique	„20 Jahre Kapitalgesellschaft & Co. KGaA", NZG 2017, 1121–1131
Fissenwert, Peter	„Compliance für den Mittelstand“, NZG 2015, 1009–1013
Fleischer, Holger	„Vorstandsverantwortlichkeit und Fehlverhalten von Unternehmensangehörigen – von der Einzelüberwachung zur Errichtung einer Compliance-Organisation“, AG 2003, 291–300
	„Zum Grundsatz der Gesamtverantwortung im Aktienrecht", NZG 2003, 449–459
	„Corporate Compliance im aktienrechtlichen Unternehmensverbund“, CCZ 2008, 1–6
	„Kartellrechtsverstöße und Vorstandsrecht“, BB 2008, 1070–1076
	„Aktuelle Entwicklungen der Managerhaftung“, NJW 2009, 2337–2343
	„Aktienrechtliche Compliance-Pflichten im Praxistest: Das Siemens/Neubürger-Urteil des LG München I“, NZG 2014, 321–329
	"Regresshaftung von Geschäftsleitern wegen Verbandsgeldbußen", DB 2014, 345–352
	„Vergleichende Corporate Governance in der geschlossenen Kapitalgesellschaft“, ZHR 179 (2015), 404–452
	„Das Rätsel Familienverfassung: Realbefund – Regelungsnatur – Rechtswirkungen“, ZIP 2016, 1509–1519
	„Familiengesellschaften und Familienverfassungen: Eine historisch-vergleichende Standortbestimmung“, NZG 2017, 1201–1210
	„Ehrbarer Kaufmann – Grundsätze der Geschäftsmoral – Reputationsmanagement: Zur „Moralisierung“ des Vorstandsrechts und ihren Grenzen“, DB 2017, 2015-2022

Autor/en und/oder Herausgeber	**Werk**
Foerster, Max	„Zusammenspiel von Familienverfassung und Verbandsverfassung in der Familiengesellschaft", BB 2019, 1411–1418
Franks, Julian/Mayer, Colin/Volpin, Paolo/Wagner, Hannes	„The Life Cycle of Family Ownership: A Comparative Study of France, Germany, Italy and the U.K.", AFA 2009 San Francisco Meetings Paper, EFA 2009 Bergen Meetings Paper,
Freund, Stefan	"Risikomanagement für Geschäftsführer und Vorstände", NZG 2021, 579–586
Fritz, Hans-Joachim/Nolden, Dagmar	„Unterrichtungspflichten und Einsichtsrechte des Arbeitnehmers im Rahmen von unternehmensinternen Untersuchungen", CCZ 2010, 170–178
Fuhrmann, Lambertus	„Internal Investigations: Was dürfen und müssen die Organe beim Verdacht von Compliance Verstößen tun?", NZG 2016, 881–889
Geck, Reinhard	„Überlegungen zur Verwendung der GmbH & Co. KGaA in der mittelständischen Wirtschaft", NZG 1998, 586–589
Gedajlovic, Eric/Lubatkin, Michael/Schulze. William	„Crossing the Treshold from Founder Management to Professional management: A Governance Perspective", Journal of Management Studies 2004, Vol. 41, Issue 5, 899–912
Glaser, Thomas	„EU-Datenschutz-Grundverordnung: Praxishinweise zur Implementierung von Datenschutz-Management-Systemen in Unternehmen", GmbHR 2018, 993–1001
Göpfert, Burkhard/Merten, Frank/Siegrist, Carolin	„Mitarbeiter als „Wissensträger"* Ein Beitrag zur aktuellen Compliance-Diskussion", NJW 2008, 1703–1709
Goette, Wulf	„Organisationspflichten in Kapitalgesellschaften zwischen Rechtspflicht und Opportunität", ZHR 175 (2011), 388–400

Autor/en und/oder Herausgeber	Werk
Götz, Heinrich	„Die Überwachung der Aktiengesellschaft im Lichte jüngerer Unternehmenskrisen“, AG 1995, 337–353
	„Rechte und Pflichten des Aufsichtsrats nach dem Transparenz- und Publizitätsgesetz”, NZG 2002, 599–604
Graf, Helmut/Bisle, Michael	„Der „Governance Kodex für Familienunternehmen”: Kein Ersatz für „maßgeschneiderte” Gesellschaftsverträge“, DStR 2010, 2409–2413
Gräwe, Daniel/Stütze, Sebastian	„Rechte und Pflichten des GmbH-Beirats bei offenen Satzungsgestaltungen“, GmbHR 2012, 877–882
Greger, Reinhard	„Förderung der alternativen Konfliktlösung durch Erweiterung und Verfeinerung der Angebotspalette Diskussionsbericht zum 16. Mediations-Kongress „ADR im Aufbruch“”,ZKM 2014, 169–170
Grobecker, Wolfgang/Hueck, Tobias	„Familienunternehmen und Börse?“, AG 2017, R140-R141
Große, Jan-Velten/Boos, Karl-Heinz	„2005 – ein Fortschritt bei den Corporate Governance-Regeln“, WM 2006, 1177–1182
Grottel, Bernd/Kieser, Matthias/Helfmann, Laura/Rau, Bernd/Kettenring, Tim	„Governance Kodex für Familienunternehmen: kritische Analyse und Stand der Umsetzung“, ZCG 2012, 153–157
Grundsatzkommission Corporate Governance	„Corporate Governance-Grundsätze („Code of Best Practice”) für börsennotierte Gesellschaften“, NZG 2000, 333–336
Grunewald, Barbara	„Grenzen der Gestaltungsfreiheit bei der Einrichtung von Beiräten und der Schaffung von Vertreterklauseln im Recht der Kommanditgesellschaft“, ZEV 2011, 283–287
Grützner, Thomas/Behr, Nicolai	„Die Haftung von Compliance Officer, Vorstand und Aufsichtsrat bei Rechtsverstößen von Mitarbeitern“, DB 2013, 561–567
Habbe, Sophia	“Interne Untersuchungen durch den Aufsichtsrat”, CCZ 2019, 27–33

Autor/en und/oder Herausgeber	**Werk**
Habbe, Sophia/Gieseler, Konrad	„Freunde kann man sich aussuchen, Familie hat man – Strategien zur Vermeidung und Lösung von Konflikten in Familienunternehmen", NZG 2016, 1010–1015
Habbe, Sophia/Pelz, Christian	„Interne Untersuchungen – Status quo und Zukunftsbetrachtung", BB 2020, 1226–1232
Habersack, Mathias	„Grenzen der Mehrheitsherrschaft in Stimmrechtskonsortien", ZHR 164 (2000), 1–22
	„Perspektiven der aktienrechtlichen Organhaftung", ZHR 177 (2013), 782–806
	„Corporate Governance-Belange und Arbeitnehmerbelange im Rahmen des § 111 Abs. 4 Satz 2 AktG", ZHR 178 (2014), 131–149
	„Grund und Grenzen der Compliance-verantwortung des Aufsichtsrats der AG" AG 2014, 1–8
Harbarth, Stefan	„Anforderungen an die Compliance-Organisation in börsennotierten Unternehmen", ZHR 179 (2015), 136–172
Hart, Oliver/Moore, John	"Incomplete Contracts and Renegotiation", Econometrica 1988, Vol. 56 No. 4, 755–785
Hasselbach, Kai/Ebbinghaus, Felix	„Die KGaA als Unternehmensform für den deutschen Mittelstand", DB 2015, 1269–1277
Hauger, Nils/Palzer, Christoph	„Kartellbußen und gesellschaftsrechtlicher Innenregress", ZGR 2015, 33–83
Hauk, Jana	„Die Familienstrategie", pFIFig | 01/2012
Hauschka, Christoph	„Compliance am Beispiel der Korruptionsbekämpfung", ZIP 2004, 877–883
	„Compliance, Compliance-Manager, Compliance-Programme: Eine geeignete Reaktion auf gestiegene Haftungsrisiken für Unternehmen und Management?", NJW 2004, 257–261
Hauschka, Christoph/Greeve, Gina	„Compliance in der Korruptionsprävention – was müssen, was sollen, was können die Unternehmen tun?", BB 2007, 165–173
Hauschka, Christoph/Klindt, Thomas	„Eine Rechtspflicht zur Compliance im Reklamationsmanagement?", NJW 2007, 2726,

Autor/en und/oder Herausgeber	**Werk**
Hennerkes, Brun-Hagen	„Der Gesellschaftsvertrag des Familienunternehmens Ein Überblick über Gestaltungsschwerpunkte“, NJW 1988, 2761–2767
	„Corporate Governance – Einheitskodex für Familienunternehmen: Nein Danke!“, BB 2010, I
Hennerkes, Brun-Hagen/ May, Gerd	„Der Gesellschaftsvertrag des Familienunternehmens” NJW 1988, 2761–2768
Herrmann, Dorothee/Zeidler, Finn	„Arbeitnehmer und interne Untersuchungen – ein Balanceakt“, NZA 2017, 1499–1505
Hofmann, Stefan	„Whistleblowing: Heldentat oder Verrat?“, ZCG 2006, 121–126
Hoffmann, Gunter	„Existenzvernichtende Haftung von Vorständen und Aufsichtsräten?“, NJW 2012, 1393–1399
Hoffmann, Andreas/Schieffer, Anita	„Pflichten des Vorstands bei der Ausgestaltung einer ordnungsgemäßen Compliance-Organisation“, NZG 2017, 401–407
Höhn, Reinhard	„Die verweigerte Zustimmung des Aufsichtsrats“, GmbHR 1994, 604–607
Holler, Lorenz	„Zur Familien-KG – Bedarf es eines Sonderrechts für Familienpersonengesellschaften?“, BB 2012, 719–721
	„Die Familienverfassung im Recht der Familienunternehmen Eine (gesellschafts-)rechtliche Einordnung aus Sicht der Gestaltungspraxis“, ZIP 2018, 553–564
	„Das Recht der Familienunternehmen und ihre Besonderheiten in der Rechtsanwendung und -gestaltung (Teil I) Das Gesellschaftsrecht der Familienunternehmen – Auf dem Weg zu einem Sonderrecht?“, DStR 2019, 880–886
	„Das Recht der Familienunternehmen und ihre Besonderheiten in der Rechtsanwendung und -gestaltung (Teil II)“, DStR 2019, 931–942

Autor/en und/oder Herausgeber	**Werk**
Hopt, Klaus	„Unternehmensführung, Unternehmenskontrolle, Modernisierung des Aktienrechts – zum Bericht der Regierungskommssion Corporate Governance“ Corporate Governance Gemeinschaftssymposion der Zeitschriften ZHR/ZGR, ZHR-Beiheft 71 (2002), 27–67
Horn, Norbert	„Die Haftung des Vorstands der AG nach § 93 AktG und die Pflichten des Aufsichtsrats“, ZIP 1997, 1129–1139
Huber, Herwart	„Beirat und Beiratsmitglied – praxisrelevante Aspekte für ihre Tätigkeit“, GmbHR 2004, 772–777
Hüffer, Uwe	„Der Aufsichtsrat in der Publikumsgesellschaft“, ZGR 1980, 320–358
	„Die leitungsbezogene Verantwortung des Aufsichtsrats“, NZG 2007, 47–54
Hülsberg, Frank/Bauer, Matthias	„Prüfung der Governance-Elemente durch den Aufsichtsrat“, WPg 2017, 1111–1118
Jensen, Michael/Meckling, William	„Theory of the firm: Managerial behavior, agency costs and ownership structure”, Journal of Financial Economics 1976, Vol. 3 Issue 4, 305–360
Jones, Thomas	„Instrumental Stakeholder Theory: A Synthesis of Ethics and Economics”, The Academy of Management Review 1995, Vol. 20 No. 2, 404–437,
Kasiske, Peter	„Mitarbeiterbefragungen im Rahmen interner Ermittlungen – Auskunftspflichten und Verwertbarkeit im Strafverfahren“, NZWiSt 2014, 262–268
Kirchdörfer, Rainer	„Familienunternehmen”, FuS 2011, 32
Kirchdörfer/Breyer,	„Family Business Governance im Familienunternehmen als Instrument der Streitprävention”, FuS Sonderheft 2014, 13–25
Kirchdörfer, Rainer/Lorz, Rainer	„Corporate Governance in Familienunternehmen, Familienverfassungen und Schnittstellen zum Gesellschaftsvertrag“, FuS 2011, 97–106
	„Die internationale Unternehmerfamilie – Was ist zu beachten?“, FuS 2013, 127–134

Autor/en und/oder Herausgeber	Werk
Kirschbaum, Tom	„Die Entwicklung eines Public Corporate Governance Kodex für öffentliche Banken“, BKR 2006, 139–146
Klein, Sabine	„Family Businesses in Germany: Significance and Structure“, Family Business Review 2000, Vol. 13 Issue 3, 157–181
Kleinle, Werner/Janßen, Christian/Parsow, Christian	„Compliance im Mittelstand aus der Sicht der Praxis”, WPg 2017, 1008–1016
Klein-Wiele, Christian	„Der Poolvertrag im Familienunternehmen“, NZG 2018, 1401–1407
Koch, Jens	„Compliance-Pflichten im Unternehmensverbund?“, WM 2009, 1013–1020
	„Beschränkung der Regressfolgen im Kapitalgesellschaftsrecht“, AG 2012, 429–440
	„Regressreduzierung im Kapitalgesellschaftsrecht – eine Sammelreplik“, AG 2014, 513–525
Koch, Robert	„Die Ersatzfähigkeit von Kartellbußen – Zugleich Anmerkung zum Urteil des LAG Düsseldorf vom 20.01.2015 (VersR 2015, 629) –“, VersR 2015, 655–661
May, Peter/Koeberle-Schmid, Alexander	„Governance Kodex als Leitlinie für die verantwortungsvolle Führung von Familienunternehmen“, DB 2011, 485–492
Koeberle-Schmid, Alexander/Schween, Karsten/May, Peter	„Governacne Kodex für Familienunternehmen in der Praxis – Ergebnisse einer Studie über Familienverfassungen“, BB 2011, 2499–2506
Koeberle-Schmid, Alexander/Witt, Peter/Fahrion, Hans-Jürgen	„Gestaltung der Governance in Familienunternehmen“, ZCG 2010, 161–169
Kollmann, Katharina	„Aktuelle Corporate-Governance-Diskussion in Deutschland – Deutscher Corporate-Governance-Kodex der Regierungskommission sowie Transparenz- und Publizitätsgesetz (TransPuG)“, WM Sonderbeilage Nr. 1 zu Heft 1/2003, 1–18
König, Franz	„Haftung für Cyberschäden“, AG 2017, 262–271

Autor/en und/oder Herausgeber	**Werk**
Konnertz-Häußler, Christine	„Ein Corporate Governance-Kodex für die GmbH", GmbHR 2012, 68–81
Korch, Stefan/Chatard, Yannick	„Datenschutz als Vorstandsverantwortung", AG 2019, 551–560
Kort, Michael	„Verhaltensstandardisierung durch Corporate Compliance", NZG 2008, 81–86
	„Compliance-Pflichten und Haftung von GmbH-Geschäftsführern", GmbHR 2013, 566–574
Krause, Nils	„Corporate und Family Governance in Familienunternehmen als Teil des Risikomanagements", BB 2012, 714–716
Krause, Rüdiger	„Nützliche" Rechtsverstöße im Unternehmen – Verteilung finanzieller Lasten und Sanktionen", BB Special 8/2007, S. 2–16
Krause-Ablaß, Anna-Elisabeth	„Kooperationsmöglichkeiten des Unternehmens bei staatsanwaltschaftlichen Ermittlungen zu Compliance-Verstößen", BB 2018, 1323–1328
Kremer, Thomas/Klahold, Christoph	„Compliance-Programme in Industriekonzernen", ZGR 2010, 113–143
Kromer, Christoph/Pumpler, Reinhard/Henschel, Katharina	„Tax Compliance", BB 2013, 791–803
Krug, Björn/Skoupil, Christoph	„Befragungen im Rahmen von internen Untersuchungen Vorbereitung, Durchführung und Umgang mit den Ergebnissen", NJW 2017, 2374–2379
Kruse, Cornelius/Domning, Oliver/Frechen, Philipp	„Die (GmbH & Co.) KGaA als moderne Rechtsform für mittelständische Familienunternehmen", DStR 2017, 2440–2444
Lange, Knut Werner	„Corporate Governance in Familienunternehmen", BB 2005 Heft 48, 2585–2590
	„Der Beirat als Element der Corporate Governance in Familienunternehmen", GmbHR 2006, 897–904

Autor/en und/oder Herausgeber	Werk
Lange, Oliver	„Praxisfragen der D&O-Versicherung (Teil II)“, DStR 2002, 1674–1678
	„Die Eigenschadenklausel in der D&O-Versicherung“, ZIP 2003, 466–470
La Porta, Rafael/Lopez-De-Silanes, Florencio/Shleifer, Andrei	„Corporate Ownership Around the World”, Journal of Finance 1999, Vol. 54 Issue 2, 471–517
Lawall, Martin/Weitzell, Andreas	“Die Bekämpfung der Unternehmenskriminalität durch ein Verbandssanktionsgesetz – Der Weisheit letzter Schluss?”, NZWiSt 2020, 209–215
Leyens, Patrick	„Comply or Explan im Europäischen Privatrecht“, ZEuP 2016, 388–426
Löschhorn, Alexander/Fuhrmann, Lambertus	„„„Neubürger“ und die Datenschutz-Grundverordnung: Welche Organisations- und Handlungspflichten treffen die Geschäftsleitung in Bezug auf Datenschutz und Datensicherheit?“, NZG 2019, 161–170
Lotze, Andreas/Smolinski, Sebastian	„Entschärfung der Organhaftung für kartellrechtliche Unternehmensgeldbußen”, NZKart 2015, 254–258
Lüneborg, Cäcilie/Resch, André Pierre	“Die Ersatzfähigkeit von Kosten interner Ermittlungen und sonstiger Rechtsberatung im Rahmen der Organhaftung”, NZG 2018, 209–217
Lutter, Marcus	„Defizite für eine effiziente Aufsichtsratstätigkeit und gesetzliche Möglichkeiten der Verbesserung“, ZHR 159 (1995), 287–421
	„Corporate Governance und ihre aktuellen Probleme, vor allem: Vorstandsvergütung und ihre Schranken“, ZIP 2003, 737–743
	„Der Aufsichtsrat im Konzern“, AG 2006, 517–521
	„Die Business Judgment Rule und ihre praktische Anwendung“, ZIP 2007, 841–849
Lutter, Marcus/Kremer, Thomas	„Die Beratung der Gesellschaft durch Aufsichtsratsmitglieder“, ZGR 1992, 87–108

Autor/en und/oder Herausgeber	**Werk**
Lützeler, Martin/Müller-Sartori, Patrick	„Die Befragung des Arbeitnehmers – Auskunftspflicht oder Zeugnisverweigerungsrecht?“, CCZ 2011, 19–25
May, Peter/Koeberle-Schmid, Alexander	„Die drei Dimensionen eines Familienunternehmens, Teil I“, BFuP 2011, 656–672
	„Governance Kodex als Leitlinie für die verantwortungsvolle Führung von Familienunternehmen“, DB 2011, 485–491
Mayer-Uellner, Richard/Otte, Daniel	„Die SE & Co. KGaA als Rechtsform kapitalmarktfinanzierter Familienunternehmen“, NZG 2015, 737–743
Marsch-Barner, Reinhard	„Vorteilsausgleich bei der Schadensersatzhaftung nach § 93 AktG“, ZHR 173 (2009), 723–734
Meckbach, Anne	„Organhaftung und Beweisrisiken“, NZG 2015, 580–585
Mecklenbrauck, Dirk	„Abfindungsbeschränkungen in Gesellschaftsverträgen”, BB 2000, 2001–2005
Mehringer, Christoph/von Thunen, Sebastian	„Flexible Beiratsgestaltungen in Familienunternehmen“, DStR 2021, 116–123
Mengel, Anja/Ulrich, Thilo	“Arbeitsrechtliche Aspekte unternehmensinterner Investigations”, NZA 2006, 240–246
Mennicke, Petra	„Zum Weisungsrecht der Gesellschafter und der Folgepflicht des GF in der mitbestimmungsfreien GmbH“, NZG 2000, 622–626
Megerle, Marcel/Zenner, Thomas	„Ganzheitliche Familienstrategie – die Herausforderung und Lösung für Familienunternehmer!“, ErbR 2016, 7–10
Merkt, Hanno	„Compliance und Risikofrüherkennung in kleinen und mittleren Unternehmen“, ZIP 2014, 1705–1714
	„Überprüfung des Compliance-Management-Systems zwischen Wirtschaftsprüfern und Juristen (Teil 2)“, DB 2014, 2331–2337

Autor/en und/oder Herausgeber	**Werk**
Meyer, Susanne; Fredrich, Jan	Rechtsgrundlagen einer Pflicht zur Einrichtung einer Compliance-Organisation, Working Paper, No. 67, 2012, Hochschule für Wirtschaft und Recht Berlin, IMB Institute of Management Berlin, Berlin
Minrath, Rainer	„Der Beirat einer mittelständischen Familienunternehmung“, BB 1991, 1201–1210
Molly, Vincent/Laveren, Eddy/Deloof, Marc	„Family Business Succession and Its Impact on Financial Structure and Performance”, Family Business Review 2010, Vol. 23 No. 2, 131–147
Möschel, Wernhard	„Die Benachteiligung der Familienunternehmen durch Recht und Staat und Wege zu deren Überwindung“, ZRP 20111, 116–120
Nietsch, Michael	„Überwachungspflichten bei Kollegialorganen“, ZIP 2013, 1449–1456
	„Geschäftsleiterermessen und Unternehmensorganisation bei der AG“, ZGR 2015, 631–666
Nolte, Norbert/Michaelis, Marcel	„Der Entwurf des Verbandssanktionengesetzes: neue Compliance-Pflichten für Vorstände und Geschäftsführer?“, BB 2020, 1154–1162
Nowak, Eric/Rott, Roland/ Mahr, Till	„Wer den Kodex nicht einhält, den bestraft der Kapitalmarkt?“, ZGR 2005, 252–279
Oppenheim, Robert	„Die Pflicht des Vorstands zur Einrichtung einer auf Dauer angelegten Compliance-Organisation Zugleich Besprechung von LG München I, Urteil vom 10. 12. 2013, 5 HK 1387/10 (n. rkr.)“, DStR 2014, 1063–1066
Ott, Nicolas	„Anwendungsbereich der Business Judgment Rule aus Sicht der Praxis – Unternehmerische Entscheidungen und Organisationsermessen des Vorstands“, ZGR 2017, 149–173
Ott, Nicolas/Lüneborg, Cäcilie	„Internal Investigations in der Praxis – Umfang und Grenzen der Aufklärungspflicht, Mindestaufgriffsschwelle und Verdachtsmanagement“, CCZ 2019, 71–81
Paefgen, Walter	„Compliance“ als gesellschaftsrechtliche Organpflicht?“, WM 2016, 433–444

Autor/en und/oder Herausgeber	**Werk**
Pant, Michael	„…so mag alßdann peinlich frag gebraucht werden.“ zum sog. „Yates-Memorandum“: Das U. S.-Justizministerium gewährt künftig Strafrabatt nur noch gegen Auslieferung von Managern“, CCZ 2015, 242–247
Peltzer, Martin/v. Werder, Axel	„Der “German Code of Corporate Governance (GCCG)” des Berliner Initiativkreises”, AG 2001, 1–15
Pohle, Klaus/v. Werder, Axel	„Die Einschätzung der Kernthesen des German Code of Corporate Governance (GCCG) durch die Praxis“, DB 2001, 1101–1107
Potinecke, Harald/Koblitzek, Julius	„Maßgeschneiderte Antikorrputions-Compliance für KMU – Zu hohe Hürden? Von wegen!“, CB 2016, 376–380
Priester, Hans-Joachim	„Aufsichtsrat per Öffnungsklausel“, NZG 2016, 774–776
Prigge, Stefan/Offen, Leif	“Über den Nutzen von Corporate-Governance-Ratings für Aktionäre”, ZBB 2007, 89–112
Prütting, Jens/Schirrmacher, Paul	„Die Auslegung von familiengesellschaftsbezogenen Rechtsgeschäften“, ZGR 2017, 829–864
Rappaport, Alfred	„10 Ways to Create Shareholder Value”, Harvard Business Review 2006, Vol. 84 No. 9, 66–77
Rathgeber, Christian	Anmerkungen zu LG München I, 10. 12. 2013 – 5 HK O 1387/10 : Pflicht zur Einrichtung einer Compliance-Organisation, NZWiSt 2014, 183–193
Reich, Manfred/Bode, Christoph	„Family Business Governance – Beirat als Erfolgsfaktor im Familienunternehmen“, ZIP 2017, 1798–1802
	„Familienverfassung für das Familienunternehmen“, DStR 2018, 305–309
Reichert, Jochem	„Wettbewerb der Gesellschaftsformen – SE oder KGaA zur Organisation großer Familiengesellschaften“, ZIP 2014, 1957–1965
	„„ARAG/Garmenbeck“ im Praxistest“, ZIP 2017, 1189–1197

Autor/en und/oder Herausgeber	Werk
Reichert, Jochem/Lüneborg, Cäcilie	„Compliance in der GmbH – 10 Jahre MoMiG“, GmbHR 2018, 1141–1151
Reichert, Jochem/Ott, Nicolas	„Non-Compliance in der AG – Vorstandspflichten im Zusammenhang mit der Vermeidung, Aufklärung und Sanktionierung von Rechtsverstößen“, ZIP 2009, 2173–2180
	„Die Zuständigkeit von Vorstand und Aufsichtsrat zur Aufklärung von Non Compliance in der AG“, NZG 2014, 241–251
Rellermayer, Klaus	„Der Aufsichtsrat“, ZGR 1993, 77–103
Reuter, Dieter	„Probleme der Unternehmensnachfolge“, ZGR 1991, 467–487
Rieder, Markus/Menne, Jonas	„Internal Investigations – Rechtslage, Gestaltungsmöglichkeiten und rechtspolitsicher Handlungsbedarf“, CCZ 2018, 203–211
Rieble, Volker	„Schuldrechtliche Zeugenpflicht von Mitarbeitern“, ZIP 2003, 1273–1283
Rinze, Jens	„Die Haftung von Beiratsmitgliedern einer personalistischen GmbH & Co. KG“, NJW 1992, 2790–2796
Rode, Oliver	„Der Wechsel eines Vorstandsmitglieds in den Aufsichtsrat – eine gute Corporate Governance?“, BB 2006, 341–344
Rüsen, Tom	„Family Compliance als Bestandteil der Familienstrategie“, FuS 2017, 120–125
Rüsen, Tom/v. Schlippe, Arist/Gimeno, Alberto	„Strukturelles Risiko und Mentale Modelle in Familienunternehmen“, FuS 2012, 92–98
Säcker, Franz Jürgen	„Gesellschaftsrechtliche Grenzen spekulativer Finanztermingeschäfte* Überlegungen aus Anlass der Garantieerklärung der Bundesregierung für die Hypo Real Estate-Group“, NJW 2008, 3313–3317
Sanders, Anne	„Der Beirat als Instrument der Family Business Governance in der Entwicklung des Familienunternehmens“, NZG 2017, 961–968

Autor/en und/oder Herausgeber	**Werk**
Schaub, Peter	„Stimmbindungsvereinbarungen im neuen Transparenzregister“ DStR 2018, 871–877
Schauf, Maximilian	„Rolle und Kompetenzen des GmbH-Geschäftsführers in einer Matrixstruktur“, BB 2017, 2883-2888
Schaupensteiner, Wolfgang	„Rechtstreue im Unternehmen – Compliance und Krisenmanagement. Konzertiertes Vorgehen statt einzelbetriebliche Maßnahmen“, NZA-Beilage, 2018, 8–15
Scherer, Stefan	„Familienunternehmen: Zivil- und steuerrechtliche Besonderheiten bei der Gestaltung des Gesellschaftsvertrags“, BB 2010, 323–329
Schmid, Thomas/Ampenberger, Markus/Kaserer, Christoph/Achleitner, Ann-Kristin	„Family firms, agency costs and risk aversion: Empirical evidence from diversification and hedging decisions”, CEFS-Working Paper 13/2008, Technische Universität München
Schmidt, Karsten	„Die Vereinsmitgliedschaft als Grundlage von Schadensersatzansprüchen – Positive „Vertragsverletzung“ und „sonstiges Recht“ im Innenrecht des Vereins –”, JZ 1991, 157–162
Schneider, Uwe	„Kapitalmarktorientierte Corporate Governance-Grundsätze”, DB 2000, 2413–2417
	„Compliance als Aufgabe der Unternehmensleitung”, ZIP 2003, 645–650
	“Compliance im Konzern”, NZG 2009, 1321–1326
Schneider, Uwe/Strenger, Christian	„Die “Corporate-Governance-Grundsätze” der Grundsatzkommission Corporate Governance (German Panel on Corporate Governance)“, AG 2000, 106–113
Schnorbus, York/Ganzer, Felix	„Haftung fakultativer Gesellschaftsorgane in der GmbH und KGaA”, BB 2017, 1795–1806
Schöne, Torsten/Petersen, Sabine	„Regressansprüche gegen (ehemalige) Vorstandsmitglieder – quo vadis?”, AG 2012, 700–706

Autor/en und/oder Herausgeber	**Werk**
Schubert, Werner	Anmerkungen zu BGH, 22. 2. 2011 – II ZR 146/09: BGH: Zur Pflichtverletzung des Vorstandes einer AG bei unternehmerischen Entscheidungen, CCZ 2011, 233–235
Schulz, Martin	„Compliance-Management im Unternehmen – Grundfragen, Herausforderungen und Orientierungshilfen“, BB 2017, 1475–1483
Schulz, Peter/Werz, Ralf	“Die Familienverfassung (Teil I) – Ziele, Grundlagen, Inhalte”, ErbStB 2007, 310–313
Schulze, Wiliam/Lubatkin, Michael/Dino, Richard	„Toward a theory of agency and altruism in family firms“, Journal of Business Venturing 2003, Vol. 18, Issue 4, 473–490
Schürrle, Thomas/Olbers, Lucie Anne Mary	„Compliance-Verantwortung in der AG – Praktische Empfehlungen zur Haftungsbegrenzung an Vorstände und Aufsichtsräte“, CCZ 2010, 102–107
Schwintowski, Hans-Peter	„Gesellschaftsrechtliche Anforderungen an Vorstandshaftung und Corporate Governance durch das neue System der kartellrechtlichen Legalausnahme“, NZG 2005, 200–203
Seibt, Christoph	„Deutscher Corporate Governance Kodex und Entsprechungs-Erklärung (§ 161AktG-E)“, AG 2002, 249–259
	„Corporate Reputation Management: Rechtsrahmen für Geschäftsleiterhandeln“, DB 2015, 171–178
	„20 Thesen zur Binnenverantwortung im Unternehmen im Lichte des reformierten Kapitalmarktsanktionsrechts“, NZG 2015, 1097–1103
	„CSR-Richtlinie-Umsetzungsgesetz: Berichterstattung über nichtfinanzielle Aspekte der Geschäftstätigkeit“, DB 2016, 2707–2716

Autor/en und/oder Herausgeber	**Werk**
Seibt, Christoph/Cziupka, Johannes	„Thesen zur Compliance-Verantwortung im System der Organhaftung aus Anlass des Siemens/Neubürger-Urteils“, DB 2014, 1598–1602
	„Rechtspflichten und Best Practices für Vorstands- und Aufsichtsratshandeln bei der Kapitalmarktrecht-Compliance“, AG 2015, 93–109
Simon-Baumann, Susanne	„Zusammensetzung des Beirats als Erfolgsfaktor beim Generationenübergang von mittelständischen Familienunternehmen“, ZCG 2015, 12–15
Simon, Stefan/Merkelbach, Matthias	„Organisationspflichten des Vorstands betreffend das Compliance-System- Der Neubürger-Fall“, AG 2014, 318–321
Spindler, Gerald	„Compliance in der multinationalen Bankengruppe“, WM 2008, 905–917
	„Organhaftung in der AG – Reformbedarf aus wissenschaftlicher Perspektive“, AG 2013, 889–904
Spindler, Gerald/Kepper, Kathrin	„Funktionen, rechtliche Rahmenbedingungen und Gestaltungsmöglichkeiten des GmbH-Beirats (Teil I)“, DStR 2005, 1738–1743
Stöber, Michael	„BB-Kommentar zu BGH, Urteil vom 02.07.2019, II ZR 406/17“, BB 2019, 2131–2132
Suchy, Oliver	„Schadensumfang bei Haftung von Vorständen und Geschäftsführern wegen Unternehmensgeldbußen für kartellrechtliche Verstöße“, NZG 2015, 591–594
Taigiuri, Renato/Davis, John	„On the Goals of Successful Family Companies”, Family Business Reviw 1992, Vol. 5 Issue 1, 43–62
Theile, Hans/Gatter, Marcelle/Wiesenack, Tobias	“Domestizierung von Internal Investigations?”, ZStW 126 (2014) 803–843
Thole, Christoph	„Managerhaftung für Gesetzesverstöße“, ZHR 173 (2009), 504–535
Thomas, Stefan	„Bußgeldregress, Übelszufügung und D&O-Versicherung”, NZG 2015, 1409–1419

Autor/en und/oder Herausgeber	**Werk**
Westermann, Harm-Peter	„Patchwork-Familien im Gesellschaftsrecht“, NZG 2015, 649–657
Wicke, Hartmut	„Corporate Governance-Fragen in der Kautelarjurisprudenz kleiner und mittelgroßer Unternehmen“, ZGR 2012, 450–488
Wilhelm, Mario	„Compliance Controlling für den Mittelstand“, CB 2012, 241–249
Witt, Peter	„Corporate Governance in Familienunternehmen“, ZfB 2008, 1–19
Woywode, Michael/Keese, Detlef/Tänzler, Jan	„Corporate Governance in geschlossenen Gesellschaften – insbesondere Familienunternehmen – unter besonderer Berücksichtigung von Aufsichtsgremien“ ZGR 2012, 418–445
Wybitul, Tim	„Interne Ermittlungen auf Aufforderung von US-Behörden – ein Erfahrungsbericht“, BB 2009, 606–611
Zetsche, Dirk	„Family Offices und Familienvermögen zwischen Recht und Regulierung“, ZIP 2017, 945–958
Zimmermann, Martin	„Kartellrechtliche Bußgelder gegen Aktiengesellschaft und Vorstand: Rückgriffsmöglichkeiten, Schadensumfang und Verjährung”, WM 2008, 433–449
Zimmermann, Jochen/Gonacharov, Igor/Werner, Jörg Richard	„Does Compliance with the German Corporate Governance Code have an Impact on Stock Valuation?”, An Empirical Analysis (November 2004). University of Bremen Working Paper

Studien

INTES-Studie „Haftung und Compliance in Familienunternehmen“, 2010

Bundeslagebild BKA 2019, Bundeskriminalamt vom 29. Dezember 2020, abrufbar unter https://www.bka.de/SharedDocs/Downloads/DE/Publikationen/JahresberichteUndLagebilder/Wirtschaftskriminalitaet/wirtschaftskriminalitaet-Bundeslagebild2019.html?nn=28030_

Erfolgreiche Kartellverfolgung, Bundeskartellamt Stand Dezember 2016, abrufbar unter https://www.bundeskartellamt.de/SharedDocs/Publikation/DE/Broschueren/Informationsbroschüre%20-%20Erfolgreiche%20Kartellverfolgung.pdf?__blob=publicationFile&v=12

Compliance im Mittelstand, Center for Business Compliance & Integrity, 2014, abrufbar unter https://www.htwg-konstanz.de/fileadmin/pub/ou/kicg/Publikationen/CBCI_Studie_Compliance_im_Mittelstand.pdf

Beirat im Familienunternehmen, PwC 2021, abrufbar unter https://www.pwc.de/de/mittelstand/der-beirat-im-familienunternehmen.pdf

Rechtliche Einheiten, Beschäftigte und Umsatz 2019, Statistisches Bundesamt, abrufbar unter https://www.destatis.de/DE/Themen/Branchen-Unternehmen/Unternehmen/Unternehmensregister/Tabellen/unternehmen-beschaeftigte-umsatz-wz08.html

Umsatzsteuerstatistik (Voranmeldungen), 2020, Statistisches Bundesamt, abrufbar unter https://www.destatis.de/DE/Themen/Staat/Steuern/Umsatzsteuer/Publikationen/Downloads-Umsatzsteuern/umsatzsteuer-2140810207004.html

Stiftung Familienunternehmen (Hrsg.): Die volkswirtschaftliche Bedeutung der Familienunternehmen, 5. Auflage, erstellt vom ZEW – Leibniz-Zentrum für Europäische Wirtschaftsforschung Mannheim und vom Institut für Mittelstandsforschung Mannheim, München 2019, https://madoc.bib.uni-mannheim.de/53213/1/Die-volkswirtschaftliche-Bedeutung-der-Familienunternehmen-2019_Stiftung_Familienunternehmen.pdf

Stiftung Familienunternehmen (Hrsg.): Börsennotierte Familienunternehmen in Deutschland Bedeutung, Merkmale, Performance 2019, erstellt von Center for Entrepreneurial and Financial Studies (CEFS) Technische Universität München (TUM), München 2019, https://www.econstor.eu/bitstream/10419/250033/1/1789537495.pdf

Stiftung Familienunternehmen (Hrsg.): Börsennotierte Familienunternehmen in Deutschland Bedeutung, Merkmale, Performance 2009, erstellt von Center for Entrepreneurial and Financial Studies (CEFS) Technische Universität München (TUM), München 2009, https://papers.ssrn.com/sol3/papers.cfm?abstract_id=1490698

Stiftung Familienunternehmen (Hrsg.): Das gesellschaftliche Engagement von Familienunternehmen, 2020, Mercator School of Management Lehrstuhl für Interne Revision, München 2020 https://www.familienunternehmen.de/de/publikationen/das-gesellschaftliche-engagement-von-familienunternehmen

Governance Kodizes

Corporate Governance-Kodex für Asset Management-Gesellschaften, Stand: 27. April 2005, abrufbar unter https://www.ecgi.global/sites/default/files/codes/documents/code_am_companies_apr2005_de.pdf

Corporate Governance Kodex der deutschen Immobilienwirtschaft, Stand: 7. Februar 2017, abrufbar unter https://www.icg-institut.de/wp-content/uploads/2020/09/AG-Kodex-neu-2017-2.pdf

Deutscher Corporate Governance Kodex, Stand: 28. April 2022, abrufbar unter https://www.dcgk.de/de/kodex/aktuelle-fassung/praeambel.html

Fairness Kodex des Bundesverbands für strukturierte Wertpapiere BSW), Stand: 13. März 2018, abrufbar unter https://www.derbsw.de/static/a85333070bedf81a2bd5506028ea8b26/240711_BSW_Fairness_Kodex_DE_a4420d3ab7.pdf

Governance Kodex für Familienunternehmen, Stand: 17. Mai 2021, abrufbar unter http://www.kodex-fuer-familienunternehmen.de

OECD (2015), G20/OECD-Grundsätze der Corporate Governance, OECD Publishing, Paris. http://dx.doi.org/10.1787/9789264250130-de

Sonstiges

Definition der Familienunternehmen der Stiftung Familienunternehmen, abrufbar unter https://www.familienunternehmen.de/de/definition-familienunternehmen

Die deutsche Wirtschaft, Die Top-100 der größten Familienunternehmen in Deutschland, abrufbar unter https://die-deutsche-wirtschaft.de/die-liste-der-1000-groessten-familienunternehmen-in-deutschland/#top100